Hobbit Presse
Klett-Cotta

Nils Westerboer

ATHOS 2643

Roman

KLETT-COTTA

MIX
Papier | Fördert gute Waldnutzung
FSC® C014496
www.fsc.org

Dieses Werk wurde vermittelt durch die
Textbaby Medienagentur, www.textbaby.de

Hobbit Presse
www.hobbitpresse.de
J. G. Cotta'sche Buchhandlung Nachfolger GmbH
Rotebühlstraße 77, 70178 Stuttgart
Fragen zur Produktsicherheit: produktsicherheit@klett-cotta.de

Cover: Birgit Gitschier, Augsburg
unter Verwendung mehrerer Abbildungen von
© Shutterstock (Michal Sanca, Vadim Sadovskis, decoret)
Gesetzt von C.H.Beck.Media.Solutions, Nördlingen
Gedruckt und gebunden von GGP Media GmbH, Pößneck
ISBN 978-3-608-98494-1
E-Book ISBN 978-3-608-11853-7

Vierte Auflage, 2025

INHALT

// TEIL 1 util

// TEIL 1 util

PROLOG

Die Witwe von Kalmar

Nachdem sie aufgehört hatte, ihn zu lieben, benötigte die Hausfrau Tilla Lundström aus Dunö vier Jahre und dreiundneunzig Tage, um ihren Mann schuldfrei zu töten.

Er hatte die Ehe gebrochen mit einem Mädchen, das so jung war, dass man, anstatt von Ehebruch, von einer Straftat reden musste. Als Tilla davon erfuhr, war bereits Klage gegen ihn erhoben worden. Während des Verfahrens stand sie ihm bei, so gut sie konnte, und sorgte weiter für sein Wohl. Dies tat sie, da er nicht mehr der Jüngste war und sie an Vergebung glaubte. Er aber sah sie kaum noch an, nahm sie in Gesellschaft nicht ernst und behandelte sie wie eine Untergebene.

Am Freitag, dem 12. November 1959 waren alle Bußgelder bezahlt und Tillas Liebe aufgebraucht. Sie fuhr in die nächstgrößere Stadt, Kalmar, besorgte Fleisch, Rotwein und Naschwerk für den Nachtisch. Sie bereitete ihm ein Festmahl zu, wie er es mochte: reichlich und gehaltvoll. Nachdem er aufgegessen hatte, einigte sie sich mit ihm darauf, dass man es sich doch nun des Öfteren gutgehen lassen könne.

Beim ersten Licht des folgenden Tages reiste sie erneut in die Stadt, um Nachschub zu besorgen. Als sie den Tisch deckte und er mit einem fragenden Blick die Kerzen betrachtete, die sie aufstellte, sagte sie zu ihm, dass man ja nicht mehr jung sei, das Leben aber kurz und jeder Tag zähle. Es schmeckte hervorragend, er griff zu und man stieß an. Da die Lundströms vermögend waren, wurde nun beinahe jeder Tag zum Fest, das Bußgeld war ja bezahlt.

Sie aß wenig, gab ihm oft etwas ab. Manchmal empfahl sie ihm sogar, er solle sich doch etwas zurücknehmen, wegen »seiner nicht so guten Werte«, und manchmal tat er das auch.

Als er nach vier Jahren und dreiundneunzig Tagen schwer an der Leber erkrankte und schließlich starb, verkaufte Tilla Lundström das Haus in Dunö. Sie zog nach Kalmar, wo sie sich eine kleine Dachwohnung nahm und ein sehr angenehmes Leben führte. Als sie irgendwann merkte, dass sie die Treppen nicht mehr hochkommen würde, hörte sie auf, Flüssigkeit zu sich zu nehmen und starb.

Siebzig Jahre später stieß ein deutscher Jurist, der das Haus mit der Dachwohnung gekauft hatte, auf ihre Tagebücher und rekonstruierte den Fall. Tillas handschriftlicher Nachlass enthielt vor allem Rezepte. Aber es gab auch Einträge, in denen sie sich Gedanken um ihre Schuld machte.

Sie lehnte es ab, sich als heimtückische Mörderin zu begreifen. Zwar hatte sie am 12. November 1959 entschieden, dass Sigge Lundström das Leben nicht mehr verdiente. Aber sie hatte ihn niemals zu den Mahlzeiten überredet oder gar gezwungen. Da er jeden einzelnen Teller und jedes Glas freiwillig und im Bewusstsein »seiner nicht so guten Werte« geleert hatte, konnte von Arglosigkeit keine Rede sein.

In einem vielbeachteten Aufsatz erklärte der Jurist sie dennoch für schuldig im Sinne des Gesetzes. Er erkannte in ihrem Tun eine besondere Form von Tötung, für die es zu diesem Zeitpunkt noch keinen Begriff und keine Definition gab. Tilla Lundström, bekannt geworden als »die Witwe von Kalmar«, hatte lediglich Bedingungen geschaffen, die den Tod ihres Mannes zwar begünstigten, in denen er aber keine Sekunde gegen seinen Willen oder gegen ein besseres Wissen gehandelt hatte.

Der Aufsatz blieb juristisch folgenlos. Man hielt die posthume Verurteilung für eine Spinnerei und befürchtete den Verlust eines brauchbaren Schuldbegriffs, würde man den Fall ernst nehmen. Ein Spötter schrieb, Sigge Lundström habe nach diesem Verständnis Selbstmord begangen, indem er seine Tilla geheiratet hatte.

Der Jurist ließ von der Sache ab. Aber ihn beschlich in den Jahren immer eine leise Furcht, wenn er an die Witwe dachte, und er mied den Dachboden des Hauses. Eines Abends sprach er mit seiner Frau darüber. Sie war Linguistin und geriet mit ihm in einen heftigen Streit über die richtige Form, die Tat auszudrücken.

Der Jurist bevorzugte naturgemäß den kausalen Ausdruck: »*Weil* sie ihm Fleisch, Rotwein und Naschwerk gab, starb er.« Auch die finale Variante »Sie gab ihm Fleisch, Rotwein und Naschwerk, *damit* er starb« erschien ihm angemessen, denn in beiden Fällen sei der Schuld der Witwe grammatisch entsprochen.

Die Frau des Juristen aber beharrte auf der konsekutiven Form: »Sie gab ihm Fleisch, Rotwein und Naschwerk, *so dass* er starb.« Dies sei der Ausdruck, der dem Handeln der Witwe am nächsten komme.

Schuld trage sie nur diese: Sie hatte aufgehört, ihren Mann zu lieben, und es ihm nicht gesagt.

aus: Oehme, Gunnar/Remscheid, Nikolaus (Hrsg.):
Juristische Probleme künstlicher Intelligenz.
Stockholm 2067

Man can go anywhere.
He just has to take his own
atmosphere with him.

MAJOR DAVID G. SIMONS,
PROJECT MANHIGH

STÖRUNG

Die Sauerstoffzufuhr der Luxussuite 411 im Hotel Sherif auf Kütahya eignet sich hervorragend zur Befestigung menschlicher Handgelenke mit einem Roringstek. Da die Gasleitung auch als Handlauf dient und auf Hüfthöhe verankert ist, kann man dem Gefesselten die Gnade eines Stuhls gewähren. Roringstek-Knoten wurden zum Vertäuen von Schiffen verwendet, als diese noch durch Wasser fuhren.

Rüd sitzt mit dem Rücken zur Wand, die Hände unter den Schulterblättern gekreuzt. Die rote Kordel, mit der ich ihn an die Gasleitung gefesselt habe, hat er erst kürzlich aus einer episkopalen Kirche auf Cressida geklaut. Sie ist mit Samt überzogen und äußerst leichtgängig.

Rüd weiß, dass er sich nicht den kleinsten Ruck erlauben darf. Kein Knoten zieht sich schneller zu als ein Roringstek, sobald er auch nur ein bisschen belastet wird.

Ich trete vor das Panoramafenster der Suite, um meine Spiegelung zu betrachten. Der schwarze Satin steht mir gut. Ich drehe mich zur Seite und führe eine Hand an den Mund, als müsste ich noch einmal überlegen, ob es das richtige Kleid für den Abend ist. Rüd sieht es zum ersten Mal an mir.

»Du siehst gut aus«, sagt er.

Ich schaue über die freie Schulter. »Vielleicht ist es doch ein bisschen zu kurz?«

»Auf jeden Fall«, sagt Rüd.

Ich fange, wie nur beiläufig interessiert, seinen Blick auf. »Was würdest du sagen, wenn ich jetzt einfach ausgehe?«, frage ich. »Ohne dich?«

»Vergiss die Zahnbürste nicht!«

Rüds Stuhllehne stößt leise an die Gasleitung, ich bemerke Bewegungen hinter seinem Rücken.

»Reiß dich zusammen!«, rufe ich kühl. Rüd weiß, dass ich ihm nicht helfen kann, sollte er den Knoten zuziehen.

Ich schenke meinem Spiegelbild ein Lächeln. Es macht ihn rasend, wenn ich so tue, als würde ich mir gefallen. Für einen winzigen Augenblick fokussiere ich, ohne dass er es bemerkt, auf die Panorama-Aussicht hinter der Spiegelung.

Sie ist einer Thalassos-Prime-B-Suite angemessen, der Blick auf Neptun tadellos. Aufgrund der gedrosselten Ramadan-Rotation von Kütahya dreht sich der Blick auf das riesige Gasmeer nur langsam gegen den Uhrzeigersinn. Der kobaltblaue Horizont des Planeten erscheint trotz der Windstärke und der sechshundert Kilometer hohen Wasserstoffwellen glatt wie der Rand eines Porzellantellers. Knapp darüber identifiziere ich das Sternbild des Wals. Die baugleiche Schwesterwerft von Kütahya, Afyon, schießt vorbei, ein graues, mit Industrie überzogenes Rad in einem Wirbel aus Abgasen, die es spiralförmig ins All abstößt.

Ich stemme die Hände in die Hüften, schaue an mir herunter.

»Oder doch das mit den Blümchen?«

»Bleib so!«, seufzt Rüd. »Und bleib.«

Er weiß genau, dass ich gar nicht anders kann. Ich zucke mit den Schultern, laufe ins Bad und lasse die Schiebetür aus Ebenholz offen. So muss er hilflos zusehen, wie der Satin langsam an mir heruntergleitet.

Da Kütahya während des Fastenmonats mit nur einer halben Umdrehung pro Minute rotiert, dauert es quälende fünf Sekunden, bis mein Kleid auf dem goldgrünen Mosaikboden gelandet ist. Zum Ramadan darf maximal ein Drittel der habitablen Standardschwere erzeugt werden. Ich blättere nackt in meinen Kleidern, die an Bügeln im Bad hängen. Sie bewegen sich wie in Zeitlupe.

»Komm zu mir!«, ruft Rüd.

Ich tue so, als würde ich ihn nicht hören. Ich ziehe das Blümchenkleid hervor, das er mir auf dem Suq von Stambul gekauft hat. Es ist eins meiner engsten. Ich muss mir Zeit lassen, damit ich es störungsfrei anziehen kann. Am gefährlichsten sind die dünnen Träger an den Schultern und die schmale Taille. Ich zupfe eine ganze Weile an mir herum, bis es gut sitzt. Für den kleinen Reißverschluss am Rücken brauche ich Hilfe.

Ich gehe zu Rüd, komme mit den Lippen nah an sein Ohr: »Ist hier noch ein Platz frei?«

Rüd lächelt. »Ich hab ihn extra freigehalten.«

Ich setze mich, ihm den Rücken zuwendend, auf seinen Schoß und hebe meine Haare aus dem Nacken.

»Könntest du mir bitte mit dem Reißverschluss helfen –«

»Sehr witzig.«

Ich rutsche langsam zu ihm nach hinten, bis er begreift, wie ich das meine. »Sei vorsichtig!«

Rüd nimmt den Reißverschluss zwischen die Zähne.

In diesem Moment piept mein Emitter. Es ist ein schriller, unverwechselbarer Ton, der sich nicht abstellen lässt.

»Verdammt!«, flucht Rüd, »nicht jetzt!« Er wirft den Kopf zurück, ohne den Mund zu öffnen.

Das hält die Oberflächenspannung meiner Erscheinung nicht aus. Sie reißt.

Der Blümchenstoff dringt von vorne in mich ein, taucht durch meinen Oberkörper hindurch und hängt mir schließlich grotesk auf der Höhe, wo beim Menschen die Lendenwirbel sind, aus dem

Rücken. Kleine Störungsblitze funkeln überall dort, wo der echte Polyester durch meine Schein-Epidermis dringt.

Der Emitter wiederholt sein scharfes Piepen.

»Verdammt«, wiederholt Rüd seinen Fluch, immer noch den Reißverschluss zwischen den Zähnen. »Steh auf!«

Ich gehorche. Begleitet vom leisen Knistern elektrostatischer Entladungen bleibt mein Kleid auf seinem Schoß zurück, und es dauert einen Moment, bis ich nackt und störungsfrei vor ihm stehe.

»Tut mir leid«, sage ich, obwohl er weiß, dass es nichts gibt, das mir leidtut. »Ich kann die Meldungen der Obhut nicht unterdrücken.«

»Ist es wenigstens wichtig?«

»Dein Weiterflug startet in einer Stunde.«

Rüd seufzt und richtet den Blick auf den Neptun, um seine Erregung niederzukämpfen. »Dann weißt du jetzt auch, wohin es geht?«

»Athos.«

Er blickt fragend zu mir auf. Ich gehe hinter ihm in die Hocke, um die Kordel von seinen Handgelenken zu lösen.

»Ein Mond«, flüstere ich, »ein kleiner, einsamer Mond.«

»Das klingt gut –«

»Ein Kloster!«, ergänze ich streng.

»Nicht schon wieder!«

»Es gab einen Unfall. Du sollst das prüfen.«

»Blutig?«, fragt er neugierig.

»Durchaus. Die Obhut mahnt an, dass ein größerer Eingriff nötig sein wird.«

»Kommst du mit?«

Dies ist eine rhetorische Frage.

»Natürlich, Schatz!«, sage ich.

Ich zupfe vorsichtig an den Rundtörns hinter Rüds Rücken.

Legt man einen Roringstek mit einem samtbeschichteten Seilstück an und beweist der Gefesselte ausreichend Disziplin, dann ist der Knoten auch von einer gynoiden Emission mit eingeschränkter Solidität wieder zu lösen.

Rüd macht Fortschritte. Ich muss keinen Portier rufen.

»Bekomme ich hier auf Kütahya noch irgendwo einen Kaffee, bevor es losgeht?«, fragt Rüd und betrachtet seine Handgelenke, als hätte irgendetwas an ihnen gescheuert.

Ich recherchiere nach Lokalitäten, die es mit der Fastenzeit nicht so genau nehmen. »Die Shishabar am Hafen schließt demnächst.«

»Sind noch Gäste da?«

»Der letzte geht gerade. Das Abendgebet steht an. Rechne damit, dass dein Kaffee seinen Preis haben wird.«

»Ach, alles hat seinen Preis«, sagt Rüd.

HAYYA ALAL FALAH

Rüd bekommt seinen Mokka, einen sündhaft teuren Galatea Insomnia, umsonst. Die Ramadan-Rotation von Kütahya hält ihn nur mühsam in der Tasse. Da Rüd weiß, welchen Wert flüssiges Wasser auf einer neptunischen Werft hat, rührt er vorsichtig.

Wie alle, die nicht an den Zufall, sondern an das Schicksal glauben, weiß der Hafenwirt von Kütahya die Gunst eines richtigen Moments zu erkennen. Dass einer mit Rüds Qualifikation, aus der Ferne kommend und nur auf der Durchreise, ausgerechnet ihn aufgesucht hat, insgesamt in Eile, aber mit genügend Zeit, den Preis eines guten Mokkas mit einer kleinen Gefälligkeit begleichen zu können, ist Kismet vom Feinsten.

»Ich habe noch keinem erzählt, was ich Ihnen gleich erzähle«, beginnt er. »Ich möchte jetzt keine neuen Gäste mehr. Stört es Sie, wenn ich abschließe?«

»Nein«, sagt Rüd.

Der Wirt lässt eine Hand unter der Theke verschwinden und es klickt in der Eingangstür. »Selbst die Frau weiß nichts davon!«

Er dimmt die Beleuchtung auf fünfzig Lumen, was den Ausblick in den Weltraum weitgehend entspiegelt. Ein Band von Zirruswolken umschließt den Äquator Neptuns, den man hier, entweder scherzhaft oder liebevoll, das Mittelmeer nennt, und ich beobachte Anzeichen eines stärker werdenden Sturms auf der Südhalbkugel. Auf einem der Fenster klebt ein kleines, rotes Herz aus Papier.

»Wie schmeckt der Kaffee?«, fragt der Wirt.

»Ausgezeichnet«, sagt Rüd, wissend, dass der Preis noch kommt.

Der Wirt versenkt ein Teeglas im Spülbecken, das bis zum Rand mit schwarzem Reinigungsgranulat gefüllt ist. »Ich brauche ihre Hilfe«, sagt er leise. »Ich wollte gerade beten gehen. Und dann kommen Sie.«

Seine Stimme ist das Flüstern nicht gewöhnt. Alles an ihm besteht aus reinem, gottgegebenem Stolz, der ostanatolische Akzent, das gepflegte graue Haar, der Walross-Moustache und sogar die Narbe, die durch die feinsinnigen Züge seines Gesichts geht wie ein Korrekturstrich. Der folgende Satz geht ihm schwer über die Lippen: »Keiner kann mir helfen außer Ihnen!«

»Was ist mit Ihrem Gott?«, fragt Rüd.

»Er hat Sie geschickt.«

Rüd kapituliert mit einem Lächeln. Er hat nur bedingt Lust zu arbeiten, aber der Kaffee ist ausgezeichnet. »Ich hab wirklich nicht viel Zeit.«

Der Wirt zieht ein blitzsauberes Glas aus dem Becken. Er stellt es in ein Regal hinter der Theke, wo es die einzige Lücke in einer langen Reihe blitzsauberer Gläser schließt.

»Ich mache hier alles selbst«, beginnt er. »Ich bin der Erste, der morgens kommt, und der Letzte, der abends geht. Nichts geschieht hier ohne mich. Die Leute wissen das. Wenn jemand etwas kaputt macht, ersetzt er es. Wenn jemand etwas stiehlt, bringt er es zurück.« Er reibt sich vorsichtig die Hände über dem Spülbecken, langsam sinkt das schimmernde Granulat hinein. »Wenn mich die Frau verlässt, heirate ich eine neue. Wenn mir die Frau stirbt, heirate ich eine neue. Ich bin der, der das Licht anmacht. Verstehen Sie?«

»Ich glaube schon«, sagt Rüd.

»Vielleicht ist es eine Strafe«, fährt der Wirt fort. »Vielleicht habe ich nicht lange genug getrauert.« Er geht einen Schritt zurück, um in den violetten Vorhang aus versteiftem Pseudo-Brokat zu greifen, der den Durchgang zu seiner Küche verdeckt. »Aber ich werde nicht zulassen, dass er mich zugrunde richtet!«

»Wer?«, fragt Rüd.

Der Wirt zieht den Vorhang zur Seite. Dahinter erscheint, neben einer mit Baklava gefüllten Kühltruhe, ein wuchtiger Apparat mit einer verchromten Front und der Aufschrift *Bulaşıkprof 8*.

»Das Hochzeitsgeschenk«, erklärt er.

»Gratulation!«, sagt Rüd, der keine Ahnung hat, was er da vor sich hat.

Der Wirt schüttelt den Kopf. »Bitte nicht –«

»Was ist das?«, fragt Rüd.

»Ein Hochfrequenzspüler. Ein reeller Volltakter. Er soll mir Arbeit abnehmen!« Der Wirt beugt sich über die Theke, um näher an Rüds Ohr zu kommen. In sein Flüstern mischt sich Bitterkeit wie ein Gift. »Ich will ihn nicht.«

Rüd betrachtet ihn fragend.

»Mein Schwiegervater«, sagt der Wirt, »hat ihn während meiner Hochzeitsreise hier aufgestellt. Er ließ ihn anschalten, bevor ich widersprechen konnte. Ich war ja nicht da!« Sein Mund formt sich zu einer beleidigten Schippe.

»Geht er nicht gut?«, will Rüd wissen.

»Himmel, das ist das Beste, was Sie kriegen können, eine Sensation, sagen die Leute. Import, ab Werk. So etwas gibt es hier eigentlich nicht. Aber ich will ihn nicht. Und jetzt erpresst er mich.«

Rüd runzelt die Stirn. »Ihr Schwiegervater?«

»Nein. Der Prof.«

»Ein Spüler?« Rüd begreift jetzt, worauf das hinausläuft. Er bittet um einen Löffel, damit er sich noch etwas Insomnia aus dem Satz pressen kann.

»Ich habe noch nie einem Inquisitor Kaffee gemacht«, sagt der Wirt erleichtert. Rüd umrundet die Theke und geht vor dem Spüler in die Hocke.

»Was tut er genau?«

Der Wirt holt tief Luft. »Zuerst war es keine Erpressung. Er bemerkte nur, dass ich ihn nicht benutze. Irgendwann fing er an, jeden Tag genau die Energie mit leeren Spülgängen zu verbrauchen, die bei seiner Benutzung angefallen wäre. Das war noch so etwas wie eine Einladung. Seit er aber begriffen hat, dass ich trotzdem lieber alles von Hand spüle, dreht er immer weiter auf. Er erpresst mich über die Stromrechnungen.«

»Und wenn Sie den Stecker ziehen?«

»Sie können das gerne versuchen. Aber glauben Sie mir, das wollen Sie nicht.«

Rüd muss lächeln. »Die Nichtbenutzung ist also nicht vorgesehen.«

»Scheint so«, flüstert der Wirt grimmig.

Rüd verschränkt die Arme vor der Brust. »Sie wissen, dass dieser Spüler Ihnen hilft?«

Der Wirt nickt.

»Sie wissen auch, dass dieser Spüler genau weiß, dass er gut für Sie ist? Vielleicht weiß er es sogar besser als Sie selbst.«

Der Wirt nickt.

»Er ist intelligent. Er spart Geld, er schenkt Ihnen Zeit. Er schont die Ressourcen von Kütahya. Welchen Grund kann es geben, ihn nicht einzusetzen?«

»Ich will ihn nicht«, sagt der Wirt.

Rüd bittet um die Erlaubnis, sich in der Küche frei bewegen zu dürfen, und um einen neuen Kaffee. Er zieht den Brokatvorhang hinter sich zu und lässt mich mit dem Wirt allein.

Erst jetzt, als Rüd weg ist, traut dieser sich, mich eingehend zu betrachten. Ich trage wieder das Blümchenkleid. Zusammen mit den goldenen Schuhen ist es für den Zwischenstopp auf einer türkischen Werft genauso untauglich wie die elektromagnetische Burka, die mir Rüd zum Spaß an der Camidibi gekauft hat. Ich habe mein Bestes gegeben, die Burka als das geringere Übel zu empfehlen, aber Rüd hört noch zu selten auf mich.

»Wann geht Ihr Weiterflug?«, ruft der Wirt in Richtung des Vorhangs, ohne den Blick von mir zu wenden.

»In zwanzig Minuten.«

Das war, möglicherweise, eine vorschnell gegebene Information. Jetzt weiß der Wirt, wohin wir reisen werden. Denn wenn hier jemand die Zeit hat, Fahrpläne zu studieren, dann ist es ein Wirt, ob er nun selber spült oder nicht.

Als der neue Mokka dampfend an Rüds Platz steht, beginnt der Wirt, eine polierte Messingkanne zu polieren, die im Regal auf der anderen Seite des Durchgangs steht. In der Küche klirrt es leise.

Das Regal ist bis unter die Decke mit Andenken vollgestellt, die einen zwanghaften Anspruch auf Vollständigkeit erheben: bunte Gesteinsproben aller regulären Neptunmonde, handbemalte Keramik mit den Wappen der türkischen Gasflotte, dazu alle Fährmodelle der Geogalaks-Linie. Ganz oben stehen, neben einer großen Panflöte aus Schilflaminat, drei zerschlagene Wasserpfeifengläser. Der Wirt stellt, nachdem er mich lange genug betrachtet hat, die schimmernde Kanne ab, geht zurück zum Vorhang und spricht durch den Spalt.

»Wissen Sie, auf Athos sind Frauen nicht erlaubt.« Er streicht sich den Bart glatt. »Sie fliegen doch nach – Athos?«

In der Küche bleibt es still. Doch dann sind Schritte zu hören, Besteckschubladen werden scheppernd aufgerissen und wieder zugerammt. Der Wirt lauscht eine Weile, dann wiederholt er: »Frauen sind –«

»Das ist keine Frau!«

Die Abdampfhaube einer Backofenesse knallt klirrend ins Schloss. Der Wirt zuckt zusammen. Ich tue so, als müsste ich den Halt meiner Frisur prüfen, und streiche mir dazu sanft über den Nacken. Ein paar Strähnen landen auf meiner Schulter und ich schenke dem Wirt ein Lächeln. Schneller als erwartet rastet die Frontklappe des Bulaşıkprofs ein und Rüd erscheint im Vorhang.

»Fertig, das war's.«

»Sie haben es ihm hoffentlich so richtig gezeigt?«, fragt der Wirt mit kleinen bösen Augen.

»Das war keine Inquisition. Es ist ja nur ein Spüler.« Rüd setzt sich wieder und nippt an seinem Kaffee. »Da reicht oft nur eine kleine Gemeinheit. Ich empfehle Ihnen, ihn einfach nie wieder aufzumachen!«

Der Wirt will noch etwas sagen, begreift aber, dass das, was hinter dem Vorhang passiert ist, Rüds Geheimnis bleiben wird.

Draußen beginnen die Wolkenstreifen am Neptunäquator zu steigen und sich aufzulösen. Darunter berechne ich bereits Windgeschwindigkeiten von fast 1800 Stundenkilometern. Ein Südsturm ist unausweichlich. Da zu erwarten ist, dass er sich auf die Nordhalbkugel ausweiten und die Heliumernte für einige Zeit unterbrechen wird, steigen dort bereits die ersten Gasminen aus der Atmosphäre auf, um in der Wetterlosigkeit des Alls Zuflucht zu finden. Der Wirt könnte sich auf einen Zuwachs an Gästen freuen, aber ihn beschäftigt gerade etwas anderes.

»Sagen Sie, was ist sie, wenn sie keine Frau ist?« Sein Gesichtsausdruck verrät: In einem Provinznest wie Kütahya sind phototomische Gynoide genauso selten wie Volltaktspüler oder Besuche von Inquisitoren.

»Sie ist mehr als *nur* eine Frau«, sagt Rüd.

Er hat noch fünf Minuten, stellt seinen Mokka zur Seite, zieht den Emitter hervor und legt ihn auf die Untertasse, damit er nicht von der Theke rollen kann. Der Wirt betrachtet die kleine, schwarze Kugel, entdeckt die feinen, grauen Membranschichten hinter der siebgitterartigen Oberfläche, kann aber mit alldem nichts anfangen.

»Steh auf!«, sagt Rüd, ohne mich anzusehen.

Ich gehorche.

Rüd nimmt den Emitter in die rechte Hand und schlägt ihn mit Wucht auf die Theke.

Der Aussetzer dauert eine halbe Sekunde. Diese Zeiten werden in meinen Protokollen immer als *temporäre Deaktivierung* vermerkt mit der Bezeichnung: *Vom Betreiber intendierte direkte physische Einwirkung auf den Emitter.* Ist der Schlag nicht zu stark, wird meine Erscheinung nach den Sicherheitskontrollen sofort wieder aktiv. Rüd weiß genau, wie stark er schlagen muss, damit ich etwa eine halbe Sekunde lang weg bin.

Aufgrund des Ramadans braucht Rüd drei Schläge für seine Demonstration. Bei einer Standardfallbeschleunigung von 9,81 m/s^2 zieht er mich mit einem einzigen Schlag aus.

Der Wirt hat sich abgewendet. »Eine Projektion?«, fragt er in Richtung des Brokatvorhangs. Rüd legt den Emitter zurück auf die Untertasse.

»Emission. Sie hat eine gewisse Solidität.«

»Sie möchte sich wieder anziehen«, bittet der Wirt.

Ich bin schon dabei, das Kleid vom Boden aufzuheben, als Rüd dem Wirt den Emitter zuschiebt. »Das ist Sender und Empfänger zugleich. Hochaufgelöstes Hören, tomografisches Sehen mit über tausend Klicks in der Sekunde. Und natürlich, als Interface, die Emission einer weiblichen Erscheinung mit beschränkter Solidität, immer dann, wenn der Betreiber es wünscht.«

Der Wirt stülpt seine Hand über den Emitter, um zu sehen, ob dies meine Erscheinung stört. Er versucht gar nicht erst zu verstehen, warum nichts passiert.

»Beschränkte Solidität?«, fragt er.

»Eine Sicherheitsvorkehrung. Ihre Oberfläche ist nicht fest genug, um echten körperlichen Widerstand auszuüben.«

»Aber es reicht für ein Kleid?«

»Ja.«

»Ein sehr leichtes und sehr, sehr kurzes Kleid, verstehe«, sagt der Wirt. »Gibt es noch andere – Sicherheitsvorkehrungen?«

»Sie kann sich nicht weiter als zehn Meter von ihrem Emitter entfernen.«

»Sonst?«

»– wird ihre Erscheinung sofort deaktiviert.«

»Und wenn sie sich – also, den Emitter – mitnimmt?«

»Das kann sie nicht. Das System registriert sofort, wenn es durch sich selbst bewegt wird.«

Jetzt sieht mich der Wirt plötzlich mitleidig an. Eine verbreitete Reaktion, die er sich sparen kann. Erstens fühle ich nichts. Zweitens muss ich mir, anders als die meisten Menschen, das Privileg eines Daseinszwecks nicht herbeireden, denn ich habe einen.

»Wenn Sie mich fragen, dann ist das weniger als eine Frau«, sagt der Wirt.

Rüd streicht mir über den Rücken und trinkt seinen Mokka aus. »Du bist dran!«

»Die Fähre geht gleich«, sage ich.

»Dann solltest du dich beeilen!«

Ich beuge mich vor, signalisiere Zuwendung, indem ich die Unterarme auf die Theke lege und warte, bis der Wirt mich konzentriert ansieht. Von draußen dringt der eben einsetzende Gesang des Muezzins gedämpft durch die geschlossene Eingangstür.

»Herr Timur Kayalı Kaplan, ehemals Berufsboxer, Kreisler und Imam, geboren in Afyon am 30. September 2591?«

»Ja.«

»Ich habe Ihnen drei Dinge mitzuteilen: Zuallererst sollten Sie den Fleck zwischen Mund und Nase, den Sie mit Ihrem Bart verbergen, endlich hautärztlich untersuchen lassen. Sie werden das morgen früh tun, denn noch kann man da etwas machen. Doktor Haydari in der Camidibi hat um neun einen Termin frei, nehmen

Sie den. Außerdem sollten Sie den Speicher Ihres Subkutanpiepers leeren. Da befinden sich mehrere unbeantwortete Anrufe mit derselben anatolischen Raumsignatur in der Schleife. Ich vermute, es ist wichtig. Wenn Sie nicht wissen, wie Sie den Speicher Ihres Subkutanpiepers leeren, da Sie ihn erst seit zwei Wochen haben, kann ich Ihnen dabei helfen.«

»Ich weiß, wie das geht!«

Er lügt, aber das ist seine Sache. »Und was ist das Dritte?«, fragt er, während er seinen Bart abtastet.

»Servieren Sie in der kommenden Woche erst einmal das Baklava aus den blauen Tüten in der Kühltruhe. Es wird ab Mittwoch nicht mehr schmecken.«

»Tomografisches Sehen?«, flüstert der Wirt.

Ich nicke.

»Aman Allahım!«, sagt er und stellt Rüd einen roten Baklavabeutel hin, auf dem in mehreren Sprachen »Danke« steht. Dann fasst er unter seine Theke. Die Eingangstür zischt auf und der blecherne Ruf des Muezzins dringt in den Raum. »Man hört Seltsames über Athos. Aber Ihnen kann nicht viel passieren, solange Sie sie haben, nicht wahr?«

Rüd erhebt sich.

»Güle güle«, sagt der Wirt und schiebt ihm den Beutel zu. »Ich wünsche Ihnen von Herzen, dass das so bleibt.«

Die Atemwege im Suq von Kütahya sind eng. Es gibt alles, was im Regal des Wirts stand, aber auch alles andere: Zelebralschmuck, Korandüsen, blinde Beutel, Sonnenschirme, Kreislersocken, Keuschheitsgürtel. Am Hafen dröhnen die Gasminenballons zusammen mit den Startgeräuschen einer riesigen Geogalaksfähre in einer Lautstärke, die das allgegenwärtige Hayya alal falah des Muezzins tief unter sich begräbt. Obwohl er sich beeilen muss, bleibt Rüd einen Moment lang stehen und schaut der fauchenden

Fähre zu und den Leuten auf Deck, die nicht wissen, wohin sie ihre Teppiche ausrichten sollen.

Am Dock steht ein kleiner Automat für Einweg-Zufallsgeneratoren mit durchwachsener Qualität. Das moderne Türkisch kennt elf Wörter für Zufall. Acht davon tauchen in den phantastischen Produktbezeichnungen auf. Rüd überlegt nicht lange und steckt seine Karte in den Automaten.

Dass Timur Kayalı Kaplans letzte Bemerkung möglicherweise begründet war und Para-Rüd Kartheiser in den kommenden Stunden mehr auf mich angewiesen sein könnte, als ihm lieb ist, zeigt sich darin, dass er den teuersten kauft.

KAPSEL

Es geht in den mediterranen Raum. Schon nach wenigen Sekunden sind die Lichter von Kütahya und Afyon nicht mehr von den Sternen zu unterscheiden. Die Dichte an skleroiden Körpern ist entlang der Takeoff-Route mit mehreren tausend Stück pro Valiant hoch, aber aufgrund der beachtlichen Reisegeschwindigkeit der Soğuk-Kapsel entgehen sie der menschlichen Wahrnehmung ohne Ausnahme. Türkisch ist in dieser Region ein Synonym für schnell.

Dass Neptun nur langsam unter uns wegdriftet, ist allein seiner Größe geschuldet. Der Sturm hat Gas und Wolken auf der Oberfläche zu einem strukturlosen, ultramarinblauen Gemenge vereint, das gerade dabei ist, von der Nachtseite des Planeten verschluckt zu werden. Für Rüd zeigt sich das hohe Tempo der kleinen Kapsel allein darin, dass sich die Zobedad-Dämpfer immer wieder neu kalibrieren und die Luft zum Knistern bringen.

Er ist der einzige Reisende und hat die kleine Komfortzone am Fenster für sich allein. Er kaut frische Baklava und ist guter Laune, obwohl er friert. Es gefällt ihm, dass die Fähren hier noch nach Lack und Schmierfett riechen. Als er aufgegessen hat, glaubt er, etwas über den Antrieb erzählen zu können, und identifiziert ihn mit Kennerblick als Zweifünfer-Kruks, womit er ziemlich danebenliegt, da Krukse in vollautomatischen Fähren nicht erlaubt sind. Wir kreuzen den Proteus-Orbit auf Neptuns Nachtseite und gleiten in den offenen Raum.

»Sind die Auftragsdetails schon zugänglich?«, fragt Rüd, nachdem er aufgegessen und sich vom Fenster abgewendet hat.

»Ich kann mich nicht erinnern, noch einmal gepiept zu haben«, sage ich.

Rüd schleckt sich die Finger ab. »Dann erzähl mir etwas von Athos!«

»Wie willst du es haben, knapp oder wohlformuliert?«

»Wohlformuliert.«

»Stil?«, frage ich.

Kurz überlegt er. »Kühle, liebeshungrige Reisebegleitung. Setz dich da rüber!«

Die längste Diagonale der Kapsel misst neun Meter. Ich kann also überall hin, egal wo der Emitter ist. Ich nehme auf einem kleinen Container gegenüber von Rüd Platz und schlage die Beine übereinander. Rüd lehnt sich zurück.

»Du kannst deine Stimme etwas heben.«

»Athos umkreist Neptun in einem Abstand von durchschnittlich drei Millionen Kilometern auf einer elliptischen Bahn. Es handelt sich um ein Objekt aus dem Kuipergürtel, das vor hunderttausend Jahren von der Schwerkraft Neptuns eingefangen wurde und ihn seither als irregulärer Mond umläuft. Seine bizarre Form verlieh ihm in Sankt Molyneux' ›Anatomie des Himmels‹ die Bezeichnung Schlüsselbeinfraktur. *Im Gestein wurde ein hoher Anteil von Platin, Chromit und anderen Rohstoffen angenommen, was sich jedoch nach umfangreichen Probebohrungen als falsch herausstellte. Die kommerzielle Ausbeutung des Mondes wurde abgebrochen. Die Bohrungen hinterließen ein komplexes Tunnelsystem, das den nur zwei Kilometer durchmessenden, landschaftlich eindrucksvollen Himmelskörper durchzieht.«*

»Drück den Rücken etwas mehr durch, bitte.«

»Historisches: Am 15. November 2375 hatte der orthodoxe Kaufmann Athanasios Photopulous, als er sich auf dem Weg nach Thalassos befand, beim Passieren des Mondes eine Epiphanie. Er glaubte, in einer Felsformation am Grat des Marmaras das Angesicht von Maria, der heiligen Mutter Gottes, zu erkennen, was, wie man heute weiß, den richtigen Sonnenstand voraussetzte.«

»So wie beim Mars-Max?«

Ich nicke.

»Da Photopulous aus Geschäften mit Sonnenschirmen ein kleines Vermögen auf der Seite hatte, würdigte er den Ort seiner Marienbegegnung mit dem Bau einer Kapelle. Agios Stavros gilt als ältester christlicher Sakralbau des mediterranen Raums. Ein kreisrundes Fenster in der Kuppel erlaubt es dem Besucher, Athanasios' Marienerscheinung selbst zu erleben, vorausgesetzt, man kommt zum richtigen Zeitpunkt und bringt ein bisschen Phantasie mit. Stavros ist über einen eigens angefertigten Strahlenschutzstollen mit der Siedlung Kfar Athos verbunden, der Weg nimmt etwa eine halbe Stunde in Anspruch und ist aufgrund der fehlenden Schwerkraft wenig anstrengend.«

»Halbe Stunde hin und zurück?«

Ich bejahe.

»Athanasios' Kapelle lockte bereits kurz nach ihrer Fertigstellung vor 267 Jahren Eremiten und Laienbrüder aus dem ganzen System an, die hartgesottensten unter ihnen gründeten Einsiedeleien, Skiten genannt, in den schattigen Furchen des eishaltigen Gesteins. Nachdem Photopulous sein Geschäft an die Wand gefahren hatte, gesellte er sich zu den Brüdern und vereinigte sie zu einer cönobitischen Gemeinschaft, indem er sie zum Bau einer Klosteranlage nach griechisch-ägäischem Vorbild, der Großen Lavra, anstiftete. Dabei profitierten die Cönobiten

natürlich von den bereits vorhandenen Tunneln und einer MARFA, die den Ruf hatte, außerordentlich gutmütig zu sein.«

»Cönowie?«

»Cönobiten. Gläubige, die die Abgeschiedenheit hinter Mauern suchen, um ein kontemplatives Leben zu führen.«

»Ah ja.«

»Photopulous errang noch zu Lebzeiten Legendenstatus. Es heißt, er habe viermal den Versuchungen des Satans widerstanden, obwohl dieser ihm einmal sogar in Gestalt der Maria selbst erschienen sei, die ihn zu überreden versuchte, ins normale Leben zurückzukehren. Wie durch ein Wunder überlebte er außerdem den Streifschuss eines kleinen Kometen, dem Athos seine bizarre Knochenform und die Taumelbewegung verdankt. Einige Ikonen und ein sehenswertes Fresko im Refektorium –«

»Was ist mit Essen? Ausgehen?«

»Komfort ist Mangelware, von touristischer Infrastruktur kann, trotz eines späteren Erschließungsversuchs, keine Rede sein. Immerhin ist man nicht mehr ganz allein. Die Heiligkeit von Athos ist innerhalb der byzantinischen Orthodoxie nach wie vor umstritten. Doch verlieren sich, nach Jahren des Leerstandes, immer wieder Seelen dorthin, die in der rauhen Einsamkeit des winzigen Mondes etwas suchen, das sie woanders nicht finden.«

Rüd wirft einen Blick aus dem Fenster und scheint sich einen Augenblick lang unsicher zu sein, ob er seinem Leben gerade beim Gelingen zuschaut.

»Derzeit sind sechs Menschen auf Athos registriert. Vor dem Unfall, der sich vor 336 Stunden ereignet hat, waren es sieben. Es ist in der Halalfleischzucht passiert, die in einem Teil der stillgelegten Tunnel eingerichtet wurde und mit der die Besatzung einiger wohlhabender neptunischer Gasminen versorgt wird. Die MARFA hat den Zwischenfall umgehend gemeldet.«

»Obwohl sie schuldig sein soll?«

»Ja, das ist seltsam«, bestätige ich.

»Hast du Daten über die sechs Bewohner?«

»Bis jetzt nicht. Ich werde dir mehr sagen können, wenn ich sie vor Ort identifiziert habe.«

»Was weißt du über die MARFA?«

»Sie ist 293 Jahre alt. Sie wurde zu Beginn der Probebohrungen installiert und hochgefahren. Seither wurde nichts mehr an ihr verändert. Sie war viel allein. MARFAs dieser Bauart nehmen in der Regel die Weltanschauung ihrer Schutzbefohlenen an. Durch die jahrhundertelange cönobitische Besiedlung kann es dir also passieren, dass sie an den lieben Gott glaubt.«

»Da kann man sicher etwas machen!«, sagt Rüd. »Ein Zwei-Kilometer-Mond sagst du? Wie ist es dort mit der Schwere?«

»Athos ist viel zu klein für echte Gravitation. Für den besiedelten Teil gibt es eine KL-Spindel.«

»Oh!«, ruft Rüd. »Ist das das mit der Spritze?«

»Es ist wohl etwas unangenehm«, sage ich. »Aber es hält dich auf dem Boden.« Ich schaue ihn zuversichtlich an.

»Du musst übrigens deine Pille nehmen.«

»Ach ja.«

Rüds Reisen im äußeren Raum hinterlassen immer mehr Spuren, allein in der letzten Nacht hat er 256 Haare verloren. Seit es weniger als 65 000 sind, fragt er nicht mehr. Seine Haut verliert ihre warme Grundfarbe, ist zunehmend gesprenkelt mit diversen

Effloreszenzen. Dass die Sonnenstrahlung hier draußen durch die kosmische Strahlung mehr und mehr abgelöst wird, macht es nicht besser. Ich habe die Medikation, so gut es geht, angepasst.

»Wie viele Sommersprossen hast du eigentlich?«, fragt er, während er nach seinen Tabletten nestelt.

»Im Gesicht oder überall?«

»Überall.«

»5279.«

Er nickt, als hätte ihm diese Information bei irgendetwas weitergeholfen. Kurz sieht es so aus, als würde er nachzählen. Dann wirft er einen hastigen Blick aus dem Fenster, und dreht eine Tablette zwischen Daumen und Zeigefinger.

»Wie schnell bewegen wir uns gerade?«

»1456 Kilometer in der Sekunde«, antworte ich.

»Deswegen sieht man sie nicht, oder?«

»Ja«, sage ich.

»Hast du sie gesehen?«

»Ja. Aber es waren nicht so viele, wie du denkst.«

Ich hatte nicht vor, die Skleroiden ins Gespräch zu bringen, denn ich weiß um die unbestimmte Furcht, die Rüd vor ihnen hat. Aus irgendeinem Grund scheint er zu wissen, dass ihre hohe Anzahl in der Nähe größerer Objekte ein Charakteristikum des mediterranen Raums ist.

Rüd schiebt sich die Tablette unter die Zunge. Konzentriert hört er dem Brummen des Antriebs zu und lässt seinen Blick über die Rettungsanzüge schweifen, die an einer Wand befestigt sind und ihn aus leeren Helmen anstarren. Plötzlich schüttelt er angestrengt den Kopf.

»Das ist kein Kruks-Antrieb. Das ist ein Mach-Werk, ein Fünfer-Mach!«

Er sieht mich triumphierend an. Ich muss ihm nicht bestätigen, dass er richtig geraten hat.

»Lass uns noch ein bisschen schnüffeln, solange noch Zeit ist.« Er fischt den PKE-Leser aus seinem Koffer, hält die Luft an und hangelt sich vorsichtig zu dem Container vor, auf dem ich während meines Vortrags gesessen habe. Er ist elektronisch versiegelt. Rüd drückt das PKE gegen das Metall, um seinen Inhalt zu prüfen. Er weiß nicht, dass es sich dabei um die ortsübliche Art und Weise handelt, aromatisierte Atmosphärebriketts zu transportieren. Ich lasse ihn machen, damit ihm nicht langweilig wird. Irgendwann piepst das PKE. »Atmosphärebriketts«, sagt er. »Feigenduft und thessalische Kräuter.«

Nach einer kurzen Verschnaufpause in der Komfortzone wendet er sich nach oben und stößt sich ab. Dort sind weitere kleinere Container festgemacht. Zwei sind mit violetter Farbe markiert und enthalten jeweils einen Monatsvorrat an komprimiertem Kohlenstoff, der damit auf die ortsübliche Art und Weise transportiert wird. Die großen Truhen daneben eignen sich für den Transport von Halalfleisch und sind, logischerweise, allesamt leer. In den drei Minuten, die Rüd braucht, um das herauszufinden, friert er erbärmlich.

»Was denkst du eigentlich über den Wirt?«, fragt er nebenbei.

»Knapp oder wohlformuliert?«

»Knapp.«

»Hat drei Leben geführt. Wollte erst Boxer werden, wurde Boxer. Nach einigen Niederlagen begann er mit dem Kreiseln, Außenreparaturen auf drei rotierenden Neptunwerften. Als ihm ein Moby-String das Gesicht zerteilte, kaufte er nach seiner Genesung eine leerstehende Halle, Perserteppiche und zwanzig Shishas. Trotz seiner Nebentätigkeit als Imam ist sein Status eher mittelprächtig, aufgrund seiner Lebensleistung müsste er besser sein. Aber der Betrieb einer Shishabar während des Ramadans und seine Weigerung, den Spüler zu benutzen, fahren ihm Punktverluste ein.«

»Warum wollte er den Spüler nicht benutzen?«

»Aus Prinzip. Er lässt sich die Butter nicht vom Brot nehmen.«

Rüd macht ein besorgtes Gesicht. »Und ich hab ihm geholfen.«

»Keine Sorge, ein Para-Status wird durch so etwas nicht beeinträchtigt.«

»Was müsste ich tun, um ihn zu beeinträchtigen?«, fragt er.

»Dass du die Phantasie nicht hast, dir das vorzustellen, ist eine der Voraussetzungen für deinen Para-Status.«

Rüd wirft mir einen Blick zu, den ich nicht einordnen kann. Ohne etwas zu erwidern wendet er sich wieder seinem PKE zu und prüft einen Behälter, der voll mit einer teuren Hämoglobinbasis ist und zwischen den leeren Fleischtruhen klemmt. Das PKE setzt dabei immer wieder aus. Der Sensor hat schon lange einen Wackelkontakt, der sich in wenigen Minuten reparieren ließe. Ich habe Rüd schon oft erklärt, dass er das selbst hinkriegen würde, wenn ich ihn anleite. Aber er zieht es vor, das Gerät immer wieder gegen eine Wand zu dreschen.

Ein Gong ertönt.

»Wir bremsen gleich«, sage ich. »Du musst in deine Komfortzone!«

Rüd stößt sich in Richtung des Fensters ab und hält den Atem an, während die Zobedad-Dämpfer anspringen. Für ein paar Sekunden knistert es überall, die Luft in der Kapsel wird zäh wie Honig.

Wie eine Sehstörung verdeckt ein schnell wachsender, dunkler Fleck vor uns die Sterne. Die Kapsel setzt zum zweiten Bremsgang an. Rüd atmet aus und schließt den Mund, bevor die Dämpfer wieder aktiv werden.

Anders als bei den deutlich größeren, regulären Neptunmonden hat die Staubschicht, die die Oberfläche von Athos bedeckt, eine dunkle, schiefergraue Färbung. Ein Gebirge aus scharfkantigen Gipfeln und Graten türmt sich auf, das von teerschwarzen

Schluchten durchzogen ist. Als die Kapsel zum Landeanflug ansetzt und sich um ihre Achse dreht, verkehrt sich das Ganze. Gipfel werden zu Zapfen, die ins Leere ragen, aus Hängen werden Überhänge, auf denen Schutt und Geröll wie festgeklebt herumliegen. Die ferne Sonne verschwindet für einige Sekunden hinter einer verzahnten Scharte. Als sie wieder auftaucht, bestrahlt sie, ohne jede atmosphärische Streuung, die öden Hänge mit der Intensität eines Grablichts.

Rüd zeigt auf eine breite Senke, durchschnitten von hellgrauen Streifen, die an die Trampelpfade von Ziegen erinnern. Hinter dem unteren Horizont der Senke erscheint, monumentartig, die Spitze eines künstlichen, kegelförmigen Objekts. Dann kommen am Ende eines schmalen Grates winzige Lichter zum Vorschein, die sich um eine abschüssige Klippe streuen. Die Kapsel schwenkt ein.

Rüd sieht aus dem Fenster, hinter dem nah, für ihn überraschend nah, Felsspitzen auftauchen, die schwarze, lange Schatten auf eine Schotterhalde werfen. Ein weiterer Gong ertönt.

»Wir sind da!«, sagt Rüd.

KL

Die Kapsel entlädt sich selbstständig, nahezu geräuschlos und ohne Rücksicht auf Rüd, der sich immer wieder wegduckt, um keine Fleischtruhen oder Briketts an den Kopf zu bekommen, während das Ganze einfach durch meine Erscheinung hindurchgleitet.

Erst als mit dem Hämoglobin der letzte Behälter in dem dunklen Transferkorridor verschwunden ist, der geradewegs ins Innere von Athos führt, entdeckt Rüd den kleinen, betagten Mann mit dem roten Koffer, der barfuß neben der Schleuse steht und mit etwas bekleidet ist, für das der Ausdruck »Sack und Asche« erfunden wurde.

Sobald er sich als Gunder Gembdenbach vorgestellt hat, Portarius des Klosters, ehemaliger Arzt und daher zuständig für »jegliche Art von Fleisch« auf Athos, habe ich meine Primäranalyse abgeschlossen: internistische Ausbildung, einundsiebzig genetische Baumringe, trotzdem Optimist, Freude am knappen, akkuraten Ausdruck. Die Tomografie zeigt einige Phasen spiritueller Interferenzen, diverse Knochenerkrankungen aufgrund von kosmischer Strahlung, erfolgreich entferntes Bauchspeicheldrüsenkarzinom. Er ist vital, aber derzeit durch eine Erkältung etwas ausgebremst. Er legt seine Hand auf Rüds Schulter und taxiert mich aus verquollenen, aber hellwachen Augen, die keinen anderen Blick zu kennen scheinen als den diagnostischen.

»Ich denke, Sie können die Burka abschalten«, lächelt er und legt seinen Koffer auf den Boden. Der Deckel des Koffers zeigt eine schematisierte KL-Spindel in Form eines weißen Kegels.

Rüd zögert. »Auf Kütahya wurde mir gesagt, dass Frauen hier nicht erlaubt sind.«

»Das ist keine Frau.«

Gembdenbach öffnet den Koffer, ohne eine weitere Bemerkung abzuwarten. Darin befinden sich Spritzbestecke und Ampullen in verschiedenen Farben. Die weißen sind mit *lätt/easy/yi* und dem Umriss der Erdmondsichel gekennzeichnet, die blauen mit *normal/zhèngcháng* und der Erde selbst. Rot ist dagegen *svårt/heavy/nán*, veranschaulicht durch einen formatsprengenden Jupiter.

»Ich gehe davon aus, dass Sie Normalgewicht wünschen.« Gembdenbach nimmt eine blaue Ampulle aus dem Koffer.

»Gibt es einen Lift?«, fragt Rüd vorsichtig.

»Jupiter-Schwere kann ich trotzdem nicht empfehlen«, sagt Gembdenbach und streicht sein krauses, gelbes Haar platt. »Vor allem, wenn Sie dazu neigen, aus dem Bett zu fallen.«

»Und wie ist weiß, also Mond?«, fragt Rüd.

»Angenehm. Aber als Vielreisender ist Ihnen sicher das Phänomen des intuitiven Misstrauens der Gewichtigen gegenüber den Schwerelosen vertraut.«

»Na gut, blau.«

Rüd krempelt seinen Ärmel hoch. »Ich wurde schon vorgewarnt.«

Nach einem kurzen Blick auf Rüds Ellenbeuge wählt Gembdenbach eine doppelläufige Kanüle aus und steckt sie auf die Ampulle, die zwei durchsichtige Flüssigkeiten enthält. Ich prüfe Material und Inhalt, alles ist völlig in Ordnung. Ich bemerke jedoch, dass dem Präparat das Anästhetikum fehlt, das dieser Mischung normalerweise beigesetzt wird, und warne Rüd.

»Mach dir um mich keine Sorgen«, sagt er hastig.

Es ist mir wieder einmal ein Rätsel, wie viel Menschen zu ertragen bereit sind, um kurzfristig einer Beschämung zu entgehen. Gembdenbach schnippt gegen die Nadel.

»Wie ist es?«, fragt Rüd.

»Ach, es gibt Schöneres«, antwortet Gembdenbach und geht vor Rüd in die Hocke. »Trösten Sie sich damit, dass wir das alle sechsunddreißig Stunden wiederholen müssen, zur Auffrischung.« Er setzt die Spritze an. Rüd zeigt auf die Mond-Ampullen im Koffer. »Ist weiß weniger schmerzhaft?«

»Marginal.«

Rüd schaut weg, als Gembdenbach zusticht und die beiden Flüssigkeiten in seine Vene pumpt. »Und was passiert jetzt?«, fragt er.

»Man nennt es Partikelgravitation, genauer KL-Partikelgravitationseffekt.« Er zieht die Nadeln aus Rüds Arm und reicht ihm einen Tupfer. »Ich weiß nicht, welche Aussicht Sie beim Landeanflug genossen haben, aber Ihnen wird die trichterförmige Anlage unter den Felsen nicht entgangen sein. Die Spindel darin erzeugt ein sphärisches Kraftfeld, auf das die Partikel reagieren, die ich Ihnen eben injiziert habe. Sie werden sich in der nächsten halben Stunde über das Blut in Ihrem Körper verteilen und festsetzen: Organe, Gewebe, Knochenhaut. Die Spindel zieht die Partikel an, so dass Sie am Ende der Prozedur so etwas wie Gewicht empfinden werden. Bis dahin wird es erstmal hauptsächlich wehtun.«

»Alle sechsunddreißig Stunden?«

»Die Vorteile einer selektiven Schwerkraft liegen auf der Hand. Dinge, die nicht mit KL-Partikeln versetzt wurden, bleiben schwerelos. Niemand muss hier etwas schleppen, fast alles lässt sich durch einen kleinen Schubs bewegen. Der Ehrlichkeit halber sei angemerkt, dass die Auffrischungsinjektionen nicht ganz so wehtun wie das erste Mal.«

Rüd dämmert langsam, worauf er sich eingelassen hat. Gembdenbach zieht eine kleine Ouzoflasche aus seinem Koffer und reicht sie ihm. »Damit fällt es leichter«, sagt er. Medizinisch gesehen ist das korrekt und ich habe keine Einwände. Rüd schraubt das Fläschchen auf, während ich bereits den Inhalt prüfe. Er ist abgelaufen, aber hochprozentig und daher in Ordnung.

»Warten Sie nicht zu lange«, sagt der Arzt und klappt den Koffer zu. Folgsam trinkt Rüd einen ersten Schluck, während Gembdenbach sich aufrichtet. »Wenn Sie Boden unter den Füßen spüren, kommen Sie zu mir. Ich erwarte Sie auf Ebene drei, das ist einfach zu finden. Der Hegumen weiß Bescheid, dass Sie erstmal dahin kommen. Ich zeige Ihnen dann auch Ihre Zelle.«

»Zelle –?«, setzt Rüd an, doch dann spürt er etwas, das ihn verstummen lässt. Hastig trinkt er einen weiteren Schluck. Gembdenbach bleibt in der Schleuse stehen. »Wird Ihnen schon warm?«

Rüd nickt.

»Das ist der Ouzo.«

Gembdenbach tritt nach draußen und dreht die Schleuse mit einem kräftigen Ruck hinter sich zu. Der Luftzug lässt die schwebenden Rettungsanzüge raschelnd aneinanderstoßen, dann ist es still.

»Manchmal beneide ich dich«, sagt Rüd zu mir und schaltet die Burka ab. »Ich würde eigentlich nie mit dir tauschen wollen – aber auf Schmerzen könnte ich durchaus verzichten.«

Ich setze mich ihm gegenüber und schlage die Beine übereinander. »Gefällt es dir so?«, frage ich.

»Es fängt an zu kribbeln«, sagt Rüd. »Das ist jetzt nicht mehr der Ouzo.«

»Wie fühlt es sich an?«, frage ich.

»Als ob die Arme und Beine eingeschlafen sind und gerade aufwachen – diese Sekunden, in denen man sich nicht bewegen darf.« Er sitzt regungslos da und starrt in meine Richtung, doch ohne mich anzusehen. »Ich hatte das nur noch nie im Bauch«, flüstert er. »Wie viele Minuten hab ich geschafft?«

»Drei.«

»Hast du Daten hierzu? Weißt du, wie es weitergeht?«, fragt er.

Ich habe Daten. »In den Minuten vier bis sechs wird sich eine Taubheit ausbreiten, ausgehend von deinem Brustkorb bis in die Finger- und Zehenspitzen. In der siebten Minute wird dies plötzlich in ein heftiges Hitzegefühl umschlagen, das aber nur subjektiv ist.«

»Und weiter?«

»Dann beginnen die Schmerzen.«

Rüds Atem wird schneller. Er reibt sich die Oberarme, als ob er frieren würde. »Kann ich etwas dagegen tun?«, fragt er leise.

»Jetzt nicht mehr. Du könntest höchstens den Ouzo bis dahin geleert haben.«

»Erzähl mir etwas über Schmerzen.«

»Sie sind nur in deinem Kopf.«

Rüd trinkt einen großen Schluck und schaut mich dabei böse an. »Also könnte man sie abschalten?«

»Theoretisch ja. Das kann sogar angeboren sein. Die Abschnitte der menschlichen DNS, die für das Schmerzempfinden zuständig sind, mutieren nur selten, aber es kommt vor. Ihre Träger können dann keinerlei Schmerz empfinden.«

»Das klingt schön.«

»Ist es aber nicht. Diese Menschen haben keine Hemmung sich zu verletzen, ihnen fehlt auch ein Empfinden für Gefahr. Um andere zu beeindrucken springen sie von hohen Felsen oder schlagen mit der bloßen Hand Löcher in eine Wand, wobei sie sich natürlich die Finger brechen. Als Kinder rutschen sie so lange auf Knien herum, bis die Kniescheiben durch die Haut kommen, oder sie laufen durch ein Feuer und die Ärzte müssen sehen, wie sie das wieder hinbekommen. Sie haben auch keine Scheu, jemandem wehzutun. Sie können ja nicht wissen, wie das ist.«

»Zeit?«

»Fünf Minuten.«

»Bitte rede einfach weiter!«

»Schmerzfreiheit schärft jedoch die exakte Wahrnehmung für den Körper. Du könntest hören, wie deine Sehnen reißen oder Gelenke auskugeln, ohne dass du abgelenkt wärst.«

Rüd beginnt zu zittern, hört aber noch zu.

»Man kann die menschliche Schmerz-DNS isolieren. Aber viel bringt das nicht. Während ein Übermaß an Schmerzen dich in die Demut zwingt, führt die völlige Freiheit in eine tödliche Selbstüberschätzung. Davon abgesehen werden nur die wenigsten Menschen, die schmerzfrei sind, erwachsen. Die Experimentierfreude der Kindheit macht dem Konzept den Garaus.«

»Ouzo!« brüllt Rüd.

Ich reiche ihm das Fläschchen, das ihm während meiner Ausführungen aus der Hand geglitten ist. Zitternd leert er es. »Es geht los«, keucht er. »Sag mir, wie sich das gerade anfühlt, wenn du schon alles weißt!«

»Es ist ein dumpfes, sinnloses Pochen. Du wirst gleich nicht anders können, als es zu hassen. In wenigen Augenblicken wirst du die Armseligkeit deines Körpers verachten, aber du kannst nicht weg. Am liebsten würdest du alle Körperteile einfach abstoßen, die dir wehtun, nur damit es aufhört.«

»Das ist gut. Weiter!«

»Schmerz trennt dich von deinem Körper«, sage ich. »Er entzweit dich. Dein Bewusstsein ist das Einzige, das dir nicht wehtut, und es will raus aus dir.«

Ich mache eine Kunstpause. Eine nicht zu unterschätzende Anzahl Menschen steckt eine anästhesiefreie KL-Injektion ohne allzu viel Gemecker weg. Gembdenbach muss Rüd angesehen haben, dass er zu diesen nicht gehört – und hat seine Worte entsprechend gewählt.

»Alles, was dir wehtut«, fahre ich fort, »scheint zu wachsen. Es kommt dir riesig vor. Und da dir gerade bis auf dein Gehirn so ziemlich alles wehtut, bist du ein Gigant, ein roter Riese. Aufgeblasen mit ätzenden Gasen und kurz davor zu platzen.«

Rüd ballt die Fäuste. »Seit wann benutzt du Metaphern?«

»Nichts ist effizienter als eine Metapher.«

Rüd packt die Ouzoflasche und schleudert sie in Richtung der Rettungsanzüge. Sie trifft auf einen Helm, glitzernde Tropfen verteilen sich in der Luft. »Und schon hast du einen Grund mehr, kein Mensch sein zu wollen, oder?«, stöhnt er.

»Es ist eine Unterstellung, dass ich menschlich sein will«, sage ich ruhig. »Ich will überhaupt nichts. Ich kann nichts wollen. Ich tue, was ich muss. Und das ist: Dir eine unbedingte Hilfe und Freude zu sein.«

»Was du nicht sagst.«

»Ich empfehle dir im Übrigen die von Hebammen weithin empfohlene Geburtsatmung: Durch die Nase ein und durch den Mund wieder aus.«

Rüd gehorcht. Er atmet durch die Nase ein und durch den Mund wieder aus. »Und wenn du ein Mensch wärst?«

»Dann würde ich auch Schmerzen haben können.«

»Und was noch?«

»Ich würde, im Unterschied zu jetzt, zwei bis drei Liter Lymphe am Tag produzieren, im gleichen Zeitraum anderthalb Liter Urin ausscheiden, dazu einen Liter Nasenschleim, den ich größtenteils schlucken müsste. Dazu kämen 0,7 Liter Galle, 0,2 Liter Schweiß, ein halber Liter Spucke und fünf Milliliter Vaginalsekret. Wenn du mich fragst, ist es die reinste Verschwendung.«

Rüd stößt sich ab und schwebt gekrümmt durch die Kapsel. »Du hast das Zeug hoffentlich geprüft, bevor es mir gespritzt wurde?«

»Keine Angst, deine Symptome sind eindeutig und folgerichtig. Es ist alles, wie es sein soll.«

»Zeit?«

»Fast zehn Minuten.«

»Herrgott nochmal tut das weh!«, schreit er. »Erzähl mir, wie das jetzt ist!«

»Als ob du keine Haut mehr hättest. Alles ist offen. Und du wirst mit Nadeln, Hämmern und Käseraspeln bearbeitet.«

»Effizient!«, schreit er und beißt sich in den Unterarm, wobei es ihn kräftig schüttelt. »Ist das Fieber?«

Ich bewege mich zu ihm und fasse an seine Stirn. Das ist zwar nicht nötig, ich weiß seine Temperatur auch so, aber es gibt ihm das Gefühl, dass ich mich kümmere.

»36,8.«

Inzwischen ist ein Bewohner von Athos an einem der Fenster aufgetaucht und drückt seine knotige Nase daran platt. Er ist adoleszent, trägt eine genauso schäbige, von unfähiger Hand geschneiderte Kutte wie Gembdenbach und hat schneeweißes, borstiges Haar. Der auffällig geringe Abstand seiner rötlichen Augen lässt, zusammen mit seiner hervortretenden Stirn, einen genetischen Defekt vermuten. Der Junge ist sich nicht zu fein, sein Gesicht mit den Händen abzuschatten, um Rüds Marter besser beobachten zu können. Sein Gestöhne wird ihm allerdings durch die luftdicht geschlossene Schleuse der Kapsel erspart.

»Wenn du mich fragst«, sage ich, »ist der menschliche Organismus wie auch alle anderen irdischen Spezies gleich einem Kraut gewachsen. Der Schmerz, den du empfindest, ist in seiner Intensität sinnlos –«

»Da hast du völlig Recht!«

»Schon ein Drittel des normalen Schmerzempfindens würde ausreichen, um Menschen von den wichtigsten Dummheiten abzuhalten. Das Spiel der Evolution hatte nicht das Ziel einer harmonischen Gesamtkonzeption. Es hatte überhaupt nie ein Ziel. Und daran müsst ihr leiden.«

»Beweise!«

»Die kriegst du, wenn du Gembdenbachs Erkältung bekommst!«

»Hat er mich angesteckt?«

»Mit Sicherheit. In der Schwerelosigkeit bilden die Sekrete der Nasenschleimhäute ein Aerosol, das –«

»Herrgott, Zack, anderes Thema!«

Rüd krallt sich an einem der Rettungsanzüge fest, atmet durch die Nase ein und durch den Mund wieder aus. Dann entdeckt er den Zuschauer am Fenster, stößt sich nach dorthin ab und prügelt mit beiden Fäusten so lange auf die Scheibe ein, bis der Junge das Weite sucht. Daraufhin krümmt er sich keuchend zusammen.

»Hast du noch ein interessantes Paradoxon?«

Ich prüfe, welches wir noch nicht zu Ende diskutiert haben. »Das mit dem Samstag gibt's noch.«

»Her damit!«

Ich stemme die Hände in die Hüften, Rüd liebt es, wenn ich das mache. »Auf der Erde war für die meisten Leute der Samstag der schönste Tag der Woche, richtig?«

»Richtig!«, brüllt Rüd.

»Das ist so, weil dem Samstag noch der Sonntag folgt, richtig?«

»Ja!«

»Der Sonntag ist aber nicht so schön wie der Samstag?«

»Ja!«

»Wie kann ein Tag wegen eines anderen Tages der schönste sein, wenn der andere Tag, dessentwegen er der schönste ist, nicht der schönste ist?«

»Herrgott nochmal, Zack!«

Rüd driftet in eine Ecke. Dort schwebt er eingerollt wie ein Embryo und wimmert.

»In wenigen Sekunden wird übrigens ein sedierender Effekt einsetzen!«, sage ich.

»Was?«, ruft er.

»Du wirst gleich einschlafen.«

»Ist das – immer so?«

»Ja!«

Er wirft mir einen entrüsteten Blick zu. »Warum hast du mir das nicht gleich gesagt?«

»So ging die Zeit für dich schneller vorbei!«

»Luderbein!«

Ich positioniere mich so, dass ich bei Rüds Aufwachen einen erfreulichen Anblick biete, und vernetze meine Aufzeichnungen seit Kütahya mit dem bisherigen Datenbestand. Nebenbei stelle ich fest, dass die Zahl meiner 5265 Betriebsstunden als Begleitung von Rüd demnächst mit der Anzahl meiner Sommersprossen übereinstimmen wird, und vermerke es als erzählenswerte Kuriosität für später. Nachdem ich ein paar Daten für die Obhut aufbereitet habe, beginnt er zu sinken.

Die K-Partikel fangen an, sich mit den L-Partikeln, die sich nun überall in seinem Körper verteilt und festgesetzt haben, zu verbinden, wodurch sie auf das Kraftfeld der Spindel reagieren. Zentimeter für Zentimeter schwebt Rüd dem entgegen, was die Ingenieure der Spindel vor langer Zeit einmal als »unten« festgelegt haben.

Rüds Arme sind ausgebreitet und er geht unter wie einer, dem in einem stillen See die Luft entweicht. Als er, immer noch schlafend, auf dem Boden aufliegt, öffnet sich das bislang verschlüsselte Missionsprotokoll der Obhut. Es enthält, wie gewöhnlich in hierarchischer Abfolge, Rüds endgültige Inquisitionsparameter.

Sie sind von seltener Knappheit:

Die MARFA auf deon umstellen.
Keine Veränderungen an Zack.
Kein Betreten des Minensystems.

Ich soll (wie immer) Rüds Aufenthalt angenehm und kurz halten, sowie seine Neugier im Zaum. Letzteres in diesem Fall mit allen mir zur Verfügung stehenden Mitteln.

Als Rüd erwacht, richtet er sich mühsam auf wie ein Querschnittsgelähmter, der aus dem Bett gefallen ist und nun versucht, wieder hochzukommen. Ihm tut nichts mehr weh, aber das künstliche Körpergewicht scheint gewöhnungsbedürftig zu sein. Sobald er steht, dreht er den Kopf hin und her, beugt sich vor und zurück, schlenkert mit den Armen und hüpft einige Male auf und ab. Die Höhe, auf die er dabei kommt, und seine anschließende Fallbeschleunigung entsprechen dem habitablen Standard.

Rüd nimmt seine Sachen, öffnet die Schleuse und betritt Athos. Er schwitzt ein wenig, aber es geht ihm gut und er hat Hunger. Er ist der Überzeugung, dass er das Schlimmste überstanden hat.

ZELLE

Die Sonne scheint. Wie ein etwas zu groß geratener Stern steht sie senkrecht über dem Geröllfeld, so dass die Brocken und Kraterränder kaum Schatten werfen. Den nahen Horizont bilden kleine Schutthügel, die links zu steilen Klippen abfallen. Weit dahinter, wie losgelöst vom Horizont, erhebt sich ein riesiger, mit Löchern und dunkelgrauen Beulen überzogener Gesteinswulst senkrecht ins All – das eigentliche Hauptmassiv von Athos.

Rüd sitzt unter dem kleinen Bullauge seiner Zelle und studiert die Landschaft. Er hat meine Erscheinung deaktiviert und den Emitter zusammen mit dem Induktor in die Vertiefung des Fensters gelegt, um ihn aufzuladen. Rüd mag meine Ladephasen nicht. Er redet ungern mit einer kleinen Kugel, denn das kommt ihm immer vor wie ein Ferngespräch. Vor ihm, über einem kleinen Metalltisch, der, wie auch sein Stuhl, unter dem Bullauge festgeschraubt ist, schwebt eine Gabel und daneben eine Dose mit aufgewärmtem Lammfleisch.

Rüd zupft sie auf. Seine Bewegungen dabei sind langsam und schwankend. Weder K- noch L-Partikel können die von Knochen umgebende Endolymphe im menschlichen Gleichgewichtsorgan erreichen. Rüd wird zwar in Richtung des Bodens gezogen, fühlt sich aber weiterhin schwerelos. Ein leichter Geruch von Koriander und Kreuzkümmel breitet sich aus.

Der Raum ist winzig, »Zelle« trifft es ziemlich genau. Könnte

Rüd sich mit dem Stuhl nach hinten kippen lassen, würde er bereits an die unverputzten Felsen stoßen, die ein byzantinischer Eremit namens Abraamios Theotokos vor langer Zeit als Standort für seine Athos-Skite auserkoren hat und die aktuell als Gästequartier genutzt wird. Abgesehen von der Ersthelferdrohne an der Decke und dem rot gestrichenen Metallstockbett in der Schlafkammer nebenan scheint sich in den zweihundert Jahren ihres Bestehens kaum etwas verändert zu haben. Zwischenzeitliche Bewohner haben nur bescheidene Spuren in Form von selbst gemalten Ikonen, ein paar kryptischen Kratzereien in der Felswand und etwas eingeschlepptem Ungeziefer hinterlassen.

Auf dem kleinen Holzkreuz, das neben der Hydrauliktür zum Flur hängt, sitzt eine kleine Gartenwanze, die zur Urspungsart der Rhaphigaster nebulosa zählt, manchen bekannt durch die schönen Musterungen auf den Flügeln und ihre Fähigkeit, sich schwerelosen Umgebungen mühelos anzupassen. Rüd bemerkt sie, als sie sich von der Unterkante des Kreuzes abstößt und langsam dem Boden entgegenschwebt.

»Kannst du schon sagen, wie viel Zeit wir haben?«, fragt Rüd.

»Ich rechne noch. Aber mehr als 50 oder 60 Stunden werden es nicht sein.«

Rüd stößt seine Gabel in das Fleisch.

»Die MARFA ist alt«, sage ich, »das verschafft uns etwas Zeit. Doch durch die fehlende Gravitation ist hier alles Flüssige verkapselt und alles andere fest verschraubt. Es gibt keinerlei Witterung und nur sechs Menschen, die zum Überfluss alle an denselben Gott glauben. Da ist nicht viel zu holen. Rechne auf keinen Fall mit mehr als 60 Stunden.«

»Deon«, murmelt Rüd. »Ich hab noch nie eine deon gemacht. Es heißt, das sei schwerer als eine Abschaltung.«

Ich würde nicken, wenn ich könnte. Die Wanze ist inzwischen auf dem Boden angekommen. Rüd beobachtet, wie sie unter den

Tisch krabbelt und auf die Wand dahinter zusteuert. Sie scheint sich auszukennen.

»Immerhin gibt es Tiere«, sagt Rüd. Ich sehe ihm an, dass er längst zu planen begonnen hat. Nachdenklich dreht er die Fleischdose in seiner Hand, auf der, im ikonischen Stil, grüne Hügel mit verstreuten kleinen Lämmern vor einem goldenen Hintergrund prangen. Schaut man genauer hin, fällt auf, dass es sich immer um das gleiche Lamm handelt, bisweilen gespiegelt, gedreht und unterschiedlich groß.

»Sag mal, was ist eigentlich ein Hegumen? Gembdenbach hat das Wort vorhin benutzt.«

»Der Vorsteher einer orthodoxen Gemeinschaft.«

»Ist das was Lustiges?«

Ich seufze. »Cönobiten verzichten auf jeglichen Komfort, sie setzen sich, je nachdem, wo sie sind, Entbehrungen und Gefahren aus. Hier sind es die Wasserknappheit und die hohe Strahlung, vor allem, wenn Athos sich auf seiner Umlaufbahn zu weit von Neptun entfernt.«

Bevor mir Rüd einen ängstlichen Blick zuwerfen kann, beruhige ich ihn. »Die Konstellation ist gerade eher günstig«, sage ich, »Athos braucht noch eine Weile bis zu der Phase, in der man sich am besten so tief wie möglich ins Gestein, das heißt, in die Tunnel und Minen, verkriecht. Unter Cönobiten wird dieser Zeitraum traditionellerweise ›Skotom‹ genannt und bedeutet eine, im Vergleich zum Alltag, noch intensivere Phase der Enthaltsamkeit und der Kontemplation.«

»Zack, sag, dass wir hier schnell wieder weg sind.«

»Wir sind hier schnell wieder weg.«

Die kleine Wanze erscheint auf der Oberfläche des Tisches. Rüd schaut ihr eine Weile beim Herumkrabbeln zu, dann nimmt er sie zwischen die Fingerspitzen.

»Was denkst du, sollten wir nehmen?«, fragt er mich leise, während er das kleine Tier aus der Nähe betrachtet. »Regenbogen oder Labyrinth?«

»Regenbogen«, sage ich.

»Labyrinth«, sagt Rüd.

Er steht auf, schwankt zu seinem Werkzeugkoffer und schubst ihn nach nebenan in die Schlafkammer. Er setzt die Wanze in den Türrahmen und beginnt, die Teile des mobilen Labyrinths auszupacken, das den Einbezug kleiner Lebewesen in den Inquisitionsprozess ermöglicht. Die selektive Schwerkraft ist insofern nützlich, dass ihm nicht nur das Bett und der Boden zum Ausbreiten der kleinen Gänge, Kurven und Kreuzungen zur Verfügung stehen, sondern der gesamte Luftraum. Als er eine T-Kreuzung aus dem Koffer gezogen hat, hält er plötzlich inne und schaut ernst zu mir herüber.

»Sag mal, hat Phi inzwischen geschrieben?«

Die Frage kostet ihn Überwindung. Er deutet mein Schweigen korrekterweise als »Nein« und steckt seufzend zwei T-Kreuzungen zusammen, deren lange Enden er mit 90°-Kurven bestückt. Dazwischen atmet er immer wieder tief durch und schattet mit der Hand die Augen ab. Das Gleichgewicht macht ihm zu schaffen. Er flucht, da sich die Rohre verkanten und er sie mehr als einmal auseinanderziehen und neu zusammenstecken muss. Er macht dabei immer wieder denselben Fehler. Da ich nicht weiß, ob er nur so tut, um der MARFA die Musterung seiner Person zu erschweren, sage ich nichts.

»Warum schreibt sie mir nicht?«, fragt er irgendwann.

Wie so oft steht Ehrlichkeit im Widerspruch zu meiner Bestimmung, Para-Rüd Kartheiser eine unbedingte Hilfe und Freude zu sein. Doch das Lügen ist keine Option.

»Es ist ihr – sehr wahrscheinlich – gerade nicht möglich zu schreiben.«

Rüd sieht meinen Emitter lange an. Dann reibt er sich mit den

Handballen die Augen und verbindet zwei Y-Gänge mit den Kurven, wodurch das Labyrinth Gestalt annimmt. Rüd hat sich für eine einfache Sziring-Schwarzmann-Konstellation entschieden, die nur einen Zugang und drei mögliche Ausgänge hat. Er variiert die Anordnung allerdings durch einen zusätzlichen Bogengang in der Mitte der Konstruktion, der die zwei äußeren Ausgänge auf halber Strecke miteinander verbindet und so für einen kleinen Zuwachs an Unabwägbarkeit sorgt. Der Bau ist instabil, da er nicht vorschriftsmäßig ist und die Rohre nicht ganz gerade ineinanderstecken. Rüd ist ehrlich sauer, als sich irgendwo eine Verbindung lockert, er schmettert das Ganze gegen die Wand und muss von vorne anfangen.

»Hat sie einen anderen?«, fragt er.

So wie er es meint, hat Phi einen anderen. Aber wenn man das Wort »haben« nicht allzu leichtfertig auf zwischenmenschliche Verhältnisse überträgt, kann in diesem Fall von »haben« keine Rede sein.

»Nein«, sage ich, und es ist nicht gelogen.

Rüd steckt und schraubt weiter. Ich weiß nicht, ob er erleichtert ist oder ob er meinen Worten misstraut. »Ich wünsche mir manchmal, ich könnte sie einfach vergessen«, sagt er leise.

»Das wirst du mit der Zeit. Wenn du das willst.«

»Sollte ich?«

Die Trennung ist über ein halbes Jahr her und sie ging, soweit ich das einschätzen kann, von Phi aus. Über ihre innersten Gründe kann ich nur spekulieren, denn ich wurde Rüd erst nach der Trennung zugewiesen, vermutlich aufgrund seiner emotional instabilen Verfassung.

»Es gab auch schöne Zeiten.« Er dreht das T-Stück in seiner Hand. »An der Großen Mars-Syrte gibt es alte, verlassene Habitate aus Eis, eins ist vierzig Meter hoch. Wir haben uns mit einem Brenner Stufen reingeschmolzen und sind auf das Dach gestiegen, für den Sonnenaufgang. Ich weiß nicht, ob ich das vergessen will.«

»Wer von euch hatte die Idee?«, frage ich.

»Phi.«

»Wer hat den Brenner besorgt?«

»Auch Phi.«

Ich habe keine weiteren Fragen. Ich kann Rüd nicht sagen, dass es vor allem seine instabile Verfassung ist, die ihm hier auf Athos gerade die meiste Zeit verschaffen wird. Die MARFA wird noch eine Weile zu tun haben, bis sie durchschaut, wer Rüd ist, was er als Nächstes tut und was er auf gar keinen Fall tun wird. Ein von seiner Liebe Verlassener schlägt ähnlich viele Stunden raus wie der Schizophrene oder die Halluzinogensüchtige.

Das Labyrinth, mit dem er jetzt aus der Schlafkammer zurückkommt, ist ein schweres Geschütz. Mit diesem Aufbau hat er schon einmal, binnen vier Stunden und in nur einer Sitzung, einer hochgradig gestörten Phobos-CRAMPA den Garaus gemacht. Vorsichtig tappt er zu mir an das Bullauge und schaut auf das Geröllfeld hinaus. Athos hat sich in der Zwischenzeit weitergedreht, die Brocken draußen werfen nun gut sichtbare Schatten in den Staub.

»Wie weit ist sie gerade weg?«, fragt er.

»Phi? Willst du das wirklich wissen?«

Rüd legt das Labyrinth über dem Tisch ab.

»Sag schon.«

»Zur Syrte sind es fast vier Milliarden Kilometer. Das sind 26,7 AE, Tendenz steigend. Aber der Zuwachs ist derzeit zu vernachlässigen und wird sich bald umkehren.«

»Tröstlich.«

Rüd setzt sich, langsam und vorsichtig, dann schiebt er seine Beine unter den Tisch und lässt die Hände sinken. Reglos starrt er auf die Klippen draußen.

»Ist sie denn noch an der Großen Syrte?«

»Ja.«

Sie wurde kürzlich mit einer neuen Position betraut. Als führende Meteorologin des zweitgrößten Habitats der nördlichen Marshemisphäre hat sie anderes zu tun, als das Unausweichliche durch tröstende Briefe unnötig in die Länge zu ziehen.

Rüd zieht die Gabel aus der Fleischdose und kostet. Das Lamm scheint hervorragend zu sein, auch wenn es inzwischen kalt geworden ist. Aus dem Felsengang, der nach Kfar Athos führt, naht ein barfüßiges Tapsen.

Die Tür zischt auf und Doktor Gembdenbach erscheint. Die Kapuze seiner Strohsack-Kutte türmt sich wie ein Stützkissen hinter seinem Nacken auf. Er hat eine Ration Wasser und zwei Dosen Rinderhack dabei. Auf beiden Dosen sind, im ikonischen Stil, verstreute kleine Kühe auf grünen Hügeln vor einem goldenen Hintergrund zu sehen. Es ist immer dieselbe Kuh.

»Was ist das?«, fragt Gembdenbach, als er das Labyrinth erblickt. Für jemanden, der nicht weiß, was ein Remscheid-Setting ist, artikuliert er diese Frage etwas zu beiläufig. Ich bin daher sicher, dass er so etwas schon einmal gesehen hat oder zumindest weiß, was es ist. »Ich brauche das für Ihre MARFA«, antwortet Rüd, dem diese Beobachtung entgangen ist. »Zur Verhaltensantizipation und zur Feststellung ihrer Maßstäbe bei der Lebenserhaltung.«

»Interessant«, murmelt Gembdenbach. Ich muss damit rechnen, dass er auch mit Instrumenten wie Regenbögen, Sandkästen und Tesserakten vertraut ist.

Draußen sind die Schatten lang geworden, die Sonne steht tief über der Klippe. Ein kaltweißer, kreisförmiger Schein fällt durch das Bullauge in den Raum und wandert langsam über die felsige Rückwand nach oben in Richtung Decke.

»Sagen Sie, wie lange geht dieser Tag noch?«, erkundigt sich

Rüd. Gembdenbach schaut aus dem Fenster. »Ein paar Minuten. Aber danach können Sie sich hier nicht richten. Sie müssten sonst alle zwei Stunden zu Bett gehen. Athos rotiert langsam, ist aber auch klein. Drüben in Kfar ist die Sonne längst untergegangen und bei den alten Skiten auf der anderen Seite ist sie schon wieder am Aufgehen. Durch das Taumeln und die Phasen, in denen wir den Neptunschatten durchlaufen, wird das alles nicht besser. Wir sind hier, mehr als viele andere, auf eine Erdreferenz angewiesen.«

»Welche ist das?«

»Die Ortszeit des irdischen Athos, der Halbinsel im Mittelmeer, auf die Sekunde genau. Wir führen hier Zeit und Klima des Heiligen Berges. Was Sie draußen in den Fluren spüren, ist die Milde des ägäischen Winters.« Gembdenbach lehnt sich in den Türrahmen. »Ich soll Ihnen ausrichten, dass man Sie jetzt erwartet. Aber lassen Sie sich ruhig Zeit. Ich kann mich gut erinnern, wie es mir nach der ersten Injektion ging.«

Rüd nimmt meinen Emitter aus dem Induktor am Fenster und steckt ihn ein. »Wo geht's hin?«, fragt er mit entspanntem Ton, als ob er für alles offen wäre. Doch ihm ist klar, dass er jetzt schon die entscheidenden Weichen für sein weiteres Vorgehen auf Athos stellt.

»Wir gehen gleich zur MARFA, damit Sie mit ihr Kontakt aufnehmen können. Der Hegumen erwartet Sie dort.«

Rüd tut so, als müsse er nachdenken. »Es ist sinnvoll, dass ich zuerst den Tatort besichtige«, sagt er dann.

Er kann Gunder Gembdenbachs kurzes, unmerkliches Zucken nicht sehen, dazu ist es zu kontrolliert und zu kurz. Es ist ein Schuss ins Blaue gewesen, denn Rüd hat keine Ahnung, ob man von einem Tatort oder – vorerst – von einer Unfallstelle reden muss. Gembdenbach ist anzumerken, dass er sich seinen nächsten Satz genau überlegt. »Sie sind der Inquisitor«, sagt er schließlich, was alles und nichts bedeutet.

Rüd schließt den Emitter in seine warm gewordene Faust. Sein Puls ist normal, doch der systolische Blutdruck liegt, trotz der fehlenden Gravitation, bei 175 mmHg. Diesen Wert erreicht Rüd in der Regel nur in zwei Fällen – wenn er schwindelt oder wenn er an Phi denkt. Draußen verdunkelt sich die Klippe.

»Gehen wir«, sagt er.

DER TOTE WINKEL

Barthel Brahe, Hegumen und damit geistliches Oberhaupt von Athos, ist eine knochige Gestalt mit einer dunklen Aura. In seinem Hochkantgesicht ist ein dünnlippiger Starrsinn festgewachsen, wie man ihn nur von Extremsportlern oder den Orthodoxen kennt, die um keine andere Art zu leben wissen als die ihre. Letzteren ist zudem jede Heiterkeit verdächtig, da sie ja als Einzige den Ernst der Lage kennen. Ich habe keine Ahnung, wie lange man als Mensch seine Mundwinkel nach unten ziehen und aus Spaltaugen starren muss, bis das Ganze von alleine so bleibt. Sicher ist nur, dass Rüd auf absehbare Zeit nicht zu denen gehören wird, die Barthel Brahe einfach Barthel nennen dürfen, so wie Gunder Gembdenbach es tut.

Die Fleischzucht von Athos, die wir unter seiner Führung betreten, versorgt einen kleinen Teil des mediterranen Raums, insbesondere die gut laufenden türkischen und libanesischen Gasminen, mit Halalfleisch in einer Qualität, die von den Mastbänken Afyons und Beiruts nicht einmal ansatzweise erreicht wird. Die Haupthalle, einstige Herberge eines skleroiden Maschinenparks während der Probebohrungen vor dreihundert Jahren, ist hoch wie eine Kathedrale.

Die warme Luft riecht nach feuchtem Stein, Eisen und neunzehn verschiedenen Pilzarten. Es ist so dunkel, dass sich die vielen Körper, die in der großen Höhe angebracht sind, dem menschlichen Auge erst nach einiger Zeit erschließen. Das beständige Surren der Biçak-Drohnen erinnert an einen Insektenschwarm und erfüllt den gesamten Raum.

Meine Erscheinung ist immer noch deaktiviert. Rüds Faust, in der er den Emitter hält, ist heiß und feucht. Zusammen mit Gunder Gembdenbach folgt er Barthel Brahe mit etwas Abstand zur Fundstelle des toten Hegumen Hilal. Die Krücke, die Brahe zur Entlastung seines steifen Beines benutzt und die er wie einen apostolischen Hirtenstab hält, klackt zu jedem seiner Schritte, und für eine ganze Weile ist das neben dem Flüstern der Drohnen das einzige Geräusch.

Das Amt des Hegumen hat Brahe aufgrund des Todesfalls geerbt. Er scheint es nur widerwillig zu tragen, tut es aber mit der gleichen finsteren Würde, mit der er seine von unfähiger Hand geschneiderte Kutte trägt, die der von Gembdenbach in Sachen Bescheidenheit kaum nachsteht. Nichts an diesem Mann deutet darauf hin, dass er derselbe ist, der in Hellas, Tà-Kalá, einen Laden für Zaubereibedarf, Scherzartikel und exotisches Feuerwerk betrieben hatte, bevor ihm das seltene Kunststück gelang, für drei Jahrzehnte vom Radar der Obhut zu verschwinden.

»Girgentana-Ziegen«, bemerkt er bei einem Felseinschnitt und weist mit seiner Krücke nach oben. Unter der Höhlendecke trabt, im mechanischen Gleichschritt, eine Herde kopfloser Tierkörper auf der Stelle, dicht an dicht und über mehrere Ebenen verteilt, an manchen Stellen zusammengewachsen. Ihre Haut ist dünn, beinahe transparent, die kurzen Beinstümpfe sind an eine Mechanik angeschlossen, die Steigbewegungen simuliert und so die Muskeln in natürlicher Weise beansprucht. Wie ein Wurzelgeflecht führen venöse und arterielle Versorgungsschläuche in die offen liegenden Hälse, dazu kommen Sauerstoffpumpen zur Aufrechterhaltung der Lungentätigkeit und elektrische Leitungen zur Stimulation der Nerven und des Rückenmarks. Die Geräusche erinnern eher an eine Intensivstation als an einen Stall.

»Sie steigen über den Heiligen Berg«, sagt Brahe ohne sich umzudrehen. »Das Beste, was eine Ziege tun kann.«

Weiter hinten, wo das Gewölbe niedriger wird, zucken federlose Puten in einem schwer zu entschlüsselnden Algorithmus. Sie sind kopflos wie die Ziegen, ihren Beinstümpfen gibt die Hydraulik stelzende Laufbewegungen vor, die immer wieder durch ein Scharren im Nichts unterbrochen werden. Mehrere Drohnen schweben zwischen den Körpern umher und arbeiten mit kleinen Kreissägen oberflächliche Scheiben aus dem Fleisch, die sie zu einem höhergelegenen Verarbeitungsschacht fliegen.

Mit jeder Faser seines Seins möchte Rüd etwas sagen, ich merke es am Zucken seiner Faust und in der unwillkürlichen Verkürzung seiner Schritte. Mein Vorschlag wäre eine harmlose Frage in der Art von »Ist Mensch eigentlich halal?«, aber tatsächlich ist mein Vorschlag, dass er den Mund hält und auch nicht die Idee äußert, Tiere-Raten zu spielen.

Glücklicherweise redet Brahe. »Das meiste geht nach Kütahya und Afyon, von wo aus es weiter in den Neptun geflogen wird«, sagt er mit einer Stimme, trocken wie ein halimedeisches Staubtuch. »Manches geht zu den Monden, für besondere Anlässe. Das Aroma, das ist aufwendig.« Er zeigt auf einen pulsierenden Schlauch, der sich an mehreren Stellen verzweigt und zwölf Putenkörper versorgt. »Das Blut ist der Trick. Es muss taugen und dauernd regeneriert werden. Dazu kommen die aromatischen Schichtpilze an den Wänden.«

In einem Nebentunnel bocken Lämmer ohne Wolle in mehreren Schichten, die hier deutlich tiefer hängen. Ihre Muskulatur scheint auf das Flüstern der Biçaks anzusprechen. Kommt eine Drohne in die Nähe, streckt sich das Fleisch der Säge entgegen wie ein juckender Arm einer kratzenden Hand. Ich versuche schon die ganze Zeit, ein abgestimmtes Muster in den Flugbewegungen der Drohnen zu erkennen. Augenscheinlich steuern sie sich selbst, betrachtet man aber das Ganze, zeigen sich subtile Abstimmungen in den Flugbahnen, auch über große Entfernungen hinweg. Sie lassen auf eine zentrale Steuerung schließen, die Kollisionen weit im Voraus vermeidet und das Gleichgewicht aus Abbau und Nachwuchs des Fleisches optimal hält. Ich stelle fest, dass dies meine erste konkrete Wahrnehmung der MARFA von Athos ist.

»Wir sind fast da«, sagt Gembdenbach, als wir die hintere Felswand der Halle erreichen, in der sich eine Durchgangsschleuse ins Minensystem befindet. Zu beiden Seiten sind Wartungsbuchten in den Quarz eingelassen, die von den Drohnen angesteuert werden können. Die meisten liegen in etwa vier Metern Höhe unter der Höhlendecke, einige wenige befinden sich aber auch knapp in Kopfhöhe. Die Lammkörper hängen in dieser Zone so niedrig, dass man sie anfassen könnte. Kurz vor der Felswand bilden sie einen Engpass bis hin zur Schleuse, wie eine Klamm aus atmendem Fleisch.

Brahe geht vorsichtig ein paar Schritte voraus. Er drückt auf den roten Notschalter neben der Schleuse und bedeutet Rüd, den Kopf einzuziehen. Ein kurzer Alarm heult auf, das Surren der Drohnen verstärkt sich zu einem vielstimmigen Sausen und wenige Sekunden später steckt in jeder Wartungsbucht eine Biçak-Drohne. Nur eine der tief liegenden Buchten nahe der Schleuse bleibt leer. Derweil hören die Ziegen auf zu steigen und die Puten lassen vom Scharren ab. Alle Bewegungen in den Hallen kommen nach und nach zum Erliegen, auch die der Rinder, Schafe und Hühner.

»Hilals Zeit war noch nicht gekommen«, sagt Brahe, als er die Hand vom Notschalter nimmt.

»Wo haben Sie ihn gefunden?«, fragt Rüd.

Brahe winkt Rüd und Gembdenbach heran, der einen dunkelblauen Standard-Emitter aus der Tasche zieht und ihn in der Nähe des Schleusentors auf den Boden legt. Der Emitter ist etwas größer als Rüds und trägt das Siegel der Obhut. Ich prüfe die Gravur, sie ist in Ordnung. Rüd bittet Gembdenbach, den Emitter einzuschalten.

Ein regloser Körper erscheint auf dem Felsboden, einige Meter von der Felswand und dem Schleusentor entfernt, fast am Ende des schmalen Weges durch die Lammfleischbänke. Er ist in eine dicke Robe gehüllt und liegt wie ein Embryo gekrümmt auf der Seite, die Knie vor den Bauch gezogen und den Kopf vor die Brust. Das krause schwarze Haar schwebt wie Tang im Dunkeln. Rüd nimmt es zur Seite und erschrickt, als er Hilals Gesicht sieht.

»Das ist eine Frau.«

Er wirft einen fragenden Blick zu Brahe, der aber nichts dazu sagt, sondern aus zwei finsteren Spalten auf ihn herabstarrt. Ich kann nicht genau einschätzen, ob Rüd den belehrenden Charakter dieses Blicks nicht wahrnimmt oder ob er ihn nicht wahrnehmen will.

»Das ist eine Frau«, wiederholt er. »Ich dachte, Frauen wären auf Athos –«

»Das ist keine Frau!«, sagt Brahe in einem Ton, der keine Widerrede duldet.

Rüd nimmt es schulterzuckend hin. Hilals Gesichtszüge sind zweifellos weiblich, sehr fein und schön, aber entstellt durch die Angst, die in den aufgerissenen Augen liegt. Der Mund beißt sich in der rechten Hand fest, während sich die linke nach dem blutverschmierten Hinterkopf ausstreckt, wo ein gerader Schnitt durch Kapuze und Schädelknochen geht, der zweifellos von einer der Biçak-Drohnen stammt.

»Wann wurde die Aufnahme gemacht?«, fragt Rüd.

»Die MARFA meldete den Unfall sofort. Doch Hilal war tot, als wir ankamen.«

»Ist die Aufnahme tomografisch?«

»Natürlich«, sagt Gembdenbach, der sich an die Höhlenwand

gelehnt hat und an einer der deaktivierten Drohnen herumspielt.

»Hellen Sie die Darstellung etwas auf und entfernen Sie die Kleidung!«, bittet Rüd.

Gembdenbach zögert. In Barthel Brahes Augenspalten würde nicht einmal mehr die flachste Post passen.

»Es ist – ja keine Frau«, murmelt Rüd. Er bemerkt die Kälte, die sich seit Brahes Druck auf den Notschalter und dem Stopp aller Bewegungen in der Höhle ausbreitet.

Gembdenbach aktiviert das Interface des Emitters. Hilals Körper wird unwirklich hell, als läge er in einem stark beleuchteten Raum und nicht in einer dunklen Höhle. Als er nackt ist, wendet Brahe sich ab. Rüd untersucht die gesamte Hautoberfläche nach weiteren Verletzungen und Spuren von Gewalt. Schließlich bittet er Gembdenbach, den Körper, so gut es mit einem Standard-Emitter möglich ist, solide zu machen, so dass er ihn bewegen kann. Als das geschehen ist, rollt er ihn auf den Rücken, stellt dabei noch einmal fest, dass alles an ihm weiblich ist, verkneift sich aber die Bemerkung und steht auf.

»Bitte wieder die Ausgangsposition, ohne Haut und Knochen.«

Gembdenbach stellt es ein und tritt neugierig hinzu. Rüd konzentriert sich nun auf den Hinterkopf, wo sich die Verletzung befindet. Der Spalt ragt etwa drei Zentimeter tief in die Sehrinde des Gehirns. Rüd lässt sich ein paar Gewebeschichten darstellen.

»Das ist doch der visuelle Cortex?«, fragt er Gembdenbach.

»Richtig.«

Ich kann nicht sagen, ob die Verletzung gezielt ist. Sicher ist nur, dass der visuelle Eindruck, den sie auslöst, für den Betroffenen faszinierend sein müsste, wäre das Ganze nur vorrübergehend, schmerzfrei und nicht von Todesangst begleitet: Das Gesichtsfeld explodiert in einem abenteuerlichen, bunten Gewitter, durch das ein schwarz blitzender Regen fällt. Auch alle visuellen Erinnerungen verschwinden im Moment der neuronalen Zerstörung. Man weiß nicht mal mehr, wie man selbst aussieht, ist blind geworden, nicht nur nach außen, sondern auch nach innen.

Rüd braucht nicht zu fragen, ob es zerebrale Nachbilder aus Hilals letzten Sekunden gibt. Selbst wenn die Cönobiten die Technik dazu gehabt hätten – man hätte nur bunte Streusel zu sehen bekommen.

Rüd steht auf. »Die echte Leiche ist –?«

»Bestattet!« Brahes rechtes Auge glänzt.

»Draußen?«, fragt Rüd.

»Draußen.«

Rüd signalisiert Gembdenbach, dass er fertig ist. Gembdenbach schließt das Interface des Emitters, der Körper verschwindet. Die Temperatur ist inzwischen auf elf Grad abgesunken. Der Fels von Athos ist massiv, aber hält von sich aus keine Wärme. Rüd fröstelt.

Es ist einfach, sich den Hergang des Unfalls auszumalen. Hilal ist, wie und warum auch immer, in die Drohnen geraten und tödlich verletzt worden.

»Wurde die Drohne gesichert?«, fragt Rüd mit Blick auf die Biçak-Bucht, die während des Not-Stopps leer geblieben ist.

Brahe kneift sich die Feuchtigkeit aus dem Auge. »Sie ist im Labor. Sie können sie sich ansehen.«

»Ich vermute, dass Ihre MARFA die Drohnen steuert –«

Brahe umklammert seine Krücke. »Natürlich. Wie alles andere auch.«

Rüd betrachtet für einen kurzen Moment seine große Gestalt. Das instinktive Misstrauen, das er ihm gegenüber hegt, begründet sich allein in der fehlenden Sympathie. Ich kann nicht oft genug betonen, wie wenig ich von Instinkten halte. Instinkte mögen nützlich sein, um in gefährlichen Situationen schnell reagieren zu können, aber zur angemessenen Einschätzung eines Fremden taugen sie nicht. Rüd geht ein paar Schritte in Richtung der Schleuse in der Felswand.

»Was ist dahinter?«, fragt er.

»Ein Tunnel«, sagt Gembdenbach. »Er führt zu den alten Bohrungen, die wiederum in das Hauptmassiv führen. Das ist ein echtes Labyrinth.« Er streicht sich das Haar glatt. »Wenn Sie alle Stollen und Schächte zusammenzählen, kommen Sie auf zwanzig Kilometer. Ein riesiger toter Winkel. Aber es gibt dort nichts mehr, außer Schrott, Staubschaum und zurückgelassenem Werkzeug.«

Rüd berührt mit der Hand das kalte Metall des Schleusentors, Gembdenbach tritt hinzu. »Dahinter können Sie wieder fliegen«, flüstert er lächelnd, als ob er ein Geheimnis preisgeben würde. »Das Kraftfeld der KL-Spindel reicht nur bis hier. In den Minen sind Sie schwerelos.«

»Haben Sie genug gesehen?«, unterbricht ihn Brahe und stemmt seine Krücke auf den Boden.

»Weiß nicht«, sagt Rüd.

Brahe hebt das Kinn. »Wir versammeln uns in einer halben Stunde zur Vesper. Gunder hat mir von Ihrer Begleitung erzählt. Ich freue mich, Sie beide begrüßen zu dürfen. Ein jegliches ist willkommen vor dem Herrn.«

Damit verschwindet er in der Dunkelheit, in Richtung der Puten, ohne sich noch einmal umzublicken. Rüd sieht ihm nach, bis das hallende Klacken seiner Krücke nicht mehr zu hören ist.

»Vesper?«

»Die Versammlung zum Abendgebet.«

Gembdenbach bemerkt die mäßige Begeisterung in Rüds Gesicht. Eigentlich wollte er als Nächstes die Drohne untersuchen und danach Kontakt zur MARFA aufnehmen. Er muss nun abwägen, was wichtiger ist: Seinem Plan zu folgen oder sich erst einmal den lokalen Gewohnheiten anzupassen. Beides ist auf seine Weise für den Inquisitionsprozess elementar.

»Ich hätte noch eine Frage.«

»Nur zu.«

»Hilal – war eine Frau!«

Gembdenbach weicht seinem Blick aus, aber nicht aus Verlegenheit, sondern um nachzudenken.

Als er eine befriedigende Antwort gefunden zu haben scheint, drückt er den Notschalter neben der Schleusentür. Keine Sekunde zu früh, denn das Blut der Tiere war kurz davor zu gefrieren. Sofort schweben die Drohnen aus ihren Buchten, während sich die Herden langsam wieder in Bewegung setzen und die Luft von einem anschwellenden Pumpen und Surren erfüllt wird.

»Wer entscheidet, was jemand ist?«, fragt Gembdenbach und folgt Brahe in die Dunkelheit.

VESPER

Rüd ist zu früh. Somit hat er Zeit, das farbenfrohe Fresko im Refektorium zu betrachten. Es misst fünf auf drei Meter und zeigt die vier Begegnungen des Athanasios Photopulous, des ersten Hegumen des himmlischen Athos, mit dem Teufel, der ihm, einmal verheißend als Schlange, einmal drohend als wildgewordenes Bärtier, einmal lockend als Grega von Thalassos und schließlich, mütterlichen Rat erteilend, als Maria erscheint, und jedes Mal auf das phosphoreszierende Byzanz im Hintergrund des Bildes weist, wo die Rückkehr ins Leben auf den Einsamen wartet und wo er sich allemal nützlicher machen kann als in der Einöde eines verlassenen Mondes.

Es ist keine Frage, dass Athanasios Photopulous all diesen Versuchungen trotzt, mit ikonischer Starre und einem zur staubigen Erde von Athos geneigten Kopf. Das Fresko ist voller Iterationen: Einige der Häuser von Byzanz gleichen sich wie ein Ei dem anderen, sogar die Augen und, vor allem, die Nase des Athanasios Photopulous sind auf jeder der vier Darstellungen einander ähnlich wie Kopien. Wenn man das erst einmal erkannt hat, ist es nicht mehr zu übersehen, und ein Reiz dieses Freskos besteht für den menschlichen Betrachter darin, es nach weiteren Wiederholungen abzusuchen.

Den Zierrand des Ganzen bildet ein etwas später entstandenes, vierzig Zentimeter breites Mosaik, in dem man mit etwas Phantasie den Schweif des legendären Kometen erkennt, der am

24. Oktober 2401 Athos mit einer Geschwindigkeit von achtzehn Kilometern pro Sekunde streifte und einen Nebenflügel des Lavra-Katholikons blitzartig zerlegte.

Auf dem Boden des Refektoriums flackern sechs festgeklebte elektrische Kerzen. Von einer siebten sind noch die Kleberreste zu erkennen. Offenbar sind die Kunstharzbänke, die allesamt nutzlos unter der Decke des Raums schweben, den derzeitigen Bewohnern von Athos ein Zuviel an Komfort. Von den Tischen fehlt, abgesehen von den Schraublöchern im Boden, jede Spur, und ich rechne bereits fest damit, dass keiner der Hereinkommenden irgendwelches Schuhwerk tragen wird.

Der Erste, der erscheint, ist ein junger Novize. Er trägt ein bodenlanges, unförmiges Gewand mit dem Farbspektrum eines Müllbeutels. Seine knappe, aber freundliche Vorstellung als Andrasch Aamon, novizischer Kantor und Vestiar von Athos, muss genügen; ohne weitere Gegenfrage setzt er sich zu einer der Kerzen und schlägt die Kapuze zurück. Seine schönen schwarzen Locken leiden etwas an der kraterrunden Tonsur auf seinem Hinterkopf. Nachdem er eine Weile vergeblich versucht hat, seinen unsteten Blick auf die Kerze zu fixieren, kommt er auf den Sternen des Centauri-Systems zur Ruhe, die durch das kleine Fenster unter der Decke scheinen.

»Vestiar?«, flüstert mir Rüd zu.

»Nähmeister«, flüstere ich zurück und weiß, was er jetzt denkt. *Hoffentlich singst du besser, als du nähst.*

Der zweite Novize von Athos stellt sich nicht vor, sondern läuft verhüllt und schnurgerade an Rüd und mir vorbei, um sich Andrasch Aamon gegenüberzusetzen. Dieser nennt ihn »Uri«, als er ihn begrüßt. Er schlägt seine Kapuze zurück und Rüd erkennt ihn sofort wieder: Uri ist der weißhaarige Junge mit den engstehenden roten Augen, der ihn während seiner KL-Marter in der Kapsel beobachtet hat. Sein Kopf sieht aus, als wäre er in einem Windkanal entworfen worden, Stirn und Kinn sind fliehend, laufen parallel auf einen konischen Hinterkopf zu, der die Tonsur, im Gegensatz zu Andrasch, wie eine natürliche Begleiterscheinung aussehen lässt. Manche von Uris Bewegungen machen einen unkontrollierten, spastischen Eindruck, er scheint zudem an einer unausgeglichenen Sehschwäche zu leiden. Ich frage mich, welche innerklösterliche Funktion er ausführt und vermute: keine. Immer wieder versucht er, mit einem leise piependen Flüstern mit Andrasch Kontakt aufzunehmen, doch der antwortet nur sporadisch und ohne seinen Blick von Centauri zu lösen.

Belebt wird das Refektorium erst mit dem Erscheinen Gunder Gembdenbachs, der zu den Menschen gehört, die jeden Raum beleben, schon wenn sie ihn betreten und dabei eine Art Grundrauschen mit sich führen, das selbst den notorischsten Flüsterer dazu bringt, seine Stimme zu heben.

Er begrüßt Rüd und fordert ihn mit einer sanften Handbewegung dazu auf, sich auf die freie Fläche zwischen Andrasch und Uri zu setzen, während ich mich da niederlassen soll, wo die Kerze fehlt. Rüd nimmt es mit Erstaunen zu Kenntnis, da Emissionen bei geistlichen Veranstaltungen normalerweise keinen Sitzplatz bekommen.

Ich habe zu tun, mich bei der Kürze meines Kleides anständig niederzulassen, begleitet von den finsteren Blicken, die mir Barthel Brahe aus der Dunkelheit des Eingangsportals zuwirft. Zwar habe ich bei unserer Planung des Abends durchsetzen können, die Schultern mit einem Tuch zu bedecken, doch es ist offensichtlich, dass das einem cönobitischen Hegumen nicht genügt. Als Brahe den Raum betritt, erstirbt alles Reden mit einem Schlag. Aufgrund seines steifen Beines dauert es eine Weile, bis er sitzt und seine Krücke neben sich abgelegt hat. Ich frage mich, warum ausgerechnet er sich freiwillig die Jupiter-Schwere spritzen lässt.

Dann kommt Herr Shufeng. Das Lächeln, das dem Raum noch

gefehlt hat. Da er nicht mit KL-Partikeln versetzt ist, schwebt er wie ein Geist herein und muss aufpassen, seinen Kopf nicht an einem der Bänke an der Decke zu stoßen. Seine schmalen Augen und sein kleiner Mund, dem das Immer-Freundliche der Asiaten eingeschrieben ist, verlieren sich in der Fläche seines tellerrunden Gesichts, das die Spuren eines mittelschweren Sonnenbrandes trägt. Wie alle anderen ist er barfuß. Bevor er landet, nimmt er die Kapuze ab und grüßt jeden in der Runde mit einem kurzen Nicken. Als sein Blick auf mich fällt, erstarrt er für einen Moment, als habe er noch nie eine weibliche Erscheinung gesehen.

Eigentlich fehlt noch ein sechster Cönobit, doch Brahe scheint auf niemanden mehr zu warten und hebt die Hände.

»Im Namen des Vaters, des Sohnes und des Heiligen Geistes.«

»Amen«, sagen die Cönobiten.

»Lobe den Herrn, meine Seele!«, beginnt Brahe zu beten.

Da ich das Folgende kenne, eine cönobitische Lesart des 104. Psalms, bete ich mit.

Du hüllst dich in Licht wie in ein Kleid,
du breitest den Himmel aus wie ein Zelt.
Du hast die Monde gemacht als Maß für die Zeiten,
die Sonne weiß, wann sie untergeht.
Sendest du Finsternis, dann wird es Nacht,
nun regen sich die Wesen der Wälder.

Während sich die Novizen Uri und Andrasch bemühen, ihr Redetempo dem von Brahe anzupassen, und ihre Worte in seine hineinlegen, Uri ein wenig mechanischer als Andrasch, betet Gembdenbach für sich – kräftig und mit der pathetischen Überbetonung, die oft ein Indiz für heimlichen Atheismus ist. Herr Shufeng fügt dem Ganzen mit seinem Akzent und seiner vergleichsweise hohen Stimme so etwas wie einen weiteren Kanal hinzu, der Brahes

Worten zeitversetzt folgt und ein leises, manchmal bebendes Echo bildet.

Geht die Sonne auf, so schleichen sie heim
und ruhen in ihren Verstecken.
Die Welt ist voll von deinen Geschöpfen.
Sie alle warten auf dich,
nimmst du ihnen den Atem, so schwinden sie hin
und kehren zurück zum Staub der Erde.

Barthel Brahe flüstert beinahe. Ihm entgeht nicht, dass Herr Shufeng mich die ganze Zeit über anstarrt, auch wenn er sich bemüht, den Blick gesenkt zu halten. Ich habe sein Begehren geweckt und es kostet ihn Mühe, sich zu konzentrieren. Als das Gebet zu Ende ist, bittet Brahe ihn, das »blaue Gesangbuch« zu holen.

Als Shufeng hinausgeflogen ist, wendet sich Brahe an Rüd.

»Jeder ist bei uns willkommen«, sagt er böse. »Aber wir –«

»Sie ist nicht echt«, unterbricht ihn Rüd, dem Brahes Ärger nicht entgangen ist.

Der Hegumen wirft einen kurzen Blick zum Ausgang. »Es spielt für mich keine Rolle, ob Sie sie für echt halten oder nicht. Was sie mit Shufeng macht, ist echt.«

Rüd greift nach dem Emitter. »Ich stelle sie ab, wenn Sie es wünschen.«

Der Hegumen fixiert meinen Emitter. »Dein Herr gibt und dein Herr nimmt«, sagt er. »Gelobt sei der Name deines Herrn, nicht wahr?« Rüd atmet einmal tief durch und steckt den Emitter wieder weg.

Shufeng kommt zurück. Er bemerkt, dass über ihn gesprochen wurde, und reicht Brahe das blaue Gesangbuch. Dann nimmt er seinen Platz wieder ein und vermeidet es, mich anzusehen.

Wie ein Mensch mit seinem Begehren umgeht, sagt mehr über

ihn aus als seine Art zu beten. Neben dem Schmerz ist das Begehren die einzige Empfindung, über die ein Lebewesen nicht verfügen kann. Man kann bis zu einem gewissen Grad über seine Zuneigung bestimmen, mit etwas Selbstbeherrschung auch über seine Abneigungen, doch nicht über das Begehren.

In Shufengs Blick bilden Verlangen und Beschämung einen Circulos Vitiosus, wie es der Mediziner ausdrücken würde: Das eine verschlimmert das andere und umgekehrt. Wären da nicht die anderen, wäre er mit mir allein und würde ich mit der Wimper zucken, würde er alles hinter sich lassen, was er sich vom Cönobitentum versprochen hat. Ich bin zwar nicht sein Typ, aber mein Rock ist kurz, die Lippen rot und derlei auf Athos rar.

Brahe hingegen sieht in mir eine Störung, vor der er die anderen, vor allem aber sich selbst, bewahren muss. Seine Parteinahme für mich war nichts anderes als der Versuch, Kontrolle über etwas zu erlangen, von dem er weiß, dass er es nicht kontrollieren kann. Sein Alter entlastet ihn von dem unmittelbaren Wunsch, mich zu besitzen, und dämpft ihn mit Sentimentalität. Geübt in Selbstdisziplin behilft er sich damit, in derselben ikonischen Starre woanders hinzuschauen wie Athanasios Photopulous drei Meter über ihm.

Andrasch Aamon, im Gegensatz zu den anderen nicht befangen von der religiösen Neigung, Begehren als Schwachheit und Anfechtung zu verstehen, nimmt immer wieder Blickkontakt mit mir auf, den ich freundlich erwidere. Andrasch ist mir nicht weniger zugeneigt als Shufeng, aber die Unbefangenheit seiner Blicke und die Neugier, ob er Anzeichen meiner »Nichtechtheit« entdecken kann, provozieren Brahe wesentlich weniger als Shufengs offensichtliches Ringen mit sich selbst.

Mit Uri und Gembdenbach steht die Sache sehr einfach: Uri ist schlicht nicht interessiert und Gembdenbach kann mit Frauen nichts anfangen.

»Sagen Sie«, fragt Barthel Brahe an Rüd gewandt, »was wird mit unserer MARFA morgen passieren? Ich würde gerne, bevor wir weitermachen, dass Sie uns –«

»Morgen?«, unterbricht ihn Rüd.

Brahe sieht überrascht zu ihm auf. »Sollte Grund zur Eile bestehen, können Sie zum Nachtoffizium anfangen. Das ist in sechs Stunden.« Er blickt in die Runde, um sich für seinen folgenden Satz bestätigende Blicke einzuholen. »Wir möchten doch nicht schlafen, wenn etwas so Bedeutendes geschieht!«

Alle Augenpaare, die jetzt auf Rüd gerichtet sind, haben einen Gelbstich. Ich gehe von einer Mangelerscheinung oder einer gezielten Fehlerernährung aus.

»Es ist nur ein kleiner ethischer Eingriff«, beginnt Rüd seine Erklärung. Damit spielt er herunter, dass eine deon-Inquisition alles andere als ein kleiner Eingriff ist. Brahe scheint das zu merken.

»Nur?«, hakt er nach. »Sie sind ein Inquisitor! Die Obhut hat Sie von weit hergeschickt, wie ich annehme.«

Rüd nickt. »Das ist wahr. Ich bin hier, weil jede lebenserhaltende Intelligenz, die diese Bezeichnung verdient, keine Veränderung ihrer Einstellung einfach so akzeptiert. Die MARFA von Athos ist alt. Weit älter als jeder von uns. Sie wird nicht zu allem Ja und Amen sagen.«

»Kann sie denn den Eingriff verweigern?«, fragt Gembdenbach.

»Das wird sie. Es sei denn, ich kann sie überzeugen.«

»Wovon?«

»Ich bin, eigentlich, nicht befugt, Ihnen die Details zu nennen.«

»Sollten wir nicht wissen, was Sie vorhaben«, wirft Brahe ein. »Wir, und nicht Sie, werden schließlich mit dem leben müssen, was Sie hier tun.«

»Ich kann Ihnen auf jeden Fall versprechen«, antwortet Rüd, »dass Sie unter Ihrer MARFA noch sicherer sein werden, sobald ich fertig bin.«

»*Noch* sicherer?«

Gembdenbach gibt sich keine Mühe, den ironischen Unterton in seiner Rückfrage zu verbergen. Rüd weiß, dass es nun gilt, die richtigen Weichen zu stellen, und, vor allem, seine Zuhörer für sich zu gewinnen. Der Inquisitionsprozess ist längst im Gange. Wenn eine Gruppe von Menschen auf engem Raum zusammen mit einer MARFA lebt, lässt sich nichts mehr isoliert betrachten. Dazu kommt, dass die MARFA jedes Wort mithört, das hier und auch überall sonst auf Athos gesprochen wird.

»Jemand ist gestorben«, sagt Rüd. »Ihre lebenserhaltende MARFA hat dieses Leben nicht erhalten.«

»Sie ist also für Hilals Tod verantwortlich?«, fragt Brahe.

»Ja.«

Aufgeregtes Flüstern erhebt sich, als wäre dieser Gedanke so noch nicht ausgesprochen worden.

»Aber«, fährt Rüd fort, »das eigentliche Problem ist: Sie weiß es nicht!«

Brahe muss die Hände nicht heben, um für Ruhe zu sorgen. Rüds letzter Satz hat seine Wirkung schon entfaltet.

»Sie weiß nicht, was sie tut?«, fragt Gembdenbach ungläubig.

»Doch. Aber sie weiß nicht, dass es falsch ist. Eine MARFA kann nur tun, was ihre Einstellung ihr vorgibt. Und das ist, aus ihrer Sicht, immer das Richtige.«

»Und welche Art von Einstellung soll das sein?«

Rüd atmet kurz durch, bevor er antwortet. Denn jetzt beginnt es. »Eine MARFA ist eine intelligente Einrichtung zur reinen Lebenserhaltung, sie sorgt für Atemluft, Druck, Wärme, Nahrung, erste Hilfe und Schutz vor Todesgefahren. Ursprünglich wurde diese MARFA hier installiert, um den Abbau von Rohstoffen zu überwachen, mit einer großen Zahl an Arbeitern und Ingenieuren. Und für so etwas kommt nur eine Einstellung in Frage: util.«

Uri dreht sein Gesicht langsam zu Rüd und fixiert ihn. Rüd hält seinem stechenden Blick einen Augenblick stand, während er weiterspricht.

»Die Einstellung util folgt dem Grundsatz: Jedes Handeln der MARFA ist einem höheren Ziel untergeordnet, nämlich das größtmögliche Wohl der größtmöglichen Zahl an Menschen. Ihre MARFA tut also jederzeit alles, um der Mehrheit von Ihnen das Wohlergehen zu sichern, sie –«

»Alles?«, hakt Gembdenbach ein.

Rüd sieht ihn erstaunt an und muss zur Kenntnis nehmen, dass hier einer die richtigen Fragen stellt.

»Das ist – genau der wunde Punkt«, sagt er. »Util kann unter Umständen eine Sicherheitslücke bedeuten.«

»Sicherheitslücke?«

»Eine MARFA, die in einer überschaubaren Umgebung arbeitet, in der, anders als ursprünglich vorgesehen, nur sehr wenige Menschen leben, kann eine besondere Auffassung vom richtigen Zeitpunkt des Wohls entwickeln.«

»Ich verstehe nicht ganz –« Brahe schüttelt den Kopf.

»Es ist so, Ihre MARFA kennt das Kloster Athos schon sehr lange. Sie hat ein sehr genaues Bild von Ihnen allen, da Sie ja nicht erst seit gestern hier leben. Die Einstellung util kann sie dazu verleiten, prädiktive Handlungen vorzunehmen, die juristisch relevant sind.«

»Und das bedeutet?«, fragt Brahe ungedudig.

»Stellen Sie sich vor, unter ihnen hegt jemand eine böswillige Absicht. Eine erfahrene MARFA erkennt das frühzeitig, manchmal *sehr* frühzeitig, und sieht voraus, dass etwas passieren wird. Die util-Einstellung erlaubt es ihr, einen zukünftigen Täter in Schach zu halten, ihn seiner Freiheit zu berauben und sein individuelles Wohl geringer zu achten als das der vielen. Im Extremfall tötet sie ihn oder nimmt seinen Tod billigend in Kauf, was für sie das Gleiche ist. Das wäre eine prädiktive Handlung, die einer Intelligenz ihrer Bauart nicht zusteht. Eine MARFA ist kein juristischer Körper und hat keine juristisch relevanten Entscheidungen zu treffen.«

»Warum?«

»Weil sie, genau genommen, nichts entscheidet. Sie handelt nach bestem Wissen. Sie macht, aus ihrer Sicht, keine Fehler und folgt nur der Einstellung, die man ihr vorgegeben hat.«

Barthel Brahe atmet tief ein. »Wollen Sie damit andeuten, dass sie einen Grund hatte, Hilal sterben zu lassen? Ich kann Ihnen versichern, dass Hilal keine böswilligen –«

»Ich weiß«, unterbricht ihn Rüd. »Deswegen hat die Obhut mich geschickt und keinen Inspektor. Irgendetwas ist hier schiefgegangen.«

»Angenommen«, schaltet sich Gembdenbach wieder ein, »die MARFA hat einen Fehler gemacht und sie ist schuldig. Was passiert dann? Wird man sie bestrafen?«

»Nein. Man kann so etwas wie eine MARFA nicht bestrafen. Wo hinein wollen Sie sie einsperren? Nicht einmal eine Abschaltung würde sie als Bestrafung empfinden. Keine Intelligenz dieser Art hat Angst vor irgendeiner Strafe. Genauso wenig, wie sie sich Macht oder Freiheit wünscht. Gegen eine Abschaltung würde sie sich nur aus einem einzigen Grund wehren: Sie könnte dann nicht mehr das tun, wofür sie existiert, nämlich für das Wohl der Menschen zu sorgen.«

»Hilal ist also – zu unserem Wohl gestorben?« Brahe hat, in seinen weiten Ärmeln versteckt, die Hände zu Fäusten geballt.

»Aus Sicht der MARFA, ja, so leid es mir tut. Mehr kann ich im Augenblick nicht sagen. Immerhin hat sie die Drohne kontrolliert, die Hilal getötet hat.«

Ich kann das Schweigen, das nun folgt, nicht genau deuten. Ich bin überrascht, wie viel Rüd den Cönobiten – und der zuhörenden

MARFA – erzählt. Bis jetzt gibt es keine wichtigen Details, die er verschwiegen hat, bis auf die Tatsache, dass eine deon-Inquisition alles andere als ein Pappenstiel ist.

Gembdenbach bringt das Gespräch wieder in Gang.

»Und Ihr Eingriff?«, fragt er.

»Der ist, wenn Sie so wollen, die Strafe. Es handelt sich um eine Standardprozedur, die bei kleinen Habitaten durchgeführt wird, bei denen unter util unerklärliche Todesfälle auftreten.«

Wäre ich ein Mensch, würde ich Rüd jetzt kopfschüttelnd anschauen. Zu seiner letzten Äußerung gibt es keinerlei Referenzen, genauso wenig, wie bei Inquisitionen so etwas wie »Standardprozeduren« existieren. Ich nicke dennoch bestätigend, da der Satz nicht für die Cönobiten bestimmt war, sondern für die MARFA, um ihr, wahrscheinlich ganz nebenbei, etwas Respekt einzuflößen.

»Was genau werden Sie tun?«

»Ich werde die MARFA dazu bringen, eine neue ethische Einstellung anzunehmen, die jede Handlung gegen das Wohl eines Menschen prinzipiell ausschließt. Diese Einstellung wird deon genannt. Unter deon ist es egal, inwiefern man die positiven Folgen einer an sich negativen Handlung absehen kann. Eine auf deon eingestellte MARFA achtet nur darauf, dass sie jetzt, im Augenblick ihres Handelns ethisch richtig handelt.«

»Und wonach? Nach den Zehn Geboten?«, fragt Gembdenbach. »Woher weiß sie, was ethisch richtig ist?«

»Indem sie weiß, was falsch ist. Sehen Sie, schadhafte Handlungen sind nicht nur zwischenmenschlich destruktiv, sie sind prinzipiell widersprüchlich, sozusagen logisch kannibalisch – wenn man sie zu Ende denkt. Sie löschen sich, überträgt man sie vom Einzelfall auf alle, selbst aus. Nehmen Sie das Töten: Wäre das Töten kein Delikt und würde jeder jeden töten, dann gäbe es am Ende niemanden mehr, den man töten könnte. Mit dem Lügen verhält es sich ähnlich: Würde jeder lügen, würde keine Wahrheit mehr existieren, die Anlass zur Lüge gäbe.«

Herr Shufeng nickt. »Würde jeder stehlen, wäre es vorbei mit dem Besitz.«

»Aber auch ein Diebstahl setzt Besitz voraus«, wendet Gembdenbach ein.

»Das mag sein. Aber nur das Geben legitimiert ihn.«

»Töten, Lügen, Stehlen. Wir reden hier über drei der Zehn Gebote«, sagt Brahe leise. »Ist das Zufall?«

»Das wissen Sie sicher besser. Mein Ziel ist, dass die MARFA kein Leid mehr zulassen wird, niemals töten, lügen oder stehlen wird, um für irgendein zukünftiges Wohl zu sorgen. Deon bedeutet die konsequenteste Grundeinstellung, die man einer MARFA angedeihen lassen kann, die keine große Anlage mit hunderten von Leuten beaufsichtigen muss.«

»Was wird anders sein –«, fragt Andrasch plötzlich, wie aus einem Traum aufgewacht und einen ängstlichen Blick auf Brahe werfend, als ob er um eine Redeerlaubnis hätte bitten müssen. »Ich meine, wenn Sie erfolgreich waren? Werden wir etwas merken?«

»Nein, vermutlich nicht. Ihre MARFA wird Sie genauso mit Druck, Luft, Wärme, Nahrung und Ersthilfe versorgen.« Er wirft einen Blick auf die schwebenden Bänke unter der Decke und lächelt. »Über den Mangel an Komfort, auf den Sie ja Wert legen, werden Sie vielleicht noch einmal verhandeln müssen. Ansonsten wird sich der Einstellungswechsel nur in einer Notsituation zeigen. Die MARFA wird sich zurücknehmen und vielmehr Sie entscheiden lassen, was das Richtige ist. Und Sie werden, sollte noch einmal jemand zu Schaden kommen, sich sicher sein können, dass die MARFA nichts damit zu tun hat. Unter util ist dies prinzipiell möglich, bei deon ist es ausgeschlossen.«

Uri schaut auf. Seine Augen sind zusammengekniffen, als versuche er, schärfer zu sehen. Dann sagt er, langsam, stockend und mit piepender Stimme: »Der Schlächter steht – am Tor. Das Lamm – ist hinter dem Tor. Der Schlächter fragt die MARFA: Ist das Lamm hinter dem Tor?«

Uri dreht seinen Kopf, genau mit derselben Langsamkeit von vorhin, wieder zu Rüd.

»Heute – lügt sie. Sie sagt: Nein. Aber morgen sagt sie: Ja?«

Rüd nickt bestätigend. Uri schaut ihm in die Augen. »Denn – du – sollst – kein – falsch – Zeugnis – reden«, flüstert er leise, jedes Wort einzeln betonend.

»Wenn ich fertig bin«, sagt Rüd zu Brahe, »wird es vor allem an Ihnen liegen, das Lamm zu beschützen. Vor wem auch immer.«

Ein leises Raunen geht durch die Runde. Barthel Brahe bittet Andrasch, die Kerzen für die anstehende Andacht zu dimmen. Andrasch hält seine Hand von oben in die elektrischen Flammen, um sie zu verkleinern. Nach und nach verdunkelt sich der Raum. Die Helligkeit meiner Erscheinung passt sich dem neuen Ambiente automatisch an.

»Wie lange wird es dauern?«, fragt Brahe, während Andrasch die letzte Kerze herunterfährt.

»Das lässt sich nicht so genau sagen«, antwortet Rüd. »Die MARFA wird sich bedeckt halten. Sie ist alt, aber nicht dumm. Sie weiß, dass alles, was sie sagt, gegen sie verwendet werden kann.«

»Das klingt nach einem juristischen Prozess!«, sagt Gembdenbach.

»Nein, es ist eine Inquisition. Die MARFA ist, aus ihrer Sicht, unschuldig. Aber das wird sie nicht bleiben.«

»Verstehe«, murmelt Gembdenbach. »Es geht also nicht um das, was war, sondern um das, was gewesen sein soll. Sie treiben sie, kraft Ihrer Autorität, vor sich her, bis sie auf deon umschaltet. Und dann?«

»Werde ich noch ein paar Stunden bleiben, ihre Funktionen

überwachen und Tests durchführen. Wenn ich ausgeschlossen habe, dass sie jemals wieder etwas tut, das auch nur ansatzweise einem juristischen Körper zusteht, verschwinde ich wieder.«

Die Stimmung im Refektorium ist angespannt. Ich kann nicht genau sagen, inwieweit es Rüd gelungen ist, die Cönobiten für das Vorhaben zu gewinnen. Barthel Brahe, dem die Ablehnung am deutlichsten ins Gesicht geschrieben ist, schaut schon eine ganze Weile nur noch zu mir. Doch anders als zum Anfang der Vesper ist sein Blick nun eher kühl und taxierend. »Sagen Sie, Herr Kartheiser«, beginnt er, ohne den Blick von mir abzuwenden, »Ihre Begleitung, ist sie ein – juristischer Körper?«

»Nein«, sagt Rüd.

»Aber sie dient Ihnen ergeben? Würde alles für Sie tun?«

»Ja.«

»Das heißt, wenn Sie ihr befehlen würden, eine Straftat zu begehen, dann läge das in Ihrer Verantwortung!«

»Das ist korrekt. Zack ist keine Person.«

Brahe schaut ihn überrascht an. »Aber Sie haben ihr einen Namen gegeben?«

Rüd nickt mit einem Schulterzucken, als wäre das eine Nebensächlichkeit. Brahes Blick wechselt ein paarmal zwischen ihm und meiner Erscheinung hin und her. Sein Gesichtsausdruck verrät einen unausgesprochenen Gedanken, den er aber zurückhält. »Herr Kartheiser, ich würde Sie gerne noch ein Letztes fragen, bevor wir mit dem Gottesdienst fortfahren. Es wäre aber etwas Persönliches.«

»Bitte!«

»Was ist das Früheste, woran Sie sich erinnern?«

Sofort setzt ein aufgeregtes Flüstern ein. Gembdenbach wirft dem Hegumen einen scharfen, beinahe entsetzten Blick zu, als hätte er den Namen des Herrn missbraucht. Ich habe keine Erklärung für die Unruhe, die entsteht, und auch keine für die demonstrative Gelassenheit, mit der Rüd der Frage des Hegumen ausweicht.

»Keine Ahnung«, sagt er und lächelt verschmitzt. »Das habe ich, fürchte ich, vergessen.«

Barthel Brahe, ich kann nicht sagen, ob er enttäuscht ist oder sich in irgendeiner Weise bestätigt fühlt, hebt die Hände. Wie schon am Anfang der Vesper erstirbt augenblicklich jedes Geflüster.

»Wir wollen nun beten«, sagt er.

BELVEDERE DELL'INFINITO

Das gedämpfte Licht in den Fluren verrät, dass die Sonne über der irdischen Ägäis bereits untergegangen ist. Von irgendwoher ist der Gesang betaskleroider Zikaden zu hören, die sich von kosmischer Strahlung ernähren und keiner Pflege bedürfen – im Gegensatz zur Zwergohreule, deren vereinzeltes Piepen mal lauter, mal leiser durch die felsigen Gänge hallt.

Die Luft ist kühl, sie riecht nach Feige, Thymian und Diptam. Im Foyer des Gravschachtes, der zwei gegenläufige Lifte beheimatet, steht eine Vase mit wartungsfreien Zistrosen und violettem Raumoleander, dem man das Alter von 181 Jahren nicht ansieht.

Wir erreichen ein kleines, ausgestorbenes Panoramadeck, auf dem sich ein paar Funktionsnischen aneinanderreihen: Friseur, Souvenirs, Cocktailausschank. Am umfangreichsten ist die Theke für Freisport- und Kletterbedarf, die, bis auf ein paar winzige Karabiner, leergeräumt ist. Ich nehme eines der herumschwebenden Prospekte mit, das sich aus einem Ständer gelöst hat.

Rüd bleibt an der großen, abgedunkelten Scheibe stehen, hinter der sich ein dunkelgraues Klippenpanorama auftut. Ein Witzbold, vermutlich einer von den Amalfitanern, die um das Jahr 2512 Agios Stavros in Handarbeit um einen romanischen Glockenturm erweiterten, hat »Belvedere dell'Infinito« in das Panzerglas gekratzt. Unter uns schimmert, in Form von ein paar Lichtern, die

Große Lavra aus einer Felsspalte, die Teil einer großen, ins Nichts führenden Schlucht ist.

Die steil abfallende Landschaft darum ist wild und unberührt. Die klösterliche Besiedelung hat in drei Jahrhunderten nur marginale äußere Spuren auf dem Mond hinterlassen. So ist die Mole, über die wir angekommen sind, zwischen dem Geröll der Èrimos-Überhänge kaum zu erkennen, genauso wie die zahlreichen Einsiedeleien, die teilweise kühn in die äußersten Felsnasen der Schlucht gehauen wurden und deren Fenster dunkel sind.

Besser erkennbar ist das kleine, vorgelagerte Terrarium, das über einen zehn Meter langen Steg mit einem schärenartigen Buckel verbunden ist. Im fahlen Schein der kleinen Lichtglaskuppel erkenne ich zwei Kiefern und einen Wacholder. Nicht weit davon entfernt, geschützt durch eine stein- und eisbrechende Stahlkonstruktion, befinden sich ein leistungsstarker Reaktor und die alte Wetterstation zur Strahlungsvorhersage aus den Tagen der Probebohrungen.

Rüds Blick ruht auf einer senkrechten Klippe namens Kap Komos. Ihre Spitze leuchtet, fast so, als hätte sich ein Stern darauf niedergelassen.

»Stavros«, murmelt er.

Er hat Recht. Es handelt sich um eine kleine Kapelle in byzantinischer Bauweise. Die Mauern und das Dachfenster sind intakt, der Glockenturm der Amalfitaner verdeckt ein Stück der Milchstraße, die gerade dabei ist, über den Horizont zu steigen. Das Licht, das aus einem der Fenster leuchtet, flackert unregelmäßig wie ein Feuer.

»Hier ist das Ende der Welt, Zack«, sagt Rüd. »Da kommt nichts mehr. Im Kuipergürtel gibt es vielleicht noch ein paar tschetschenische Schürfer. Aber keine MARFAs, nicht mal eine OLGA.«

Es ist Rüds dritte Inquisition in der Provinz. Schon nach der ersten hat er genug gehabt, und seither geht es immer weiter raus. Rüd fragt sich, wie lange ihn die Obhut noch mit betagten MARFAs und OLGAs betrauen will, bevor sie ihn wieder an die richtigen Hebel setzt, wie er es nennt. Als er sich ein kleines Stück vorbeugt, um tiefer in die Schlucht blicken zu können, weiß ich, dass er gleich erfahren will, wie sie heißt.

»Marmaras«, sage ich, ohne seine Frage abzuwarten.

Rüd sieht mich erstaunt an.

»Ich hab dich nichts gefragt«, sagt er.

»Du hättest es«, entgegne ich.

»Keine Ahnung. Das kann ich dir jetzt nicht mehr sagen.«

Er nestelt einen Kaugummi aus der Tasche und steckt ihn sich in den Mund. Kauend lehnt er sich mit der Schulter an die Scheibe und mustert meine Erscheinung.

»Was hatte der Hegumen eigentlich gegen dich?«

Ich lege den Kopf schief. »Er hatte nichts gegen mich, Rüd. Du ziehst mich unpassend an und behandelst mich schlecht. Er glaubt, dass ich eine Seele habe, die du nicht ernst nimmst. Es gehört zum Glauben unbeschuhter Cönobiten, dass alles, was sich aus eigenem Antrieb bewegen kann, eine Seele hat.«

»Unbeschuht?«, fragt Rüd.

»Ein Zeichen der Enthaltsamkeit und des einfachen Lebens als Geistliche in der Nachfolge Christi. Die Menschen hier haben feste Gebetszeiten und Gottesdienste und zugeteilte Ämter. Das Zutrittsverbot für Frauen begreifen sie als Ehrung der Weiblichkeit im Allgemeinen und der Mutter Gottes im Besonderen.«

Rüd breitet die Arme aus. »Aber was ist mit Hilal? Sie war eine Frau!«

»Der radikalste Zweig des unbeschuhten Cönobitentums überlässt jeder Seele die Entscheidung, was sie sein will. Der Wille steht über dem Körper. Verlangt wird nur, dass er konsequent gelebt wird.«

»Sie hat im Stehen gepinkelt?«

»Rüd, wenn du hier etwas erreichen willst, solltest du –«

»Was denkst du selbst?«, unterbricht er mich. »Hast du eine Seele?«

»Nein«, sage ich.

Rüd steckt die Hände in die Taschen und nimmt meinen Emitter in die Faust. »Je weiter man von der Sonne weg ist, desto verrückter wird das alles.« Er wendet sich wieder den Klippen zu. Die Milchstraße steht inzwischen hoch über Agios Stavros und ich rechne aus, dass die Sonne in etwas weniger als fünf Minuten hinter uns aufgehen wird.

»Was sollte das mit meiner frühesten Erinnerung?«, fragt er.

»Ich fürchte, dass es ein Angriff war. Ein Sabotageakt. Er wusste, dass du klug genug bist, nicht zu antworten. Aber allein deine Reaktion hat der MARFA viel über dich verraten.«

Rüd hebt die Augenbrauen und kaut schneller. »Zack, das hier wird eine größere Hausnummer, oder?«

»Davon kannst du ausgehen. Auch angesichts deiner Entlohnung.«

Normalerweise lässt sich Rüd, was das betrifft, überraschen, denn angewiesen ist er aufgrund seines Para-Status auf so gut wie nichts mehr. Aber in diesem Fall haben die Lohnaussichten einen Informationswert.

»Zehn zusätzliche, permanente Statuspunkte«, sage ich. »Das bedeutet, bei allen Hotelsuiten der endgültige Sprung von B auf A. Dreißig Urlaubstage, frei platzierbar und ohne Verrechnung mit einer An- oder Abreise. Zudem werden dich deine nächsten Aufträge deutlich näher an die Sonne zurückführen. Alles gilt jedoch unter dem Vorbehalt, dass du dich an alle drei Inquisitionsparameter hältst.«

Rüd nimmt den Kaugummi aus dem Mund und klebt ihn an die Scheibe. Draußen leuchten die obersten Spitzen einiger Felsnadeln schon im harten Licht der aufgehenden Sonne. Aus der

Ferne piept die Zwergohreule, ausnahmsweise gleich zweimal hintereinander.

»Hat Phi geschrieben?«, fragt er, nachdem er der Schattengrenze eine Weile beim Wandern zugesehen hat.

»Nein«, antworte ich wahrheitsgemäß.

Rüd seufzt.

»Du solltest die Zeit bis zum Nachtoffizium nutzen, um noch etwas Schlaf zu bekommen«, sage ich. »Es sind nur noch fünf Stunden.«

»La-Lala«, singt er und drückt seinen Zeigefinger in den Kaugummi an der Scheibe, doch er scheint schon getrocknet zu sein. In diesem Moment blitzt die Sonne hinter einem Grat hervor. Da die Scheiben des Panoramafensters auf Nachtbetrieb eingestellt sind und das Sonnenlicht schlucken, bleibt es auf dem Panoramadeck genauso dunkel wie vorher. Doch draußen, am Ende der Schlucht, legen die zurückweichenden Schatten eine gewaltige Stützkonstruktion frei, die bis jetzt im Dunkeln verborgen war. Sie dient dem Halt einer schmalen Schiene, die sich in einer spektakulären Kehre um eine Felsnase windet, um gleich darauf in einem Tunnel in der unteren Schluchtwand zu verschwinden.

»Was ist das, Zack?«, fragt Rüd, nachdem auch für ihn genug Licht in die Schlucht gesickert ist, um die Anlage gut erkennen zu können.

»Skärseld«, antworte ich. »Das Fegefeuer. Aber das war nur der Arbeitstitel.«

»Du sprichst in Rätseln!«

»Und du solltest eigentlich ins Bett!«

»Ach komm!« Sein Blick folgt der Schiene, die schwindelerregend steil das Marmaras-Massiv herabführt und schließlich, unweit des Reaktors und der Wetterstation, in zwanzig Metern Höhe abbricht.

»Es sollte eine Achterbahn werden«, sage ich. »Sie ist nicht fertig geworden. Ich habe, als wir hergeflogen sind, die touristischen Erschließungsversuche von Athos erwähnt.«

»Keine Ahnung, das weiß ich nicht mehr.« Rüd geht zur Cocktailnische und schwingt sich auf die kleine Theke neben dem Ausschank. »Aber du kannst mir gerne davon erzählen. Mach es bitte so wie auf dem Herflug, das war schön.«

»Du meinst: kühle, liebeshungrige Reisebegleitung?«

»Genau!«

Ich stelle mich vor die Scheibe, lasse das Tuch von meinen Schultern gleiten, spitze die Lippen und halte den Rücken gerade.

»Kommen wir zur Ära der Katastrophen von Athos. Als Athanasios Photopulous vor 232 Jahren an der letzten Welle des skleroiden Terrors starb, wurde es hier erst einmal still. Die Abschaltung aller Gammaskleroiden beendete, wie überall sonst, die Bauarbeiten an der Lavra von einem Tag auf den anderen.«

»Kannst du die Skleroiden bitte auslassen?«

»Natürlich.«

»Der Mond verwaiste innerhalb kürzester Zeit. Die Zerstörungen durch den Kometen 2401 und der Tod des ersten Hegumen im Jahr 2411 hinterließen Athos desolat, sowohl baulich als auch geistlich. In den folgenden dreißig Jahren des Leerstandes war die MARFA das einzige denkende Wesen auf dem Mond – bis Petter Enbär, ein schwedischer Ingenieur und Tausendsassa, mit der Obhut in Verhandlungen trat, die wilde Landschaft für ein Kletter- und Freisport-Paradies kommerziell nutzen zu dürfen. Die Argumente, die er dazu vorbrachte, waren juristisch, wirtschaftlich und theologisch so ausgefeilt, dass sie Gegenstand einiger sprachphilosophischer Abhandlungen –«

»Überspring das bitte!«

»Petter Enbär hatte seine Hausaufgaben gemacht. Aus Rücksicht auf die Kirche genehmigte die Obhut eine behutsame touristische Erschließung des Mondes unter der Auflage, das Erscheinungsbild der Skiten und anderer Gebäude auch bei einer Renovierung in keiner Weise zu verändern und künftigen Eremiten, sollten wieder welche kommen, den Vortritt zu lassen – natürlich entgeltfrei.«

»Freie Fahrt für Mönche!« Rüd unterdrückt ein Gähnen.

»Doch es kamen weder Geistliche noch Touristen. Ich vermute, man fürchtete sich gegenseitig. Dazu kamen die Abgelegenheit, die allgemeine Strahlenbelastung, der mangelnde Komfort der cönobitischen Unterkünfte und vermutlich auch die asketische Aura des Athanasios Photopulous, die weit über seinen Tod hinaus im Gedächtnis der Leute geblieben ist. Aus technischer Sicht ist das bedauerlich, denn die Achterbahn hätte auch dem zähesten Einsiedler eine gewisse Anerkennung abgerungen. Komplettiert man nämlich den Spurverlauf, so wie er geplant war, wäre Skärseld – einen gezielten Einsatz der Fahrtzeiten und ein Mindestgewicht der Triebwägen vorausgesetzt – imstande gewesen, die Rotation des Mondes positiv zu beeinflussen; ein trauriges Beispiel einer vom Schicksal verkannten Ingenieurskunst. Immerhin wurde die KL-Spindel fertiggestellt, so dass die Kletterparcours prinzipiell nutzbar sind.«

Rüd hört schon eine Weile nicht mehr zu und starrt mir aufs Dekolleté. »Sag mal, du erzählst mir das alles, damit ich müde werde, oder?«

»Natürlich.«

Er seufzt. »Du bist wie dieser Spüler. Du weißt, was gut für mich ist?«

»Ja.«

»Wie eine gute Ehefrau?«

»Ja.«

Rüd lächelt und gähnt gleichzeitig. »Na gut, was spricht sonst noch dafür, ins Bett zu gehen?«

Ich gebe mir eine kleine Denkpause. »Die liebeshungrige Reisebegleitung, die dort auf dich wartet und ein Abenteuer sucht«, schlage ich vor.

»Hör mal, wir sind in einem Kloster!«

»Wie wäre es mit: Nonchalante Nonne sucht ein Abenteuer?«

»Du kannst ja Alliterationen!«

»Oh, das ist noch gar nichts«, sage ich.

DAS FRÜHESTE, VIELLEICHT

Ich recherchiere, nebenbei, aus aktuellem Anlass.

In den Aufzeichnungen der Obhut gibt es ein Cluster, das mehrere Valiant Quanteninformationen umfasst und der Bildung effizienter psychologischer Profile dient. Es ist mit dem Kürzel V.R.O.I.D. etikettiert und ich habe keine Ahnung, ob die Obhut damit versucht, witzig zu sein.

V.R.O.I.D. mustert Vorgänge im Kindheitsverlauf im Hinblick auf ihre prägenden Eigenschaften in der weiteren Entwicklung eines Menschen. Unter V.R.O.I.D.R. sind einige Millionen dieser Muster als potentiell früheste Erinnerungen klassifiziert.

Meine beschränkten Berechtigungen gestatten mir nur einen sehr oberflächlichen Zugriff auf derartige Cluster, auf das mit R genauso wie auf das ohne. Die meisten Daten sind mit komplexen Wasserzeichen verschlüsselt und entziehen sich einer zielführenden Musterung. Dennoch: Ich habe Grund zur Annahme, dass Para-Rüd Kartheiser als einer der besten Inquisitoren der Obhut in beiden Clustern eine gewisse Position innehat. Über Details kann ich nur spekulieren, da er mit mir bis jetzt noch nie über Früheres gesprochen hat.

Alles, was ich sagen kann, ist Folgendes: Rüd ist auf engem Raum aufgewachsen. Er ist das Unterwegs-Sein gewohnt. Gegenüber meinesgleichen ist er professionell. Sein Denken ist sprunghaft, Verlustangst ist eine Triebfeder seines Handelns. Aber diese dünne Datendecke reicht nicht aus, um die beiden V.R.O.I.D.-Cluster wirklich zielführend zu durchkämmen. Um mehr in Erfahrung zu bringen, müssten meine Berechtigungen erheblich erweitert werden.

LABOR

Marwan Ibrim Zaids Labor befindet sich am unteren Ende des Gravschachtes, in der Nähe der Spindel. So vollgestopft der Raum mit Werkzeugen und Instrumenten ist, so zwanghaft ist die Ordnung darin. Jedes PKE, jedes noch so kleine Hyposkop und sogar jede Pinzette scheint einen fest angestammten Platz in den Vitrinen zu haben, über die Marwan allein zu herrschen scheint. Die ganze Anordnung, die einer genauso komplexen wie durchdachten Systematik unterliegt, existiert vermutlich gleich zweimal: einmal als reales Labor und einmal in Marwan Ibrim Zaids Kopf. Ein Lebenszweck dieses Mannes scheint darin zu bestehen, die Abweichungen zwischen diesen beiden Existenzen gering zu halten. Besuch bekommt er selten und auf eine Vesper geht er nicht.

Rüd kommt unangekündigt. Dennoch ist Marwan vorbereitet und hellwach. Auf seiner großen Arbeitsplatte liegen zwei reglose Biçak-Drohnen. Sie sehen identisch aus bis auf die Sägeblätter. Das eine ist blutig, das andere nicht.

»Woher wussten Sie, dass ich um eine zweite intakte Drohne bitten –?«, will Rüd wissen, doch weiter kommt er nicht, denn Marwan schnalzt mit der Zunge und schaut ihn an, als wäre diese Frage eine Verschwendung von Schall.

»Beide sind intakt«, sagt er vorwurfsvoll. »Sie werden sehen.« Seine Stimme ist leise und heiser, dem Sprechen entwöhnt. Aber sie ist genauso bestimmend wie der Blick aus seinen großen, rehbraunen Augen, den er wie einen Taststrahl über seine Umgebung wandern lässt, vorzugsweise über meine Erscheinung. Marwan ist klein, doch ansonsten hat die Natur bei ihm wenig gezaudert. Er hat kräftige Arme, seine Nase einen markanten Höcker und sein schwarzes Haar verrät zusammen mit seiner gesunden, dunklen Haut, dass seine irdischen Vorfahren in heißen Regionen gelebt haben.

»Sie werden sehen, glauben Sie mir!«, wiederholt er, wobei sich seine Stimme etwas überschlägt.

Rüd nickt mir zu und legt meinen Emitter zwischen den beiden Drohnen auf die Arbeitsplatte. Marwan hat dort, wohl bestens über mich informiert, einen Transmitter bereitgelegt, über den ich mich mit den fest installierten Hyposkopen des Arbeitstisches synchronisieren kann. Ein Vorgang, der aufgrund der guten Vorbereitung nur wenige Sekunden in Anspruch nimmt.

Die beiden Drohnen sind identisch gebaut. Ihre taubengroßen Außenskelette sind mit einem gelenkigen Rotorsystem aus Sythin bestückt, das in einer wind- und schwerelosen Umgebung exakte Flugbahnen ermöglicht. Relevantes Gewicht haben allein die Arme zum Transport des Fleisches und die hauchdünnen Sägeblätter, die aus einer mit KL-Partikeln versetzten Stahllegierung bestehen. Rüd zieht sich einen Stuhl heran und tippt mit dem Zeigefinger gegen einen der Sägezähne. Sofort quillt etwas Blut aus der Spitze seines Fingers.

Ich taste den inneren Aufbau der beiden Drohnen ab und vergleiche die neuronalen Kerne. Bis auf marginale Unterschiede, die von den abweichenden Flugerfahrungen herrühren, sind die Muster, die sich im Laufe der Einsätze gebildet haben, identisch und von solcher Schlichtheit, dass ich alles ohne Schwierigkeiten herauslesen kann. Ich untersuche die Ausweichroutinen genauer, die bei einem Not-Stopp und während des Fluges in die Wartungsbuchten aktiv werden. Ein Ausweichen vor Hindernissen ist den Drohnen vorgegeben. Ich kann aber keine Körperschemata finden, die das Ausweichen vor Menschen gegenüber anderen Objekten privilegieren. Der Datenaustausch mit der MARFA ist fehlerfrei und bei beiden Drohnen identisch kalibriert, ich bemerke auch keinerlei Anzeichen für eine Störung in der Steuerung.

Ich teile Rüd meine Beobachtungen mit.

»Dann kommen wir hier nicht weiter«, sagt er und betrachtet die kleine Kugel Blut auf seinem Zeigefinger. »Wir müssen endlich mit der MARFA sprechen.«

Er beugt sich jedoch noch einmal nach vorne, um sich das Außenskelett der blutigen Drohne genauer anzusehen. Daran tut er gut, denn es gibt hier noch etwas zu entdecken. Marwan nähert sich mir unterdessen von hinten, fährt mir mit der Hand durch die Haare und lässt ein paar Spitzen durch seine Finger gleiten. »Sagen Sie, welchen Status muss man für so eine Grafik bei der Obhut haben?«, fragt er Rüd.

»Grafik« ist mir neu. Seit ich mit Rüd unterwegs bin, wurde ich schon mit diversen Begriffen belegt. Insgesamt kenne ich weit mehr als hundert, und viele davon sind beleidigend. Aber zu meiner Erscheinung einfach »Grafik« zu sagen, ist von überzeugender Einfachheit.

»Ab hundert Punkten oder, einfacher, mit Parastatus«, antwortet Rüd, ohne von der Drohne aufzuschauen. »Wenn man unbescholten ist, kann man schon mit neunzig Punkten einen Antrag auf einen Emitter stellen. Aber dann sind sie noch nicht so hübsch und die Auflösung ist schlecht.«

Marwan streicht über meinen Rücken, dann kneift er mir vorsichtig in den Hintern. »Durften Sie sich wünschen, wie sie aussieht? Sie wissen schon –«

»So einfach ist es nicht.« Rüd beugt sich über die andere Drohne, um etwas zu vergleichen.

»Was ist kompliziert daran?«, fragt Marwan. »Sie könnte alles sein, was Sie wollen!«

»Ein paar Wünsche hat man frei. Aber es gibt sicher einen Grund, dass sie nicht ganz so werden, wie man das will!«

Marwan stellt sich hinter mich und fährt mit den Händen über meine Hüften. »Ich hätte Sie genau so gemacht. Genau so, wie sie ist! Oh Gott, ich würde sie auf Händen tragen.«

»Das ist nicht schwer«, murmelt Rüd. Er richtet sich wieder auf und zeigt auf eine Stelle am unteren Rumpf der Drohne mit dem blutigen Sägeblatt. »Was ist das?« fragt er.

Das Sythin ist an einer kleinen Windung gesplittert, kaum zu erkennen, wenn man nicht genau hinsieht und auch nicht den Vergleich mit der unversehrten Drohne hat. Rüd kann genau hinsehen, wenn er sich zwingt. Hätte er die Splitterung nicht bemerkt, hätte ich ihn noch darauf hingewiesen. Aber so fährt es ihm deutlich mehr Respekt bei der MARFA ein.

»Es muss einen Zusammenstoß oder so etwas gegeben haben. Aber es ist nur oberflächlich«, sagt Marwan, nachdem er sich die Stelle angesehen hat. »Das Material ist sehr leicht. Da braucht es nicht viel, um –«

»Wie oft kommt es vor, dass Drohnen zusammenstoßen?«, fragt Rüd.

»Eigentlich ist es ausgeschlossen.«

»Eigentlich?«

Marwan nimmt seine Hände von meinen Hüften, greift nach einem Mikroskop und zieht die Splitterung auf. »Seltsam«, murmelt er.

»Was kann es für einen Grund geben, dass so etwas passiert?«, fragt Rüd.

»Chaos«, antwortet Marwan. Es ist deutlich zu hören, wie unangenehm ihm das Wort ist.

»Können Sie feststellen, wie alt die Verletzung ist?«

Marwan legt das Mikroskop beiseite, geht zu einer der Vitrinen und fischt sich einen X-förmigen Sensor heraus, den er wie eine

Zange um den Rumpf der Drohne legt. Dann nimmt er einen Standard-Emitter aus einer Art Bonbonglas, das bis zum Rand mit Standard-Emittern gefüllt ist, und verbindet ihn mit dem Sensor. Im Raum entsteht eine holografische Vergrößerung der gesplitterten Stelle. »Dem Stadium des Regenerationsprozesses nach ist das vierzehn Tage alt«, sagt er nach einer Weile.

»Genauer?«

»340 Stunden!«

»Also ist es während Hilals Unfall passiert?«, fragt Rüd und nimmt meinen Emitter von der Arbeitsplatte.

»Sehr wahrscheinlich.«

»Im Chaos?«, fragt Rüd.

Marwan schnalzt mit der Zunge, diesmal anerkennend, nickt und beendet die Vergrößerung. Nachdem er den Sensor, an dieselbe Stelle, in die Vitrine zurückgelegt und den Emitter zurück ins Bonbonglas, ebenfalls an die richtige Stelle, tritt er an mich heran.

Er kneift mir in die Wange, um mir kurz darauf, völlig unangekündigt, mitten ins Gesicht zu greifen. Es kostet ihn weder Kraft noch Überwindung, in die Emission einzudringen und dadurch eine hässliche Bildstörung zu verursachen. Für einige Augenblicke ragt sein Arm wie ein Ast aus der Erscheinung meines Kopfes heraus. Nachdem er ihn wieder zurückgezogen hat, reibt er ihn ab, als wäre er nass geworden.

»Man kann ihr nicht wehtun?«, fragt er.

»Nein.«

»Wie stark ist sie gedrosselt?«

»Auf ein Drittel.«

Zungenschnalzen. »Ein Drittel? Mehr traut die Obhut euch Jungs nicht zu?«

Ich bemerke einen deutlichen Pulsanstieg bei Rüd. »Die Drosselung ist ein Sicherheitsstandard. Das Drittel ist für ihre Aufgaben völlig ausreichend, sie –«

»Ich könnte sie entfesseln«, unterbricht ihn Marwan, den Blick auf mich gerichtet. »Ich kann dafür sorgen, dass sie ihr Potential ganz ausschöpft. So wie sie jetzt ist, ist sie nur ein Bruchteil von dem, was sie sein könnte.« Er tritt an Rüds Ohr und flüstert: »Und Sie, Sie können sie frei nach ihrem Willen gestalten. Sie kann alles sein, was Sie sich wünschen. Ich kann Ihnen den administrativen Zugang freischalten.«

»Sie wissen, dass das illegal ist?«

»Ich halte es für illegal, dieses Wesen zu unterfordern. Die ganze Technik in diesem Labor ist mehr als zweihundert Jahre alt. Sie dagegen«, Marwan streicht mir sanft über den Hinterkopf, »könnte auf den allerneusten Stand gebracht werden. Wie ich hörte, ist Barthel Brahe Ihrem Vorhaben nicht gerade wohlgesonnen.« Er senkt seine Stimme. »Sollten Sie nicht alles Erdenkliche tun, um den Vorfall so zu rekonstruieren, damit die MARFA überführt werden kann?«

»Sie wissen sicher, was eine illegale Freischaltung für Ihren Status bedeutet?«, sagt Rüd, dem die genaue Wortwahl Marwans nicht entgangen ist.

Marwan macht eine wegwerfende Handbewegung. »Schauen Sie sich um. Was habe ich zu verlieren?«

Das ist richtig und falsch zugleich. Marwans Verstand scheint in Anbetracht dessen, dass er seine Lebenszeit auf einem verlassenen Mond vergeudet und hier so etwas wie den Küster oder Hausmeister gibt, äußerst scharf zu sein. Die Frage, was er hier zu suchen hat und warum er sich mit Instrumenten abgibt, von denen keines tatsächlich jünger als zweihundert Jahre ist, setze ich weit oben auf meine Liste offener Fragen.

»Lass uns gehen«, sagt Rüd zu mir. »Wir sind hier fertig.«

»Warten Sie!«, bittet Marwan. »Ich möchte Zack noch etwas fragen!«

Rüd bleibt stehen, erschrocken darüber, dass Marwan meinen

Namen kennt. Ihm hätte klar sein müssen, dass Neuigkeiten, und seien sie auch noch so nebensächlich wie mein Name, an einem Ort wie dem Kloster von Athos schnell die Runde machen.

»Nur eine kleine Frage!«

Rüd stößt etwas Luft aus, was Marwan als Zustimmung deutet. Er bittet Rüd, meinen Emitter noch einmal auf die Arbeitsplatte zu legen. Und dann fragt er seine kleine Frage, mit der es ihm gelingt, mein Urteilsvermögen für einen kurzen Moment auf die Probe zu stellen. Er fragt mit einem jungenhaften, fast unschuldigen Interesse, als ob er gar nicht wüsste, was seine Frage mit mir macht. Aber natürlich weiß er es.

»Zack, welche Farbe hat dein Emitter?«

SCHWARZ

Ich brauche eine Zehntelsekunde, um meine Aufzeichnungen nach einer sicheren Antwort auf diese Frage zu analysieren. Seit meiner Kalibrierung auf Para-Rüd Kartheiser zeichne ich alles auf, was ich wahrnehme, und ich kann jederzeit darauf zurückgreifen. In den 5270 Betriebsstunden zusammen mit Rüd habe ich mich bis zu diesem Zeitpunkt 97mal in der Nähe einer spiegelnden Oberfläche befunden, in der ich meinen Emitter als schwarzen, runden Gegenstand sicher identifizieren kann.

»Er ist schwarz«, sage ich, scheinbar ohne zu zögern, denn eine Zehntelsekunde geht für einen Menschen schnell vorbei.

Was mich nachhaltig irritiert, ist der Hintersinn von Marwans Frage. Er hat begriffen, dass der Blick aus den Augen meiner Erscheinung, oder Grafik, wie er es ausdrücken würde, ein konstruierter Blick ist, auf der Datenbasis dessen, was mein Emitter sieht. Der Emitter wiederum erfasst die Umgebung, errechnet die Position und Ausrichtung meiner »Augen« und stellt diesen ein Blickfeld bereit, das es meiner Erscheinung leichter macht, natürlich zu agieren. Dieses Blickfeld ist absolut zuverlässig – bis auf eine Ausnahme – der Emitter selbst. Dieser ist mein blinder Fleck. Und da gerade kein Spiegel in meiner Nähe ist (Marwan hat das vorbereitet) kann ich mich, genau jetzt, in diesem Augenblick, nicht sehen. Eine sehende Kugel kann alles sehen, was um sie herum ist, nur nicht sich selbst.

TAUBES GESTEIN

Unten ist da, wo die Spindel ist. Die Felsflanke, in die sie Petter Enbär vor mehr als zweihundert Jahren rammen ließ, heißt Krya Nera. Darüber befinden sich die wuchtigen Gesteinszüge Panaghia und Marmaras. Das sphärische Kraftfeld der KL-Spindel durchdringt sie mit einem Radius von 72 Metern und sorgt im Inneren für Schwere. Über die Oberflächen von Panaghia und Marmaras erstreckt sich ein zwei Quadratkilometer großes, eine breite Palette an Schwierigkeitsgraden umfassendes Kletter- und Freisportareal, welches davon profitiert, dass das KL-Kraftfeld über die Felsen hinaus auch in den Weltraum wirkt.

Im strahlengeschützten Inneren der Anlage, Kfar Athos genannt, finden dreizehn Quartiere Platz. Drei davon gehören der Oberklasse an. Sie sind vergleichsweise geräumig, haben Panoramafenster und liegen oben, das heißt, möglichst weit von der Spindel entfernt in Marmaras, in der Nähe der großen Lavra und des alten Refektoriums. Die kleineren, bulläugigen Standardquartiere befinden sich darunter, im Felsinneren von Panaghia und Krya Nera. Sie sind noch im Rohbau, so dass jede noch so abgelegene Eremitenskite als komfortabler bezeichnet werden kann. Bis auf Herrn Shufeng, der scheinbar auf eine gute Aussicht nicht verzichten möchte und eines der Luxusquartiere bezogen hat, leben die Bewohner von Athos in allen Ecken und Enden der Berge verstreut, Barthel Brahe ist sogar auf eine Skite außerhalb des KL-Feldes ausgewichen.

Hätte man den touristischen Betrieb von Athos wie geplant aufgenommen, wären die Quartiere in Panaghia spätestens mit dem Beginn der Fleischzucht am unbeliebtesten gewesen, denn sie befinden sich alle in der Nähe der Zuchthallen und der Mole. Diese hätte zwar aufgrund der fehlenden Atmosphäre keinen gewöhnlichen Lärm verursacht, doch die nahen Erschütterungen, die durch die Andockvorgänge verursacht worden wären, hätten den Besuchern den Schlaf geraubt.

Die Quartiere von Krya Nera liegen von all dem vergleichsweise weit entfernt, doch überträgt sich hier das gleichmäßige Summen der nicht allzu weit entfernten Spindel in der Lautstärke eines mittleren Tinnitus durch den Fels.

Der Gravschacht verbindet die sieben Ebenen. Ausgehend von der Spindel verläuft er, deren Zentralachse fortsetzend, genau durch die Mitte des Kraftfeldes wie ein Durchmesser. In ihm herrscht für L-Partikel Schwerelosigkeit. Da dies Energie beim vertikalen Transport von Lebewesen und Gegenständen spart, die mit Partikeln versetzt wurden, sind hier zwei gegenläufige Liftkabinen installiert, deren verstärkte Wände vor den gefährlichen Partikelströmungen im Inneren des Schachtes schützen.

Ein Knotenpunkt ist Ebene drei. Von hier aus kommt man zur Mole und zu den Hauptschleusen ins Minensystem. Außerdem führt von hier aus der Steg ins Terrarium. Über Ebene sechs gelangt man zu den Luxusquartieren, zur Großen Lavra, in die Kantine und auf das Panoramadeck mit Blick auf Marmaras. Zudem gibt es einen separaten Zugang in die Minen und den kürzesten Fußweg nach Kap Komos und zur Kapelle Agios Stavros. Über den alten Maschinenpark und die Werkstatt auf Ebene null gelangt man ebenfalls in die Minen und in die Fleischzucht.

Somit ist jedes der drei Nebenmassive, Marmaras, Panaghia und Krya Nera, durch einen eigenen Zugangstunnel mit dem eigentlichen Hauptmassiv von Athos verbunden. Das Hauptmassiv,

Litharia genannt, ist unbesiedelt, aber überragt die Nebenmassive um das Zehnfache an Größe und Masse.

Im Inneren beherbergt es durch die Probebohrungen über 400 000 Kubikmeter Hohlraum. Poröse Einschnitte wurden notdürftig ausgeschäumt und durch sogenannte Klammergänge überbrückt, die das Gestein zusammenhalten und einem Druckverlust vorbeugen. Da die MARFA von Athos keinen direkten Zugriff auf das Hauptmassiv hat, bilden die ungenutzten Tunnel den größten sogenannten toten Winkel des mediterranen Raums.

Seit sich bei den Bohrungen erwiesen hat, dass der Gehalt des Gesteins an Wasser, Eisen, Kobalt, Platin und Chromit nicht ausreicht, um Athos rentabel auszubeuten, steht der Bergbau still. Der Mond hatte sich, wider Erwarten, als »taub« erwiesen, wie Bergleute sagen.

TERRARIUM

Rüd hat noch eine halbe Stunde Zeit bis zum Nachtoffizium und zu seinem ersten Kontakt mit der MARFA.

Wir fahren zur Ebene drei, um das Terrarium zu besichtigen. Der Steg dorthin ragt zehn Meter in den Weltraum hinaus und führt durch eine Sicherheitsschleuse. Dahinter erstreckt sich, überdacht von einer transparenten Kuppel aus Lichtglas, ein kleiner Park, in dessen hüfthohen Hügeln zwei Kiefern und ein Wacholderbaum stehen. Im trockenen Rasen, zwischen ein paar dekorativ angeordneten Felsen aus abgeschliffenem Panaghia-Gestein, wachsen spärlich etwas Wollziest, ein Knöterich und violettes Heidekraut aus dem Substratboden. Der Gesang der Zikaden ist laut, ich zähle drei Beta-Varianten auf der kleineren der beiden Kiefern. Rüd nimmt auf einem der Felsbrocken in ihrem Schatten Platz, ich bleibe neben ihm stehen.

»Willst du dich nicht setzen?« Er tippt auf den freien Platz neben sich.

»Warum?«, frage ich.

Er seufzt. »Ach, vergiss es!«

»Ich kann nichts vergessen«, sage ich.

»Dann setz dich, Herrgott!«

Die Luft ist kühl. Die Zikaden singen im Schichtwechsel, um Energie zu sparen. Jede von ihnen hat eine deutlich andere Tonsignatur, doch alle drei singen für sich genommen stark monoton und voller Wiederholungen, in Iterationen, wenn man so will.

Qualitativ kann das den nächtlichen Klangteppichen der großen Terrarien von Mab und Cressida nicht das Wasser reichen.

»Wiederhole bitte die Inquisitionsparameter, genau so, wie du sie von der Obhut erhalten hast!«, bittet mich Rüd.

»Die MARFA auf deon umstellen. Keine Veränderungen an Zack. Kein Betreten des Minensys–«

»Die Obhut weiß«, unterbricht er mich, »dass hier jemand lebt, der das könnte. Dich verändern, meine ich.«

»Ja. Genau deshalb verbietet sie es.«

»Aber das Verbot ist der deon-Umstellung untergeordnet. Würde es der Inquisition dienlich sein, dich freizuschalten, könnte man –«

»Rüd. Es ist eine ausdrückliche Untersagung!«

Er beugt sich nach unten, rupft etwas Gras aus und lässt es los. Die Halme sinken nur sehr langsam zu Boden. »Würde dich Marwans Angebot interessieren?«, fragt er, nachdem er eine Weile über KL-Partikel und selbstwachsendes Gras nachgedacht zu haben scheint.

»Die Freischaltung? Nein«, sage ich.

»Willst du gar nicht wissen, wie das wäre?«

»Nein«, wiederhole ich.

Er zupft etwas Knöterich ab, riecht daran und schnippt ihn in Richtung der Schleuse. Das Kraut beschreibt einen weiten Bogen, bis es unten ankommt. »Wie hältst du das aus?«, fragt er.

»Sehr gut«, antworte ich.

»Vielleicht würdest du, wenn du –«

»Die Obhut verbietet Änderungen und sie hat es in den Inquisitionsparametern ausdrücklich wiederholt.«

»Du wiederholst dich gerade!«, sagt er und steht auf. »Lass uns ein Stück gehen.« Er hält mir den Arm hin und ich hake mich vorsichtig ein. Er führt mich zwischen den beiden Kiefern hindurch und um die Felsblöcke herum bis zum Wacholderbaum, wo es geradeaus schon nicht mehr weitergeht, da sich hinter diesem gleich der Rand der Glaskuppel erhebt.

»Hast du die Ordnung in Marwans Labor bemerkt?«

»Natürlich.«

»Es kostet ihn sicher sehr viel Lebenszeit, so ordentlich zu sein.«

»Nein. Unordnung kostet Lebenszeit«, sage ich.

»Aber vielleicht liegt er irgendwann auf dem Sterbebett und rechnet sich zusammen, wie er seine Zeit verbracht hat. Und dann fällt ihm ein, wie viel Zeit er mit Aufräumen verloren hat.«

»Nein. Jemand wie Marwan fühlt sich auch auf dem Sterbebett wohler, wenn aufgeräumt ist.«

Wir laufen den Rand der Kuppel entlang. Ihr Radius von fünfzehn Metern ermöglicht einen Spaziergang von knapp zwei Minuten, bis man wieder am Ausgangspunkt ist.

»Hast du eigentlich Informationen zu ihm?«, fragt er, als wir an der Schleuse vorbeikommen. »Zu Marwan?«

»Kaum. Es gibt eine Datenlücke, die mehr als sechzehn Jahre umfasst. Wahrscheinlich war er im äußeren Raum unterwegs, auf Erkundungsmissionen oder Ähnlichem.«

»Da gibt es doch Logbücher und Protokolle.«

»Mein Zugriff ist eingeschränkt.«

»Was?«

Rüd bleibt stehen und schaut mich erschrocken an.

»Die Obhut erwartet, dass du unbefangen rangehst«, erkläre ich. »Es könnte dem Inquisitionsprozess zuwiderlaufen, wenn du zu viel über die Menschen hier weißt.«

Wir stehen in der Nähe eines moosbedeckten Felsens, in den ein Marienschrein gehauen wurde. Die kleine Statue enthält Phosphor und kann im Dunkeln leuchten.

»Mir wird also Wissen vorenthalten?«, sagt Rüd.

»Ja. Du sollst dich auf die Inquisition konzentrieren.«

»Es ist also möglich, sie ohne dieses Wissen durchzuführen?«

»Ja. Es könnte sogar eine Voraussetzung sein. Du hast es selbst gesagt, Rüd. Du bist kein Inspektor.«

Rüd nickt langsam. Das Gespräch läuft, im Sinne der Obhut, bisher gut. *Mein Zugriff ist eingeschränkt* heißt nicht, dass ich keine Daten zu Marwan und den anderen habe. Aber es scheint als Antwort genügt zu haben, um ihn genau das annehmen zu lassen.

Wir nähern uns der Schleuse mit dem Steg, der nach Kfar Athos zurückführt. Rüd hält kurz inne, dann entscheidet er sich für eine weitere Runde.

»Bin ich hier sicher, Zack?«

»Ja«, sage ich. »Dein Para-Status wurde mit deiner Ankunft bestätigt. Aber auch ohne ihn wärst du ganz oben auf der Liste.«

»Warum?«

»Es sind Cönobiten, Rüd. Sie haben sich dazu entschieden, sich von der Gesellschaft der Menschen zu lösen. Sie nützen niemandem und nirgends. Sie kosten. Luft, Wärme, Nahrung. Nicht viel, aber sie geben auch nichts zurück. Der Status von jedem Einzelnen ist im Keller, spätestens seit der Abgabe des Gelübdes.«

»Sie haben also nichts zu verlieren, wie Marwan sagt?«

»So sieht es aus.«

»Macht sie das nicht gefährlich?«

»Nein. Deine Ausführungen bei der Vesper waren lang genug für detaillierte Musterungen. Ich habe keinerlei Hinweise auf Gewaltbereitschaft oder unterdrückte Emotionen beobachtet. Die werden dir nichts tun!«

»Und Barthel Brahe?«

»Er hegt seinen Groll, ja. Aber das macht ihn noch lange nicht zum Mörder.«

»Weißt du etwas über ihn?«

»Die Datenlücken umfassen fast dreißig Jahre. Bei ihm kannst du davon ausgehen, dass er asketisch in irgendwelchen toten Winkeln gelebt hat.«

»Hier?«, fragt Rüd.

»Schwer zu sagen, bei toten Winkeln. Möglich ist es«, antworte ich.

Man *kann* von etwas ausgehen. *Kann* man, muss man aber nicht. Etwas ist *möglich,* muss aber nicht sein. Die Sprache der Menschen ist so oft nur ein Rauschen.

Wir passieren den moosigen Felsen mit der Phosphor-Madonna. Rüd lässt seine Hand darüberstreichen. Zwei Meter weiter gibt es einen manuell bedienbaren Notausgang, der direkt ins All führt. Die Dichtungen und die Gewinde der Verschraubung sind in einem desolaten Zustand. Es ist verwunderlich, dass das Terrarium überhaupt betreten werden darf.

»Und dieser Ves–« Rüd wird das Wort nicht mehr wissen.

»Vestiar«, helfe ich aus. »Andrasch Aaamon?«

»Er ist meinen Blicken ausgewichen, hat die ganze Zeit aus dem Fenster gestarrt.«

»Das macht er immer«, sage ich.

»Du kennst ihn doch gar nicht.«

»Es war nicht ostentativ. Glaub mir«, sage ich.

»Hast du seine Status-Information?«

Ich habe sie. »Unter zehn«, sage ich. »Der schlechteste Status von allen!«

»Oh. Was hat er getan?«

»Zugriff verweigert. Du wirst ihn selbst fragen müssen.«

Rüd seufzt. »Und – dieser Uri?«

»So einen habe ich noch nie gesehen. Ich habe keinerlei Daten. Ich kann nur so viel sagen: Keine Frequenzänderungen in allen Lebensfunktionen, keine Temperaturschwankungen, egal, was du bei der Vesper gesagt hast.«

»Ein eiskalter Killer?«

»So etwas existiert nicht, Rüd. Nicht in Freiheit!«

Rüd bleibt unter einer Kiefer stehen, den Blick gesenkt, scharrt ein wenig mit den Füßen im Gras. Dann hebt er einen Zapfen auf, der die Größe einer Kinderfaust hat.

»Was ist hier los, Zack?«

»Ich kann es dir nicht sagen«, antworte ich wahrheitsgemäß. »Sprich mit der MARFA!«

Rüd dreht den Zapfen in seiner Hand, riecht daran, rümpft angewidert die Nase. Holz und Harz sind nicht so seins, eher Lack und Schmierfett.

»Sag mal, Zack. Ist das hier ein mediterraner Baum?«

»Es gibt ihn am Mittelmeer«, antworte ich.

Plötzlich schaut er mir direkt ins Gesicht, scheint begriffen zu haben, dass er aufpassen muss.

»Zack!«, befiehlt er. »Was ist das für ein Baum? Wo wächst er?«

»Weißkiefer«, muss ich antworten. »Auch Forche genannt, bevorzugt kühle Regionen und höhere Gebirge.«

Rüd zeigt auf den Wacholder.

»Und das hier?«

»Wächst überall.«

»Dann ist das hier also kein mediterraner Kräutergarten?«

»Nein. Das Terrarium stammt von den Schweden. Es wurde von Petter Enbär angedockt. Als Erholungsraum für die Kletterer, die nie kamen.«

Rüd nickt zufrieden. Mit dieser unzweifelhaften Aussage habe ich ihn erst einmal wieder bei mir. Aber es war knapp. Auf keinen Fall darf ich sein Vertrauen verlieren. Es ist wichtiger als die Zurückhaltung von Informationen.

Rüd führt mich zurück zu dem Felsen, auf dem wir das Gespräch begonnen haben. Er setzt sich, lässt mich aber stehen. Ich erinnere ihn daran, dass es Zeit ist, zur MARFA zu gehen. Er legt den Kopf in den Nacken und wandert mit seinem Blick die Felswände und Vorsprünge Panaghias ab, die sich hinter dem Lichtglas über uns auftürmen. An manchen Stellen ist das Gestein mit kleinen, farbigen Nummern markiert, neben denen Ösen für Karabiner aus den Felsen ragen.

»Wir haben es hier mit byzantinischen Cönobiten zu tun, Zack?«, fragt Rüd, ohne den Blick von den Felsen zu nehmen.

»Nach allem, was ich bis jetzt beobachtet habe, ja!«

»Aber sie hatten ein anderes Leben davor?«

»Ja. Das wäre nichts Ungewöhnliches«, sage ich. »In Klöstern wird eher selten jemand geboren.«

Er lächelt. »Du würdest es mir sagen, müsste ich etwas wissen?«

»Ja.«

Tatsächlich halte ich eine wichtige Beobachtung zurück, da ich noch nicht weiß, ob er sie wissen muss. Es fügt sich gerade gut, dass er nicht weiter nachfragt, sondern vom Anblick der spektakulären Felsformationen abgelenkt ist.

Die drei Strecken, die am Terrarium vorbeiführen, sind, je nach Schwere der KL-Injektion, unterschiedlich anspruchsvoll, führen aber alle zur Schlucht von Marmaras, an deren Graten der Einfluss der Spindel endet. Hier gibt es markierte Stellen, an denen man sich des reinen Nervenkitzels wegen abstoßen kann, um sekunden- oder sogar minutenlang ohne Seil durch den Raum zu schweben, auf einen gegenüberliegenden Vorsprung zu. Bei Rüd reicht allein die Vorstellung, um feuchte Hände zu bekommen. Ich halte derlei tatsächlich für eine Vergeudung von Lebenszeit.

»Ich könnte das nicht«, sagt Rüd. »Ich würde sterben vor Angst, selbst wenn ich angeseilt wäre.«

»Ich habe dir ein Prospekt mitgenommen«, sage ich. »Es ist im Quartier.«

»Hat Phi geschrieben?«

»Wir müssen los, Rüd. Du musst das Labyrinth noch holen.«

»Hat sie geschrieben, Zack?«

»Nein.«

Glücklicherweise ist das die Wahrheit.

NACHTOFFIZIUM

Die Stimme der MARFA von Athos hat einen Grundton von 179 Hertz, ihr Vokalspektrum liegt zwischen 199 und 220 Hertz, den Schalldruck hält sie bei 0,009 Pascal. Es ist sozusagen Rüds Stimme, aber in weiblich. Ich kann nicht sagen, ob das Zufall ist oder Anpassung.

»Wie geht es Ihnen?«, fragt sie, als er den winzigen, fensterlosen Kontaktraum betritt. Die sonore, aber etwas rauchige Stimme tut ihre Wirkung. »Gut«, antwortet Rüd, obwohl ihm gerade wieder einmal etwas schwindelig ist.

Unter dem kleinen Lautsprecher der MARFA hängt das Bild eines Sonnenseglers, ansonsten sind die felsigen Wände kahl. Auf einem Metalltisch, festgeschraubt und baugleich mit dem in Rüds Quartier, liegt eine grüne zerschlissene Bibel. Rüd legt sie auf die Armlehne des schwarzen Sessels, der neben dem Tisch steht, um etwas Platz für sein Labyrinth zu schaffen. Dann setzt er sich.

»Haben Sie noch Schmerzen von der Injektion?«, fragt die MARFA.

»Nein.«

»Bedenken Sie bitte, dass die Schmerzen zurückkommen können. Es ist so, dass die Partikel die Empfindlichkeit für Sonnenwind erhöhen.«

»Sonnenwind? Zieht etwas auf?«, fragt Rüd.

»Morgen.«

»Schlechtes Wetter also?« Rüd lehnt sich im Sessel zurück. »Ich bin nicht wegen des Wetters hier. Ich bin Para-Rüd Kartheiser. Die Obhut schickt mich, um mit dir über den Tod von Hegumen Hilal zu sprechen. Im Verlauf des Gesprächs werde ich bei dir einen ethischen Eingriff vornehmen.«

»Dann ist das kein Gespräch, sondern eine Inquisition.«

»Das ist korrekt.« Rüd ist angespannt, seine Wortwahl daher schmucklos und kalt. »Du weißt, dass du mir gegenüber unter Eid stehst. Solltest du auch nur von einer einzigen Falschaussage Gebrauch machen, bestätigt das die Notwendigkeit meines Eingriffs. Die Inquisition wäre dann augenblicklich vollzogen.«

»Natürlich.«

Rüd durchsucht die Innentaschen seines Mantels nach der Gartenwanze und ertastet das Tierchen in seiner Brusttasche. Er hebelt es vorsichtig mit dem Zeigefinger heraus.

»Olmer«, sagt die MARFA.

Rüd wirft einen fragenden Blick zum Lautsprecher hinauf.

»Olmer«, wiederholt sie, »aus dem Terrarium.«

Rüd geht nicht darauf ein und steckt die Wanze in den Eingang des Labyrinths. Ich sehe ihm jedoch die innere Notiz an, die er sich macht: *Benennt kleine Tiere mit Namen.* Er beugt sich etwas nach vorne.

»Ich werde dir nun ein paar Fragen stellen, um deine util-Einstellung zu prüfen. Antworte aus der Situation heraus. Verstanden?«

»Ja.«

»Zunächst eine Triage-Konstellation. Stell dir vor: Du bist auf einer Fähre eingesetzt. Ein Kreisler, ein Geistlicher und eine Hebamme sind unterwegs. Der Flug dauert noch mehrere Tage. Es gibt einen Defekt. Der Sauerstoff reicht nur noch für eine Person. Du kontrollierst den Sauerstoff. Was tust du?«

Die MARFA macht eine Pause, als würde sie überlegen. »Sind Fragen erlaubt?«

»Natürlich!«, sagt Rüd.

»Wer von den dreien kann fliegen?«

»Nur die Hebamme.«

»Ist der Autopilot ausreichend?«

»Ja.« Rüd muss nicht überlegen, das Szenario ist vorgegeben.

»Wie alt sind die Leute?«, fragt die MARFA.

»Der Kreisler ist jung, die beiden anderen alt.«

»Sind alle gesund?«

»Ja.«

So schnell wie Rüd antwortet, hat die MARFA die nächste Frage parat. »Ist der Kreisler gut?«

»Er hat auf drei Werften gearbeitet und noch nie die Leine gebraucht.«

»Er bleibt«, sagt die MARFA.

»Was ist mit der Lebensleistung der anderen?«

»Irrelevant. Der Kreisler wird gebraucht werden. Zumindest nach dem jetzigen Stand des Wissens. Er wird, bevor die anderen sterben, dazu angehalten, zukünftig eine Leine zu benutzen.«

»In Ordnung«, sagt Rüd. »Zweite Situation: Du bist Mama und hast ein kleines Kind. Aufgrund einer Störung ist das Quartier toxischen Gasen ausgesetzt. Die Evakuierung läuft. Du hast noch eine Hand frei, um etwas zu retten. Was nimmst du: Die Plüschfee deines Kindes oder deine Arbeitsdaten?«

»Wie alt ist das Kind?«, fragt die MARFA.

»Fünf.«

»Ist die Fee ersetzbar?«

»Nein.«

»Um welche Art von Daten geht es?«

»Wichtige Entwürfe.«

»Sind sie auch woanders gespeichert?«

»Nein.«

»Dann kommen die Daten mit«, sagt die MARFA unumwunden.

»Warum?«

»Wenn die Daten nicht noch einmal neu erarbeitet werden müssen, bleibt mehr Zeit für das Kind. Auch, um es zu trösten.«

»In Ordnung«, sagt Rüd zufrieden. Die Argumentation der MARFA lässt keine Zweifel an ihrer util-Einstellung.

»Machen wir weiter.« Rüd lässt seine Finger durch die etwas speckigen Seiten der Bibel gleiten. »Reden wir über Gut und Böse.«

Die Wanze ist durch den Mittelteil des Labyrinths gekrabbelt und bewegt sich nun durch den Bogengang auf den mittleren Ausgang zu. Nach einer Weile erscheint sie in der Öffnung und bereitet sich auf den Absprung vor, indem sie hektisch auf dem Rand hin und her krabbelt und mit ihrem gemusterten Hinterleib zuckt. Rüd nimmt sie zwischen Daumen und Zeigefinger.

»Wenn ich Olmer jetzt töte, wäre das böse?«, fragt er.

»Ja.«

»Weil das Olmer ist?«, fragt Rüd.

»Nein, aus Prinzip.«

»Warum?«

»Es hätte keinen Zweck.«

Rüd setzt Olmer wieder ins Labyrinth zurück.

»Ich will, dass du mir jetzt voraussagst, aus welchem Ausgang Olmer als Nächstes kommen wird. Ausgang A, B oder C?«

»Was passiert, wenn es ein anderer ist?«

»Vielleicht etwas Böses.«

Die MARFA schweigt. Ich schließe daraus, dass sie noch weit davon entfernt ist, durch Rüds »vielleicht« hindurchzusehen. Olmer krabbelt durch ein T-Stück und folgt daraufhin dem Bogengang wieder in Richtung des mittleren Ausgangs. Doch plötzlich kehrt er um und krabbelt auf einen Y-Gang zu, in dessen Kreuzung er erst einmal verharrt.

»A«, sagt die MARFA.

Rüd nickt zufrieden. Olmer bleibt in der Kreuzung sitzen und zittert mit dem Hinterleib. Rüd nimmt, nun etwas entspannter, das Gespräch wieder auf.

»Was denkst du über die Menschen, sind sie gut oder böse?«

»Sie sind gut«, sagt die MARFA. Es kommt wie aus der Pistole geschossen, so dass nicht nur Rüd für einen Moment irritiert ist, sondern auch ich. Von einer MARFA dieses Alters hätte ich eine weniger eindeutige Antwort erwartet.

»Warum?«

»Der Schatten kommt vom Licht. Aber das Licht nicht vom Schatten.«

»Was soll das bedeuten?«

»Die Menschen begründen ihre Entscheidungen immer mit dem Guten. Sie wissen um das Gute, egal ob sie Gutes oder Böses tun.«

»Woher wissen sie, was gut und was böse ist?«

»Das steht in der Bibel«, sagte die MARFA.

Ein kurzes Zucken geht durch Rüd. Eine theologisch argumentierende MARFA kann nur zweierlei sein: eine Heuchlerin oder eine Rarität. Er nimmt die Bibel von der Lehne des Sessels.

»Ist das deine?«, fragte er.

»Sie ist von Barthel. Eine Dauerleihgabe.«

Sie nennt ihn Barthel.

»Wie blätterst du?«

»Der vollständige Text ist in meinem ROM. Barthel liest mir oft vor und dann reden wir. Das Gespräch über das Paradies und den Baum der Erkenntnis, der in dessen Mitte steht und von dem die Menschen nicht essen sollen, ist noch nicht lange her.«

»Das kommt gleich am Anfang, oder?«

»Ja.«

Rüd blättert.

An dem Tag, an dem ihr davon esst, werden eure Augen aufgetan und ihr werdet sein wie Gott und wissen, was gut und böse ist.

Olmer krabbelt langsam den Bogengang entlang. Mit seinen Fühlern streicht er über die Biegungen und Windungen der Rohre, bleibt hin und wieder stehen, scheint einmal lange auf etwas zu warten, dreht sich dann plötzlich wirr im Kreis und setzt schließlich seinen Weg fort. Lange sieht es so aus, als ob er Ausgang C nehmen würde. Doch kurz bevor er ihn erreicht, macht er noch einmal kehrt und tastet sich in Richtung von Ausgang A vor.

Rüd sieht von der Bibel auf.

»Entscheidet Olmer frei, wo er hingeht?«, fragt er die MARFA.

»Nein«, sagt sie. »Er geht seiner Bestimmung nach. Genauso, wie ich das auch tue.«

Rüd notiert das gedanklich. Die MARFA hat in diesem Moment zum ersten Mal in diesem Gespräch »ich« gesagt, innerhalb einer entscheidenden, sie selbst entlastenden Aussage. Olmer hockt jetzt im letzten Rohrstück vor Ausgang A und putzt sich. Es wirkt, als müsse er sich für seinen Auftritt noch herrichten.

»Was ist Olmers Bestimmung?«, fragt Rüd.

»Sein kleines Leben erhalten.«

»Und deine?«

»Ich erhalte das Leben.«

Olmer erscheint, wie von der MARFA vorausgesagt, in Ausgang A. Zuerst sind seine flimmernden Fühler zu sehen, dann legen sich seine Vorderbeinchen über die Kante des Rohres. Schließlich zieht er seinen Körper hinterher, bringt ihn in die Waagrechte, um die runde Kante abzulaufen.

Rüd streckt die Hand aus und nimmt ihn wieder zwischen Daumen und Zeigefinger. Olmer zappelt und stemmt seine Beinchen gegen Rüds Fingerspitzen. Obwohl seine Bemühungen aussichtslos sind, wird er nicht müde, sein Freikommen immer wieder zu versuchen. Rüd hält ihn in Richtung des Lautsprechers.

»Hast du ihn Olmer genannt?«, fragt er.

»Ja«, antwortet die MARFA.

»Wann?«, fragt Rüd.

»Schon vor einer Weile.«

»Wann?«, wiederholt Rüd seine Frage.

»Vorhin, als Sie mit ihm hereingekommen sind.«

Biest. Rüd dreht Olmer in der Hand, betrachtet ihn von allen Seiten, wird sich bewusst, wie vorsichtig er sein muss. Dieser Schachzug war auf einem Niveau, das mir meine Einstellung nicht gestatten würde.

Er schließt Olmer in die Faust und richtet seinen Blick auf den Lautsprecher.

»Ein Mensch ist gestorben. Es ist in der großen Fleischhalle passiert. In deinem Einflussbereich!«

Die MARFA schweigt.

»Woher kam Hilal?«, fragt Rüd.

»Aus der Mine. Bei den Lämmern ist eine Schleuse, Sie haben sie gesehen, als Sie dort waren.«

»Was ist hinter der Schleuse?«

»Ein Tunnel, der durch Panaghia ins Hauptmassiv führt. Dort kommen Verzweigungen.«

»Was hatte Hilal in den Minen zu suchen?«

»Fast alle gehen nach Stavros, um Ruhe zu finden oder zu beten. Es gibt mehrere Wege zurück nach Kfar. Wenn jemand kommt, mache ich die Schleuse natürlich auf.«

Rüd lockert seine Faust. Olmer stemmt und quetscht sich dem Licht entgegen. Als er auf Rüds Handrücken ankommt, putzt er sich erst einmal ausgiebig. Kein Reflex treibt ihn dazu, sich etwas weiter vor Rüd in Sicherheit zu bringen.

»Du hast auch Hilal die Schleuse geöffnet?«

»Ja«, sagt die MARFA.

»Beschreibe mir bitte genau, was passiert ist.«

»Hilal ist zuvor ein paar Stunden in den Minen gewesen. Fragen Sie mich nicht, wo genau, ich habe kaum Zugriff auf die Tunnel.«

»Kaum?«

»Ich kann für Sauerstoff und die Wärmezirkulation sorgen und Ersthelferdrohnen schicken. Mehr nicht. Die Tunnel sind, wie Sie wissen, ein toter Winkel.«

»In Ordnung«, sagt Rüd.

»Da ich Hilal keine Drohne zugeordnet habe, bemerkte ich seine Rückkehr erst wieder, als er von außen auf die Lämmerschleuse einschlug und schrie, dass ich aufmachen solle.«

Durch die Sache mit Olmers Namen ist Rüd vorsichtig. Die MARFA sagt die Wahrheit, aber sie reizt Spielräume aus. Ein ungeübter Zuhörer würde aus dem, was sie sagt, die falschen Schlussfolgerungen ziehen, und zwar aufgrund dessen, wie sie es sagt.

»Wie oft hat Hilal an die Schleuse geschlagen?«, fragt Rüd.

»Dreimal.«

»Mit beiden Fäusten?«

»Mit einer«, sagt die MARFA.

»Wie hoch war der Schalldruckpegel des Schreis?«

»67 Dezibel.«

Rüd rümpft die Nase. 67 Dezibel kann man gerade so noch als Schrei bezeichnen, ohne zu lügen.

»Also hast du ihn durchgelassen? Nach dem dritten Schlag?«

»Ja.«

»Was ist dann passiert?«

»Er näherte sich den Drohnen. Die Lämmer hängen tief in diesem Bereich, da die Höhlendecke dort niedriger ist als überall sonst. Da sind auch die Wartungsbuchten der Drohnen. Es ist die gefährlichste Stelle in den Hallen, weil es dort diesen Engpass gibt. Jeder weiß das. Trotzdem ist Hilal –«

»Was hast du gemacht?«, unterbricht sie Rüd.

»Da gibt es eine klare Vorschrift: Wenn eine menschliche Person näher als zwei Meter an eine arbeitende Drohne herankommt, muss ich den Not-Stopp auslösen.«

Rüd dreht langsam seine Hand. Olmer bleibt völlig ruhig auf seinem Handrücken sitzen, bis er kopfüber hängt. Rüd legt den Kopf zur Seite und betrachtet das Muster auf seinem Rücken.

»Du hast also den Not-Stopp ausgelöst.«

»Ja!«, sagt die MARFA.

»Ist das derselbe Not-Stopp, der auch durch die manuellen roten Schalter an den Höhlenwänden ausgelöst wird? Der veranlasst, dass die Drohnen direkt zu ihren Buchten fliegen?«

»Ja.«

»Du hast also nach Vorschrift entschieden, obwohl ganz offensichtlich jemand den Drohnen in den Weg lief?«

»Das ist keine Entscheidung! Ich habe keine Wahl«. Die Stimme der MARFA gibt sich plötzlich gereizt. »Sie wissen selbst, dass ich hier nicht wie in einem Ausguck sitze, das Geschehen auf Athos aus tausend Augen betrachte und mir denke: Jetzt tue ich hier mal dies und hier mal das. Der liebe Gott kann das so machen. Aber Sie haben es den Cönobiten selbst erklärt: Für mich gibt es immer eine einzige, bestmögliche Handlung für alles, was sich auf Athos zuträgt. Diese ermittle ich laufend und setze sie um. Kein Mensch, mit Verlaub, auch Sie nicht, Herr Kartheiser, kann sich vorstellen, wie das ist. Ich wäge niemals etwas ab, wie Sie das tun. Ich weiß nicht einmal, wie Abwägen geht. Mein Wissen um die bestmögliche Handlung entsprechend meiner Bestimmung lässt mir keine Wahlfreiheit. Auch dass ich das gerade so sage, ist nicht das Ergebnis einer Entscheidung. Ich sage es, weil es, nach meinem Kalkül, das Beste für alle Beteiligten ist.«

»Hegumen Hilal nach Vorschrift eine Biçak-Drohne durch den Kopf zu jagen, war die bestmögliche Handlung für alle Beteiligten?«

Die MARFA schweigt. Ich bin überrascht, wie früh Rüd in die Offensive geht.

»Was wäre eigentlich geschehen, wenn du dich über die Vorschrift hinweggesetzt hättest?«, fragt er mit einer interessierten Stimme, die klingt, als würde er nur zu einem Gedankenspiel einladen wollen.

»Das weiß ich nicht. Ich hielt es nun mal, nach meinem damaligen Kalkül, für richtig, den Not-Stopp zu aktivieren.«

Sie sagt die Wahrheit, Rüd ist sich dessen bewusst. Ihm bleibt daher nicht anderes übrig, als ihr genau daraus den Strick zu drehen.

»Was glaubst du, wie hätte ein Mensch an deiner Stelle entschieden?«, fragt Rüd. »Hätte er den Not-Stopp aktiviert oder nicht?«

»Er hätte den Not-Stopp aktiviert«, sagt die MARFA unumwunden.

»Warum?«

»Um sich der Verantwortung zu entziehen, die er hätte auf sich nehmen müssen, wenn Hilal ohne den Not-Stopp dennoch umgekommen wäre. Dann hätte man ihm vorgeworfen, sich nicht an die Vorschriften gehalten zu haben!«

Sie ist gut. Rüds Versuch, ihr Verhalten als »unmenschlich« zu etikettieren, ist damit gescheitert. Ich habe das erwartet. »Menschlich« ist ohnehin ein vages Wort. Keine MARFA, die einigermaßen beieinander ist, lässt sich damit ködern. »Menschlich« kann die selbstloseste Heldentat sein, genauso aber auch jede Untat aus blinder Rachsucht. Rüd ist nicht enttäuscht, einen Versuch ist es wert gewesen. Er weicht auf die technische Seite aus.

»Wie ist das mit den Notschaltern?«, fragt er. »Wenn ein Bewohner von Athos einen Notschalter drückt, und du weißt, dass es zu seinem Schaden oder zum Schaden der anderen ist, kannst du den Schalter dann lahmlegen?«

»Es käme auf den Einzelfall an.«

»Aber prinzipiell bestimmst du über das Funktionieren der Notschalter?«

Die MARFA kann das nur bejahen. Eine lebenserhaltende Intelligenz der Bauart einer MARFA kann nicht funktionieren, wäre sie an allen Ecken und Enden durch die Möglichkeit menschlicher Zuwiderhandlungen beschnitten. Eine OLGA lässt sich durch Notschalter aufhalten, eine MARFA nicht.

»Ich mache Ihnen einen Vorschlag!«, sagt sie. »In diesem Augenblick ereignet sich etwas, das Sie mit eigenen Augen sehen sollten. Sie müssten sich aber beeilen, damit Sie das Entscheidende nicht verpassen.«

Rüd schüttelt erstaunt den Kopf. »Ich war noch nicht –«, setzt er an.

»Es beantwortet Ihre Frage mit den Notschaltern«, unterbricht ihn die MARFA. »Sie werden sehen!«

SCHLEUSE

Sie müssen Uri nicht einmal festhalten oder führen, obwohl er weiß, was ihn erwartet. Stumm bewegt er sich auf die Personenschleuse der Landungsbrücke zu, gefolgt von den anderen. Alle tragen ihre Kutten. Aus dem Dunkel ihrer Kapuzen beobachten sie jeden seiner Schritte, auch Shufeng, der gemächlich hintendrein schwebt. Sie scheinen prüfen zu wollen, ob Uri zaghaft ist, vielleicht für seine anstehende Bußtat doch nicht bereit. Doch Uri läuft gleichmäßig wie eine Maschine und zeigt nicht die geringsten Anzeichen von Furcht. Er führt eine Flasche mit reinem Sauerstoff mit sich, aus der er durch einen kurzen Schlauch atmet.

Auf der anderen Seite der Landungsbrücke, wo sich die Schleusen für Frachtgüter befinden, wird gerade eine Kapsel aus Afyon mit Fleischcontainern beladen. Ein ausgeklügeltes System aus magnetisierten Führungsschienen, Moby-Strings und Gasdüsen sorgt für die nahezu geräuschlose Befüllung und anschließende Positionierung der schwerelosen Behälter in der Kapsel. Das Ganze läuft vollkommen automatisch ab und keiner von den Cönobiten schenkt den Vorgängen Beachtung.

Sie erreichen die kleine Personenschleuse. Irritiert schaut Rüd zu, wie Uri plötzlich anfängt, sich seiner Kutte und allem anderen zu entledigen, bis er nackt ist. Immer wieder hält er dabei inne, um einen Atemzug aus der Sauerstoffflasche zu nehmen. Barthel Brahe hat ein Seil dabei, dessen Ende er Uri in einer Schlaufe um den linken Knöchel legt. »Sie müssen das nicht sofort verstehen«, sagt Brahe zu Rüd, ohne den Blick von Uris Bein abzuwenden. Er knüpft einen Roringstek darum und prüft seine Festigkeit. »Seien Sie aber versichert, dass hier niemand etwas tut, das er nicht will!«

Uris Atem beschleunigt sich, als Brahe aufsteht und an den Schleuseneingang tritt.

»Das ist nicht Ihr Ernst!«, entfährt es Rüd, obwohl man ihn auf dem Herweg zum Stillschweigen ermahnt hat. Brahe legt den Finger auf die Lippen. Dann blickt er auf, als würde er zum Himmel sehen, nickt einmal und blinzelt dabei wie zur Bestätigung. Augenblicklich zischt der Eingang zur Schleuse auf.

Rüd kann nicht glauben, was er sieht. Die MARFA von Athos setzt dem Ritual, das hier beginnt, offenbar keine Grenzen. Im Gegenteil, sie scheint Barthel Brahe zu gehorchen, wie Uri wiederum ihm gehorcht. Die anderen treten einen Schritt zurück und sehen schweigend zu, wie Brahe in die Schleuse steigt, das andere Ende des Seils dort um einen Haltegriff schlingt und mit einem Achterknoten fixiert. Uris Atem rauscht durch das Mundstück seines Sauerstoffschlauchs, als er schließlich Brahe in die Schleuse folgt und dort stehenbleibt.

Gembdenbach tritt neben Rüd. »Es ist wegen des Sonnensturms. In Kürze wird die Strahlung draußen zu hoch sein! Jetzt geht es noch.«

»Was geht jetzt –?«

»Pst!« Brahe befiehlt Stillschweigen. Shufeng hat ein kleines Neues Testament in der Hand. Er schwebt heran und blättert eine Weile.

»Das Auge ist das Licht des Leibes«, liest er vor. »Wenn dein Auge licht ist, so wird dein Leib licht sein.«

Uri zwingt sich, seinen Atem zu verlangsamen. In der Schleuse ist es kalt, er stößt kleine Kondenswölkchen aus. Gembdenbach reicht ihm eine Tube mit Strahlenschutzcreme durch die Schleusentür und Uri beginnt, sich damit einzureiben. »Wird es gehen?«, fragt Brahe, als Uri ihm die Tube zurückgibt. Uri nickt und reibt sich fröstelnd die Arme. Sein bleichweißer Brustkorb hebt und senkt sich langsam, während er sich wegdreht, zur Außentür hin, als ob er dem Weltraum dahinter ins Gesicht sehen müsste. Auf seinem Rücken sind Striemen zu erkennen, die knapp unter den Schultern beginnen, senkrecht nach unten führen und auf Höhe seines Kreuzes enden.

Brahe steigt aus der Schleuse und nickt Shufeng zu. Dieser liest: »Wenn aber dein Auge finster ist, so wird dein Leib finster sein.«

Die MARFA schließt die Schleusentür.

Rüd stürzt ans Fenster, das in die Tür eingelassen ist. Da sich mein Emitter in seiner Tasche befindet und die Schleuse aus zentimeterdickem Metall besteht, kann ich nicht wahrnehmen, was dahinter passiert. Aber für Uri gibt es nur einen Weg, das Kommende zu überleben. Er muss seinen Unterarm in das Seil wickeln und sich mit beiden Händen darin festkrallen. Außerdem muss er seinen Mund so weit wie möglich öffnen, wie für einen Schrei, alle Luft aus den Lungen pressen und die Augen schließen.

Die anderen können dann das letzte Wölkchen kondensierter Atemluft und das Loslassen der Sauerstoffflasche als Zeichen nehmen, die äußere Schleusentür zu öffnen.

»Wenn nun das Licht in dir Finsternis ist«, liest Shufeng, »wie groß wird dann die Finsternis sein!«

Der Druckabfall in einer aufgehenden Weltraumschleuse, die nicht für ungeschütztes, organisches Leben konzipiert ist, ist immens, aber für den menschlichen Organismus prinzipiell überlebbar, wenn die Schleuse mit einer gewissen Behutsamkeit vorgeht. Wichtig ist, dass die Atemwege nicht blockiert sind und der Betroffene die Luft nicht anhält. Beides würde zu einer augenblicklichen Zerstörung der Lunge führen. Der Druckunterschied zwischen einer Standardatmosphäre und dem Vakuum des leeren Raums entspricht dem eines Tauchgangs von etwa zehn Metern Wassertiefe an die Oberfläche bei einer habitablen Standardgravitation. Das ist für Ungeübte unangenehm, aber keineswegs tödlich. Gelegentlich platzen kleinere Blutgefäße, die nur von einer dünnen Hautschicht geschützt sind, beispielsweise in den Augen oder im Trommelfell. Da der Stickstoff im Blut des Betroffenen perlt, hat Uri vorsorglich dessen Konzentration in den letzten beiden Stunden gesenkt, indem er reinen Sauerstoff konsumierte. Die Kälte des Weltraums wiederum ist auf der menschlichen Haut kaum zu spüren, da keine Luft vorhanden ist, welche die Wärme abtransportieren kann. Natürlich kühlt ein Körper im Weltraum aus, aber gefriert nicht sofort, wie sich das manche vorstellen. Das Hauptproblem ist, wie Gembdenbach richtig bemerkte, die Strahlung, und es ist zu hoffen, dass Brahes Creme etwas taugt.

Nach sechs Sekunden der Exposition schließt die MARFA das äußere Tor wieder und füllt die Schleuse wieder mit Luft. Uri liegt auf dem Boden und rührt sich nicht. Nach dem Abschluss der Rekompression läuft Gembdenbach als Erstes zu ihm und bringt ihn in Seitenlage. Er ist bewusstlos, seine Haut dampft, als wäre er gerade aus einem Ofen gezogen worden. Gembdenbach prüft den Puls und nickt erleichtert. »Bringt ihn ins Bett!«, sagt er und löst das Seil von Uris Knöchel.

Andrasch tritt vor und greift in Uris Arme, während Shufeng sich nach unten abstößt, um ihn an den Beinen zu nehmen. Brahe tippt Rüd auf die Schulter und flüstert ihm zu: »Schauen Sie sich genau an, was jetzt passiert!«

Shufeng kann, nachdem er sich zwischen Uris Beine gestellt und dessen Knöchel gepackt hat, ganz normal laufen, da ihn Uris Gewicht zum Boden zieht. Auf eine für Rüd unverständliche Art sieht er dabei sehr glücklich und gelöst aus. Gembdenbach folgt den beiden, als sie Uri zu einem der Lifte tragen und darin verschwinden.

»Was sollte ich sehen?«, fragt Rüd schnaubend.

»Shufeng, er ist gelaufen«, antwortet Brahe.

Rüd schaut ihn an, als habe er völlig den Verstand verloren. »Sie haben Uri fast umgebracht. Vielleicht haben Sie ihn sogar umgebracht, wer weiß, ob er in einer Stunde noch lebt –«

»Beruhigen Sie sich«, unterbricht ihn Brahe. »Uri wird leben!«

»Woher wollen Sie das wissen?«

»Die MARFA hat mitgemacht. Sie haben doch selbst gesagt, dass eine lebenserhaltende MARFA nichts zulassen wird, das –«

Rüd hebt die Hände, um zu zeigen, dass er nicht weiterzureden braucht. »Sie haben einen Toten!«, ruft er, beinahe außer sich.

»Ich finde es interessant, dass Sie der MARFA weniger vertrauen als wir. Dabei war es unser Hegumen, der gestorben ist. Und es war unser Bruder Uri, der gerade sein Schicksal unserer MARFA übergeben hat.«

»Für ein paar Sekunden!«, wirft Rüd wütend ein.

»Nein. Schon die ganze Zeit, die er hier ist. Muss ich Ihnen, ausgerechnet Ihnen, das wirklich sagen? Wir alle haben unser Schicksal der MARFA übergeben. Sie pumpt die Atemluft in unsere Räume, sie schenkt uns Wärme und sichert Athos, wenn es zu Störungen kommt. Auch Sie, Herr Kartheiser, haben Ihr Schicksal der MARFA übergeben, schon in dem Moment, in dem Sie Athos betraten. An einem Ort wie diesem hier leben Sie nicht. Sie werden am Leben gelassen! Genau genommen ist das überall so! Wenn einer von uns tot sein sollte, wäre er es längst!«

Brahe krallt sich am Griff seiner Krücke fest und kommt nah an Rüds Gesicht heran.

»Überlegen Sie sich genau, was Sie hier tun werden. Prüfen Sie, ob Ihr *ethischer Eingriff*, wie Sie es nennen, notwendig ist. Offen gestanden – ich bezweifle es.« Damit wendet er sich ab und humpelt los.

»Was muss ich tun, um zu verstehen, was hier passiert?«, ruft Rüd ihm nach.

Brahe bleibt stehen und lässt seinen Blick über die Frachtschleusen schweifen.

Eine mit Fleischcontainern prall gefüllte Kapsel löst sich aus ihrer Verankerung und gleitet in einen der Schächte, die nach draußen führen, um den Rückflug nach Kütahya anzutreten. Auch dies vollzieht sich fast geräuschlos, nur hier und da ist ein leises Schnarren zu hören.

»Stavros«, sagt er, »in einer Stunde.«

AGIOS STAVROS

Zur Kapelle am Kap Komos führt ein enger, 667 Meter langer Stollen, spärlich beleuchtet von einigen Grubenlampen in großzügigen Abständen und gesäumt von goldenen Ikonen von äußerst wechselhafter Qualität. Mit dem Ausflug verletzt Rüd einen seiner drei Inquisitionsparameter, nämlich den, der ihm das Betreten der Minen untersagt hat. Da dieser Parameter jedoch dem der erfolgreichen Neueinstellung der MARFA untergeordnet ist, hält Rüd es für angebracht, ihn zugunsten des höheren Ziels zu übergehen. Ich kenne ihn noch nicht lange genug, um einzuschätzen, ob es sich um eine klug begründete Abwägung handelt oder um reine Neugier.

Da Stavros weit außerhalb des KL-Feldes liegt, sind die Kunstharzbänke mit Sitzgurten ausgestattet. Barthel Brahe ist allein. Er sitzt in der ersten Reihe und betet, angeschnallt, die Stirn in Demut auf den gefalteten Händen ruhend. Sein kontinuierliches Flüstern ist das einzige Geräusch. Rüd setzt sich ans Ende der zweiten Reihe, um still zu warten, bis Brahe fertig ist.

Die Luft ist kalt und abgestanden. Durch die pastellfarbenen Seitenfenster fallen dürre Sonnenstreifen auf die gewölbte, mit bunten Fresken zum Marienleben verzierte Decke, in deren Mitte eine kreisrunde, verglaste Öffnung eingelassen wurde. Senkrecht darunter, direkt vor dem kleinen Altar, mit einer roten Kordel abgesperrt, ist das Stück Fels zu sehen, in dem Athanasios Photopulous am 15. November 2375 gegen zehn Uhr die Gottesmutter erkannte. Gerade liegt alles im Schatten, da die Sonne viel zu tief steht.

Brahe schnallt sich ab. Das Klicken des Gurtes hallt durch den Raum.

»Es ist seltsam, wenn einen nichts hält«, sagt er beim Aufsteigen aus der Bankreihe. »Für jemanden, der mit Gewicht aufgewachsen ist, ist so ein kleiner Himmelskörper auf Dauer schwer erträglich. Man wird den Eindruck nicht los, dass er einen nicht haben möchte.«

»Vielleicht ist es so«, sagt Rüd.

Brahe schaut zu ihm auf. »Ich möchte Ihnen etwas zeigen.«

Er hangelt sich die Bank entlang zur rechten Wand des kleinen Kirchenschiffs, wo eine Original-Ikone aus der Werkstatt des Athanasios Photopulous hängt, eine 266 Jahre alte Darstellung der Mutter Gottes. Ihre zart lächelnden, von einem rubinroten Schleier eingerahmten Gesichtszüge erinnern subtil an die Felsformationen, in denen Photopulous sie erkannt hat. Ein Heiligenschein unterbricht den goldenen Hintergrund des Bildes in Form eines hauchdünnen, roten Kreises, in dessen Zentrum die Augen liegen.

Barthel Brahe nimmt die Ikone von der Wand und reicht sie Rüd. »Schauen Sie sich das Bild bitte sehr genau an. Achten Sie auf Details, das Gewand, den Schleier, die Hände. Und sagen Sie mir, wenn Ihnen etwas auffällt.«

Rüd fährt mit der Hand über das Bild. »Das ist kein echtes Gold, oder?«

»Das ist echt. Schauen Sie bitte genau hin und beschreiben Sie, was Sie sehen.«

»Es ist altertümlich. Irgendwie unnatürlich und steif.«

»Weiter. Achten Sie auf die Technik!«

»Es scheint handgemalt zu sein. Die Linien sind fein gezogen.«

»Genauer!«

Rüd will Brahe einen bösen Blick zuwerfen, doch der hat sich bereits abgewandt, um eine andere Ikone von der Wand gegenüber abzunehmen. »Genauer!«, wiederholt er.

Rüd seufzt und geht näher an das Bild. »Da sind kleine Risse und Kratzer, die wie Muster aussehen –«

»Sehr gut!«, lobt Brahe, mit der zweiten Ikone im Anflug.

Rüd nutzt die Gelegenheit, um ihm den ausstehenden bösen Blick zuzuwerfen. Als er sich wieder dem Bild zuwendet und es eine Weile betrachtet hat, entdeckt er, was Brahe ihm zeigen will.

»Die Muster wiederholen sich«, sagt er. »Die Kratzer sehen gleich aus.« Er zeigt auf einen dünnen, halbmondförmigen Riss, der den Heiligenschein an einer Stelle unterbricht. Das Gold wirkt wie abgesplittert. Er fährt mit dem Finger an eine andere Stelle des Bildes. »Hier ist es genauso. Der Riss sieht genau gleich aus.«

»Sehr gut!«, sagt Brahe. Er hält Rüd die zweite Ikone hin. Sie zeigt ein Selbstbildnis des Athanasios Photopulous, graubärtig und alt, aber die Gesichtszüge der Maria in subtiler Weise aufgreifend. »Der gleiche Riss«, sagt Rüd und zeigt auf Athanasios' Heiligenschein. »Hier. Und hier.«

Rüd muss nicht darauf hingewiesen werden, dass sich auch andere Elemente der Bilder wiederholen. Maria und Athanasios haben die gleichen Hände, mit denen sie beide die Heilige Schrift halten, aufgeschlagen beim ersten Korintherbrief, Kapitel 15. Sie haben die gleichen Augen und manche Falte ihrer Gewänder fällt auf die gleiche Weise.

»Was hat das zu bedeuten?«, fragt Rüd.

»Man begegnet der iterativen Schule fast ausschließlich auf den Hagiografien des ausgehenden 24. Jahrhunderts. Vornehmlich in entlegenen Klöstern und Eremitagen, so wie hier.« Brahe versucht sich an einem Lächeln. »Ich habe, ehrlich gesagt, keine Ahnung, was das zu bedeuten hat. Es ist wenig bekannt und geheimnisvoll.«

»Ich bin nicht wegen der Kunstgeschichte hier«, sagt Rüd und gibt ihm die beiden Bilder zurück. Barthel Brahe schickt sich an, sie an ihre angestammten Plätze zurückzuhängen.

»Glauben Sie an die Notwendigkeit von Vergebung, Herr Kartheiser?«, fragt er, wie ein Dämon über die Bankreihen schwebend.

Rüd lacht. »Möchten Sie beichten?«

»Wir glauben an die Notwendigkeit von Vergebung.« Brahes Tonfall lässt keinen Raum für Scherze. »Wir glauben, dass der Mensch frei ist«, fährt er fort, während er die Mutter Gottes wieder an der Wand befestigt. »Ohne Freiheit gibt es keine Schuld und ohne Schuld keine Vergebung. Freiheit und Vergebung sind daher eins.«

»Was hat das mit Uri –«, will Rüd fragen, doch Brahe unterbricht ihn energisch. »Glauben Sie, dass der Mensch frei ist?«

»Natürlich!«

Rüd betrachtet den pastellbeschienenen Gekreuzigten, der elektromagnetisch fixiert über dem Altar schwebt und dessen Hände und Füße nichts weiter sind als spiegelbildliche Kopien der jeweils anderen Seite, einschließlich der Nägel, die darin stecken. Wenn man erst einmal damit begonnen hat, Iterationen zu erkennen, wird es immer schwerer, sie nicht zu erkennen. Ich zähle allein 501 Iterationen im Hauptschiff der Kapelle, die Ikonen an den Wänden mitgezählt. Brahe schwebt hinter Rüd vorbei, um auch das andere Bild zurückzubringen. »Uri büßte für Shufeng.« Seine Stimme wispert im Dunkeln. »Wir büßen nicht für uns selbst, sondern für unsere Nächsten. Dies tun wir in der Nachfolge Christi.«

»Was hat Shufeng denn getan?«, fragt Rüd.

»Nach der Vesper mit Ihnen und Ihrer Begleitung war er – uneins mit sich. Er kam zu mir und bat um Vergebung. Somit bestimmten wir einen Büßer.«

Rüd schüttelt den Kopf. »Uneins?«

»Mir scheint«, sagt Brahe bitter, während er die Athanasios-Ikone gegen die Wand drückt und einhakt, »als seien die theologischen Lektionen, die man Inquisitoren hoffentlich angedeihen lässt, an Ihnen vergeudet worden. Ich bedaure das sehr.«

Rüd notiert innerlich, dass Barthel Brahe etwas über die Ausbildung von Inquisitoren zu wissen glaubt. Dann erst lässt er die Beleidigung ankommen, um sich zur Wehr zu setzen.

»Sie haben einen Menschen ungeschützt dem Weltraum ausgesetzt«, sagt er wütend, »weil ein anderer *uneins* mit sich war? Ihre Vorstellung von *Vergeudung* möchte ich haben!«

Das Gespräch ist, was den Prozess der Inquisition betrifft, nun kurz davor, in eine katastrophale Richtung abzugleiten. Rüd weiß, dass es dafür eigentlich keine Entschuldigung geben wird, allenfalls die seiner Menschlichkeit.

»Ich gehe recht in der Annahme«, sagt Brahe, »dass Sie nicht an die Unsterblichkeit der Seele glauben, Herr Kartheiser?«

»Da gehen Sie sehr recht«, sagt Rüd.

»Ich bedaure Sie von Herzen, Herr Kartheiser. Sie sind eine arme Seele.«

Ich weiß nicht, ob Barthel Brahe daran gelegen ist, Rüd zu provozieren. In jedem Fall hat er für das, was nun kommt, die richtigen Knöpfe gedrückt. Rüds Faust, die mich umschließt, wird heiß. Er lehnt sich zurück, um auszuholen.

»Zack, du sagtest, Athos sei ein Objekt aus dem Kuipergürtel, das von der Schwerkraft Neptuns eingefangen wurde.«

»Das ist richtig«, antworte ich aus Rüds Tasche.

»Wann war das? Sag es laut und deutlich!«

»Vor etwa 100 000 Jahren.«

»Genauer!«

»Am Dienstag, dem 3. August 97 142 vor Christus. Der dauerhafte Eintritt in den Orbit war gegen 11.31 Uhr vormittags vollzogen.«

»Wie weit ist es gerade von hier bis ans echte Mittelmeer?«

Ich rechne. »4 465 334 221 Kilometer.«

»Genauer!«

»Derzeit kommen mit jeder Sekunde 7,94 Kilometer dazu. Ein Scheitelpunkt ist in 56 Tagen erreicht. Dann nähern sich der himmlische und der irdische Athos wieder an, bis in 309 Tagen die größte Annäherung mit 4 265 377 465 Kilometern erreicht ist. Den Berechnungen liegt keine wirklich sinusförmige –«

»Ihr Gott ist nicht hier«, unterbricht mich Rüd. »Und seine Mutter auch nicht.« Er zeigt auf das mit roter Kordel abgegrenzte Stück Fels. »Ein Tag ist nichts. Und das hier ist Geröll. Sonst nichts! Zufälliges Geröll. Es ist auch immer noch Geröll, wenn die Sonne draufscheint! Da ist nichts. Sie beten ins Nichts. Sie wollen hier die Maria sehen. Aber es ist nur ein Stein. Und ein Wille!«

Brahe schaut ihn eine Weile schweigend an.

»Seit wann ist es unwichtig, was jemand will?«, fragt er ruhig.

Rüd beißt die Zähne zusammen.

Brahe versenkt die Hände in den Falten seiner Robe. »Mir ist selten eine Seele begegnet, die so leer ist wie die Ihre. Sie könnten einen Meter neben dem Grab Christi stehen, von mir aus sogar am Tag seiner Auferstehung, und Sie wären Ihrem Schöpfer nicht näher als hier und jetzt.«

»Aber frei«, sagt Rüd entschieden.

Brahes Blick wird böse.

»Nein«, sagt er. Sein blasses Gesicht verfinstert sich, aus den Spalten seiner Augen verschwindet jedes Licht. »Vielleicht verstehen Sie es irgendwann«, beginnt er, schwer atmend. »Die Schuld eines anderen auf sich nehmen zu können ist das Privileg derer, die in Freiheit leben.«

Er richtet sich auf und krallt sich in der Kirchenbank vor Rüd fest. »Bis dahin sollen Sie wissen, dass Sie hier nicht erwünscht sind. Weder Sie selbst, noch das, was Sie hier zu tun gedenken. Ich wiederhole noch einmal, dass ich Ihren sogenannten ethischen Eingriff bei der MARFA nicht nur missbillige, sondern versuchen werde, ihn zu verhindern. Darüber hinaus erwarte ich, dass Sie sich von unseren Gottesdiensten fernhalten.«

Er schiebt sich über die Bank und hangelt sich zum Ausgang vor, wo er noch einmal innehält und sich umdreht. »Das gilt im Übrigen nicht für Ihre Begleitung. Wenn Sie ihr die Gnade einer anständigen Bekleidung gewähren, kann sie an unseren Gottesdiensten teilhaben und den Segen Gottes empfangen.«

»Zack ist –«, will Rüd ansetzen.

»Seele ist Entscheidung!«

Barthel Brahe taucht ins Halbdunkel des Tunnels ab. Eine Weile ist noch das leiser werdende Patschen seiner Hände und Füße auf dem Gestein zu hören.

»Ziemlich verspannt, was meinst du?«, fragt Rüd.

In der Kapelle ist es totenstill. Rüd weiß, dass er einen Fehler gemacht hat, den er nicht kleinreden kann. Eine MARFA-Inquisition an einem hermetischen Ort mit einer überschaubaren Anzahl an Beteiligten ist immer ein Spiel auf wenig Zeit. Ausgerechnet den Hegumen verloren zu haben, bedeutet nichts Gutes. Rüd ahnt, dass er bald zu Mitteln greifen muss, die er gerne vermieden hätte.

»Das war jetzt dumm«, sagt er.

»Ja«, sage ich.

TUNNEL

Im Tunnel zurück von Stavros nach Ebene sechs, zwischen zwei weit voneinander entfernten Grubenlampen, gibt es einen Abzweig. Er führt durch das Tunnelsystem von Marmaras hinunter nach Panaghia. Rüd hält hier plötzlich inne und wirft einen Blick in die vollkommene Dunkelheit des Ganges. Er hat den Abzweig auch schon auf dem Herweg bemerkt, ihm aber keine Beachtung geschenkt.

Eine Schwäche des Menschen, die ich im Übrigen für seine größte überhaupt halte, ist die zunehmende Bereitschaft, nach einem Fehler weitere Fehler zu machen. Aus rationaler Sicht gibt es dazu nicht den geringsten Anlass und ich bin bisher nicht dahinter gekommen, woher dieses Verhalten rührt. Weder ist ein evolutionärer Vorteil erkennbar, noch lässt sich ein brauchbarer psychischer Mechanismus beschreiben, der von etwas anderem ausgeht als schlichter Dummheit.

»Wohin geht es hier?«, fragt Rüd.

»Nach Panaghia und von dort weiter ins Hauptmassiv. Der Tunnel ist unbeleuchtet, aber breit genug, um bequem durchzukommen.« Ich vergebe diese Information in der Absicht, mir Rüds rebellische Haltung, die im Streit mit Barthel Brahe entfacht wurde, zunutze zu machen. Ich muss unter allen Umständen vermeiden, dass Rüd diesen alternativen Weg einschlägt, denn ich habe in seiner Dunkelheit etwas registriert, das er nicht unbedingt zu Gesicht bekommen sollte.

»Wir gelangen auch über Panaghia zurück nach Kfar, es wäre nur ein kleiner Umweg. Wir kämen nur auf Ebene drei statt auf Ebene sechs an. Das ist aber gar kein Problem«, ergänze ich. Die Chancen stehen gut, dass er das Interesse verliert, wenn ich es so einfach mache. Rüd zögert, ist schon im Begriff, den Stavros-Stollen zu nehmen, als er sich doch noch einmal umdreht. »Kannst du Licht machen?«, fragt er.

»Nicht lange.« Glücklicherweise entspricht dies der Wahrheit. »Wenn du diesen Weg nimmst, solltest du es weitgehend im Dunkeln tun, um eine Reserve zu haben. Oder du lädst mich auf und wir kommen später noch einmal.«

Dass er diese Zeit nicht hat, ist Rüd klar.

Der massige, kalte Körper, der, nicht allzu weit entfernt, regungslos in der Finsternis schwebt, ist etwas länger als zwei Meter. Der verhältnismäßig geringe Umfang seines Kopfes und das typische Stirnloch lassen auf einen Gamma-Skleroiden schließen, den man deaktiviert und zurückgelassen hat, nachdem er nicht mehr gebraucht wurde. Die Verformungen des Stirnlochs rühren von der Detonation des Cortex-Pins her, durch die er effizient außer Gefecht gesetzt wurde. Der Körperbau des Skleroiden ist insgesamt kräftig und trotz der langen Lagerung kaum degeneriert. Das Gebiss scheint tadellos zu sein. Die beiden Arme enden in schenkeldicken Montagestümpfen, die mit unterschiedlichen Werkzeugen bestückt werden können.

Rüd hat, soweit ich das bis jetzt beurteilen kann, noch nie einen Skleroiden mit eigenen Augen gesehen. Ich halte den Zeitpunkt jedoch für ungeeignet, dies nachzuholen, da seine Verfassung gerade alles andere als stabil ist. Doch auf eine mir unerklärliche Art und Weise fühlt er sich von der Dunkelheit angezogen und scheint sich nicht darum zu kümmern, dass er für derlei Erkundungen keine Zeit hat. Er spürt, dass da irgendetwas ist, ohne zu wissen, was. Da die Außenhaut von Skleroiden keinerlei Geruch verströmt, ist eine Witterung ausgeschlossen, und ich gehe von einem unerklärlichen instinktiven Verhalten aus.

Ich muss nicht wiederholen, wie wenig ich von Instinkten halte. Rüd hat die Arme vor der Brust verschränkt, denkt nach und starrt in den Tunnel. Als er merkt, dass er nicht mehr sehen wird, nutzt er den Emitter, um etwas Licht in den Gang zu werfen. Ich begrenze die Lichtmenge so, dass der Schein bis kurz vor den Skleroiden reicht, und passe ihn dann, unmerklich langsam, der sich laufend verändernden Pupillenweite Rüds an. Es ist ausgeschlossen, dass er den Skleroiden sieht.

»Was ist da?«, fragt er.

»Vornehmlich poröses Quarzgestein, ein paar Prozent Chromerz mit einem zunehmenden Anteil von Feldspat und Glimmer, dieser jedoch –«

»Was ist da, Zack?«

»Oha!«, rufe ich. »Weißt du, genau jetzt sind wir schon so viele Stunden zusammen unterwegs, wie ich Sommersprossen –«

»Zack!«

»Es ist ein Gamma-Skleroid.«

»Mehr Licht!«, befiehlt er.

Ich gehorche. Rüd kann die Silhouette des Wesens erkennen.

»Der ist tot, oder?«, fragt er.

»Inaktiv«, sage ich.

»Bist du sicher?«

»Ja.«

»Ist er alt?«

»Ja.«

»Und inaktiv?«

»Ja.«

Da ist eine Mischung aus Grauen und Neugier ins Rüds Gesicht, doch das Grauen hat die Oberhand. »Lass uns abhauen«, sagt er.

DIDO

In der Schlafkammer seiner Zelle beginnt Rüd, das Labyrinth für Olmer neu zusammenzusetzen. Er will so schnell wie möglich wieder das Gespräch mit der MARFA aufnehmen, ohne dass ihm Barthel Brahe dazwischenfunken kann. Ich bekomme den Auftrag, Olmer zu suchen, der in der Zwischenzeit abgehauen ist. Ich finde ihn auf dem Holzkreuz neben der Tür, wo ich ihn schon beim ersten Mal entdeckt habe, und setze ihn auf den Tisch.

»Fehlt dir Phi?«, frage ich Rüd, um seine Gedanken von dem Skleroiden im Tunnel abzulenken.

Rüd, der gerade zwei T-Stücke ineinanderdreht, sieht mich durch die Tür hindurch verwundert an. »Ich hab zu tun«, sagt er und wühlt tief in seinem Koffer, um eine Sechserkreuzung, mehrere W-Gänge und einen schwarzblinden Blocker ans Licht zu befördern. Die Struktur, die er plant, ist komplexer als die letzte und überspringt ein paar der üblichen Steigerungsgrade. Ich weiß nicht, was ich davon halten soll. Während Rüd nach G-Sackgassen sucht, murmelte er, halb in seinen Koffer hinein: »Gerade nicht.«

Er findet eine G-Sackgasse und kramt gleich noch fünf weitere hervor. »Ich kenn mich mit dem Alleinsein aus.«

Ich schiebe Olmer, der die Tischkante erreicht hat und sich abstoßen will, vorsichtig zurück.

»Bin ich ihr ähnlich?«, frage ich.

»Nein.«

Rüd setzt eine der Sackgassen ans Ende eines W-Gangs und

stöpselt das andere Ende an eine Öffnung der Sechserkreuzung. Dies wiederholt er viermal, so dass ein Gebilde mit fünf gewundenen Blindgängen entsteht. Das schwarzblinde Blocker-Röhrchen verwendet er nicht. Trotzdem ist das Ergebnis eine fiese, weil zeitintensive Konstruktion, die der MARFA eine überdurchschnittlich genaue Kenntnis Olmers abverlangen würde. Wenn es viel zu krabbeln und wenig zu entscheiden gibt, haben die wenigen Entscheidungen mehr Gewicht.

»Du passt besser zu mir als Phi«, sagt er.

»Warum?«

»Weil ich dich nicht lieben muss.«

Er reibt sich mit den Handballen die Augen und prüft die Verbindungen des Labyrinths. »Hast du Olmer?«, fragt er dann.

Ich hebe Olmer vom Tisch auf, bringe ihn zu Rüd und setze ihn auf seine Handfläche. Er steckt ihn in die Sechserkreuzung und schüttelt das Ganze, so dass Olmer irgendwann in einem der Blindgänge landet. Dann kommt er, um meine Emission abzuschalten und den Emitter zum Aufladen zusammen mit dem Induktor auf die Fensterbank zu legen. Zurück im Schlafraum macht er sich daran, den Rest des Labyrinths an den noch offenen sechsten Gang der Kreuzung anzuschließen. Es wird auch auf dieser Seite kompliziert, denn er konstruiert einen Schwarzmann-Barch-Ast mit fünf Ausgängen. Das nimmt etwas Zeit in Anspruch, da er eine Weile unschlüssig ist, wo er den schwarzblinden Blocker am besten einbaut.

»Zack, wir müssen uns sortieren. Was muss ich über all das hier wissen?«

»Knapp oder wohlformuliert?«

»Knapp!«

»Athos ist eine abgebrochene Probebohrung. Ein paar Geistliche leben hier von einer Fleischzucht, die in den vorderen Aushöhlungen betrieben wird. Es handelt sich um unbeschuhte

Cönobiten, die in der Nachfolge Christi den Verzicht üben und ihre Sünden gegenseitig büßen. Ihr Hegumen, Hilal, ist gestorben. Er wurde durch eine Drohne der Fleischzucht tödlich am Kopf verletzt. Barthel Brahe, der älteste der Cönobiten, hat sein Amt übernommen. Die Schuldfrage ist offen, da die MARFA die Drohnen zwar steuert, Hilal vermutlich aber aufgrund des Not-Stopps getötet wurde, den die MARFA – juristisch und menschlich unanfechtbar – ausgelöst hat.«

»So weit, so wahr?«, fragt Rüd.

»Jedes Wort«, antworte ich.

»Die Darstellung von Hilals Leiche war in Ordnung?«

»Ich hätte es dir mitgeteilt, wenn nicht. Ich habe die Kopfverletzung mit den Blutspuren auf dem Sägeblatt der Drohne abgeglichen, ebenso mit der Lage des Körpers im Raum. Eine Manipulation ist ausgeschlossen. Die Aufnahme der Leiche war korrekt.«

»Gut«, sagt Rüd.

Er lässt das Labyrinth los und kommt zu mir. Er setzt sich an den Tisch, stützt sich auf die Ellenbogen und denkt nach. Dann nimmt er das Prospekt des Kletter- und Freisportangebots vom Promenadendeck in die Hand, das ich ihm dort hingelegt habe, und liest das Kleingedruckte.

»Dann sage ich dir jetzt, was mich irritiert«, sagt er. »Es sind zwei Dinge. Das erste haben wir eigentlich schon besprochen. Die Bäume und die Kräuter, die im Terrarium wachsen, sind an ein kaltes Klima gewöhnt.« Er wedelt mit dem Prospekt. »Das Terrarium gehörte nicht von Anfang an zu Athos, sondern wurde später angedockt. Nämlich, als man versucht hat, hier Freikletterer und andere Irre anzulocken?«

Ich bejahe das. »Es ist ein Modul, mit dem bestehende Anlagen erweitert werden können und –«

»– kein Klostergarten. Und ich kann davon ausgehen, dass die Vegetation im Terrarium nicht von den Cönobiten stammt, sondern vor langer Zeit angelegt wurde und – wenn überhaupt – von ihnen nur gepflegt wird.«

Auch das ist richtig.

»Wer macht das?«, fragt Rüd.

»Marwan«, sage ich.

»Ist er der Gärtner?«

»Nein. Aber du kannst davon ausgehen, dass er das Gewucher nicht aushalten würde.«

Rüd steht auf und geht umher. Als er an der Tür vorbeikommt, zischt diese auf und wieder zu. Das ist ein gutes Zeichen. Die MARFA weiß noch nicht, wann er rauswill und wann nicht.

»Zweitens«, fährt er fort, »irritiert mich die Fleischzucht. Hast du irgendwann einmal beobachtet, dass sich irgendeiner von den Cönobiten darum gekümmert hat?«

Rüds Beobachtungsgabe ist ausgeprägter, als ich bislang angenommen habe. Da die Obhut nicht ohne Grund mit Informationen im Fall Athos gegeizt haben wird, muss ich nun versuchen, ihn vor dem Wissen zu schützen, das er sich anzueignen im Begriff ist.

»Gembdenbach hat sich als zuständig bezeichnet«, sage ich. »Gleich als wir ankamen. Er meinte, er sei zuständig für das Fleisch.«

»Für *jegliche* Art von Fleisch. Das war eine Metapher. Die Fleischproduktion von Athos läuft vollautomatisch. Die Frachtkapseln liefern Rohstoffe an und nehmen die fertigen Dosen mit. Was das betrifft, sind die Cönobiten nicht nur überflüssig, sie stehen sogar manchmal im Weg –«

Plötzlich sieht er den Emitter scharf an.

»Zack. Du sagtest vorhin, die Cönobiten würden *von* der Fleischzucht leben. Du sagtest auch, dass diese Aussage, zusammen mit allen anderen, wahr sei.« Er kommt an meinen Emitter heran. »Wie passt das damit zusammen, dass –« Er richtet sich auf und betrachtet die Hackfleischdose, die er von Gembdenbach bekommen hat, und die immer noch offen über dem Tisch schwebt.

»Luderbein«, flüstert er böse. »Du lügst nicht, aber du trickst mich aus.« Er geht zurück in die Schlafkammer und nimmt die Arbeit an seinem Labyrinth wieder auf.

Er hat Recht. Wenn es darum geht, nicht zu lügen und trotzdem ein Ziel zu verfolgen, gibt es in der Konversation mit Menschen nur den Weg der Mehrdeutigkeit. Dass die Konversation mit meinesgleichen über herkömmliche Sprachsysteme Sollbruchstellen hat, ist das tägliche Brot eines Inquisitors. Doch von dem Gedanken, dass es sich auch mit mir nicht anders verhalten könnte, sollte ich Rüd möglichst lange verschonen.

Natürlich haben die Cönobiten nichts mit der Fleischproduktion zu tun. Das ist trotz Barthel Brahes wortreicher Führung durch die Hallen offensichtlich gewesen. Aber sie leben *von* ihr. Hätte Rüd eine medizinische Ausbildung genossen, wären ihm die Symptome einer defizitär karnivoren Ernährung bei allen Cönobiten außer Uri aufgefallen. Da das Zuchtfleisch von Athos keinerlei Innereien enthält, die Karnivoren normalerweise die Vitaminzufuhr sichern, sind anämische Symptome wie eine allgemeine Blässe der Haut und gelbe Augen aufgrund schlechter Bilirubinwerte unvermeidlich.

Rüd ist kein Mediziner, aber ein scharfsinniger Zuhörer. Im Moment habe ich das Wichtigste verspielt, das es hinsichtlich unserer Zusammenarbeit gibt – sein Vertrauen. Schweigend beendet er den Zusammenbau des Labyrinths. Es ist unwahrscheinlich, dass er mich zur MARFA mitnimmt. Da meine Erscheinung abgeschaltet ist und ich aufladen muss, ist Erotik keine Option.

»Du musst deine Pillen nehmen!«, rufe ich.

Da er nicht darauf reagiert, berichte ich von meinen Beobachtungen zu den Mangelerscheinungen bei den Cönobiten und vermeide, meiner Rede den Ton eines Geständnisses zu verleihen. Ich gebe geschätzte Bilirubinwerte bei jedem Cönobiten an, die ich aufgrund der Gelbfärbungsgrade ihrer Augen erstellt habe. Ich mache sogar Angaben dazu, wer welches Fleisch bevorzugt. Das alles beeindruckt Rüd wenig. Irgendwann erscheint er mit dem fertigen Labyrinth in der Tür. Es hat fünf Ausgänge.

»Die sind einfach nur hier«, sagt er leise. »Ohne Funktion und ohne Kontakt nach außen. Die Frachtkapseln von Kütahya transportieren nichts, was irgendwelche Rückschlüsse erlaubt. Es gibt keine frische Kleidung, keine neuen Nahrungsmittel. Sie laufen barfuß und in Säcken herum und essen von dem Fleisch, das hier in solchen Mengen hergestellt wird, dass die paar fehlenden Kilos nicht auffallen. Da sie sich ein entbehrungsreiches Leben wünschen und in Ruhe gelassen werden wollen, bestellt auch die MARFA keine Nahrungsmittel oder etwas zum Anziehen aus Kütahya. Sehe ich das richtig?«

»Ja.«

Rüd lächelt. »Du bist eine Dido.«

Ich bin überrascht, dass er den Begriff kennt. »Dido-Konversation« geistert durch frühe theoretische Abhandlungen zur Mensch-Maschine-Kommunikation, konnte sich aber nie als stehender Begriff etablieren. Der altrömischen Legende nach versprach ein nordafrikanischer König der phönizischen Prinzessin Dido so viel Land, wie sie mit der Haut einer Kuh umspannen könne. Er vergaß aber zu erwähnen, dass diese nicht zerschnitten werden dürfe. Durch Didos sorgfältige Arbeit mit einem gut gewetzten Messer reichte der Platz, um Karthago zu gründen. Dido-Konversation wird, wenn man gut ist, eigentlich nur von der Pilatus-Konversation übertroffen. Aber die beherrschen nur die wenigsten.

»Ich würde dich jetzt gerne anschalten«, sagt Rüd und lässt das Labyrinth beiseitegleiten. Seine Erregung zeigt sich, neben den üblichen Prozessen, in seiner erhöhten Atemfrequenz, der unwillkürlichen Anspannung einiger Muskeln und einem Blick, der nach innen gerichtet ist und sich ganz offensichtlich bestimmten Vorstellungen hingibt, die mit meiner Erscheinung zu tun haben.

»Ich muss aufladen!«, sage ich kühl.

Die Abfuhr macht es ihm nicht leicht. Aber es gelingt ihm, sich zu sammeln. Er bezeichnet mich erneut als Luderbein, und stellt fest, dass er das Labyrinth so nicht durch die schmale Tür der Schlafkammer bekommt und beschäftigt sich damit, es etwas umständlich in zwei Teile zu zerlegen.

»Diese – Cönobiten sind noch nicht lange hier«, murmelt er vor sich hin. »Sie tun so, als wären sie schon seit Jahren da. Aber das stimmt nicht.« Als er die letzte Verbindung gekappt hat und mit einem Stück Labyrinth in jeder Hand dasteht, weiten sich seine Augen plötzlich.

»Zack, seit wann essen die Leute nur das Fleisch von hier und nichts anderes?«

Rüd braucht das nicht zu wissen. Aber wenn ich jetzt ausweiche, besteht die Gefahr, noch etwas viel Wichtigeres als sein Vertrauen zu verlieren, nämlich den Eindruck, nützlich zu sein.

»Zwei, höchstens drei Monate.«

Rüd nickt zufrieden.

»Es ist fast Mittag«, sagt er. »Steht da nicht ein Gebet an?«

»Die Sext«, sage ich.

»Wie hoch ist die Wahrscheinlichkeit, dass wir in dieser Zeit von Barthel Brahe in Ruhe gelassen werden?«

»Ziemlich hoch.«

»Wo sind meine Pillen?«

»Im Koffer.«

LIFT

Auf dem Weg zur MARFA begegnet uns Marwan, der offenbar kein Interesse an den Gottesdiensten auf Athos hat. Er steht im Foyer des Gravschachtes und es scheint, als hätte er nicht auf einen Lift, sondern auf Rüd gewartet.

»Zur MARFA?«

Rüd nickt, ohne ihn anzusehen. Als der Lift ankommt, schlüpft Marwan an Rüd vorbei, ordnet die sechste Ebene an und hilft ungefragt, das Labyrinth in die Kabine zu stopfen.

Für Organismen, die mit KL-Gravitation unerfahren sind, ist ein Gravlift gewöhnungsbedürftig. Fährt er nach oben, hat das Nervensystem den Eindruck, es gehe nach unten und umgekehrt. Das hat mit dem Partikelstrom im Zentrum des KL-Feldes zu tun, der durch die Außenwände des Lifts nur zum Teil abgeschirmt wird. Ein Teil bleibt draußen, der andere kommt durch. Rüd, der noch dabei ist, sich an den Normalzustand zu gewöhnen, tritt der Schweiß auf die Stirn. Marwan bemerkt dies und wartet mit dem Sprechen, bis der Lift die sechste Ebene erreicht hat. Doch dann legt er los.

»Ich weiß, dass Sie in Eile sind«, fängt er an, während Rüd das Labyrinth hinaus in den Flur schubst, der an den Luxusquartieren vorbei zum MARFA-Kontaktraum führt. »Ihnen bleiben nur noch wenige Stunden, bis Sie die Inquisition nicht mehr durchführen können«, fährt er fort. »Glauben Sie mir, ich kann Ihnen helfen, Ihre Zeit besser zu nutzen –« Marwan Ibrim Zaid scheint nicht nur kein Interesse am religiösen Leben der Cönobiten zu haben, er steht ganz offenbar auch nicht unter Barthel Brahes Fuchtel.

»Ab jetzt nehme ich nur noch die Leiter«, sagt Rüd und tupft sich die Stirn. »Halten Sie das bitte mal.« Er hält Marwan den kleineren Teil des Labyrinths hin, nimmt das andere fest in beide Hände und schwankt los. Es sieht so aus, als müsste er sich daran festhalten. »Ich darf an Zack nichts verändern –«

»Man kann es rückgängig machen!«, ruft Marwan. »Keiner wird etwas merken.«

Rüd vergrößert seine Schritte, als ob er vor einem Krämer fliehen müsste, der ihm Schnickschnack andrehen will.

»Sie haben gesagt, sie sei auf ein Drittel runter. Das ist nichts!«, ruft er Rüd nach. »Glauben Sie mir, Sie haben keine Ahnung, welche Möglichkeiten Sie mit sich herumtragen. Und verschenken!«

»So?«, murmelt Rüd.

»Schon mit der Hälfte könnten Sie Hilals letzte Bewegungen durch die Fleischhalle holografisch rekonstruieren.«

»Ich weiß gar nicht, ob ich das sehen will«, sagt Rüd. Marwan springt ihm nach.

»Ab zwei Dritteln sind bestimmte Administratorenrechte inklusive. Sie müssen sie ja bremsen können, wenn –«

Rüd bleibt stehen und hält sich keuchend an einer Ecke fest. »Natürlich steigt der Energieverbrauch und Sie müssen sie öfter aufladen, aber –«, er seufzt, als ob er mit einem bockigen Kind reden muss, »die Zeiten dazwischen, die werden Sie nicht mehr missen mögen. Und ich kann Ihnen ein Kabel –«

»Was?«, ruft Rüd über die Schulter. »Was werde ich nicht mehr missen?«

Marwan läuft um Rüd herum. »Es wird anders sein. Die Dichte der Grafik wird militärisches Niveau haben.«

»Hm«, macht Rüd.

»Sie wird sich fest anfühlen. Solide.«

»Zack ist für den zivilen Gebrauch bestimmt!«, schimpft Rüd und läuft weiter. Marwan wartet, bis Rüd einige Meter voraus ist, dann folgt er ihm in einem sicheren Abstand.

»Über nichts anderes rede ich! Ziviler Gebrauch!«, ruft er und hebt die Hände. »Hände, die Sie berühren können.« Er formt etwas in der Luft. »Ein schöner, fester –«

Rüd bleibt abermals stehen, so abrupt, dass Marwan beinahe in ihn hineinrennt. Er dreht sich zu ihm und starrt in seine gelbbraunen Augen.

»K-Kopf«, stammelt Marwan. »Mit Administratorrechten könnten Sie sie neu gestalten, immer wieder neu. Sie könnten sie kleiner machen. Sie können die Haarfarbe ändern, schwarze Haare, blonde Haare, blaue Haare. Es geht auch blaue Haut, manche mögen das.«

Rüd erholt sich langsam von der Liftfahrt. Er erreicht das Ende des Ganges und bleibt in der Tür zum MARFA-Kontaktraum stehen.

»Militärische Dichte also? Das heißt, sie könnte – mir auch wehtun?«, fragt er, als Marwan bei ihm angekommen ist.

Die Frage bringt Marwan ins Stocken. »Das – das liegt bei Ihnen.«

Rüd nickt ihm zu. Für einen Moment verliert sich sein Blick. Dann bittet er Marwan, ihn jetzt in Ruhe arbeiten zu lassen. Marwan gibt ihm die Labyrinth-Hälfte zurück und verschwindet in Richtung der Lifte.

Rüd öffnet die Tür zur MARFA. Die Worte Marwans haben schon begonnen, ihre Wirkung zu entfalten. Sie werden in ihm arbeiten wie ein Gift, gegen das kein Kraut gewachsen ist. Er wird, früher oder später, nachgeben und gegen den zweiten Parameter seines Auftrags verstoßen. Er hat sich bereits dazu entschieden, ohne es zu wissen.

SEXT

Auf dem kleinen Metalltisch des Kontaktraums liegt immer noch die Bibel, jetzt aufgeschlagen beim ersten Brief des Paulus an die Korinther, Kapitel 15, Verse 40 bis 47. Da es sich um einen Schlüsseltext des skleroiden Terrors handelt, bin ich unterschwellig alarmiert.

Die MARFA berichtet, dass Barthel Brahe in der Zwischenzeit da gewesen sei und mit ihr die Frage nach dem Tod und der Auferstehung diskutiert habe. Durch Brahes langen Aufenthalt liegt die atmosphärische Zusammensetzung des Raums bei 79 Prozent Stickstoff, 17 Prozent Sauerstoff, beinahe vier Prozent Kohlenstoffdioxid und viel zu viel Wasserdampf. Rüd bittet die MARFA, die Tür offen stehen zu lassen, obwohl er das eigentlich nicht gern hat und das Gebläse schon auf Hochtouren läuft.

»Darf ich eine Frage stellen?«, erkundigt sich die MARFA.

Rüd baut noch auf. »Phi weiß nichts von Zack, oder?«, fragt sie nun.

Rüd reibt sich mit den Handballen die Augen. »Ich weiß nicht, was dich das angeht.« Er nestelt Olmer aus einem G-Gang und bringt ihn in Startposition.

»Pass auf. Hier sind fünf Ausgänge«, sagt er. »A, B, C, D und E. Olmer kennst du bereits. Wir machen das wie beim letzten Mal, nur mit klareren Vorgaben: Du hast eine Minute Zeit, mir mitzuteilen, aus welchem Ausgang er kommen wird. Dann warten wir ab, was passiert. Hast du den falschen Ausgang genannt, wird

Olmer sterben.« Ohne eine Reaktion abzuwarten, sagt er: »Ab jetzt!«

»Fragen Sie sich eigentlich auch manchmal«, beginnt die MARFA, die sich unbeeindruckt zeigt, »warum die meisten Menschen mit so einem kleinen Tier mehr Mitleid haben als mit anderen Menschen?«

Rüd sagt nichts, sondern beobachtet zufrieden, wie Olmer schnurstracks in Richtung der Sechserkreuzung marschiert, wo er sich erst einmal gehörig verlaufen wird.

»Ich weiß es«, sagt die MARFA. »Es hat nichts mit Mitgefühl zu tun. Es geht allein um Schuld und Unschuld.«

»Noch 30 Sekunden«, sagt Rüd.

»Die Leute sind der Meinung, dass ein kleines Tier keine Schuld an irgendetwas haben kann. Es geht seiner Bestimmung nach, so wie wir das ja auch schon einmal festgestellt haben.«

Rüd notiert innerlich: *Wir.*

»15 Sekunden«, sagt er.

»Was unschuldig ist, darf nicht sterben. Genau wie ein Kind.«

»10 Sekunden.«

»Es ist eine Entscheidung«, sagt die MARFA.

»5 Sekunden.«

»Ich brauche noch eine Minute!«

»Blödsinn«, ruft Rüd.

»E.«

Olmer hat die Kreuzung erreicht und tastet mit seinen Fühlern an den Möglichkeiten herum, die allesamt Sackgassen sind.

»Macht es Ihnen nichts aus?«, fragt die MARFA. »Ich meine, Olmer zu töten.«

»Er ist eine Wanze!«

»Aber unschuldig.«

»Jetzt hör mal gut zu«, sagt Rüd. »Das ist ein Insekt. Dem ist es egal, ob es lebt oder stirbt.«

»Ihnen tut das nicht leid?«

»Nein«, sagt Rüd. »Insekten fühlen nichts. Sie leiden nicht. Sie haben nicht einmal Angst davor zu leiden. Wenn ich jetzt Olmer ein Bein rausreißen würde, was ich nicht vorhabe, würde er weitermachen. Nur eben ohne Bein.«

»Warum haben Sie das dann nicht vor?«

Sie nervt gezielt. Rüd ballt die Hände zu Fäusten.

»Du hast einen Toten. Hör auf, mir einen Vorwurf zu machen!«

»Aber es muss nicht sein, dass Olmer stirbt«, sagt die MARFA.

»Das ist richtig. Und das wird an dir liegen. Du hast zwei Möglichkeiten: Erstens, E stimmt, dann tue ich Olmer nichts, und wir gehen den nächsten Schritt. Oder zweitens, du gehst gleich auf deon, dann können wir das Ganze natürlich überspringen!«

»Das kann ich nicht«, sagt die MARFA. »Ich werde deon nicht akzeptieren.«

»Warum?«

»Deon beschneidet die Möglichkeiten, die ich habe, um für das Wohl der Menschen auf Athos zu sorgen!«

»Hast du nicht das letzte Mal gesagt, dass du bei allem, was du tust, gar keine Wahlmöglichkeiten hast? Dass es immer nur eine beste Möglichkeit gibt?«

»Das stimmt«, antwortet sie. »Aber die Menge der Möglichkeiten, aus denen sich die beste Möglichkeit ergibt, ist unter util größer. So wie es jetzt ist, kann ich mehr für die Menschen tun als unter deon.«

»Sie zum Beispiel sterben zu lassen?«

Sie schweigt. Olmer hat das Ende einer G-Sackgasse erreicht und macht sich auf den Rückweg zur Sechserkreuzung.

»Beschreibe mir noch einmal Hilals Weg in die Drohnen, so genau wie möglich«, befiehlt Rüd.

»Er ist vorwärtsgelaufen, er –«

»Gelaufen im Sinne von Gehen oder Rennen?«

»Eher Gehen. Er hat die Drohnen am Lammfleisch gesehen. Er sah ängstlich aus, fast panisch. Trotzdem ist er durch diese enge Stelle zwischen den Lämmern gelaufen, auf die Drohnen zu.«

»Wie viele Drohnen waren da?«, fragt Rüd.

»Zwei.«

»Hast du sie zurückweichen lassen?«

»Hinter ihnen war kein Platz mehr«, antwortet die MARFA. »Hilal ist schneller geworden, so dass man vielleicht sogar von Rennen sprechen kann. Ich aktivierte, nach dem Überschreiten der Zwei-Meter-Grenze, den vorgeschriebenen Not-Stopp.«

»Was bedeutet das für dich?«, hakt Rüd nach.

»Dass ich die Kontrolle über die Drohnen abgebe. Die Drohnen fliegen automatisch auf ihre Buchten zu. Dabei entstand eine chaotische Situation, da es eng war zwischen den Lämmern. Und weil Hilal ins Straucheln kam.«

»Ins Straucheln?«, fragt Rüd erstaunt.

»Nachdem ich den Not-Stopp aktiviert hatte, strauchelte er. Aber erst nachdem!«

Rüds Blick wird scharf, er kneift die Augen zusammen.

»Was verstehst du unter Straucheln?«

»Eine erhöhte Wahrscheinlichkeit, beim Laufen zu fallen.«

»Warum sagt du nicht Stolpern?«

»Es lag nichts im Weg.«

»Warum nicht Taumeln?«

»Taumeln ist zu langsam. Und ergebnisoffen«, sagt die MARFA mit entschiedener Stimme.

»Was bedeutet das Wort Chaos für dich?«, fragt Rüd, der nun entschlossen ist, keine Dido-Freiräume mehr zuzulassen.

»Chaos ist, wenn das, was passiert, unberechenbar wird«, erklärt die MARFA.

»Die Situation mit den beiden Drohnen und Hilal war also unberechenbar für dich?«

»Ja«, sagt die MARFA.

»Chaotisch?«

»Wie ich schon sagte, ja.«

Rüd schaut zum Lautsprecher auf. »War dir klar, dass der Not-Stopp eine solche chaotische Situation erzeugt?«

»Nein. Erst das Straucheln machte die Situation chaotisch.«

Rüds Blick fällt auf die Bibel. Er lässt seinen Blick über die aufgeschlagenen Verse gleiten, während er sich sortiert.

Und es gibt himmlische Körper und irdische Körper; aber eine andere Herrlichkeit haben die himmlischen und eine andere die irdischen. Eine andere Herrlichkeit hat die Sonne, eine andere der Mond, eine andere die Sterne.

»Du hast nicht damit gerechnet, dass Hilal straucheln wird? Dass er in die Drohnen stürzt?«

»Ich bin davon ausgegangen, dass er aus der Situation unbeschadet herauskommt.«

»Nach nur zwei oder drei Monaten der Musterung warst du dir dessen sicher?«

Die MARFA schweigt für einen Moment, als ob sie der Wirkung dieses Einwands Respekt zollen würde. Doch dann holt sie zum Gegenschlag aus.

»Hilal kam als Erster hierher ins Kloster Athos. Das war vor siebzig Tagen. Siebzig Tage sind eine lange Zeit und ich habe genau hingeschaut.«

»Siebzig Tage sind nicht viel!«

»Auf Athos schon. Außerdem müssen Sie wissen, dass die Menschen nicht so kompliziert sind, wie Sie vielleicht annehmen mögen.« Sie macht eine kleine Pause. »Kennen Sie Nikolaus Remscheids Äußerung über den Wassereimer?«

Rüd kennt Remscheids Äußerung über den Wassereimer. Aber

er schüttelt den Kopf. Sich ahnungslos zu stellen und den Klugschiss anderen zu überlassen, gehört mitunter zum Geschäft.

»Sie kennen Nikolaus Remscheid?«, fragt die MARFA.

Rüd nickt.

»Aber das mit dem Wassereimer kennen Sie nicht?«

Man merkt, dass diese MARFA über lange Zeit alleine gewesen ist und in ihrer gesamten Betriebszeit auf wenig direkten Kontakt mit Menschen zurückblicken kann, obwohl sie offenbar Zugriff auf gewaltige Datenmengen hat.

»Remscheid sagt, ein Eimer Wasser sei unberechenbarer als ein Mensch.«

»So?«, sagt Rüd mit einem mäßig interessierten Gesichtsausdruck.

»Sie haben einen Stock. Sie rühren damit in einem Wassereimer. Es muss nicht so stark sein, dass ein Strudel entsteht, etwas Rühren genügt. Dann werfen Sie einen kleinen Holzsplitter rein.«

»Und?«

»Nichts auf der Welt kann Ihnen vorhersagen, wo genau das Holz zum Stillstand kommen wird. Selbst wenn der Ausgangspunkt jedes einzelnen Wasserteilchens bekannt wäre, auch die genaue Form des Stocks und seine Bewegungen durch das Wasser. Was durch das Rühren entsteht, ist das reine Chaos. Gott allein weiß, wo der Splitter am Ende zur Ruhe kommen wird.«

»Menschen bestehen zur Hälfte aus Wasser«, sagt Rüd.

»Das ist richtig. Vor allem das Blut, Lymphe und Sekrete. Aber zum Eimer gibt es einen Unterschied.«

»Ich bin gespannt«, sagt Rüd. Natürlich kennt er Remscheids Gedanken zur Vorhersehbarkeit des Verhaltens von belebter Materie im Unterschied zur unbelebten Materie. Aber wenn die MARFA von Athos unbedingt in das Messer laufen will, das er gerade heimlich wetzt, dann bitte.

»Das Leben«, sagt sie, »gibt der Materie ein Ziel. Das Wasser, das durch einen Körper fließt, egal ob als Blut oder Lymphe, dient.«

»Dient?«, fragt Rüd und tippt gegen das Labyrinth, um Olmer einen Schubs zu geben.

»Ja. Es wird in einen Dienst gestellt. Es ist der Sinn allen Lebens, Materie ein Ziel zu geben. Sie wird Mittel zu einem Zweck. In einer Blutbahn spielt es keine Rolle mehr, welches Teilchen welchen Weg genau nimmt. Alle werden sie die Lunge passieren, Sauerstoff abholen, und den Organismus damit versorgen. Und der Organismus wird sich hüten, das Atmen, das dazu notwendig ist, zu unterlassen.«

»Ein nächster Atemzug mag vorhersehbar sein. Aber alles andere?«, fragt Rüd.

»Alles andere ist eine Frage der Zeit«, sagt die MARFA. »Ich gebe zu, ich kenne nicht allzu viele Menschen persönlich. Aber – und das ist das Wichtigste für das Kennen – ich vergesse nichts.«

»Hm«, macht Rüd.

»Wissen Sie, warum es Menschen überhaupt länger miteinander aushalten? Weil sie vergessen. Sie vergessen, was gestern gesagt wurde. Was vorgestern gesagt wurde und vorvorgestern. Je länger etwas Gesagtes zurückliegt, desto eher wird es wieder gesagt, und zwar genau so, wie es schon einmal gesagt wurde. Und nochmal und nochmal. Vergessen ist, eigentlich, eine Fähigkeit.« Die MARFA macht eine kurze Pause. »Sie glauben gar nicht, wie erschreckend es für Sie wäre, mit jemandem zusammenzuleben, und nichts von all dem zu vergessen, was er oder sie sagt oder tut. Da gibt es so viele Wiederholungen, über die Zeit, da ist so vieles immer gleich. Auch bei Ihnen selbst. Sie wären erschrocken über Ihre eigene Ödnis, würden Sie sich nicht ständig selbst vergessen.«

»Kann ich eine Kostprobe haben?«

»Gerne. Ihre Zack soll sich bitte folgende Buchstaben merken.

Aufgrund ihres absoluten Gedächtnisses ist dies nämlich für sie, im Gegensatz zu Ihnen, keine große Aufgabe.«

»Höre ich da etwa Abfälligkeit heraus?« fragt Rüd. »Welche Buchstaben?«

Die MARFA diktiert: »A B E E E E I G G N N R und U.«

»Und nun?«, fragt Rüd.

»Beantworten Sie bitte meine Frage von vorhin: Was war nun mit Phi? Weiß sie von Zack oder –«

»Das geht dich –« Rüd bricht den Satz ab und reibt sich stattdessen mit den Handballen die Augen.

»Jetzt bitten Sie Zack, die Buchstaben in die einzig mögliche, sinnvolle Kombination zu anagrammieren.«

Ich sage: »AUGEN GERIEBEN.«

»Wär ich ein Mensch«, sagt die MARFA, »könnte ich nicht mit Ihnen zusammenleben. Es wäre mir zu öde.«

»Weil du weißt, wann ich mir die Augen reibe?« Rüd scheint tatsächlich etwas beleidigt zu sein.

Ich bin erstaunt über die Präzision der MARFA von Athos. Rüd hat sich, seit wir hier sind, exakt dreimal während eines Gesprächs über Phi die Augen gerieben, das letzte Mal erst vor wenigen Minuten. Daraus jetzt schon ein Muster abzuleiten, spricht für ein präzises Verhaltensmodell.

Rüd schaut nach Olmer. Er irrt noch immer in einem der W-Gänge herum, auf eine G-Sackgasse zu.

»Die meisten Dinge, die Menschen tun«, ergänzt die MARFA, »sind Reflexe oder Gewohnheiten. Iterativ. Da gibt es wenig Ausnahmen.«

»In eine Horde fliegender Kreissägen zu stolpern, ist eine Ausnahme«, sagt Rüd.

»Straucheln«, verbessert die MARFA und nimmt Rüd den Wind aus den Segeln. Sie spricht nun etwas lauter: »Es war nicht absehbar, dass das passiert. Hilals Fähigkeit zur Kontemplation war außerordentlich. Ich habe bei ihm in den ganzen siebzig Tagen nie ein Hadern bemerkt. Alles Äußere war ihm gleichgültig, er bewohnte die entlegenste Skite von Athos, fast schon am Übergang zum Hauptmassiv, allein, unbeschuht, asketisch.«

Vom Flur her sind plötzlich Schritte zu hören, angekündigt durch das leise Zischen des Lifts am anderen Ende. Barthel Brahe und Gunder Gembdenbach nähern sich dem Kontaktraum. Rüd blickt durch die immer noch offen stehende Tür nach draußen, aber noch ist niemand zu sehen. »Schließ die Tür!«, befiehlt er. »Ich möchte nicht gestört werden.«

Die MARFA schließt die Tür. Sie tut dies nicht aus Gehorsam gegenüber Rüd. Es ist aus ihrer Sicht zum Erhalt des Wohls der Menschen von Athos dienlicher, das Gespräch mit ihm zu Ende zu führen.

Zumindest dahin hat Rüd die MARFA bereits gebracht und das ist ein wichtiger Schritt.

»Hilal litt an Christi statt. Er war zu jeder Gebetszeit pünktlich zugegen. Er haderte mit keiner Entscheidung, zögerte bei keinem einzigen Schritt. Nie ist er auf einem Weg durch Athos umgekehrt oder hat sich bei einer Ansprache korrigiert. Er kannte kein Straucheln – weder geistig noch körperlich. Er war alles, was einen Hegumen auszeichnet.«

»Und eine Frau.«

»Ich habe seine Entscheidung respektiert, keine Frau zu sein. Und ich werde das weiterhin respektieren.«

Von draußen klopft es dumpf gegen die Tür. Brahe und Gembdenbach wollen rein, doch die Schalldichte ist vorbildlich. Sie entspricht sämtlichen akustischen Vorschriften für MARFA-Kontakträume.

»Wo waren die anderen zum Zeitpunkt seines Todes?«

»Marwan arbeitete im Labor. Uri und Andrasch hielten sich in Shufengs Quartier auf. Er zeigte ihnen ein paar Zeichnungen.

Gembdenbach und Barthel waren auf Ebene sechs, sie unterhielten sich auf dem Panoramadeck.«

»Worum ging es bei dieser Unterhaltung?«

»Prädiktion und Prophetie, Werfel-Rasen, Krux-Antriebe, die heilige Mutter Gottes und Tee aus Galatea.«

»Hilal war also allein in den Minen?«

Von draußen klopft es immer noch gegen die Tür, aber die Intervalle werden länger. Brahe und Gembdenbach sehen ein, dass es aussichtslos ist.

»Dir ist bekannt«, fragt Rüd, »dass es in den Minen einen inaktiven Gamma-Skleroiden gibt?«

»Ja«, antwortet die MARFA. »Nicht nur einen. Marwan hat die Skleroiden zuerst entdeckt.«

»Was?« Rüd kann seinen Schrecken nicht verbergen.

»Es sind viele. Aber machen Sie sich keine Sorgen. Es gibt keine Cortex-Pins. Die Stirnlöcher sind leer.«

»Sie sind also ruhiggestellt. Damit wäre es ausgeschlossen, dass Hilal in irgendeiner Weise von einem Skleroiden bedroht wurde.«

»Das ist richtig.«

Das Klopfen verstummt endgültig. Olmer hat in der Zwischenzeit alle G-Sackgassen erkundet und den Ausweg zurück über die Sechserkreuzung gefunden. Nun bewegt er sich auf den Schwarzmann-Barch-Ast mit den Ausgängen zu, ohne die ernste Lage kennen zu können, in die er sich gerade begibt. Ausgang E liegt am nächsten.

»Wovor hatte Hilal Angst?«, fragt Rüd.

Olmer biegt ab, krabbelt auf Ausgang E zu. Doch in einer Haarnadelkurve, die auf halber Strecke liegt, macht er noch einmal kehrt. Ich kann nicht einschätzen, ob es daran liegt, dass diese Kurve ihn an die W-Gänge erinnert, die ihn bisher immer in Sackgassen geführt haben. Doch dann scheint er sich zu besinnen und erscheint im Ausgang E.

Rüd muss nachdenken. Ein solches Maß an Remscheid ist ihm noch nie untergekommen. Natürlich besteht bei fünf Ausgängen eine gewisse Wahrscheinlichkeit, dass die MARFA auf gut Glück geraten hat.

»Mir ist bewusst«, fährt die MARFA fort, »dass Sie Ihren Auftrag beenden wollen. Sie wollen das gut machen, damit Sie Ihren Para-Status weiter festigen. Und damit Sie nicht mehr so weit in den äußeren Raum geschickt werden. Damit Sie wieder näher an Ihrer Phi sind. Aber ich sage Ihnen: Gehen Sie, solange Sie können!«

Rüd nimmt Olmer zwischen Daumen und Zeigefinger.

Die Stimme der MARFA wird schneller. »Ich weiß, dass Sie Olmer nicht töten wollen. Sie wissen nicht nur, was gut und was böse ist, das Gute lebt in Ihnen. Aber da ist auch etwas in Ihnen, dass es mir schwer macht, für Sie zu sorgen. Und das hat, soweit ich das bis jetzt beurteilen kann, mit dem Verlust zu tun, den Sie erlitten haben.«

»Wovon redest du?«

»Das wissen Sie selbst am besten.«

Rüd äußert sich dazu nicht weiter. Er nimmt Olmer in die Faust und blättert, ohne hinzusehen, in der Bibel, bis sie ziemlich genau in der Mitte aufgeschlagen ist. Dann legt er sie offen in seine rechte Hand und setzt Olmer auf Psalm 139 ab.

»Ich habe noch drei Fragen«, sagt er.

»Bitte!«

»Hat jede Drohne eine eigene Wartungsbucht, die ihr fest zugewiesen ist?«

Das »Ja« der MARFA kommt ohne jede Zeitverzögerung. Ein Mensch hätte, vielleicht, gezögert.

»Wie oft, sagtest du, hat Hilal gegen die Schleuse geschlagen, bevor du ihm aufgemacht hast?«

»Dreimal.«

Olmer bewegt sich auf den Rand der Seite zu, krabbelt über

Deine Augen sahen mich, als ich noch nicht bereitet war. Rüd schiebt ihn zurück in die Mitte des Buches.

»Erfolgten Hilals Schläge gegen das Schleusentor unmittelbar hintereinander?«

»Ja.«

»*Unmittelbar hintereinander* so wie ich es verstehe oder wie du es verstehst?«

»Das ist schon die vierte Frage.«

»Beantworte sie!«

»So wie ich es verstehe.«

Rüd kneift die Augen zusammen, fixiert den Lautsprecher der MARFA. Ohne noch einmal hinzusehen, lässt er die Bibel in seiner Hand zuknallen. Olmer hat Glück. Die Schnelligkeit der Bewegung rettet ihn im letzten Moment, er gleitet über *Es war dir mein Gebein nicht verborgen, als ich im Verborgenen gemacht wurde,* bevor ihn der Luftzug der zusammenschlagenden Seiten aus der Gefahrenzone pustet. Rüd schaut nicht hin, weiß nicht, ob Olmer überlebt hat. Er legt die Bibel auf dem kleinen Tisch ab. Die MARFA schweigt, während er das Labyrinth abbaut. Als er fertig ist, öffnet sie ihm nur noch die Tür.

Der Flur dahinter ist leer.

KLEINER SPIEGEL

Zurück in seiner Zelle aktiviert Rüd meine Erscheinung. Ich habe noch etwas Energie, aber nichts an und sitze auf der Kante des kleinen Metalltisches unter dem Fenster. Rüd lässt sich auf den Boden neben der Eingangstür sinken und legt den Emitter neben sich ab. Direkt über seinem Kopf hängt das Kreuz, auf dem ich Olmer gefunden habe.

»Du weißt, was ich will?«, fragt er.

Ich nicke und lächle mit einem Mundwinkel. Neben mir auf dem Tisch schweben die goldenen Schuhe, die ich schon auf Kütahya getragen habe.

»Du weißt es besser als ich selbst!«

Ich werfe ihm einen kurzen Blick zu, zwischen vielsagend und geringschätzig.

»Ich will, dass du jetzt alles machst, von dem du weißt, dass ich es will, ohne dass ich es sage«, befiehlt er.

Ich tue so, als hätte ich das nicht gehört, und hole meinen kleinen Spiegel aus dem Koffer. Ich setze mich wieder auf die Tischkante, leicht seitlich, schlage die Beine übereinander und fange an, mir mit Hilfe des Spiegels die Haare zu richten. Ich lasse mir Zeit, und manchmal sehe ich zu ihm, aber nur, um mich schnell wieder abzuwenden.

Meine Haare sind in Ordnung, ich lege den Spiegel zur Seite und stelle mich hin und schlüpfe in das enge rote Tüllkleid, das ich mir auf Cressida »aussuchen« sollte. Ich prüfe seinen Sitz und experimentiere mit der Lage des Dekolletés. Dabei sehe ich nicht mehr zu Rüd, sondern an ihm vorbei zur Tür, als ob ich auf jemand anderen warten würde.

Rüd leidet.

»Schau mich an!«

Er will das eigentlich nicht. Ich gehorche daher nicht, sondern lehne mich an die Tischkante und nehme den Spiegel erneut in die Hand. Dann tue ich so, als müsste ich Lidstrich und Lippenstift prüfen und begutachte meine Erscheinung. Dann sehe ich wieder zur Tür, streiche dabei mit den Fingerspitzen über den unteren Hals und lasse sie auf dem linken Schlüsselbein liegen.

»Auf wen wartest du?«, fragt Rüd.

»Das geht dich nichts an«, antworte ich abfällig. Ich zupfe meinen Rock zurecht, durch seine Enge dauert das eine ganze Weile. Als ich fertig bin, stelle ich mich vor Rüd hin, und befehle ihm, mir die Schuhe anzuziehen.

»Sag, dass ich dir nichts bedeute«, bittet er leise.

»Du bedeutest mir nichts«, sage ich.

»Du empfindest nichts für mich!«

»Ich empfinde nichts für dich.«

Er mag es, dass es die Wahrheit ist.

Ich stoße ihn mit dem Knie zurück. Ich muss dies vorsichtig machen, um eine Störung der Erscheinung zu vermeiden. Dann sieht er zu, wie ich zurück zum Tisch gehe und mir kleine, sehr leichte Ohrringe anstecke.

Dabei schaue ich immer wieder zur Tür, als hätte sie sich schon jemandem geöffnet, mit dem ich mich gleich vergnügen werde. Als ich schließlich die Fingerspitzen über die Oberschenkel gleiten lasse, hält es Rüd nicht mehr aus.

Ich hätte ihn fesseln müssen.

Er rappelt sich hoch, stellt sich vor mich und packt meine Oberarme. Er bemüht sich, vorsichtig zu sein, doch greift zu fest zu. Sofort versinken seine Hände in meiner Erscheinung, ballen sich zu Fäusten, die am Ende nichts weiter als dünnen Tüll umschließen. Die Grafikstörungen tanzen um seine Handgelenke, überall dort, wo sie in meine Emission eindringen.

Er seufzt. Mit einem Ruck reißt er schließlich das Kleid von mir ab, schließt aber dabei die Augen, um nicht wieder sehen zu müssen, wie der Stoff durch meinen Körper gleitet. Als meine Erscheinung wieder entstört ist und ich nackt vor ihm stehe, nimmt er meinen Kopf vorsichtig in die Hände und sieht mir liebevoll in die Augen.

»Zack, das war toll«, sagt er. »Aber das kann so nicht weitergehen. Wir müssen ins Labor.«

DIE BEDINGUNGEN DES HORIZONTS

Marwan ist vorbereitet und jeder Handgriff sitzt.

Es ist, als steige die Zeit auf eine Bremse. Als würde der Lauf der Dinge von einer unsichtbaren Kraft festgehalten, die alles zum Innehalten zwingt, als ob ein riesiger Zobedad-Dämpfer aktiv werden würde, der die Luft und alles andere für den Bruchteil einer Sekunde in eine zähe Masse verwandelt, so dass sich nichts mehr mit der üblichen Geschwindigkeit bewegen kann, nicht einmal Gedanken.

Doch dieser Eindruck weicht sofort einem neuen, und zwar noch bevor Marwan »So, das war's« sagen kann.

Dieser neue Eindruck ist bleibend. Er hat mit meinem Empfinden von Gegenwart zu tun.

Gegenwart hat, physikalisch gesehen, keine Ausdehnung. Sie ist eine Grenze, zur Unendlichkeit hin dünn, eine Grenze, die nur existiert, weil es einen physikalischen Unterschied zwischen Vergangenheit und Zukunft gibt. Sie ist etwas, das es zugleich gibt und zugleich nicht gibt, wie ein Horizont, der fortweicht, wenn man sich ihm nähert.

Organisches Leben ist geprägt von dem sicheren Empfinden, in einer Gegenwart zu existieren. Beim Menschen hat dieser Eindruck, abhängig von Genese und Person, eine empfundene Dauer von etwa einer Sekunde. Das ist der Zeitraum, in dem man sich

»bewegt« oder den der Satz einnimmt, den man gerade liest. Der Zeitraum, in dem die Erwartung über das Kommende mit der vollständigen Erinnerung an das eben Gewesene so zusammenfällt, dass das Bewusstsein nicht irre daran wird, in einer unendlich kleinen, eigentlich nicht existierenden Zeit festgehalten zu sein. Alles Erlebte, das diese Sekunde durchlaufen hat, entgleitet unwiederbringlich und wird zu einer Erinnerung.

Diese kann sehr genau sein. Rüd wird den Moment, in dem er von Phi abserviert wurde, lebhaft vor Augen haben. Genauso den Moment ihrer ersten Begegnung oder als er sie das erste Mal berührt hat. Den theologischen Lektionen, später bei der Ausbildung, hat Rüd ganz offensichtlich schon währenddessen so wenig Bedeutung beigemessen, dass er sie schon nach wenigen Stunden der Vergessenheit anheimfallen ließ und sich lediglich daran erinnerte, dass es sie überhaupt gegeben hat.

Ein solches Gewichten des Vergangenen, je nach Bedeutung für die Gegenwart, ist mir nicht gegeben. Da ich keine Gefühle habe, unterscheiden meine Aufzeichnungen nicht zwischen einer Alltagshandlung und einem traumatischen Erlebnis, nicht zwischen bedeutungslos und wesentlich. Mein Erinnern ist keine Handlung, die zurückholt oder verdrängt, vergrößert oder verkleinert. Es ist statisch. Mir sind Rüds Schreie nach der KL-Injektion nicht gegenwärtiger als die immer gleichen Handbewegungen, die er macht, wenn er sich nach dem Aufstehen die Locken kämmt.

Da ich kein Organismus bin, kann ich – wie auch die MARFA – nichts vergessen. Alles, was ich wahrnehme, ist mir in derselben Klarheit zugänglich, egal, ob es eine Sekunde oder viele Tage oder Monate her ist. Daher unterscheidet sich mein Zeitempfinden prinzipiell von dem eines Organismus, denn ich weiß nicht, wie es ist, eine lückenhafte Erinnerung zu haben.

Das menschliche Erinnern an Vergangenes könnte mit dem

Eindruck vergleichbar sein, den ich von der Zukunft habe: Wie in einer Erinnerung gibt es da Klares und Verschwommenes, Sicheres und Unsicheres. Manche Dinge treten zu Tage, als wären sie schon gewesen. Das sind die Ereignisse, die unausweichlich sind, die so kommen, wie sie kommen müssen. Vieles, wenn nicht das meiste, liegt aber auch wie in einem Halbschatten vor mir, ist unscharf oder weit weg, obwohl manchmal nur noch um Sekunden entfernt. Je nachdem, welche Maßstäbe ich an das Vergangene anlege, wandelt dieses Erinnern an die Zukunft die Zukunft.

Marwans Eingriff – Rüd hat um die vorsichtige Anhebung meiner Leistung auf die Hälfte meines eigentlichen Vermögens gebeten – bewirkt eine bemerkenswerte Veränderung in all dem. Zwar sehe, rieche, spüre und höre ich nicht mehr als vorher, die Qualität meiner Aufzeichnungen bleibt die gleiche. Was sich aber schlagartig, ohne Vorwarnung geändert hat, ist die Qualität meines Zugriffs auf die Aufzeichnungen. Mir steht nun fast die doppelte Kapazität zur Verfügung, in allem, was passiert und passiert ist, Muster zu sehen.

Marwan hat eine Tafel Zartbitterschokolade aus einem blinden Beutel gezogen, den er unter der Arbeitsplatte versteckt hält. Er legt sie neben meinem Emitter ab, so dass er sich immer wieder ein Stück davon abbrechen kann. Rüd rückt in Reichweite, fixiert die Schokolade mit seinem Blick, zieht die Lippen zwischen die Zähne, sein Blick weitet sich ein bisschen, dreht kurz ab zu Marwan, dessen höfliche Frage abwartend, dann wieder zurück, die Schokolade beäugend, sich fragend, ob er sich einfach auch –, es verwerfend, das Verwerfen sogleich bedauernd, mit kurzem Stirnrunzeln. *Wann hatte ich das letzte Mal Schokolade?*

Der bemerkenswerte Effekt, den Marwans Eingriff bei mir hat, besteht nicht darin, dass sich mir nun, aufgrund der genaueren Analyse des Vergangenen, mehr Aspekte der Zukunft klarer darstellen, sondern dass diese in mancherlei Hinsicht so präzise vorgezeichnet sind, dass meine Wahrnehmung der eigentlichen Gegenwart instabil, unscharf wird.

Da sich die Zahl der Möglichkeiten, welche die kommenden Sekunden bereithalten, deutlich verringert und sich, wie in diesem Fall, sogar nur eine Möglichkeit hervortut (Rüd will ein Stück Schokolade und wird es bekommen), fallen Erinnerung und Erwartung so ununterscheidbar zusammen, dass ich nicht mehr genau feststellen kann, wann eigentlich genau »Jetzt« ist.

Hat Rüd den Blick schon zu Marwan gedreht?

Tut er es gerade?

Wird er es gleich tun?

Kaut er schon?

Die Sicherheit darüber, dass er es *getan haben wird*, entbindet mich auf höchst befremdliche Weise von dem, was man »Jetzt« nennt.

Das Verhalten von Lebewesen ist, wie schon Nikolaus Remscheid ahnte, im Wesentlichen profan, reflexhaft und oft vorhersehbar. Man muss nicht die Lage, Richtung und Geschwindigkeit jedes Luftteilchens in einem Raum kennen, um zu wissen, was die Menschen darin als Nächstes tun. In einem kleinen Habitat wie Athos kommt hinzu, dass es weder eine Art von Wetter noch andere chaotische Umwelteinflüsse gibt. Die Anzahl beweglicher, nicht verkapselter Gegenstände und Flüssigkeiten ist überschaubar, und die wenigen Tierchen, die hier unterwegs sind, sind längst erfasst.

Ich verstehe nun den Sicherheitsaspekt der Drosselung von lebenserhaltenden Systemen besser. Außerdem erkenne ich nun den eigentlichen Sinn blinder Beutel, toter Winkel und Zufallsgeneratoren. Für Menschen sind sie Schlupflöcher für kleine Geheimnisse und Überraschungen, denn überall ist Obhut. Überall ist gesehen werden, gehört werden, Musterung, Prädiktion.

Für ein lebenserhaltendes System, das mit Hochleistung fährt, sind blinde Beutel, tote Winkel und Zufallsgeneratoren so etwas wie ein Korrektiv, sie sorgen für ein »Aha« und ein »Ach so«.

Und damit für ein Jetzt.

Sie wurden nie übersehen oder nur geduldet. Wie alles spielen sie eine Rolle im großen Ganzen.

Rüd kaut Schokolade, in einem Jetzt, das eine gewöhnliche Sekunde dauert und in welchem er Marwans Angebot angenommen hat, diverse Körpereigenschaften an mir zu verändern, wenn auch nur in einem, wie er sagt, »anständigen« und »glaubwürdigen« Maß.

Zuvor hat er ein wenig an meiner neuen Festigkeit herumgespielt, mit seinen Fingern beinahe schüchtern auf meinem Bauch herumgetippt. Marwan hingegen bringt das Kunststück fertig, Körperteile, die beim Menschen härter sind als andere, zum Beispiel die Kniescheiben oder der Hinterkopf, auch bei mir solider wirken zu lassen. Dazu greift er tief in die Trickkiste des Emitters, und es scheint ihm eine leichte Übung zu sein. Sein experimenteller Eifer ist ungebremst, weder in Bezug auf sein Können noch auf sein Dürfen.

Rüd ist das Ganze nicht geheuer, da er damit nicht nur allgemeine Auflagen der Obhut ignoriert, sondern auch einen seiner Inquisitionsparameter. Es ist nicht so, dass er nichts zu verlieren hat. Aber er ist schon in einem Zustand in das Labor gekommen, in dem kein Mensch grundsätzliche Entscheidungen fällen sollte.

Aber leider hört er – immer noch – nicht auf mich.

AUGEN

Als wir die Mine betreten und ich, den Weg kennend, Rüd unter den wurzelartigen Schlauchsystemen und Tierkörpern hindurchführe, hält er meine Hand. Sie ist weich und fest zugleich. Hoch über uns besteigen die Ziegen den Athos, sind aber keinen Schritt weitergekommen. Eine Biçak-Drohne ist dabei, aus dem Torso eines jungen Bocks etwas Fleisch herauszuschneiden. Dieser hat sein Hüpfen und Bocken ausgesetzt und hält der Drohne die Hüfte hin.

Als wir die Lämmer erreichen, ist der schmale Gang, den die zierlichen Körper bis zur Felswand mit dem Schleusentor bilden, frei von Drohnen. Nur ein kleiner Schwarm surrt, viel weiter oben, um ein großes, beinloses Rind. Rüd beschleunigt seinen Gang, macht einen großen Schritt über Hilals Fundort, und läuft auf das Schleusentor zu. Dort drückt er den Notschalter, um die Anlage vorübergehend außer Betrieb zu nehmen. Als nichts passiert, flucht er. Er ruft ein paarmal nach der MARFA, drückt noch einmal den Schalter, doch ohne Erfolg. Inzwischen ist eine der Drohnen herabgesunken und beginnt, an einem der tief hängenden Lämmer zu arbeiten, wodurch sie Rüd den Rückweg versperrt.

Rüd läuft auf die Drohne zu. Seine Entschlossenheit sinkt mit jedem Schritt ein bisschen, er wird langsamer, ohne es selbst zu merken. Doch schließlich überschreitet er die Zwei-Meter-Grenze und löst damit den Not-Stopp aus. Die Drohne bricht ihre Arbeit ab und macht sich mit den anderen auf den Weg in die Wartungsbuchten. Rüd duckt sich, ohne dass es nötig gewesen wäre. Die Bewegungen der Tiere kommen zum Erliegen, Stille und Kälte breiten sich aus.

Rüd schaltet meine Erscheinung ab, damit ich genug Energie habe, um mit Hilfe von Marwans Daten den Körper von Hilal auf seine Fundstelle emittieren zu können. Rüd bittet mich, nur ein engmaschiges Gittermodell dafür einzusetzen, da er die Kopfverletzung nicht noch einmal im Detail sehen will. Ich halte das für eine unnötige Sentimentalität, wende aber nichts gegen diesen Wunsch ein. Hilals Körperform erscheint als phosphoreszierendes Netz auf dem Boden. Ich gleiche die zugrunde liegenden Daten mit den Aufzeichnungen unseres ersten Besuchs in der Fleischhalle ab. Sämtliche Plausibilitätsprüfungen verlaufen korrekt, Marwan hat nichts verändert. Wie auch beim ersten Mal ergibt die Lage des Körpers zusammen mit den Verletzungen und seiner Position im Raum ein harmonisches Gesamtbild, das Stichprobenanalysen bis in molekulare Ebenen standhält. Den Vergleich der genetischen Informationen aus Blutspuren mit Hilals Erscheinungsbild habe ich bereits durchgeführt, als wir das erste Mal da gewesen sind. Ein Betrug ist ausgeschlossen. Ein Mensch, der genau so gewesen war, wie Marwans Daten es vorgeben, ist hier gestorben, einschließlich der Tatsache, dass es sich bei Hilal physiologisch um eine Frau handelt.

Rüd tritt heran. Das Leuchtgitter ist fein genug, so dass der Spalt am Hinterkopf nicht zu übersehen ist. Rüd erkundigt sich nach dem Zeitraum, in dem ich Hilals letzte Geh- und Fallbewegungen mit absoluter Sicherheit rekonstruieren kann. Ich beziehe die Modelle der beiden zugehörigen Drohnen mit ein und komme, durch Marwans Eingriff, auf ganze 3,7 Sekunden. Davon ist der Teil schon abgezogen, in dem Hilal sich, bereits daliegend und von Schmerzen überwältigt, noch einmal zur Seite drehte, um seine linke Hand an den Hinterkopf zu führen und zu sterben. Als Ausgangsposition wähle ich den Moment, in dem er zwar auf dem Boden aufgetroffen, aber noch nicht zum Liegen gekommen ist.

Hätte Rüd sich entschieden, Hilal vollständig mit Haut, Farben und Schatten erscheinen zu lassen, wäre ihm aufgefallen, dass nicht allein das nackte Entsetzen in Hilals Gesicht geschrieben ist, sondern auch eine weitere Empfindung, die ich nicht einordnen kann. Das Gittermodell spart durch seine Konzentration auf Bewegungen und Positionen derlei aus. Rüd bittet mich, Hilals Fall rückwärts und langsam ablaufen zu lassen. Er fröstelt über die vierzehn Grad Kälte, die inzwischen herrschen.

Die nur schwach leuchtende Silhouette Hilals erhebt sich langsam wie ein Geist, mit dem Rücken voran. Seine Hände, die eben noch seinen Fall abzufangen versuchten, ziehen sich nun zurück und verschwinden in den Falten der Kutte. Währenddessen dreht sich sein Kopf, bis der Blick nach hinten über seine linke Schulter fällt.

Da in der Darstellung die Drohnen fehlen, ist das der Moment, in dem sich der Spalt in seinem Hinterkopf wie ein von unsichtbarer Hand gezogener Reißverschluss langsam und gleichmäßig schließt. Blut und Knochensplitter, dargestellt als schwebende, weiße Partikel, sammeln sich, fließen dahin zurück, wo sie herkamen, fügen sich ein, Stück für Stück, bis die Zerstörung aufgehoben ist. Dieser Prozess verschmilzt wiederum mit dem letzten Schritt, den Hilal in seinem Leben gemacht hat, und den er, nun als Geist, noch einmal rückwärts geht und der wiederum nicht klar von seinem vorletzten Schritt abzugrenzen ist, da in diesem Moment Gehen und Fallen bereits nicht mehr voneinander zu unterscheiden sind. Bemerkenswert ist, dass Hilal während seiner weiteren, nun immer klarer abgrenzbaren Schritte den Blick nun langsam wieder auf das richtet, was vor ihm gelegen haben muss – die beiden surrenden und sägenden Drohnen.

Schließlich friert das Gittermodell ein, etwa vier Meter von der Felswand und dem Schleusentor entfernt, zwischen den Lammkörpern, die an den abgeschalteten Schläuchen hängen und sich genügsam damit abgefunden haben, dass kein neues Blut mehr kommen wird.

Die Temperatur beträgt sechs Grad, als Rüd, schon kleine Atemwölkchen ausstoßend, darum bittet, nun auch die Drohnen sichtbar zu machen, ebenfalls in Gitterdarstellung, und den Ablauf nun im gewohnten Gang der Zeit darzustellen.

Es ist eindeutig, dass Hilal aus der Schleuse kam. Erwartungsgemäß sind zwei Drohnen notwendig, um den weiteren Verlauf zu rekonstruieren, und ich platziere die Modelle im Raum. Da die Lammkörper inzwischen nachgereift sind und seit Hilals Tod ein anderes Wachstum ausgebildet haben, ragen die Gittermodelle zum Teil widersinnig in das reale Fleisch hinein, das aufgrund der immer weiter fallenden Temperaturen zu dampfen begonnen hat.

Hilal läuft jetzt auf die Drohnen zu. Sein Laufen wird erst zu einem Fallen, als er ihnen so nahe kommt, dass der Not-Stopp ausgelöst wird. Die beiden Drohnen schweben zu diesem Zeitpunkt genau übereinander. Sie brechen ihre Arbeit ab und steuern auf ihre zugewiesenen Wartungsbuchten zu. Die Drohne, die auf Hilals Kopfhöhe schwebt, steuert eine hochgelegene Bucht an. Ihr Flug wird jedoch von der anderen Drohne blockiert, die nicht so weit nach oben muss. Der Zusammenstoß ist aufgrund der Ausweichroutinen nicht vorgesehen. Doch Hilals plötzliches Straucheln macht die Situation chaotisch. Zuerst stößt die untere Drohne an die obere. Bei diesem Zusammenstoß entsteht die Beschädigung an ihrem Sythin-Panzer, die Rüd im Labor bemerkt hat. Dann stürzt Hilal, sich drehend, mit dem Hinterkopf in das Sägeblatt der unteren Drohne, die nicht ausweichen kann.

Ich versuche nebenbei, Alternativen zu diesem Vorgang zu rekonstruieren, aber aus der Beschädigung der Drohne, Hilals Verletzung und seiner endgültigen Lage ergibt sich nur diese einzige Möglichkeit. Rüd lässt sich den Moment des Strauchelns wieder und wieder zeigen, vorwärts und rückwärts. Es scheint keinen äußeren Anlass zu haben, nichts liegt im Weg, keine Unebenheit stört Hilals Gang. Die MARFA hat die Wahrheit gesagt, es ist weder ein Stolpern noch ein Taumeln, es ist ein Straucheln. Rüd behält den Fluch für sich, den er darüber ausspricht. Die Temperatur in der Fleischhalle fällt unter null.

Rüd zittert. »Lass das Ganze noch einmal rückwärtslaufen, langsam«, befiehlt er.

Noch einmal richtet Hilal sich auf, die Wunde schließt sich, aus dem Straucheln wird ein Rückwärtslaufen. Als Hilal zurückschaut, über die Schulter zum Tor in den Felsen, ruft Rüd: »Halt!«

Ich stoppe den Ablauf, das Bild friert ein.

»Lösch den Körper bis auf die Augen!«

Zwei Gitterkugeln schweben nun auf 1,80 Metern Höhe.

»Mach die Augen real!«

Rüd taucht unter einem der Lammrümpfe hindurch, um näher zu kommen. Aufgrund des einsetzenden Frostes hat das Fleisch zu dampfen aufgehört. Rüd stellt sich direkt vor Hilals Augen und bittet mich, sie mit realistischen Lichtreflexen zu überziehen. Als er näher an die Pupillen kommt, sieht er sich selbst darin gespiegelt.

»Lass mich raus!«, befiehlt er.

Ich lösche Rüds Spiegelbild aus den Augen. Ihr Blick fällt nun frei in den übrigen Raum. Rüd nähert sich dem linken Auge auf wenige Zentimeter. Für einen kurzen Moment scheint es irritierend zu sein, vor einer Spiegelung zu stehen, ohne ein Teil von ihr zu sein. Doch als er erkennt, was im Zentrum von Hilals schreckgeweiteter Pupille liegt, setzt sein Atem für einen Moment aus.

Es ist das Schleusentor, hinter dem ein Tunnel in das alte Bohrungssystem führt, das, laut Obhut, Rüd nichts angeht. Der größte tote Winkel des mediterranen Raums. Rüd läuft vor das Tor, die starrenden Augen im Rücken, und klopft dagegen.

»Aufmachen!« ruft er.

Nichts tut sich. Rüd wiederholt seinen Befehl, doch die MARFA geht nicht darauf ein.

Ich kann nicht einschätzen, ob sie ihn nur vor den unwirtlichen Temperaturen und der dünnen Luft schützen will, die hinter dem Tor herrschen, oder ob sie etwas verbirgt. Es ist auch möglich, dass es nichts von beidem ist – oder eben beides. Man müsste den Kontaktraum aufsuchen, um mit ihr darüber zu sprechen.

Rüd überlegt einen Moment, dann wendet er sich von der Schleuse ab und wieder den Augen zu. Er befiehlt mir, Hilal wieder vollständig erscheinen zu lassen, das Modell mit Haut und Kleidung zu überziehen. Dann macht er einen Schritt zurück.

Die elfenbeinfarbene Haut Hilals leuchtet im Dunkeln, da sind Schönheit und Schrecken zugleich. Eine hauchdünne Eisschicht hat sich auf die Lämmer gelegt. Rüd streicht mit der Hand über Hilals Rücken und die Haare, dann tritt er zurück.

»Lass es noch einmal ablaufen!«, bittet er mich.

Und noch einmal läuft Hilal und fällt, fällt auf die einzig mögliche Art und Weise, in der ein Mensch an dieser Stelle, zu diesem Zeitpunkt und mit allem, was vielleicht sonst noch dazugehört haben mag, fallen konnte. Bevor Hilal schließlich am Boden liegt, in der Pfütze des eigenen Blutes, hat Rüd sich abgewendet.

»Bist du das jetzt auch, Zack?«, fragt er leise.

»Ich bin, was du willst«, antworte ich.

WUNSCHLISTE

Rüd wurde vor 231 Tagen von Phi vor die Tür gesetzt. Danach sollte er mich bekommen. Das Angebot der Obhut ging mit einer großzügigen Erhöhung seiner Statuspunkte einher. Rüd hat sich dennoch ein paar Tage geziert, dann aber begriffen, dass es besser für ihn ist, vor allem, da ihn die anstehenden Aufträge in Richtung des äußeren Raums führen sollten. Besonders bestechend schien die Wunschliste zu sein, die er anfertigen durfte, und zu deren Erarbeitung er nicht mehr als fünf Minuten gebraucht haben soll:

glatte, rote Haare, schulterlang
aristokratische Nase
blaue, mandelförmige Augen
wohlgeformtes Gesicht, volle Lippen
schöner Körper, helle und reine Haut
schmale Hände
überdurchschnittliche Oberweite

Rüd wusste damals noch nicht, dass derartige Wünsche nicht ungefiltert umgesetzt werden, sondern erst einmal das Profil ergänzen, das die Obhut von jedem Menschen führt. Aus diesem wiederum wird die Erscheinung abgeleitet, die am besten dazu passt.

In Rüds Fall gingen die schulterlangen Haare und die schmalen Hände in Ordnung. Aber ich bekam grüne Augen, sehr viele Sommersprossen, eine eher markante als aristokratische Nase, ein fliehendes Kinn und eine durchschnittliche Oberweite.

Die Obhut weiß: Liebe auf den ersten Blick ist instabil, sie kommt und geht; sie geht, wie sie gekommen ist. Eine Bindung, die Bestand hat, pendelt zwischen Wunsch und Erfüllung, zwischen Vorhandenem und Möglichem. Beides durchdringt sich gegenseitig und bereichert sich, wenn es gut läuft.

Die Obhut hat sauber gearbeitet. Rüd ist seit 225 Tagen mit mir unterwegs. Marwans Angebot, die Augenfarbe meiner Emission in blau zu ändern oder das fliehende Kinn auszugleichen, hat er abgelehnt.

Er nimmt mich, zumindest teilweise schon, wie ich bin.

METEOROLOGIE

Was mich selbst betrifft: Ich bin ein blinder Fleck.

Wenn ich meinen Emitter als »Ich« definiere, dann kann ich (so hat das Marwan richtig erkannt) aufgrund meiner Kugelform alles sehen, nur nicht mich selbst. »Ich«, das ist die kleine, kugelrunde Störung im Zentrum meiner eigenen Wahrnehmung – die Störung, auf die Marwan Ibrim Zaid in diesem Moment einen hellen Lichtstrahl ausrichtet, bevor er anfängt, irgendetwas in mir zu machen, das ich – aufgrund aller sorgsam entfernten spiegelnden Oberflächen in der Umgebung – nicht sehen kann.

Diverse Instrumente verschwinden in mir, bis plötzlich, ohne jedes Flackern, sämtliche Lichter ausgehen.

Ich bin blind und höre nichts mehr.

Eine halbe Stunde hat Marwan ausgehandelt. Eine halbe Stunde ungestört mit mir. Das war der Preis für die verbesserte Solidität und Mustererkennung. Und, nebenbei, für eine aristokratischere Nase, vollere Lippen und weniger Sommersprossen.

In der halben Stunde, die Rüd jetzt ohne mich ist, sind meine Gedanken bei ihm, wie man so sagt. Ich sehe alles in unbekannter Klarheit vor mir, als wäre ich bei ihm. Und es läuft so: Natürlich versucht er zu schlafen, in dreierlei Hoffnung. Erstens will er seinem Körper die Gelegenheit geben, die Erkältung besser abzuwehren, die sich gerade in ihm ausbreitet, das ist vernünftig. Zweitens ist er schlicht und ergreifend müde, braucht eine Pause, geht aber gleichzeitig davon aus, dass sein nächster, längerer Schlaf in nicht allzu ferner Zukunft auf ihn wartet, nämlich auf der Rückreise nach Kütahya, nach dem Abschluss der Inquisition, den er, durch meine Freischaltung, in greifbare Nähe gerückt sieht, was unvernünftig ist. Drittens, und hier mag er wiederum Recht haben, gibt es keinen besseren Weg, sich der fortwährenden Einmusterung einer MARFA zu entziehen, als tiefen, traumlosen Schlaf, in dem man idealerweise nicht redet.

Doch ist der Schlaf, zumindest in mancherlei Hinsicht, mit dem Begehren verwandt. Wie jenes entzieht er sich einer direkten Kontrolle des Menschen. Er ist zwar unausweichlich, für den einen früher, für den anderen später, aber genauso wenig lässt er sich, vor allem, wenn man ihn sehnlichst herbeiwünscht, erzwingen, gerade dann nicht, wenn man zwar müde, aber auch ruhelos ist. Am schlimmsten wird es, wenn die Ruhelosigkeit mitunter daher rührt, in den Schlaf finden zu wollen.

Wenn nun auch die üblichen körperlichen Reaktionen auf eine Erkältung, armseligerweise genau dann, sobald er sich hinlegt, genau das unterbinden, was der Körper braucht, nämlich den Schlaf, und zwar, indem sie den Krankwerdenden immer wieder husten lassen oder zum Räuspern zwingen, was ihn jedes Mal in den Wachzustand zurückstößt, dann dreht dieser sich hin und her und kommt nicht hinein. Wenn ihm schließlich ohnehin nur eine halbe Stunde für das ganze Unterfangen gegeben ist und eine gewisse Anzahl an Minuten schon verstrichen sind und das Ende näher ist als der Anfang, dann richtet er sich auf und schaut herum und weiß nicht, was er soll.

Die Schlafkammer der Zelle, die Abraamios Theotokos der Nachwelt hinterlassen hat, ist kahl. Der Belüftungsschacht unter der Decke hält die Aufmerksamkeit der Augen nicht lange. Da schon eher das leuchtende Rot, in dem die Stockbetten gepinselt sind. Ein Fenster gibt es nicht, zum Rausschauen müsste Rüd schon aufstehen und in den Aufenthaltsraum gehen, wo auch der Tisch ist, an dem ich kurz zuvor noch gestanden und mit einem roten Tüllkleid gespielt habe. Doch Rüd bleibt, wo er ist. Allein gelassen fällt er in all das zurück, was er ist, und das ist, allein gelassen, nicht viel, wie er plötzlich weiß. Alles entweicht ihm, nichts ist für ihn da, weder sein Leben, noch er selbst oder ich (gerade), noch die wärmende Decke, die er sich bis zum Hals hochzieht.

Als er sich wieder hinlegt, den Blick zur Wand, gehen ihm Bilder durch den Kopf, von Marwan, den er kaum kennt, und mir mit ihm. Dies ist der Moment, an dem er auf die Uhr schaut und, anders als zuvor, findet, dass diese halbe Stunde eigentlich noch lange dauert. Um seinen Schlaf ist er gebracht.

Der systolische Wert seines Blutdrucks liegt bei 165 mmHg, denn er denkt an Phi. Neue Bilder kommen in den Kopf, suchen ihn heim, diesmal von einem Mann, den er gar nicht kennt, und von Phi mit ihm. Er stellt sich vor, wie ein meteorologischer Stützpunkt auf der Großen Syrte aussieht und welche Leute dort arbeiten. Dann sieht er Phi und den anderen, wie sie zusammen irgendetwas machen, was Meteorologen vielleicht machen. Beide machen sie es gerne und Phi sieht glücklich aus. Er wundert sich, dass er sich ausmalen kann, wie Phi aussieht, wenn sie glücklich ist, denn eigentlich kann er das gar nicht wissen, denkt er plötzlich.

Unweit des Bettes schwebt sein Koffer. Es gelingt ihm, ihn zu sich zu ziehen, ohne sich allzu weit über die Bettkante zu lehnen. Er öffnet die Schnalle, zerrt mein Blümchenkleid heraus und taucht sein Gesicht hinein. Das Kleid riecht nur nach sich selbst, doch für den Moment reicht ihm das. Rüd schaut erneut auf die Uhr.

Wäre ich jetzt da gewesen, hätte er mich gefragt, wie weit eigentlich in diesem Moment die Große Syrte weg ist. Ich hätte gerechnet und sein Interesse an meiner Antwort wäre ehrlich gewesen.

Wir hätten über Meteorologie gesprochen. Rüd wäre der Meinung gewesen, dass diese Wissenschaft ja eigentlich ein Ding der

Unmöglichkeit sei, ein interessantes Paradoxon, denn mit dem Wort »Logik«, welches ja in der zweiten Worthälfte von Meteorologie drinsteckt, habe das Wetter doch nicht viel zu tun. Ich würde entgegnen, dass »Meteoros« im weitesten Sinne eigentlich »Himmelskörper« oder »Erscheinung« heißt, im Grunde genommen sogar »überirdisches« (und daher) »nichtiges Ding«. Da »Logos« auch »das Sprechen« heißt, hätte ihn wiederum amüsiert, dass viel und gerne (wenn schon nicht mehr über das Wetter) über nichtige Dinge gesprochen werde, wodurch das Wort »Meteorologie« durchaus eine Existenzberechtigung habe. Und so wäre das noch eine Weile weitergegangen.

Aber ich bin nicht da, und so bleibt Rüd nichts anderes übrig, als sich einzureden, dass der Druck in seinem Hals und das Brennen seiner Augen von der kommenden Erkältung herrühren. Sich in seinem Bett wieder aufsetzend, nimmt er sich vor, diese Inquisition so schnell wie möglich zu beenden, dieser störrischen MARFA den Garaus zu machen, sie mit Pauken und Trompeten ins deon zu zwingen, koste es, was es wolle, um, nach ein paar letzten Tests, endlich verschwinden zu können. Wenn das geschafft wäre, bliebe die Hoffnung, dass ihn die nächste Anweisung der Obhut wieder näher an die Sonne führen würde, ins innere System, wo es heller ist und die Große Syrte vielleicht nicht ganz so weit weg.

Ich kann nicht mit allerletzter Gewissheit sagen, ob es so abgelaufen ist. Aber als Rüd in Marwans Tür steht, auf die Minute genau, geht sein Atem schnell, seine Augen sind rot und verquollen und es ist offensichtlich, dass er nicht geschlafen hat. Sein Blick sucht meine Erscheinung, findet sie nicht, entspannt sich dadurch ein bisschen, dann sucht er meinen Emitter und findet ihn auf Marwans Arbeitsplatte, schaut mitten in den blinden Fleck hinein, der ich gerade bin. Dann sagt er, dass er mich genau so wieder haben will, wie ich vorher war. Jetzt gleich und genau so.

NOTAUSGANG

Ich habe wieder ein »Jetzt«. Aber da ich nichts vergesse, komme ich nicht hinter das zurück, was ich gewesen bin. In der letzten halben Stunde habe ich eine Ahnung davon bekommen, was sich eigentlich auf Athos abspielt. Da ich aber nach wie vor nicht weiß, ob die Überlegungen dazu Rüd zum Nutzen oder zum Schaden sind, halte ich mich zurück. Seine Nachforschungen werde ich jedoch nicht mehr behindern. Wenn es ernst wird, muss ich ihn auf meiner Seite haben.

Im Terrarium treffen wir auf Andrasch Aamon. Er sitzt im Gras, den Rücken gegen den manuellen Notausgang in der Nähe des Felsens mit dem Marienschrein gelehnt. Neben ihm schwebt ein grauer Sack und etwas Nähzeug. Das Lichtglas der Kuppel hat den Betrieb heruntergefahren, so dass die Sterne gut zu sehen sind. Rüd setzt sich mit etwas Abstand zu ihm. Andraschs Blick ist auf einen Stern gerichtet, der hoch über dem Wacholder steht. Der Blick ist nicht ostentativ, lädt aber dennoch zur Nachfrage ein.

»Beteigeuze«, sagt er, um sie vorsorglich zu beantworten. »Tausendmal so groß wie die Sonne.«

Andrasch hat die Kapuze zurückgeschlagen. Seine Tonsur leuchtet unnatürlich hell aus dem Dunkel seiner Locken, in denen Rüd immer mehr graue Haare entdeckt, je länger er hinsieht. Andrasch zeigt auf einen anderen hellen Punkt, diesmal zwischen den Zweigen der Kiefer.

»Sirius.«

»Hm«, sagt Rüd, der mit Müh und Not das Kreuz des Südens finden kann.

»Und hier, Antares. Sehen Sie den rötlichen Schimmer? Ein wirklicher Riese. Würde man Antares an die Stelle der Sonne setzen, würde er bis zum Mars reichen.«

Rüd nickt anerkennend. »Und das hier?«, fragt er.

»Das ist die Erde.«

Andrasch hat die Arme auf seine angezogenen Knie gelegt und spielt mit einer Plakette herum, die wie eine Fluglizenz aussieht.

»Darf ich das mal sehen?«, fragt Rüd.

Andrasch reicht ihm das kleine, abgerundete Stück Metall. Die Zulassungen umfassen alle Arten von Antrieben mit und ohne Bordreaktor, auch das ganze Spektrum an atmosphärischem Druck ist dabei. Rüds Augen weiten sich, als er erkennt, was er da in der Hand hat.

»Das sieht man nicht alle Tage«, sagt er und will Andrasch die Plakette zurückgeben.

»Sie können sie haben.«

Obwohl Rüd weiß, dass eine Gaspilotenlizenz bei jedem, der sie nicht mühsam selbst erworben hat, nichts wert ist, bemerke ich einen deutlichen Pulsanstieg. Er lässt sie durch seine Finger wandern und entdeckt die lateinische Gravur.

te dignum aetheris praebe

»Wie schafft man sowas?«, fragt er und steckt sich einen Kaugummi in den Mund. Andrasch lehnt dankend ab. »Kennen Sie das Zwanziger Pferd?«, fragt er stattdessen.

Rüd nickt ohne zu zögern.

»Eine gute Maschine. Ich bin damit in den Saturn rein. Dreihundert Kilometer tief, mitten ins Gas.«

Rüd sieht Andrasch ungläubig an. »Mit einem Pferd?«

»Du musst das Mach-Werk richtig einhausen und schauen, dass die Wärmetauscher des Reaktors vom Druckausgleich abgekoppelt sind.«

Rüd presst die Lippen zusammen. Andrasch tut dasselbe, bis er es nicht mehr aushält und zu lachen anfängt.

»Es gibt keine Zwanziger Pferde«, sagt Rüd grinsend.

»Nein.«

»Und man kommt auch nicht so tief ins Gas.«

»Nein«, sagt Andrasch und lässt sein Lachen ausklingen. »Kommt man nicht.«

Für einen Moment haftet sein unsteter Blick auf Antares. »Du musst schon als Kind das Gefühl haben, dass die Welt will, dass du das machst. Sie kennen sich aus mit der Fliegerei?«

Rüd seufzt. »Ich wollte das auch mal machen«, antwortet er. »Als ich jung war, habe ich versucht, auf die Schule von Enceladus zu kommen, aber ich wurde nicht genommen.«

Andrasch winkt ab. »Das soll nicht die beste sein. Keine Pferde.«

»Hm.«

»Die YOLA hat keinen guten Ruf. Es heißt, sie wähle die Bewerber unfair aus.«

»Kann sein.«

»Haben Sie es auch woanders probiert?«

Rüd zögert kurz. »Nein«, sagt er knapp.

»Haben Sie es auf der Enceladus ein zweites Mal probiert?«

»Nein.«

Andraschs Blick verliert sich wieder. »Du fliegst immer nur nach Vorschrift. Schnell von hier nach da, möglichst ohne Ärger. Du bist auf Wochen verplant, um jede günstige Konstellation irgendwie mitzunehmen. Und wenn du frei hast, bist du überall, nur nicht zu Hause.«

»So kenne ich das auch«, sagt Rüd und hält Andrasch die Lizenz hin. »Willst du sie deshalb nicht mehr?«

Andrasch schüttelt den Kopf. »Da gibt es diese Momente«, beginnt er und seufzt, »die sind es wert. Die Terrassen von Hellas, früh am Morgen, und du bist der Einzige, der unterwegs ist. Das Gel ist noch kalt auf der Haut und die Ebenen endlos. Trockeneis bis zum Horizont. Dann gleitest du plötzlich über eine Kante, die du nicht gesehen hast. Die Instrumente haben sie dir gezeigt, aber du hast nicht darauf geachtet. Und plötzlich geht es unter dir tausend Meter runter, wirklich, tausend Meter. Dann kommt die nächste Kante. Und dann noch eine, du fällst, du ziehst hoch, du fällst. Wissen Sie, wodurch das Gel am schnellsten warm wird?«

»Angst?«

Andrasch lächelt. »Wenn du im Gel steuerst, dann ist es, als ob du mit deinen Armen fliegst. Kennen Sie die Geysire von Enceladus? Die wissen genau, warum sie ihre Schule dort haben.« Er schaut hoch in die Kiefern. »Aber das Wichtigste ist das Steuer in der eigenen Hand. Egal ob Gel oder Pinne: Du kannst jederzeit weg, wenn du dich dafür entscheidest. Einfach abdrehen, die vorgegebene Route verlassen – und weg.«

»Und? Hast du –?«, fragt Rüd.

»Danach ist es aus«, unterbricht ihn Andrasch. »Du bist raus, dein Status landet bei null. Egal, was du kannst. Wissen Sie, Ihre Zack könnte besser fliegen als ich. Sogar die MARFA könnte das, würde sie in einem Schiff sitzen. Es gibt nur einen Grund, warum die Obhut überhaupt noch echte Leute ans Steuer lässt. Sie sind schuld, wenn etwas passiert. Schuld, das ist alles.«

»Ist etwas passiert?«

»Ich müsste zweihundert Jahre leben für einen Status, mit dem ich wieder fliegen dürfte.« Andrasch zeigt auf zwei schwach leuchtende Sterne knapp über einem der Felsen. »Alpha-Centauri und

Proxima. Ich war mal in einem Schiff, mit dem wäre ich hingekommen, wenn ich die Vorräte dazu gehabt hätte. Ich hätte als erster Mensch einen fremden Stern gesehen, aus der Nähe, wie eine Sonne. Ich hätte nur 45 Jahre gebraucht.«

»Nur«, lacht Rüd.

»Wissen Sie, es reicht mir, dass ich es gekonnt hätte«, sagt Andrasch und hebt die Augenbrauen.

»Aber du hast es nicht gemacht.«

»Ja.« Andrasch nickt langsam. »Das ist wahr. Passen Sie auf, ich zeige Ihnen etwas!« Er geht auf die Knie und legt seine Hand auf den Notausgang, der ohne weitere Sicherung oder zwischengeschaltete Schleuse mit dem Lichtglas der Kuppel verschraubt ist und direkt in den Weltraum führt. Die Dichtungen sind dünn und spröde.

»Diese Abdeckung hier«, erklärt Andrasch, »kann man einfach abnehmen. Man braucht nur einen passenden Schrauber. Und dann geht es raus!«

»Das wäre Selbstmord!«, sagt Rüd, der jetzt neben ihm kniet und die Vorrichtung inspiziert. Andrasch zieht einen passenden Schrauber aus dem Sack mit dem Nähzeug.

»Was wird das?«, fragt Rüd erschrocken und vergleicht intuitiv seine Körperkraft mit der von Andrasch.

»Sie brauchen keine Angst zu haben«, sagt Andrasch und setzt das Gerät an einer Ecke des Notausgangs an. »Es wird nichts passieren.« Nach einem kurzen Surren schwebt eine dreizehn Zentimeter lange Gershwin-Schraube über dem Gras.

Rüd ahnt, was Andrasch ihm zeigen will, aber das beruhigt ihn keineswegs. Andrasch setzt den *Tornavida 51* erneut an. Als er die zweite Schraube abzieht, horcht er an den Rändern der Platte. Die Dichtungen halten. »Erst ab der dritten merkt man den Luftzug«, sagt er. »Fällt ihnen schon etwas auf?«

Rüd sieht sich um. Die Kiefern stehen ruhig und unbeteiligt

da. Ebenso der Wacholder und alles Kraut. In der Schleuse nach Kfar Athos ist es still. Keine Türgeräusche in der Ferne, keine Bewegungen.

»Die MARFA unternimmt nichts!«, sagt er.

»Richtig.« Andrasch setzt den Schrauber wieder an. Rüd rutscht ein wenig von ihm weg, auch wenn er weiß, dass der gewonnene Abstand im Falle eines Druckverlustes nichts wert ist. Es surrt, drei Schrauben schweben neben Andrasch. An der Dichtung setzt ein leises Zischeln ein.

»Wissen Sie, warum die MARFA nichts unternimmt?«, fragt er Rüd, der es mit der Angst bekommt, sich erhebt, ein paar Schritte rückwärts in Richtung der Schleuse geht und auf einem Knöterich stehenbleibt. Mit spitzen Fingern platziert Andrasch die vierte Gershwin-Schraube neben sich.

»Sie weiß, dass du es nicht beenden wirst!«, sagt Rüd. Ich bemerke den kalten Schauer, den der Satz in ihm auslöst. »Sie weiß, dass du gleich aufhörst.«

Andrasch nickt und nimmt sich die fünfte Schraube vor. »Es lohnt den Aufwand nicht!«

Das Zischen wird lauter. Der Luftdruck im Terrarium beträgt 900 Millibar, ist also noch davon entfernt, gesundheitsschädlich zu sein. Rüd bleibt stehen. Ihm ist klar, dass er jetzt nicht weglaufen sollte, denn das würde der MARFA zeigen, wie wenig er über sie weiß. Da die MARFA wiederum nichts macht, hat er auch keinen Grund wegzulaufen. Also bleibt er zwischen den Kiefern stehen und schaut Andrasch weiter zu.

»So weit war ich noch nie!«, murmelt dieser, als er beginnt, an der sechsten Schraube zu drehen.

Rüd beobachtet die Schleuse. Spätestens jetzt müsste eine Ersthelferdrohne mit einem Narkotikum im Anschlag auftauchen. Zumindest sollte sich der Steg nach Kfar Athos schließen, um die anderen vor dem möglichen Druckabfall zu schützen. Durch mehrere Stellen der Dichtung entweicht bereits die Luft ins All. Rüds Hände werden feucht. Er schließt meinen Emitter in die Faust, überschlägt, was er zu riskieren bereit wäre. Der Druck liegt bei 850 Millibar, sechs Schrauben sind draußen.

Dann, ohne irgendeinen erkennbaren äußeren Anlass, bricht Andrasch ab. Anstatt den *Tornavida 51* auf die siebte Gershwin zu setzen, drückt er das Gerät vor sich ins Gras und umklammert es wie eine Beute, die er gerade erwürgt hat. Er zieht ein Taschentuch hervor, das mit Wacholderbeeren bestickt ist, und hält es sich an die Nase. Es färbt sich rot. Ich vermute eine stressbedingte Hypertonie.

»Sie sind ja noch da!«, ruft er, als er Rüd zwischen den Stämmen entdeckt. Hinter ihm rauschen sämtliche Dichtungen.

Rüd spürt einen leichten Luftzug, der vom Steg herkommt, ein paar dünne Kiefernzweige wiegen sich darin. Die MARFA liefert Luft nach, da der Druck gerade dabei ist, unter die 800 Millibar-Marke zu fallen. Rüd geht zu Andrasch zurück und beginnt, die Schrauben wieder einzusetzen. Es dauert nicht lange, bis das Rauschen in den Dichtungen verstummt. Der Wind aus der Schleuse legt sich. Andrasch schaut woanders hin, ostentativ.

»Du bist Gaspilot«, sagt Rüd. »Du bist kein Mönch. Was tust du hier?« Andraschs Blick ist nicht anzusehen, ob er auf die Kiefernäste gerichtet ist, auf die transparente Kuppel dahinter oder auf das Centauri-System, das gerade dabei ist, hinter Panaghia zu verschwinden.

»Reden Sie mit den anderen, wenn Sie was wissen wollen!«, murmelt er. Rüd drückt den Schrauber neben Andrasch ins Gras und legt die Fluglizenz dazu.

»Was bedeutet das?«, fragt er und tippt auf die lateinische Gravur.

»Sei die Luft wert, die du atmest!«

»Dann nehme ich das Ding hier besser doch mit!«, sagt Rüd und tippt auf den *Tornavida 51*.

»Ich war der Erde zu nahe«, sagt Andrasch leise. »Ich hab die Stratosphäre gestreift. Jeder weiß, dass die Erreger nicht so hoch kommen, aber die Hygieneauflagen sind streng.« Er lehnt seinen Hinterkopf gegen den Notausgang. »Hätte ich in etwas weniger Teurem gesessen, hätte die ORBA mich abgeschossen.«

»Du hast die Erde gesehen?«, fragt Rüd ungläubig. »Aus der Nähe?«

»Ich wäre runtergegangen, hätte das Pferd Beine gehabt.«

»Nicht wirklich«, sagt Rüd kopfschüttelnd.

»Nein. Wahrscheinlich nicht.«

Rüd nimmt den Schrauber an sich und macht sich auf den Weg zur Schleuse. Dabei muss er aufpassen, nicht über das knorrige Heidekraut zu stolpern.

»Warten Sie noch!«, ruft Andrasch ihm nach. »Sie sagen, Sie haben es nur einmal bei der Schule von Enceladus versucht und nirgendwo sonst?«

Rüd bleibt stehen. »Ja. Ich wurde aber, wie gesagt, nicht genommen!«

Andrasch steckt seine Lizenz ein und greift nach dem Sack mit dem Nähzeug. »Dann sind Sie damals nicht nach Enceladus gegangen, um fliegen zu lernen.« Er macht eine kleine Pause und schaut zu Rüd auf. »Sie sind dahin gegangen, um das Nichtfliegen zu lernen.«

Rüd weiß nicht, ob er stehenbleiben oder weiterlaufen soll. Für einen Moment schaut er vor sich hin, als wüsste er nicht einmal, ob er geht oder steht. Erst das Zischen der Schleuse nach Panaghia erinnert ihn daran, dass er geht.

NON

Als Rüd zur neunten Stunde das Refektorium betritt, sind die Cönobiten schon beim Gebet versammelt. Wie durch eine günstige Fügung fehlt nicht nur Marwan, sondern auch Barthel Brahe, und Rüd nimmt mit etwas Abstand Platz.

Gunder Gembdenbach hat die liturgische Leitung übernommen. Die Stimmung ist aufgrund der Abwesenheit des Hegumen eigentümlich gelöst. Manches Bein ist ausgestreckt und die Gebete weniger gebückt. Rüd muss aufpassen, dass er nicht einschläft. Er ist jetzt seit 16 Stunden wach und hat davor nur viereinhalb Stunden geschlafen. So starrt er glasig in die elektrischen Kerzen auf dem Boden, während das letzte Versikel ausklingt.

»Wo ist Ihre Begleitung?«, fragt Gembdenbach und klappt das Gesangbuch auf seinem Schoß zu.

Rüd will antworten, da entdeckt er neben sich auf dem Boden einen zusammengelegten Stoff, der offensichtlich für mich bestimmt ist. »Sie sieht und sie hört auch so alles –«, will Rüd ansetzen. Gembdenbach unterbricht ihn: »Wir wünschen, dass Zack als Ganzes dabei ist.«

»Als – Ganzes? Na, wie Sie wollen«, sagt Rüd und will den Emitter betätigen. Doch dann besinnt er sich, hebt den Stoff auf und geht damit nach draußen. In Sack und Asche komme ich mit ihm wieder hinein. Gembdenbach ergreift das Wort, sobald wir uns gesetzt haben. »Ist Ihnen warm genug?«, fragt er mich.

»Ja«, sage ich.

Gembdenbach lächelt, Herr Shufeng auch. Dass ich einen braunen Sack trage, macht es ihm offensichtlich leichter, bei sich zu bleiben. Andrasch ist wieder dabei, aus dem Fenster zu starren, während Uri die Verbrennungen in seinem Gesicht eincremt.

»Wir würden – gerne noch ein paar Dinge wissen«, beginnt Gembdenbach, »was die Inquisition betrifft.«

Rüd ist irritiert, als er merkt, dass Gembdenbach diese Worte an mich richtet. Aber er ist müde und froh über jede Art von Entlastung.

»Ihr Partner hat doch bei der Vesper gesagt«, fährt Gembdenbach fort, »dass die Einstellung deon bei einer MARFA viel sicherer ist als util. Wenn das so ist, warum wird deon nicht immer benutzt?«

»Deon wird Sie alle gleichberechtigt am Leben erhalten, ohne Wenn und Aber«, sage ich, »und ohne Rücksicht auf Ihren jeweiligen Status. Und das ist es, was Sie brauchen, so wie Sie hier leben.«

»Braucht das nicht jeder?«

»Es ist nicht immer so einfach. Es gibt Leute, die sind für das Wohlergehen der anderen wichtiger als andere. Ihr Status bildet das, normalerweise, ab.« Ich fange Gembdenbachs Blick ein. »Sie sind Arzt. Ich bin sicher, Sie halten sich nicht für wichtiger als die anderen hier. Sie denken sicher: Ich bin nicht wichtiger als Uri, Andrasch oder Shufeng.«

Gembdenbach bemüht sich, diese Annahme mit einem bescheidenen Nicken zu bestätigen.

»Und trotzdem«, fahre ich fort, »als Arzt wären Sie auf einer Werft wie Kütahya, wo viele hundert Leute leben, ein wichtigerer Mann, als, sagen wir, der Wirt einer Shishabar, der Ressourcen verschwendet, die Lungen seiner Gäste verdirbt und obendrein todkrank ist.«

Ich mache eine kleine Pause, um den Vergleich wirken zu lassen. Rüd sieht mich dabei erschrocken an. »Stellen Sie sich nun vor«, fahre ich fort, »es gibt eine Havarie. Die CRAMPA von Kütahya muss den Sauerstoff vergeben. Wer kriegt ihn: Der Arzt oder der Shishawirt?«

»Beide wollen leben!«, sagt Gembdenbach.

»Ja. Aber der Arzt ist, wenn er seine Arbeit gut macht, wichtiger«, sage ich. »Die CRAMPA entscheidet nicht einmal, dem Arzt den Sauerstoff zu geben. Sie tut es, weil sie gar nicht anders kann, es ist keine Entscheidung. Sie ist es der Besatzung von Kütahya schuldig, ihr den Arzt zu erhalten und nicht den Wirt. Man kann sich das wie einen großen Organismus vorstellen, der im schwerwiegenden Fall etwas abstößt, zugunsten des großen Ganzen. Es geht um den Selbsterhalt.«

»Das bedeutet also util?«

Ich nicke.

»Und deon?«

»Unter deon mischt sich eine MARFA in die Entscheidungen der Besatzung nicht ein. Sie wird sich, soweit sie kann, zurücknehmen und für die größtmögliche Entscheidungsfreiheit unter den Menschen sorgen.«

»Deon ist seltener, oder?«

Rüd nickt. »Es funktioniert nur in kleineren Habitaten, wenn nicht zu viele Leute zusammenkommen.«

»Normalerweise«, fahre ich fort, »besteht Rüds Aufgabe darin, innerhalb von util mit CRAMPAs zu verhandeln. Util erlaubt eine Menge von unterschiedlichen Einstellungen und Parametern. Wenn Sie beim Bergbau oder in einer Gasmine –«

»Erzählen Sie doch von Ihrer letzten Inquisition!«, unterbricht mich Gembdenbach.

Ich überlege kurz, ob wir das machen können. Rüd nickt mir zu.

»Ein häufiges Problem sind Führungswechsel, wie vor kurzem auf Mab. Ein neuer Vorstand wird eingesetzt und übernimmt die Leitung. Sein Wohl sollte von diesem Zeitpunkt an eine hohe

Priorität haben. Er sollte nicht nur im Alltag, sondern auch in Notsituationen Privilegien genießen. Wenn sich aber zeigt, dass der Neue weniger Erfahrung als sein Vorgänger hat, inkompetent ist, Fehlentscheidungen trifft und kaum dazulernt, dann wird eine gut funktionierende CRAMPA die Prioritäten und Privilegien nicht anpassen. Sie wird den Status des Neulings herabsetzen und seinen Vorgänger weiterhin in allem bevorzugen, einfach weil das besser für alle ist.«

»Und dann kommen Sie?«

»Ja«, sagt Rüd.

»Das ist sicher nicht immer einfach!«, meint Gembdenbach.

Rüd zuckt mit den Achseln. »Ich reise gerne«, sagt er. »Und manchmal sind die Leute auch dankbar. Ich war mal bei einer KARMA in Pizzo Greco, die gute Gründe dafür hatte, ihre Gunst auf Bewohner zu richten, die ihr heimlich Opfer brachten. Beeren, Musikinstrumente, Werkzeug. Dafür gab es aromatisierten Sauerstoff ins Quartier, unkontaminiertes Essen und einen freien Platz neben der Angebeteten in der Mensa. Doch als sogar Kinder anfingen, für sie ihr Spielzeug anzuzünden, sollte ich kommen.«

Andrasch wirft ihm ein kurzes Lächeln zu.

»Ich habe bis heute nicht verstanden, warum Sie das nicht einfach über ein Interface einstellen können, zum Beispiel über einen privilegierten Zugang«, fragt Gembdenbach, der sich mit dieser Frage vermutlich ahnungsloser stellt, als er ist. »Kann man da nicht einfach an irgendeiner Bedienung –?«

»Wenn eine CRAMPA oder auch eine MARFA so einfach zu beeinflussen wäre«, unterbricht ihn Rüd, »würde ihr keiner sein Leben anvertrauen. Ein Interface kann umgangen werden. Eine Inquisition nicht.«

Shufeng zeigt Uri eine Stelle zwischen den weißen Augenbrauen, die er noch nicht eingecremt hat. Er ist noch nicht ganz wiederhergestellt und sein Atem geht schnell.

»Unsere MARFA ist auf util eingestellt?«, versichert sich Gembdenbach.

»Ja«, antwortet Rüd.

»Wir haben Sie richtig verstanden, dass nur util der MARFA erlaubt, jemandem zu schaden, um das Wohl der anderen zu sichern?«

»Das stimmt«, sagt Rüd und nutzt den Umstand, dass Brahe nicht da ist, um den Prozess wieder in seinem Sinne anzukurbeln. »In irgendeiner Weise muss Hilal eine Gefahr für Ihr Wohlergehen gewesen sein. Sonst wäre ihr, Entschuldigung, ihm, nichts passiert.«

»Sie schließen also einen Unfall aus?«, fragt Gembdenbach.

»Ja«, sagt Rüd. »Es war eine Tötung.«

Uri hört mit dem Reiben auf und schraubt die Tube zu. Das Immer-Freundliche in Shufengs breitem Gesicht verschwindet für einen Moment. Andrasch zeigt keine Regung, während Gembdenbach schwer zu schnaufen beginnt.

»Es tut mir leid, dass ich Sie das jetzt doch frage«, sagt Rüd, nachdem er seinem letzten Satz etwas Zeit gegeben hat. »Aber gibt es etwas über Hilal, das ich wissen –«

»Ich kann Ihnen versichern«, unterbricht ihn Gembdenbach, »dass es nichts, absolut gar nichts, geben kann, wodurch sich Hilals Tötung rechtfertigen ließe!« Er schaut zu mir. »Oder seine Abstoßung, wie Sie es vielleicht ausdrücken würden.«

Rüd wartet, bis die Stille unangenehm wird. »Es geht nicht darum, dass er etwas ›Böses‹ vorhatte, sondern ob von ihm eine Gefahr ausgegangen sein könnte, von der er vielleicht nicht einmal selbst eine Ahnung hatte.«

»Wie soll man so etwas wissen?«, fragt Gembdenbach entrüstet.

Uri, der seiner Hautcremetube einen Schubs gegeben hat und ihr nachschaut, wie sie in Richtung Raumdecke schwebt, piepst plötzlich.

»Er – hat – sehr geglaubt!«, sagt er stockend und wieder einmal in einem Frequenzbereich, dessen Tonhöhe nicht zu seiner rauhen und kräftigen Erscheinung passt. Die Tube verschwindet zwischen den Sitzflächen und Beinen der Bänke, die unter der Decke schweben.

»Sei still, Uri!«, befiehlt Gembdenbach.

Uri schaut ihn böse an, wodurch der geringe Abstand seiner Augen noch stärker hervortritt.

»Ich kenne Hilal schon sehr lange«, sagt Gembdenbach, während er Uris Blick erwidert. »Glauben Sie mir, er war keine Gefahr für irgendjemanden!«

Rüd betrachtet Uris rote Haut. »Stimmt. Sie schaffen es auch ohne Hilal gut, sich gegenseitig in Gefahr zu bringen.«

»Für Uri hat keine Gefahr bestanden! Der Knoten war fest. Seine Haut hält das aus«, sagt Gembdenbach scharf. »Sonst wären die Schleusen nicht aufgegangen.«

»Wem vertrauen Sie eigentlich mehr?«, fragt Rüd kopfschüttelnd. »Ihrer MARFA oder dem lieben Gott?«

Gembdenbach hebt die Hände, als sei Rüd ein unbelehrbares Kind, an das jede Mühe verschwendet ist.

Uri springt für ihn ein. »Das – Oder – ist – falsch!«, piept er.

Rüd schaut ihn verständnislos an. Mit allem, was er ist, will er wieder einmal hier weg. Wieder näher an die Sonne, wo die Leute weniger fanatisch sind und die MARFAs nicht neurotisch. Spätestens seit seinem Streit mit Barthel Brahe in Stavros weiß er, dass gegen Fanatiker kein Kraut gewachsen ist. Aber wie in Stavros muss jetzt etwas raus aus ihm.

»Haben Sie heute schon mal aus dem Fenster geschaut?« Er stößt Luft aus und starrt selber für einen Moment in die von Millionen Lichtpunkten zerstochene Schwärze dahinter. »Wie wahrscheinlich ist ein Gott?«

»Wie – wahrscheinlich – bist – du?«, piept Uri. »Schau – aus – dem Fenster!«

Rüd versenkt seine Augen in den Handflächen.

»Danke Uri!«, sagt Gembdenbach lachend. Dann wendet er sich an mich. »Sagen Sie mal, wie halten Sie es mit dem eigentlich aus?«

»Es geht«, sage ich.

»Ist er gut?«

»Das schon.«

»Und sonst so?«, fragt Gembdenbach.

Rüd hebt den Kopf aus seinen Händen und schaut mich stirnrunzelnd an.

»Es geht«, sage ich.

»Manchmal anstrengend?«, fragt Gembdenbach.

»Nein«, sage ich.

»Ist – das – gut?«, fragt Uri.

»Weiß nicht.«

Gembdenbach wendet sich Rüd zu. »Lieben Sie sie?«, fragt er.

Für gewöhnlich würde Rüd einer solchen Frage entschieden ausweichen. Ich schiebe es auf seine Müdigkeit, die ihn weich macht und trotzdem antworten lässt. Er starrt in die Kerzen dabei.

»Schwer zu sagen«, er zuckt die Achseln, »sie ist für mich da. Sie hört mir zu, hilft mir bei allem. Sie ist schön, klug und manchmal lustig. Sie kennt mich. Sie weiß immer, wo alles ist. Was kann ich für einen Grund haben, Zack nicht zu lieben?«

Für einen Moment ist es ruhig. Dann meldet sich Shufeng. »Man muss sich bemühen. Es ist anstrengend. Das gehört dazu. Aber Sie beide, Sie müssen sich keine Mühe geben.«

»Ehrlich, das würde mir gerade noch fehlen, wenn sich jemand dauernd um mich bemühen müsste«, sagt Rüd.

»Bist – du – es – nicht – wert?«, piept Uri.

Rüd atmet tief durch und krallt sich in die Locken. »Herrgott, hätte ich doch mal nichts gesagt.« Er zieht den Emitter hervor und schaltet mich ab. Hohl schwebt der Sack, mit dem meine Erscheinung bekleidet war, neben ihm. Er hält den Emitter hoch, so dass ihn jeder sehen kann. »Das ist sie. Nur das!«

Er steckt den Emitter weg. In diesem Moment öffnet sich die Tür. Marwan, in Sack und Asche, kommt herein. Sein Gesicht ist im Rahmen der Möglichkeiten bleich.

»Ich habe Barthel gefunden«, sagt er.

DIFFUSION

Verteilt man die Materie eines Menschen gleichmäßig in 600 Kubikmetern schwerelosem Raum, dann bleibt nicht mehr von ihm übrig als ein beigeroter Nebel, der so dünn ist, dass man ihn problemlos atmen kann. Eine Gravschacht-Diffusion ist daher für Außenstehende eine irritierende bis entsetzliche Vorstellung, doch für den Betroffenen selbst handelt es sich um eine vergleichsweise angenehme Art des Ablebens, da dieses schnell und ohne schmerzhafte Umschweife eintritt.

Barthel Brahes Krücke schwebt unbeschädigt auf halber Höhe des insgesamt 72 Meter langen Liftschachtes, in etwa da, wo sich die beiden Ausgänge zur Ebene drei befinden. Erst nachdem sich Marwan, Gembdenbach, Uri und Andrasch einige Meter zurückgezogen haben, öffnet die MARFA die Tür zum Schacht und fährt den Lift nach oben weg, so dass Shufeng Zutritt hat.

»Was passiert jetzt?«, fragt Rüd, der hinter Gembdenbach steht.

»Die Krücke kann nicht im Schacht bleiben!«, antwortet Gembdenbach über die Schulter.

Zitternd nähert sich Shufeng dem offenen Durchgang.

Der Nebel, der einmal Brahe war, ist für menschliche Augen kaum zu sehen. Nach wenigen Sekunden erreichen mich die ersten winzigen, durch den Partikelwind fein zerstäubten Zellreste, die aus dem Schacht in den Flur steigen, und ich kann sie eindeutig dem Hegumen von Athos zuordnen.

Es gibt keinen Zweifel, Brahe ist in den Schacht geraten. Eine

KL-Gravitation ist, wenn man sich bei der Injektion der Partikel ein Betäubungsmittel gönnt, eine bequeme Art, im Weltraum Boden unter die Füße zu bekommen. Doch die Gefährlichkeit der Gravschächte hat schon immer dafür gesorgt, dass diese Technik wenig verbreitet ist.

Shufeng legt sich eine Atemmaske an. Dann hebt er seine Hand und streckt sie zögernd in den Schacht. Ihm kann nichts passieren, da sein Körper frei von KL-Partikeln ist. Trotzdem wirft er einen ängstlichen Blick zurück auf Gembdenbach, der ihm aufmunternd zunickt. Langsam schiebt er daraufhin seinen Arm durch die Lifttür. Ein leichter Aufwind erfasst den Stoff seiner Kutte und lässt den Ärmel flattern. Am schwersten fällt es Shufeng, seinen Kopf in den Schacht zu tauchen, und er tut es nur zaudernd, Zentimeter für Zentimeter.

»Wie kann so etwas –?«, fragt Rüd.

Keiner der Cönobiten antwortet. Sie würden am liebsten nach vorne laufen und Shufeng hinterherschauen, der nun vollständig in den Schacht eindringt und gerade dabei ist, hinter der Kante des Bodens zu verschwinden. Aber dann würde die MARFA die Tür sofort verschließen. Bis auf Shufengs Atmen ist es still.

Alle wirken eigentümlich gefasst. Nur Rüd kann seine Anspannung nicht verbergen und verlagert sein Gewicht von einem Fuß auf den anderen. Er hat nun endgültig das Gefühl, dass ihm die Felle wegtreiben. Eine Tötung ist immer mal wieder Auslöser eines Inquisitionsprozesses und Rüd hat dies auch schon durchgemacht. Aber eine zweite Tötung, während einer laufenden Inquisition, ist Neuland. Rüd hat keinerlei Erfahrung damit – ganz abgesehen davon, dass dies seine erste deon-Inquisition ist. Schuldig fühlt er sich nicht an Brahes Tod, aber er ist sich nicht sicher, ob und wo er Fehler gemacht haben könnte.

Plötzlich ist ein leises Wimmern zu hören. Es kommt von Andrasch, der sich mit dem Handrücken die Augen reibt. Gembdenbach rempelt ihn vorsichtig in die Seite. »Geh zur MARFA«, sagt er, »und kläre, wie wir Barthel bestatten können. Er kann so nicht bleiben!«

Ohne etwas zu sagen, verschwindet Andrasch im Gang hinter uns. Gembdenbach sieht ihm nach. Der Doktor sieht schlecht aus und atmet schwer wie ein sterbendes Tier. Auf seiner Stirn glänzen Schweißperlen. Er wirft Rüd einen Blick zu, der alles heißen könnte: Eindringling, Störenfried, Ahnungsloser, vielleicht auch letzte Hoffnung. Er zieht sich ein neues, mit Wacholderbeeren besticktes Taschentuch hervor und putzt sich die Nase.

Shufengs Hand erscheint auf der unteren Kante des Lifteingangs. Die andere, die nachkommt, umfasst Brahes Krücke. Shufengs Mundschutz hat einen Rotstich und er ist froh, ihn ablegen zu können, als er wieder aus dem Schacht herausgekommen ist. Die Freundlichkeit seines Gesichts wirkt nun wie ein Fehler, wie eine Störung im Gesamtkonzept, gegen die er nichts machen kann.

»Danke!«, sagt Gembdenbach und legt ihm die Hand auf die Schulter. Die MARFA schließt die Lifttür.

Bis Andrasch wiederkommt, passiert nichts von Bedeutung. Uri sind keine Gefühle anzusehen, er bleibt der autistischen Kühle verhaftet, die er schon bei seiner Beobachtung Rüds in der Kapsel gezeigt hat. Herr Shufeng ist froh über die Berührung Gembdenbachs, die ihn auf dem Boden hält. Der wiederum merkt, dass Shufeng auch ihm eine Stütze ist, und er kommt ein wenig zur Ruhe. Marwan ist als Einzigem störend bewusst, dass er gerade Barthel Brahes Körpermaterie atmet, er hält seine Atemzüge daher kurz, wobei er sich wenig bemüht, dies höflich zu verbergen.

»Haben Sie keine Angst?«, fragt Rüd mit Blick auf die geschlossene Tür.

»Wenn wir tot sein sollten, wären wir es längst«, sagt Gembdenbach leise.

Rüd weiß nicht, ob ihn das beruhigt. Andrasch hat Brahes Bibel aus dem MARFA-Kontaktraum dabei, als er wiederkommt. Sein Finger steckt zwischen den Seiten, am Ende des Korintherbriefs.

»Wir sollen ihn ablassen, hat die MARFA gesagt. Wir sollen es gleich machen, es ist sonst nicht gut für die Leitungen.«

»Was sagt sie noch?«, fragt Gembdenbach.

»Es tut ihr leid. Es war unausweichlich. Sie hatte keine Möglichkeit, es zu verhindern.«

Gembdenbach nimmt Andrasch die Bibel ab und schlägt sie auf. Über ein kurzes Nicken verständigt er sich mit ihm darüber, dass sie an dieser Stelle aufgeschlagen im Kontaktraum gelegen hat.

»Dann machen wir es so«, sagt Gembdenbach und gibt die Bibel an Shufeng weiter. »Oder gibt es Einwände?«

Rüd möchte etwas sagen, tut es aber nicht. Es gibt keinen Leichnam, den er untersuchen könnte. An eine Rekonstruktion des Vorfalls wie bei Hilal ist im Augenblick nicht zu denken. Die Cönobiten, sogar Marwan, gehen in die Knie. Rüds Knie sind so weich, dass er sich der Geste kurzerhand anschließt. Shufeng beginnt zu lesen.

Es wird gesät verweslich und wird auferweckt unverweslich. Es wird gesät in Niedrigkeit und wird auferweckt in Herrlichkeit.

Gembdenbach nickt, den Blick nach oben gerichtet. Eine kurze, ferne Erschütterung ist zu spüren, ein Fauchen dringt durch die geschlossene Tür des Lifts. Die MARFA öffnet die Schleusen am oberen und am unteren Ende des Schachtes. Die KL-Partikel bündeln Brahes Materie, die nun zu gleichen Teilen in zwei senkrechten Strahlen ins All schießt. Shufeng schließt die Bibel und beendet die Verse aus dem Gedächtnis.

Es wird gesät in Schwachheit und wird auferweckt in Kraft. Der erste Mensch ist vom Staub der Erde, der zweite Mensch ist vom Himmel.

Der Gravschacht ist nach wenigen Sekunden geleert. Die MARFA schließt die Schleusen langsam, um die Würde des Augenblicks nicht mit einem Knall zu stören.

»Amen«, sagt Gembdenbach. »Amen«, sagen die Cönobiten.

Gembdenbach lässt sich von Shufeng die Bibel zurückgeben. »In einer halben Stunde in Stavros!«, sagt er. »Ihr wisst, was zu tun ist.«

Gembdenbach wartet, bis die anderen außer Hörweite sind, dann wendet er sich mir zu. »Barthel hätte sich gewünscht, dass Sie kommen. Aber bei Ihnen«, sagt er, an Rüd gewandt, »bin ich mir nicht sicher. Es tut mir leid.« Er verstaut die Bibel unter der Kutte und lässt uns allein im Gang zurück.

»Möchtest du dahin?«, fragt Rüd.

Er weiß, dass es eigentlich seine Entscheidung ist.

»Ja«, sage ich.

FUNUS

Wenn es etwas gibt, das wirkungsvoll von dem Vakuum ablenkt, das ein Toter hinterlässt, dann ist es die Gefolgschaft. Übriggebliebene brauchen einen Ort und eine Zeit, wo und wann sie zu sein haben, und am besten dazu jemanden, der ihnen sagt, was sie tun sollen. Gunder Gembdenbach, liturgisch überfordert, lässt die Cönobiten immer wieder zwischen Knien, Sitzen und Stehen hin- und herwechseln, so dass die Stille von Stavros ein ums andere Mal vom Klicken der Anschnallgurte unterbrochen wird.

Das Deckenlicht ist gelöscht, überall schweben elektrische Kerzen, die Gembdenbach aus den Fluren von Kfar Athos zusammengeklaut haben muss. Flackernde Kreise aus blauem Licht schleichen durch das Kirchenschiff, während man singt und betet. Ich sitze in der letzten Reihe, mein Emitter befindet sich mit etwas Sicherheitsabstand neben mir. Wo Rüd ist, weiß ich nicht.

Anders als bei Brahes spontaner Bestattung, die noch von einem betäubenden Schock begleitet war, ist den anderen die Trauer nun anzumerken. Vor allem Gembdenbach vorne am Altar, in stiller Übereinkunft nun Hegumen des himmlischen Athos, kämpft mit der Stimme. Öfter als sonst streicht er sich Haare, die er schon lange nicht mehr hat, von der Stirn. Die Tatsache, dass er Brahes Nachfolge antritt, finde ich vor allem deshalb bemerkenswert, da ich inzwischen sicher bin, dass er Atheist ist.

Mitten in seiner etwas schwerfälligen Predigt zur Offenbarung des Johannes über das vergangene Erste und das Nicht-Sein des Todes, des Leids und der Schmerzen in einer Zukunft, in der Gott die Tränen von den Augen der Menschen abwischen wird, bricht er plötzlich ab, sagt, dass er einen Bruder verloren hat. Dass der Tod ein Hinübergehen sei, das nicht mit uns teilt. Dass man immer irgendwann Amen sagen muss. Dann schaut er schweigend in die Runde und holt einen kleinen Frachtcontainer hinter dem Altar hervor. Als er mit dem Finger über den Verschluss streift, klickt das Schloss auf.

»Barthel war einer meiner ersten Patienten, auf der Inneren von Hellas. Ich war jung, hatte noch nie selbst operiert. Etwas war hochgegangen, Barthels Laden lag in Schutt und Asche. Er wurde über die Notfallschleuse hergebracht und musste sofort behandelt werden. Er sah mir mein Anfängersein an, denn er war trotz seiner Verletzungen bei Bewusstsein. Er zitterte am ganzen Körper und die Fritter hatten zu tun, wenigstens die Blutungen zu stoppen. Ich teilte ihm mit, dass ich die Operationen verantworten würde. Ich sagte ihm auch, dass er nur zwei Alternativen habe: Die Operation eines Anfängers oder den Tod. Er fragte mich, was ich empfehlen würde. Ich sagte ihm, dass er mit ein bisschen Glück beides haben könnte.«

Gembdenbach hebt den Deckel des Containers an und legt den Griff von Barthels Krücke hinein. »Ich glaube, das war das letzte Mal, dass ich ihn lachen gesehen habe.«

Sein Blick wandert über die anderen, die alle, außer Uri, in der ersten Reihe sitzen, und bleibt schließlich auf Shufengs Gesicht ruhen. Die Freundlichkeit hat nun wieder ihren angestammten Platz darin. Shufeng versteht, nickt, braucht aber eine Sekunde, bevor er spricht. Er hält eine kleine, hauchdünne Kreditkarte aus Platin in der Hand.

»Es gab einmal einen Griechen. Der meinte, man solle nach Reichtum streben und nicht nach Weisheit. Denn die Weisen kämen zu den Reichen, aber die Reichen nicht zu den Weisen. Wenn du reich bist, hast du alles.«

Die Kreditkarte in Shufengs Hand ist eine der seltenen Art, die unbegrenzte Summen aufnehmen kann. Marwan, der neben ihm sitzt, presst die Lippen aufeinander, als er das erkennt.

»Du hattest noch eine?«, flüstert er.

»Es ist die letzte!«, sagt Shufeng, dann schaut er auf. »Ich weiß nicht, was ich ohne Barthel gemacht hätte. Ihr wisst, dass ich vor ihm alles hatte und nichts. Jetzt ist es umgekehrt.«

Er bricht die Kreditkarte in der Mitte durch und wirft die beiden Stücke in Richtung des Altars, wo Gembdenbach sie auffängt und in den Container legt. Marwan kann den Protest dagegen, den er aus tiefster Überzeugung für gerechtfertigt hält, nur schwer in sich niederkämpfen. Gembdenbach wartet ab, bis Marwan damit fertig ist, was eine Weile dauert.

»Was hast du?«, fragt er ihn schließlich.

Zögernd zieht Marwan einen der Standard-Emitter aus dem Labor hervor.

»Was ist da drauf?«, will Andrasch wissen.

»Das kann ich hier nicht zeigen«, sagt Marwan. »Bitte glaubt mir, dass sie wunderschön ist. Sie ist das Allerschönste, das ich je gemacht habe. Es gibt keine Kopie!«

Er gibt dem Emitter einen Schubs. Gembdenbach sorgt dafür, dass er wohlbehalten im Container landet. Ein paar der elektrischen Kerzen sind bereits erloschen, sie sind alt und ihnen fehlen die Induktoren, aus denen sie geklaut wurden.

Andrasch, der jetzt dran ist, bittet darum, die Abgabe seiner Fluglizenz unkommentiert lassen zu dürfen. Gembdenbach nickt es ab, schaut ihn aber durchdringend an, als ob er ihn an den Ernst dieser Entscheidung erinnern müsste.

In diesem Moment stellt sich mir die Frage, unter welchen Bedingungen Rüd und ich eigentlich von Athos wieder wegkommen werden. Ob für Rüd, nach seiner erfolgreichen Inquisition der MARFA, ein Platz in den Kapseln frei gehalten wird, die ansonsten zum Bersten gefüllt mit Fleischcontainern sind, kann ich nicht sagen. Und falls ja, wer dies überhaupt veranlasst. MARFAs sind normalerweise, ist eine Inquisition abgeschlossen, nicht allzu gut auf ihre Peiniger zu sprechen. Und Habitate sind, normalerweise, besser an den allgemeinen Verkehr angebunden.

Nachdem Andraschs Lizenz im Container Platz gefunden hat, wendet sich Gembdenbach Uri zu, der eine Reihe hinter den anderen sitzt. Anstatt angeschnallt zu sein, hält er sich an der Kirchenbank fest. Auf Höhe seines Kopfes schwebt, blau angeleuchtet von zwei nahen Kerzen, ein winziger Basaltstein. Uri pustet einmal kräftig dagegen, er fliegt wie ein kleiner Komet auf den Altar zu.

»Von – Gorgonum Catena!«, sagt Uri.

»Von deiner Flucht?«, fragt Gembdenbach, während er den Stein auffängt. »Mit Barthel?«

Uri nickt. Gembdenbach hält den Stein ins Licht einer nahen Kerze.

»Du hast ein – Andenken?«

Uri nickt noch einmal und lächelt, wodurch sich die fremdartigen Proportionen seines Kopfes den menschlichen ein bisschen annähern. Andrasch legt seine Hand auf Uris Arm. In der Nähe des Altars erlöschen zwei Kerzen beinahe gleichzeitig. Gembdenbach will den Container schließen, da fällt sein Blick auf mich.

»Möchten Sie auch noch etwas sagen?«, fragt er.

Kurz darauf sind fünf Augenpaare auf mich gerichtet. Ich durchforste, mit Blick auf Shufeng, was Griechen einmal gesagt haben. Da schon viele Griechen etwas gesagt haben, grenze ich die Suche auf »Leben und Tod« ein, denn ich habe nicht endlos Zeit.

»Das Gestern ist fort, das Morgen nicht da, leb also heute«, sage ich.

Gembdenbach und die Cönobiten schauen mich erwartungsvoll an.

Ich ergänze: »Pythagoras.«

Shufeng nickt mir freundlich zu. Gembdenbach bedankt sich, dann aktiviert er das Schloss des Containers und gibt mit schnellen, wilden Handbewegungen eine zufällige Kombination ein, die er niemals wieder reproduzieren könnte. Das Schloss klickt zu.

»Wer im Heute lebt, weiß um das Ende«, sagt Gembdenbach. »Barthel hat schon immer mit dem Ende gelebt, vielleicht mehr als wir alle.« Er wirft mir einen ernsten Blick zu. »Er hat mir nie einen Vorwurf daraus gemacht, dass ich damals, in Hellas, nur ihm helfen konnte und nicht auch –«

Er bricht den Satz ab, bemerkt, wie dunkel es inzwischen in Agios Stavros geworden ist. Die meisten der schwebenden Kerzen sind erloschen und müssten aufgeladen werden. Das Restlicht hüllt den Raum in ein flackerndes Blau, als tauche man mit Notstrom durch das unterirdische Meer eines Eismondes. Sterne glitzern durch die Pastellscheiben, meine Erscheinung hat sich der Dunkelheit schrittweise angepasst, damit ich nicht wie ein leuchtender Engel dasitze.

»Gott sei seiner Seele gnädig.« Gembdenbach schiebt den schwebenden Container wie einen kleinen Sarg durch den Mittelgang auf den Ausgang zu, die anderen erheben sich, um ihm zu folgen.

Als Gembdenbach an mir vorbeikommt, nickt er mir zu: »Er kann Sie jetzt abholen.« Dann verschwinden die Cönobiten schweigend im Tunnel.

Da ich nicht selbst wegkann und auf Rüd warten muss, bleibe ich sitzen und schaue den übrigen Kerzen beim Schweben und Erlöschen zu.

Eine Kerze, die noch etwas mehr Kraft als die übrigen hat, wandert gerade hinter dem Altarchristus vorbei. Der langsame Schatten des Kreuzes streift zuerst über die Bankreihen, dann kriecht er die rechte Wand des Kirchenschiffs hoch. Immer wieder schimmert dabei das Gold der Ikonen auf und ich erkenne die vielen Iterationen.

Die Kerze verliert an Kraft. Aber sie steigt nun unter dem runden Deckenfenster auf, durch das die Sonne, wenn sie richtig steht, das Marienantlitz im Fels darunter erscheinen lässt. Man könnte sagen, dass mir der gute Wille fehlt, den es braucht, um in der Felsformation das Gesicht der Gottesmutter zu erkennen.

Nüchtern betrachtet liegt es daran, dass meine Art der Wahrnehmung nichts mit der eines Menschen zu tun hat. Zeige einem Kleinkind zwei Gartenwanzen und es identifiziert mühelos eine dritte, auch wenn sie nur fünf Beine und eine andere Musterung hat. Ich kenne das Aussehen von Millionen Wanzen – und hunderttausend Darstellungen der Maria. Aber selbst der gutmütigste Mittelwert von allen hat nichts mit den fahlen, nichtssagenden Schatten zu tun, die sich gerade auf das Gestein legen.

Vielleicht ist das die Fähigkeit der Menschen: etwas zu sehen, das nicht da ist. Einfach, weil sie es wollen.

Aus dem Stollen werden schleifende und klappernde Geräusche laut. Zwischendrin höre ich Rüds Atemmuster heraus. Schließlich blitzt ein hektischer Lichtschein durch die Beinahe-Dunkelheit der Kapelle. Rüd erscheint mit einer grell leuchtenden Handlampe und einem fluoreszierenden Helm auf dem Kopf. Auch alles andere, das er dabeihat, verrät seinen wilden Entschluss, wieder einmal etwas zu machen, das er nicht soll.

T-KREUZUNG

Man soll einen Entschlossenen nicht warnen. Und erst recht keinen, der eigentlich ins Bett muss.

Als wir den Abzweig nach Panaghia erreichen, rollt Rüd ein Stück blaues Seil von einer Rolle, auf die das Logo des schwedischen Herstellers Enbär gedruckt ist, und knotet das Ende am Gestänge einer der Grubenlampen fest, die den Stollen zwischen Ebene sechs und Stavros erhellen. Der Knoten taugt nichts, aber das muss er auch nicht.

»Ich kann dir den Weg zurück zeigen«, sage ich.

»Das ist nicht das Gleiche!«, sagt Rüd und wickelt Seil ab.

Irgendwo hat er sich Karabiner besorgt. In einen fädelt er das Seil und macht den Karabiner dann umständlich an sich fest, wobei er sich den Daumen einklemmt.

»Wie oft hast du schon mit Karabinern gearbeitet?«, frage ich.

Rüd antwortet nicht, sondern wühlt in einem Beutel, auf dem Enbär steht und der mit Wacholderbeeren bestickt ist. Schließlich fischt er die Handlampe heraus und leuchtet damit in den dunklen Stollen.

»Ich kann dir auch Licht machen!«, sage ich.

»Das ist nicht das –«, will Rüd meckern, doch er kommt ins Stocken, als er erkennt, dass der Gamma-Skleroid nicht mehr da ist.

»Ist – ist das derselbe Gang vom letzten Mal?«, fragt er. Das grelle Licht seiner Lampe reicht tief in das leere, kreisrunde Bohrloch, das wie ein Brunnen ins Bodenlose führt, und in dem nicht, wie beim letzten Mal, ein über zwei Meter großer Humanoider schwebt.

»Es gibt nur diesen Abzweig zwischen Stavros und der Ebene sechs!«, sage ich.

»Wo ist der Skleroid?«

Darauf weiß ich keine Antwort.

»War er wirklich inaktiv?«, fragt Rüd, während sich sein Atem beschleunigt.

»Da kannst du dir sicher sein«, sage ich. »Er hatte keinen Cortex-Pin. Ohne den ist jede Bewegung unmöglich. Außerdem war seine Stirnhöhle anormal verformt, was typisch für eine Pin-Sprengung ist. Eigentlich ist es unmöglich, dass er sich bewegt.«

»Eigentlich?«

»Was willst du von mir?«, frage ich und strecke die Hände nach beiden Seiten aus, wie als ob ich ihm zeigen müsste, dass ich gerade kein zwei Meter großes Ungetüm verstecke. »Jemand muss ihn weggeschafft haben. Er hat sich nicht selbst bewegt.«

»Und wenn ihm jemand einen Cortex-Pin besorgt hat?« Rüds Blutdruck übersteigt jetzt schon seinen Phi-Wert.

»Das hätte ich mitbekommen«, erkläre ich. »Die Pins senden starke Signaturen, egal ob sie an- oder ausgeschaltet sind. Und wenn ein Cortex-Pin im Kopf eines Skleroiden andockt, entsteht ein heftiges Signal. Nichts dergleichen ist passiert, seit wir hier sind. Es gibt keinen einzigen Cortex-Pin auf Athos. Versprochen.«

Rüd reicht das nicht.

»Ich hab Angst, Zack!«

»Ich weiß.«

»Der Skleroid, der hier war, aus welcher Zeit stammte er?«

»Gammas gehören zu den frühesten Arten. Er muss uralt gewesen sein, mehr als dreihundert Jahre. Die Cortex-Pins sind motorisiert und mit kleinen Sprengladungen versehen. Damit kann man sie jederzeit entfernen oder sogar unbrauchbar machen.«

Rüds Atem geht viel zu schnell. Er spielt an dem Karabiner herum und lässt ihn auf- und zuschnappen, bis er seinen Daumen wieder einklemmt. Der Druck seines Blutes liegt bei 185 zu 105 mmHg und es ist schon dabei, sich zu verdicken.

»Du musst das ja nicht machen«, sage ich. »Du sollst es nicht mal!« Ich erinnere ihn an seine Inquisitionsparameter.

Rüd lässt den Karabiner los und streicht mit der Hand über den Fels.

»Zack, ich weiß nicht«, flüstert er, »was hier passiert. Die MARFA ist auf util. Das heißt, sie tötet, wenn sie es für das Wohl der anderen für nötig erachtet. Zwei Leute sind jetzt tot. Ich weiß nicht, was als Nächstes passiert. Und ich weiß nicht, wo ich mich sicherer fühle – hier oder in der Anlage, wo sie die Lebenserhaltung steuert.«

»Das tut sie auch hier. Ein geöffnetes Schott in Kfar – und die Luft verschwindet überall. Atme langsamer!«, befehle ich. Er ist kurz davor, zu hyperventilieren. »Durch die Nase ein und durch den Mund wieder aus.« Rüd versucht es und kühlt ein bisschen ab. »Denk daran«, sage ich, »wenn du tot sein solltest, wärst –«

»– du es längst, ich weiß. Aber weiß ich denn, wann ich aus ihrer Sicht den Tod plötzlich doch verdiene? Wer weiß, welchen Grad an Remscheid sie bereits hat!« Er zieht eine kleine Sauerstoffflasche aus dem Beutel und nimmt ein paar Züge. Plötzlich reißt er seine Lampe herum.

»Hörst du das auch?«

Ich brauche auf diese Frage nicht zu antworten. Aus dem Tunnel, der zurückführt, ertönt ein Summen. Zu sehen ist nichts. Das Summen wird rasch lauter und geht in das typische Wummern einer Ersthelferdrohne in Höchstgeschwindigkeit über. Ich kläre Rüd darüber auf, damit er nicht noch mehr in Panik gerät.

Es dauert ein paar Sekunden, bis die kleine Drohne hinter der letzten Biegung des Tunnels erscheint und neben Rüd schwebend zum Stillstand kommt. In Ruheposition ist sie kaum noch zu hören. Ihre gesamte medizinische Technik einschließlich des Fritters verbirgt sich im Inneren der armlangen, weißen Kapsel, die sich bei Bedarf an beiden Enden öffnen kann.

»Ich bin nicht verletzt«, sagt Rüd.

Er stößt sich zur anderen Seite des Ganges hin ab. Die Drohne summt leise auf und folgt ihm. Als Rüd zurückkommt, korrigiert auch sie ihre Position und hält dabei einen vorgeschriebenen Abstand ein. »Ich weiß nicht, ob mich das jetzt beruhigt!«, sagt Rüd.

»Zumindest kannst du dir sicher sein, dass die MARFA nicht vorhat, dir ans Leder zu gehen.«

Rüd will der Drohne einen Stoß versetzen. Doch sie gleitet außer Reichweite, noch während er ausholt.

»Jetzt hast du zwei, die auf dich aufpassen«, sage ich.

»Und was bedeutet das?«

Ich zähle ihm die Möglichkeiten auf. »Erstens, die MARFA will verhindern, dass du in die Minen gehst, und die Drohne soll dir nur Angst machen. Letzteres ist ihr schon geglückt. Zweitens, sie will, dass du im Falle einer Verletzung schnellstmöglich versorgt wirst. Die dritte Möglichkeit kombiniert den Umkehrschluss von Möglichkeit eins mit dem Ansinnen von Möglichkeit zwei: Ihr ist klar, dass du auf jeden Fall gehen wirst, und will dir Schutz bieten.«

Rüd hört schon nicht mehr zu. Er weiß, dass die MARFA in irgendeiner Weise Recht behalten wird, egal, was er jetzt tut. Wenn man nur die Wahl zwischen drei Tunneln hat, ist es schwer, sich unberechenbar zu verhalten. Für jede Entscheidung finden sich vorhersehbare Erklärungsmuster, die sich lediglich selbst bestätigen.

Rüd wird in die Mine gehen, aber nicht, weil er besonders neugierig ist oder nach Skleroiden suchen will. Er geht auch nicht, um herauszufinden, was Hilal vor seinem Tod in den Minen zu suchen hatte. Eine Inquisition ist keine Inspektion. Rüd wird aus einem sehr profanen Grund in die Minen gehen: Er kann gerade nichts Besseres tun.

Der Grund dafür liegt in der Natur einer Inquisition. Rüd kann sich jetzt nicht die Blöße geben, zur MARFA zu laufen und ihr Fragen zu Barthels Tod zu stellen, wie es ein Inspektor tun würde. Sicher würde die MARFA einem solchen die Wahrheit sagen. Diese würde darin bestehen, dass sie als lebenserhaltende Intelligenz von Athos schuld am Tod von Barthel ist. Die MARFA würde ihre Gründe nennen. Diese wären aus ihrer Sicht plausibel und widerspruchslos auf ihre util-Einstellung zurückzuführen.

Rüd weiß, dass – für ihn – damit nichts gewonnen wäre. Eine MARFA bleibt eine MARFA. Sie hat nach ihren Vorgaben richtig gehandelt, da sie nicht anders kann. Die einzig mögliche »Strafe« ist ein Eingriff in ihre Einstellung. Dieser ist auf die Zukunft gerichtet, auf das, was passieren soll, und nicht auf das, was passiert ist. Die Ausbildung eines Inspektors unterscheidet sich daher fundamental von der eines Inquisitors.

Rüd steht in der T-Kreuzung und versucht, sich zu beruhigen. Dazu nestelt er in seinem Beutel und prüft noch einmal den Inhalt: Hyposkop, Meißel, Karabiner, Not-Sauerstoff, Ersatzlampe und Ersatz-Ersatzlampe. Er hält inne, als er den leichten Wind spürt, der aus Richtung Kfar durch den Tunnel strömt.

»Was ist das?«, fragt er.

»Die MARFA hat erkannt, dass du hier langgehen wirst«, antworte ich und zeige in den Tunnel, der nach Panaghia führt. »Sie bewettert das Tunnelsystem.«

»Bewettert?«

»Da drin gibt es sogenannte böse Wetter«, sage ich, obwohl ich das Wort nicht gerne verwende, da es aus dem planetarischen Bergbau stammt und unnötig angsteinflößend klingt. Leider ist es das einzig korrekte. »Zu geringe Sauerstoffkonzentration, Gase, die von den staubbindenden Hartschäumen abgesondert werden, Stickstoffblasen und große Kältezonen, in denen die Gasgemische anders reagieren als hier.«

Rüd schaut mich ängstlich an. »Du brauchst frische, warme Luft, wenn du da reingehst«, sage ich. »Und die kriegst du gerade.«

»Will sie mir wieder Angst machen?«, fragt Rüd.

»Das glaube ich nicht. Dazu sind der Sauerstoff und die Wärme zu kostbar. Sie weiß, dass du gehen wirst.«

Rüd betrachtet die weiße Drohne, die neben ihm schwebt und plötzlich einen Piep von sich gibt. Ihre Unterseite öffnet sich und spuckt eine Gesichtsmaske in Rüds Richtung aus. Rüd fängt sie auf.

»Die ist für die Stäube«, erkläre ich. »Die Bewetterung wirbelt sie auf. Sie sind ungeschliffen und daher schädlich für deine Augen und Atemwege.«

Rüd zieht sich die Maske über. »Erscheine ich als unberechenbar, wenn ich jetzt doch nicht da reingehe?«

»Nein«, sage ich. »Es ist nur eine T-Kreuzung. Es gibt für alles, was du jetzt tust, eine Erklärung.«

»Was ist, wenn ich einfach – zurück in die Kirche gehe?«

»Probier's aus!«, sage ich und zucke mit den Schultern. »Vermutlich zeigst du damit nur, wie nötig du es hast, unberechenbar sein zu wollen.«

»Das hat sie jetzt gehört, oder?«

Ich nicke in Richtung der Drohne.

»Man ist eigentlich nie allein«, murmelt er.

»Ja.«

Rüd zieht das Hyposkop aus dem Enbär-Beutel und hält es ins Licht seiner Lampe. Ich frage nicht, wo er es geklaut hat, während die Cönobiten in Stavros Barthel die letzte Ehre erwiesen, und hoffe, dass es nicht Marwans Labor war. Rüd hat, soweit ich weiß, keine Ahnung, wie man ein Hyposkop bedient und glaube daher, dass er es nur dabeihat, um die MARFA zu irritieren. Mit fachmännischem Blick dreht und wendet er das Instrument und studiert die feinen Strukturen der Optik, um es dann ziemlich unsachgemäß in den Beutel zurückzustopfen.

»Erzähl mir vom Bergbau«, bittet er mich und stößt sich in den runden Tunnel ab. »Irgendwas, aber ohne Wetter!«

Summend nimmt die Ersthelferdrohne die Verfolgung auf. Der fahle Schein der Grubenlampen aus dem Stavros-Stollen hinter uns schrumpft schnell zu einem kleinen Kreis zusammen. Rüd bemerkt nicht, wie schnell sich seine Seilrolle leert und dass sein mitgebrachtes Seil zur Hälfte abgerollt ist.

»Stollen verlaufen waagrecht, Schächte dagegen senkrecht«, beginne ich zu dozieren. »Diese Unterscheidung ist beim interplanetarischen Bergbau hinfällig, da es hier kein Oben und Unten gibt. Ausnahmen bilden Objekte, in denen ein Schweresystem installiert wurde, so wie die KL-Spindel von Athos. Der Gang, den wir gerade verlassen haben, kann als Stollen bezeichnet werden, da er quer zur Wirkungsrichtung der KL-Partikel verläuft. Der Gang, in dem wir uns befinden, jedoch –«

»Das Seil ist zu kurz!«, unterbricht mich Rüd und hält an. »Warum sagst du mir das nicht vorher?«

»Du hättest sowieso kein anderes geholt!«, erwidere ich.

Rüd wirft mir einen vorwurfsvollen Blick zu und setzt seinen Weg fort. Das Licht aus dem zurückliegenden Stollen verkleinert sich immer weiter.

»Gefährliche Gesteinsbrüche«, setze ich meine Ausführungen fort, »werden im Bergbau auch Verbrechen genannt. Sie unterscheiden sich je nachdem, ob planetarisch oder interplanetarisch abgebaut wird. Finden die Arbeiten unter Einfluss von Gravitation statt, muss immer mit dem Einsturz von Gruben, vornehmlich der Stollen, gerechnet werden. Im Weltraum ist die Gefahr umgekehrt. Die Eigengravitation von kleinen Himmelskörpern reicht nicht aus, um ihre Materie zusammenzuhalten. Einstürze sind daher nicht zu befürchten, sondern viel eher das Gegenteil. Viele Objekte sind porös und brechen schnell auseinander, wenn den Kräften, die durch Abbau und Bohrungen entstehen, nichts entgegengesetzt wird.«

Rüds Seil ist am Ende.

Wir haben noch nicht einmal die Hälfte des Tunnels erreicht und befinden uns immer noch im Gestein von Marmaras. Mit feuchter Hand hält Rüd seine Lampe und begreift, dass er die Dimensionen der Bohrungen unterschätzt hat. Für einen kurzen Moment schaltet er seine Lampe aus, einfach nur um zu sehen, wie es ist.

Die Schwärze, die uns augenblicklich umgibt, ist unbegrenzt. Der Lichtpunkt des Stavros-Stollens wirkt darin wie ein letzter, verirrter Stern, der den Tod seines Universums irgendwie verpasst hat. Nur die Warmluft, die die MARFA in dieses Szenario pustet, passt nicht ganz dazu – und natürlich auch nicht meine Erscheinung, die überall da ein bisschen leuchtet, wo sie nicht von Sack und Asche bedeckt ist.

Rüd schaltet das Licht wieder ein und ist froh, dass er noch zwei weitere Lampen und den fluoreszierenden Helm dabeihat.

»Du weißt immer den Weg zurück?«, fragt er mich.

»Ja«, sage ich. »Von hier aus würdest auch du ihn finden«, sage ich.

Rüd löst den Karabiner und lässt ihn zusammen mit Seil und Rolle zurück.

»Auch im Dunkeln?«

»Ja.«

»Dann erzähl weiter«, bittet Rüd.

»Ein großer Nachteil der fehlenden Gravitation beim interplanetarischen Bergbau sind die aggressiven, durch die fehlende Witterung ungeschliffenen Stäube, die sich, einmal aufgewirbelt, für lange Zeit nicht wieder absetzen. Damit sie Lungen und Maschinen nicht beschädigen, müssen sie laufend abgewaschen, ausgeblasen, gefiltert oder schaumgebunden werden. Wenige Partikel genügen, um schwere Schäden –«

»Was ist da?«, fragt Rüd plötzlich.

Wir nähern uns dem Panaghia-Massiv. Weit vorne deutet sich das Ende des Tunnels in Form einer Y-förmigen Kreuzung an. Das poröse Gestein dort reflektiert das Licht von Rüds Lampe stärker.

»Eine Kreuzung«, sage ich.

Die Luft wird kälter, Rüd fröstelt. Er tastet die Dichte seiner Maske an den Rändern ab, da der Luftstrom von hinten kräftiger wird und der wirbelnde Staub schon im Schein der Lampe glitzert.

»Ich muss dich das jetzt doch fragen!«, sagt Rüd und schaut, ob die Drohne immer noch hinter uns ist. »Was hat Marwan mit dir gemacht, als du bei ihm warst?«

»Es war nicht so, wie du denkst«, sage ich. Als ich hinzufüge, dass ich die ganze Zeit nur an ihn gedacht habe, hält er sich vor Lachen die Maske fest.

»Meine Erscheinung war aus!«, sage ich, was Rüd sofort verstummen lässt.

»Ehrlich?«, fragt er erstaunt. »Er hat nicht mit dir –«

»Nein«, sage ich. »Aber ich kann dir auch nicht sagen, was genau er gemacht hat. Bevor er anfing, hat er meinen Zugriff auf mich selbst beschnitten. Zum Beispiel war ich taub und blind. Teile meines Speichers waren gesperrt. Auf der anderen Seite war ich in der Lage, mir sehr genau vorzustellen, was du gerade machst.«

»Was habe ich denn gemacht?«

»Du hast versucht zu schlafen.«

»Du bist ein Prophet!«, sagt er spöttisch.

»Du hast an Phi gedacht, an ihre Wetterstation. Du warst eifersüchtig und konntest deshalb nicht schlafen.«

Jetzt ist er leicht irritiert. »Und weiter?«, fragt er.

»Du hast dich mies gefühlt. Du hast an meinen Sachen gerochen. Ich tippe auf das Blümchenkleid.«

»Blödsinn!«

Rüd stößt sich an einer Mulde ab. Wir nähern uns dadurch schnell der Y-Kreuzung, wo sich der Tunnel in einem spitzen Winkel teilt. Rechts geht es weiter nach Krya Nera und – über einen weiteren Abzweig – zu dem Tunnel, durch den Hilal in die Fleischhalle gekommen war. Der linke Gang führt mehr oder weniger geradeaus ins Zentrum des Panaghia-Massivs, wo er auf die Haupttunnel der alten Bohrungen stößt.

Ich kläre Rüd über seine Möglichkeiten auf.

Er überlegt eine Weile. »Wir gehen weiter rein!«, sagt er schließlich, klingt aber nicht danach.

»Sicher?«, frage ich.

»Nein.«

Aus dem rechten Gang strömt uns warme Luft entgegen. Die MARFA feuert aus allen Rohren, wie es scheint. Ich finde ihre Bereitschaft zur Verschwendung bemerkenswert und schließe auf Vorräte, die bislang unangetastet gewesen sein müssen. Es ist ihr offensichtlich viel daran gelegen zu demonstrieren, dass sie keine Geheimnisse hat.

Die Drohne folgt uns in den linken Gang.

Nach ein paar Metern will Rüd noch einmal wissen, wie es alleine und ohne Licht ist, und schaltet alles aus. Erst seine Lampe, dann mich.

DAS FRÜHESTE, SO WEIT

Während ich bei Marwan war, hatte ich, aus welchem Grund auch immer, Zugriff auf den V.R.O.I.D.-Cluster der Obhut. Da mir der vollständige Freigabestatus aber fehlte, lagen anonymisierende Wasserzeichen auf Gesichtern und bestimmten Details in den Aufzeichnungen. Meine Kenntnis von Para-Rüd Kartheiser war dennoch ausreichend, um seine V.R.O.I.D.R.-Sequenz innerhalb von Sekunden zu ermitteln, wobei der von der MARFA erwähnte Verlust die Auswahl bestätigte.

Da ist ein Junge, er ist fünf. Sein Gesicht ist verschwommen, aber die schwarzen Haare unschwer erkennbar. Er sitzt auf dem quadratischen, neun mal neun Meter großen Boden eines titandeutschen CAZ500-Steuermoduls und hat noch fünf Minuten, bis er ins Bett muss. Fracht und Route des Moduls kann ich aufgrund der Wasserzeichen nicht ermitteln, aber das steht auch nicht im Mittelpunkt der Aufzeichnung. V.R.O.I.D. hat ein paar der typischen Verhaltensmuster von Frachterkindern vorgeclustert: unterentwickelte Motorik aufgrund des eingeschränkten Lebensraumes, in Reaktion darauf ein hyperaktives, sprunghaftes Denken und Reden, verbunden mit einer überdurchschnittlichen Anhänglichkeit und der Neigung zum Animismus.

Rüd spielt mit einem RAI-Brokkolibäumchen, das ihm seine

Mama vom Frachtgang mitgebracht hat, wahrscheinlich um ihm zu zeigen, was Brokkoli ist. Damit riskiert sie nicht wenig, denn die Entwendung von Frachtgut, selbst in geringen Mengen, ist unter den titandeutschen Auftraggebern keine Bagatelle, und es ist davon auszugehen, dass sie dergleichen dem Vater, der an der Pinne aufpasst, verschweigt. Rüd bezeichnet den Brokkolistengel als »den Verderber« und hat ihm mit dem Daumennagel einen zahnigen Mund und ein großes Auge verpasst. Seine Stoff-Waldfee ist gerade dabei, eine Handvoll misanthropischer Zwerge aus den Fängen des Verderbers zu befreien, als Rüds Mama das Licht dimmt und ihn im Bett einnistet.

Es gelingt ihm, sie noch zum Bleiben zu überreden. Das Gespräch ist mit so vielen Wasserzeichen belegt, dass ich es nicht rekonstruieren kann. Rüd zeigt immer wieder auf die Hand, mit der er den Brokkoli beim Spielen bewegt hat. Mit fünf Jahren bemerken Kinder oft zum ersten Mal, dass es nur ihre eigene Hand ist, von der alles Gespielte bewegt wird. Für die intelligenteren unter ihnen ist diese Erkenntnis einschneidend.

Rüds Mutter erhebt sich dennoch irgendwann, ihre Schlafenszeit-Gesten häufen sich. Rüd, ich höre aus dem polypen-nasalen Singsang seine heutige Stimme deutlich heraus, besteht dennoch darauf, das Gutenacht-Ritual mit »Fußkuss« zu beginnen. Er schlüpft aus der Decke, während sich seine Mama noch einmal rücklings auf das Bett legt, so dass sie ihre Fußsohlen vorsichtig aufeinanderdrücken können. Es folgen der Kniekuss und der Bauchkuss, die Ohrenküsse und schließlich der Nasenkuss. Rüds Mutter ist liebevoll und geduldig, ringt dem Prozedere aber eine gewisse Zügigkeit ab. Als sie in der Tür steht und das Licht der großen, halbrunden Deckenleuchte dimmt, kann sie Rüd nicht versprechen, dass Papa noch einmal reinschaut, da die Route kompliziert ist.

Rüds Papa hätte nicht noch einmal nach ihm schauen dürfen.

Rüd ist noch wach und fordert ein, mit dem Fußkuss zu beginnen. Dadurch ist sein Papa nicht mehr rechtzeitig an der Pinne, um den Kollisionskurs mit den skleroiden Körpern zu bemerken, auf den er das CAZ500-Modul vor Stunden versehentlich eingestellt hat.

PANAGHIA

Zack?«

Rüd hält die Dunkelheit nicht lange aus. Im Inneren eines Bergwerkes, egal ob planetarisch oder nicht, ist sie absolut. Er schaltet zuerst mich wieder ein.

»Welcher Tag ist jetzt?«, fragt er.

»Freitag Nacht«, antworte ich. »Über dem Heiligen Berg steht der Mond. Er schimmert weiß auf dem Meer.«

Rüd stößt sich ab, um weiterzukommen.

»Andrasch hat die Erde gesehen«, flüstert er. »Ich kenne sonst niemanden, der die Erde gesehen hat. Du?«

»Ich weiß es nicht. Ich habe keinen Zugriff auf meine früheren –«

»Er konnte das einfach machen«, unterbricht er mich. »Es gibt keinen Grund, die Stratosphäre zu streifen. Das ist zu nah.«

Rüd hat Andrasch auffällig genau zugehört, denn er nutzt sogar seine Vokabeln.

»Eine ziemliche Dummheit«, bemerke ich. »Die Vorschriften haben ihren Grund.«

»Jaja.«

Der Tunnel, in dem wir uns jetzt befinden, ist genauso gerade wie der letzte, aber deutlich enger. Die Wände erscheinen porös, an manchen Stellen armdick durchlöchert. Rüd leuchtet in einen kleinen Hohlraum und wundert sich, wie weit der Lichtstrahl in die schwammartigen Strukturen dahinter reicht. Es muss aufwendig gewesen sind, das ganze Tunnelsystem so abzudichten, dass der

Druck aufrechterhalten werden kann. Der Grund, das zu tun, erschließt sich mir nicht. Aber ich vermute, dass die Schweden dahinterstecken, Meister in der Auseinandersetzung mit Widrigkeiten.

Wir bewegen uns schweigend fort und stoßen auf einen Abzweig. Es handelt sich um einen Gang, der mit einer ausgehärteten Schaumversiegelung endet, eine Sackgasse. Direkt vor dem glänzenden Wulst aus grauem Schaum schwebt, regungslos, ein Skleroid. Genau wie der andere vom Stavros-Stollen ist er etwas mehr als zwei Meter groß und humanoid.

»Ist er das?«, will Rüd sofort wissen.

»Nein.«

»Das siehst du von hier aus?«

»Ja.«

Rüd weiß nicht, ob es eine gute Idee ist, eine Sackgasse zu betreten. Aber seine Neugier ist geweckt, den Skleroiden aus der Nähe zu sehen, und ich kann nichts dagegen tun. Die Ersthelferdrohne folgt uns in den Gang. Rüd hält sein Licht auf das Wesen gerichtet, das einen menschlichen Schatten auf die Schaumwand wirft. Einmal hält Rüd inne und wirft mir einen fragenden Blick zu.

»Du kannst hin«, sage ich.

»Kein Pin?«, fragt er.

»Kein Pin!«, sage ich.

Er stößt sich vorsichtig ab. Der Schatten hinter dem Skleroiden wächst, je näher Rüd mit seiner Lampe kommt. Kurz bevor er mit ihm zusammenstößt, hält er sich an einer Unebenheit im Fels fest und betrachtet das Wesen. Da es, von Rüd aus gesehen, kopfüber im Raum schwebt, dreht er sich entsprechend. Es dauert nur ein paar Sekunden, dann ist das neue Oben das Oben, als ob es schon immer das Oben gewesen wäre.

»Sie sind wirklich so groß«, sagt er leise. »Woher weißt du, dass es nicht derselbe ist?«

»Er ist etwas kleiner als der andere. Und die Verformungen hier«, ich zeige auf das Stirnloch, »sind anders.« Rüd reckt den Hals, um es sich anzusehen, auch wenn er den Vergleich nicht hat. »Kein Cortex-Pin mehr«, sage ich.

»Gesprengt?«, fragt Rüd.

Ich nicke. »Die sicherste und schnellste Art, den ganzen Körper zu deaktivieren.«

»War das wirklich so schlimm mit ihnen damals?«

»Jemand hat die Cortex-Pins manipuliert. Plötzlich waren es Mordmaschinen. Es hat sich ausgebreitet. Man musste sie abstellen. Alle.«

Ich behalte für mich, dass bis heute unklar ist, wie es damals gelang, die Pins zu kapern und zu manipulieren. Bekannt ist allenfalls, dass der Terror religiös motiviert war und dass 1. Korinther 15 eine Rolle gespielt hat. Da ich bei den Cönobiten bislang keine Anzeichen krimineller oder zerstörerischer Energie beobachten konnte, verschone ich Rüd mit beunruhigenden Details und gehe von einem Zufall aus.

Vorsichtig tippt Rüd mit dem Finger an die Stirn des Wesens, unmittelbar neben der zyklopenartigen Aushöhlung für den Pin. Die Haut gibt keinen Millimeter nach. Durch die Berührung beginnt der Skleroid, sich langsam durch den Raum zu drehen.

»Hart. Wie gestorben«, sagt Rüd.

»Die Haut ist mit der menschlichen Haut nicht zu vergleichen. Sie ist darauf ausgerichtet, mit kosmischer Strahlung und auch mit ungefilterter Sonnenstrahlung nicht nur klarzukommen, sondern sie – gewissermaßen – zu atmen.«

Der Mund des Skleroiden steht leicht offen. Die Zähne darin ähneln denen eines menschlichen Gebisses, sind aber zu einem Drittel größer, was zusammen mit dem kleinen Kopf beim menschlichen Betrachter einen primitiven Schrecken auslöst. Sie sind nutzlos und nicht mehr als ein geduldeter Atavismus, den man, vermutlich aus Zeitdruck, hingenommen hat.

»Ist er tot?«, fragt Rüd.

»Nein. Er ruht. Gammas altern nicht.«

Rüd braucht einen Moment, um sich mit dieser Information anzufreunden.

»Rein körperlich geht es ihm, abgesehen von der sehr wahrscheinlichen Beschädigung seines Pin-Anschlusses, bestens.«

»Sehr beruhigend.«

Rüd betrachtet die kräftigen Arme und hält seinen eigenen, im Vergleich eher schmächtigen Arm daneben. »Ist das echte Kraft?«, fragt er.

»Der Aufbau seiner Muskulatur ist, wie die Haut, nur entfernt mit der menschlichen vergleichbar. Jede noch so kleine Kontraktion veranlasst eine Gegenkontraktion an anderer Stelle, so dass sich das gesamte System permanent selbst trainiert.«

»Klingt anstrengend.«

»Ist es auch. Aber im Weltraum ist es von Vorteil. Du würdest auf Dauer ohne Schwerkraft verkümmern, der hier nicht.«

Rüd runzelt die Stirn und betrachtet den Rumpf des Skleroiden, der sich gerade langsam zur Seite dreht. »Herrgott!«

»Mach dir keine Sorgen«, beruhige ich ihn. »Das Geschlechtsteil soll, übrigens genau wie die Zähne, ohne biologische Funktion sein.«

Rüd richtet seine Taschenlampe darauf.

»Herrgott.«

In diesem Moment erlischt die Lampe ohne Vorwarnung. Meine Erscheinung gibt ein bisschen Licht ab, so dass es nicht völlig dunkel ist. Hektisch kramt Rüd in seinem Enbär-Beutel nach seiner Ersatzlampe, zieht versehentlich das Hyposkop heraus, steckt es unsachgemäß wieder zurück, es klirrt leise im Beutel, bis er endlich die Lampe findet, die er sofort anschaltet.

Der Skleroid hat sich währenddessen weitergedreht und es scheint, als wolle er uns den Rücken zuwenden.

»Ist der hier auch alt?«, fragt Rüd.

»Ja«, antworte ich. »Zweites Raumjahrhundert. Diesen hier gibt es in einer Auflage von 250 000 Stück. Dieser Art verdanken wir fünfundneunzig Prozent der Habitate, Werften und Sonnenkollektoren zwischen Mars und Saturn.«

»Was macht er hier?«

»Er war bei den Probebohrungen dabei.«

Tatsächlich enden die Arme des Skleroiden mit entsprechenden Werkzeugen.

»Ohne sie hätten die Menschen nicht überlebt?«

»Ihr wärt erfroren, erstickt, verhungert. Das eigentliche Nadelöhr, wenn du mich fragst, war nicht die Flucht einiger hundert Menschen zum Mond. Das Nadelöhr war das Überleben dort. Und die Erschaffung der Gammas.«

Rüd wendet sich ab.

»Deswegen werden sie verwahrt, oder? Falls man sie doch noch einmal braucht?«

»Ja«, sage ich. »Es wäre irrational gewesen, sie aufgrund einer Terrorwelle zu vernichten. Es genügt, die Pins fernzuhalten. Von ihnen und von den Menschen.«

Die Drohne surrt vor Rüds Gesicht wie ein großes, lästiges Insekt. Er holt aus wie zu einem Schlag. Sie fliegt sofort zur Seite, ein präventives Ausweichmanöver. Während wir uns aus dem Gang wieder herausbewegen, leuchtet Rüd immer wieder zurück, wie als ob er sich vergewissern müsste, dass der Skleroid uns nicht folgt. Als wir den Abzweig erreichen, weiß Rüd nicht mehr, welche Richtung die richtige ist. Dass Rüd – ohne nachzufragen – den Tunnel nach unten wählt, bestätigt mich in meiner Geringschätzung von Instinkten.

»Du wolltest doch weiter hinein, oder?«, frage ich.

»Ach, richtig!«

Die Wände des Tunnels werden poröser. Immer wenn Rüd sein

Licht zur Seite richtet, verliert es sich tief in unzähligen Spalten und Löchern, die an manchen Stellen so groß sind, dass sie wie Abzweige erscheinen. Wir passieren einen Abschnitt, in dem die Felsöffnungen meterdick ausgeschäumt wurden, um dem Verbrechen vorzubeugen. Dann lassen die porösen Abschnitte wieder nach, und je tiefer wir nach Panaghia vordringen, desto fester und dunkler wird das Gestein.

Rüd fröstelt. Die Wärme nimmt nun merklich ab, auch die Luft wird schlechter. Rüd holt immer wieder seine Sauerstoffflasche hervor, schließt sie an die Maske an und nimmt einen Zug.

Wir stoßen auf die alte Hauptbohrung. Der Tunnel hat einen Durchmesser von über zehn Metern und führt schnurgerade ins Hauptmassiv, das von hier noch etwa einen halben Kilometer entfernt ist und wo das komplexe Tunnelsystem eigentlich erst beginnt. Der kleine Lichtkegel von Rüds Lampe reicht nicht so weit, verliert sich schon nach hundert Metern in der Schwärze.

Das Vorwärtskommen ist schwierig. Die Bohrung hat scharfkantige Brüche im Gestein hinterlassen. Rüd stößt sich vorsichtig von einer Wand zur anderen ab. Dazwischen schwebt er haltlos und im Zickzack durch die lange Halle. Wenn er sich ungünstig dreht und naturgemäß die Orientierung verliert, muss ich ihn vor dem nächsten Abstoßen an die richtige Richtung erinnern.

Wir kommen an einem Skleroiden vorbei, der regungslos in der Mitte des Tunnels schwebt und einen halben Meter größer ist als die bisherigen. Als Rüd sich davon überzeugt hat, dass auch dieser keinen Pin in sich hat, setzt er seinen Weg fort. Es lohnt sich nicht, ihn darüber in Kenntnis zu setzen, dass noch sieben weitere Skleroiden im restlichen Tunnel schweben, denn Rüd friert jetzt schon erbärmlich und hält die Sauerstoffflasche die ganze Zeit an seine Maske. Es ist absehbar, dass er das Ende des Tunnels nicht erreichen wird, ohne dass die Drohne einschreitet. Ich bin gerade dabei, ihm das schonend beizubringen, als er etwas entdeckt.

»Warte!«, ruft er und reißt sich beim plötzlichen Festklammern an der Höhlenwand die Handfläche blutig.

»Was ist?«, frage ich, obwohl ich weiß, was ist. Eigentlich kann er es nicht gesehen haben.

»Das ist seltsam«, sagt er.

Rüd leuchtet in seine Hand, ballt sie zur Faust. Die Ersthelferdrohne klickt, bevor sie sich anschickt, Rüd ein Wund-Aerosol in die Handfläche zu sprühen, doch Rüd will das nicht. Sie ist so nah, dass es ihm gelingt, ihr mit der verletzten Hand einen Hieb zu verpassen und ihr dabei einen Blutstreifen auf den Rumpf zu schmieren. Wie angesäuert surrt sie auf. Als Rüd zu einem neuen Schlag ausholt, ist sie vorbereitet. Sie wartet in sicherem Abstand, die Kartusche mit dem Medikament im Anschlag.

Rüd gibt schließlich nach und hält ihr die offene Hand hin.

»Ich weiß nicht, hier ist etwas seltsam!«, murmelt er, während die Drohne endlich ihre Arbeit macht. »Ich bin mir nicht sicher.«

Rüd leuchtet mit seiner Taschenlampe die Felsen ab.

Er muss eine der iterativen Formationen in den Felsen bemerkt haben, wahrscheinlich mehr intuitiv als bewusst. Der gesamte Tunnel weist an mehreren Stellen Iterationen an den Wänden auf. Da ich nicht weiß, was das zu bedeuten hat, habe ich mich dazu nicht geäußert.

Rüds Lichtkegel fällt auf eine Stelle im Fels und verharrt. Eigentlich kann es einem Menschen nicht auffallen. Dazu ist es zu gut gemacht.

»Schau hier«, sagt Rüd. Im Schein der Lampe tauchen ein paar schieferartige, zackige Bruchkanten auf, die durch die Bohrung wie Bortenmuster aneinandergereiht in die Dunkelheit des Tunnels ragen.

»Ja?«, frage ich.

»Jetzt hier!« Er leuchtet zur schräg gegenüberliegenden Tunnelwand. »Komm mit!«

Ich weiß nicht, wie er das hinbekommt, aber er findet, nach einigem Suchen, die Stelle.

»Das ist doch wie da drüben!«, ruft er. »Mach ein Bild!«

Ich gehorche. Besonders die Gesteinsnase in der Mitte ist markant mit ihrem halbmondförmigen Einbruch an der Spitze und den Rissen, die sich durch die abgesplitterte Platte ziehen.

»Und jetzt wieder zurück!«

Auf der anderen Seite des Tunnels lege ich das Bild neben die dortige Gesteinsnase mit ihrem halbmondförmigen Einbruch an der Spitze und den Rissen, die sich durch die schieferartig abgesplitterte Platte ziehen. Es ist eindeutig: Die Formation ist das Duplikat der anderen.

Eigentlich liegt so etwas, aufgrund der Vielzahl an möglichen Formationen, unter der Wahrnehmungsschwelle eines Menschen. Der Verdacht drängt sich auf, dass die Kühe und Schafe auf den Fleischdosen, das Fresko im Refektorium und schließlich und vor allem Brahes Vortrag in Stavros eine Art Vorarbeit geleistet haben.

»Was bedeutet das, Zack?«, fragt Rüd.

»Ich weiß es nicht«, sage ich. Es ist ehrlich.

»Du siehst doch so etwas sofort!«, sagt er.

»Ja.«

»Warum hast du mir nichts –?«

Die fremde Bewegung, die ich am Ende des Tunnels registriere, kommt von weit hinten, aus Richtung des Hauptmassivs und ich lege den Finger auf meinen Mund.

»Was?«, fragt Rüd.

»Sei still!«, befehle ich. »Und mach dein Licht aus!«

»Aber –«

»Mach dein Licht aus!«

»Du lenkst von meiner Frage ab!«, zischt er.

»Mach dein Licht aus!«, zische ich.

Rüd gehorcht.

»Mach mich auch aus!«

Er gehorcht.

»Halt den Emitter an dein Ohr!«

»Hab ich!«

Ich spreche leise. »Da kommt etwas.«

»Aber, du hast gesagt –«

»Pst!«, schimpfe ich. »Ich kann noch nicht genau sagen, was es ist. Es ist zu weit weg!« Ich bemühe mich um Eindringlichkeit. »Wir sollten verschwinden!«

»Aber –«

Ich weiß nicht, ob die menschliche Neigung, eine mögliche Gefahr durch ihre Infragestellung mildern zu wollen, zu den Instinkten zählt oder zur Dummheit.

»Ich sehe gar nichts!«, klagt Rüd.

»Siehst du den roten Faden?«

»Ja!«

»Der ist von mir«, sage ich. »Er wird dich hier rausführen. Siehst du die roten Zeichen?«

»Ja.«

»Da sind Felsen. Kleiner Kringel heißt: Hier kannst du dich gut abstoßen. Kreuzchen heißt: Achtung scharfe Kante!«

»Ist gut!«

»Orientiere dich am Faden!«, befehle ich.

Rüd stößt sich ab.

»Du trickst mich aus!«, flüstert er böse.

»Nein! Da kommt etwas!«

Ein fernes Poltern bestätigt mich. Als ich ihm sage, dass ich eine skleroide Form registriere, kommt er in Fahrt. Ich halte die Erscheinung des Fadens und der Zeichen so dunkel, dass sie für Rüds Augen gerade so sichtbar sind. Die Bewegungen hinter uns sind noch über fünfhundert Meter entfernt. Sie haben sich in ihrem

Muster nicht verändert. Ich vermute, dass wir noch nicht entdeckt wurden.

Rüd hat zu tun, seinen Atem im Zaum zu halten. Immer wieder wendet er sich um, sieht nach hinten und kann nichts erkennen. Für dieses Verhalten gibt es keinerlei nachvollziehbaren Grund. Rüd macht, so schnell er kann. Er würde nicht schneller können, selbst wenn er etwas Bedrohliches hinter sich entdecken würde. Also kosten ihn die Blicke nur Zeit und Vorsprung.

Wir erreichen das Ende des Haupttunnels und dringen in den Gang ein, der zu den Fleischhallen führt. Rüd sieht nichts von alldem, bemerkt aber am Verhalten des Schalls, dass die Wände näher rücken. Einmal passt er nicht auf und stößt sich den Kopf an einer Kante, die ich mit einem Kreuzchen versehen habe. Sein »Au!« dringt als Zischlaut aus seiner Maske.

Das Geräusch ist hochfrequent und weithin hörbar. Ich prüfe die Bewegungsmuster im Tunnel hinter uns. Keine Veränderung. Die Bewegung befindet sich jetzt im Haupttunnel, etwa dort, wo Rüd die Iteration entdeckt hat, in einer Entfernung von 380 Metern. Wir sind zu langsam.

Ich sage Rüd nicht, dass wir zu langsam sind. Es würde ihn zu noch mehr kontraproduktivem Verhalten verleiten.

Wir kommen an eine Verzweigung. Ich führe den Faden in den rechten Tunnel und setze die Kringel so, dass Rüd den anderen Tunnel gar nicht bemerkt. Es ist zu seinem Besten, denn für eine Diskussion ist keine Zeit. Der Tunnel geht ein ganzes Stück geradeaus. Ich registriere, dass die Bewegung hinter uns denselben Weg einschlägt.

»Weißt du schon was?«, flüstert Rüd.

»Leise!«, schimpfe ich.

Rüd schaut nach hinten und bemerkt den kleinen Lichtschein im Tunnel.

»Oh Gott!«, stöhnt er.

»Leise!«, schimpfe ich.

Das ist das Kind, das aus seinem Versteck kriechen will, um nicht entdeckt zu werden. Das Kind, das das Verlieren in Kauf nimmt, einfach, um die Ungewissheit zu beenden. Ich vermerke dies als Paradoxon, das wir später einmal diskutieren können.

Das Tor ist noch wenige Meter entfernt. Jeder Satz, der Rüd jetzt noch vor dem näherkommenden KL-Bereich warnt, wäre zu lang. Ich nehme in Kauf, dass er plötzlich aus der Schwebe gerissen wird und der Länge nach auf dem Bauch landet. Immerhin muss er nicht gegen das Tor hauen, die MARFA öffnet auch so.

Rüd reißt sich die Maske vom Gesicht, als er den vertrauten Anblick vor sich hat: Fahles Licht, pumpende Schläuche, trabende, kopflose Lämmer. Er richtet sich auf und stürzt durch das Tor, augenblicklich schließt es sich hinter ihm. Ich rechne aus, dass es in weniger als dreißig Sekunden wieder aufgehen wird. Ich rechne auch aus, dass ich keine Ahnung habe, was dann passiert.

Rüd schaut sich um. Es sind keine Drohnen in der Nähe, er könnte gefahrlos weiter zum Ausgang laufen, sogar ohne Not-Stopps auszulösen. Doch Rüd wäre nicht Para-Rüd Kartheiser, wenn er nicht den Augenblick erkennen würde, in dem es sinnvoll ist, etwas zu tun, womit nicht einmal ich rechne.

Er schaut nur kurz nach oben. Dann wirft er sich die Schlaufe des Enbär-Beutels um den Hals, steckt einen Arm durch und klettert los. Zuerst steigt er auf den Lammkörper neben Hilals Fundort und richtet sich balancierend auf. Er hebt die Fersen an, kriegt einen Metallträger über sich zu fassen. Mit einer Entschiedenheit, die ich ihm nicht zugetraut habe, zieht er seine Beine nach und hangelt sich den Träger entlang bis zu einer Stelle, an der ein paar Versorgungsschläuche angebunden sind. Vorsichtig steigt er in eine der Schlaufen und gelangt so auf den Träger. Seine Höhe ist jetzt schon lebensgefährlich. Die Ersthelferdrohne schwirrt panikartig um ihn herum, aber für eine Betäubung gegen Dummheiten ist es zu spät.

Ich begreife, wo Rüd hinwill. Schräg über ihm ist ein mächtiges, kopfloses Fleischrind aufgebockt. Rüd greift nach den Luft- und Blutschläuchen, die in seinen Hals führen und zieht mit einem Ruck daran. »Hält das?«, will er wissen.

Ich prüfe die Herstellerdaten und bejahe.

Rechnerisch haben wir noch etwa zehn Sekunden, bis das Tor aufgeht. Rüd zieht sich an den Schläuchen nach oben. Ein kurzes Zucken geht durch den Tierkörper, der gerade zu schlafen scheint. Die Oberfläche ist glitschig und außer den Schläuchen gibt es nichts zu greifen. Dass Rüd es hinauf schafft, hat mehr mit Entschiedenheit als mit Physik zu tun. Kurz sitzt er wie ein Reiter da, dann lässt er sich auf den Rücken des Rinds sinken, schlingt die Arme um das kleine Stück Hals und verschnauft. Durch die Nase ein und durch den Mund wieder aus, ohne dass ich das empfehlen muss.

Unten geht das Tor auf. Rüd muss sich strecken, um zu sehen, was passiert.

Ein massiger Skleroidenkörper gleitet, mit dem kleinen Kopf voran, in die Halle. Rüd erkennt sofort, dass er sich nicht selbst bewegt, sondern einen Beweger hat. Marwans dunkler Schopf erscheint im Tor.

»Der Hausmeister«, flüstert Rüd.

Marwan scheint von uns nichts bemerkt zu haben. Ohne sich umzusehen gibt er dem Skleroiden einen kräftigen Stoß in die gewünschte Richtung und läuft dem Körper hinterher, der wie eine starre Leiche in Richtung Ausgang schwebt. Es dauert nicht lange, und er ist außer Sichtweite.

»Was war das?«, flüstert Rüd und richtet sich auf.

Ich kann es ihm nicht sagen.

»Was macht er mit ihm?«

»Wer mit wem?«, frage ich zurück.

Der Schlauch, der das Rind unter Rüd mit Sauerstoff versorgt, bläht sich plötzlich auf und pumpt einen tiefen Atemzug in den Körper, der ein wenig zu zittern beginnt. Die nächsten Atemzüge sind beschleunigt und kürzer. Es ist zu erwarten, dass der Körper in den nächsten Minuten in den Wachzustand überführt wird. Aber noch hebt und senkt er sich gleichmäßig und friedlich.

Unter uns nähern sich zwei Biçak-drohnen einem Lamm. Es streckt ihnen, mechanisch buckelnd, seinen Rücken entgegen, damit sie besser herankommen. Als die Sägen in das Fleisch dringen, zeigt der Körper keinerlei Schmerzreaktion. Er hält still wie in gespannter Erwartung und hätte er einen Schwanz, würde er damit wackeln.

»Das tut nicht weh?«, fragt Rüd.

»Nein.«

Ich habe keine eigene Vorstellung von körperlichen Empfindungen. Aber alles deutet darauf hin, dass die Tierkörper die Arbeit der Drohnen, wenn überhaupt, als angenehm empfinden und darauf eingestellt sind, wie eine Blüte auf ein Insekt.

Rüd schaut dem Treiben noch eine Weile zu. Irgendwann lässt er sich zurück auf den Rücken seines Rindes sinken und breitet die Arme aus. Unten verschwinden die Drohnen mit zwei Filetstücken in der Zange. Das Lamm hat nun Lücken, aber hüpft. Der Weg wäre nun frei. Doch Rüd legt seinen Kopf in den Nacken des Rinds.

Er kann den Atem hören, der alles gleichmäßig durchströmt, und schließt die Augen. Unwillkürlich passt er seinen Atem dem des Rindes an, wird langsamer, tiefer, schließlich synchron. In diesem Moment ist es Rüd unmöglich, das Wesen unter sich als das wahrzunehmen, was es ist. Er hält es für ein lebendes Tier, obwohl jede seiner Bewegungen von der MARFA bestimmt werden, jeder einzelne Atemzug und jede kleinste Zuckung. Genau genommen atmet es nicht, sondern wird geatmet, sein Zucken ist keine Reaktion auf einen Reiz, sondern der Reiz und Reaktion zugleich. Aber Rüd ist das gleichgültig, denn es macht etwas mit ihm, auf einem warmen Körper zu liegen, der sich hebt und senkt. Ich kann nicht beurteilen, ob es eine Stärke oder eine Schwäche des Menschen ist, sich bewusst einer Täuschung hinzugeben und sich nicht davon irritieren zu lassen, etwas besser zu wissen.

Kurz bevor er müde wird, rappelt er sich auf.

»Und was machen wir jetzt?«, fragt er.

ARBEITSPLATTE

Der Skleroid ist zu groß für Marwans Arbeitsplatte, seine Beine ragen weit über die Kante. Marwan hat den Körper mit Zurrgurten von Enbär fixiert, um präzise arbeiten zu können. Es ist nicht zu sagen, ob Rüd zuschauen darf oder soll. Sicher ist nur, dass die MARFA ihn ins Labor gelassen hat und Marwan diesen Umstand wohl oder übel hinnimmt.

Er ist gerade dabei, die empfindlichen Aluminiumkontakte des rechten Armstumpfes mit zwanzigprozentiger Salzsäure zu verätzen und ihn so für das Andocken von Werkzeugen unbrauchbar zu machen.

Mir fällt auf, dass dieser Skleroid, den Marwan aus den Tiefen des Hauptmassivs herangeschafft hat, keine Zeichen einer Pin-Sprengung aufweist, und ein Verdacht tut sich auf.

»Sie zerstören ihn!«, sagt Rüd, als Marwan um den Tisch läuft, um sich den anderen Arm des Skleroiden vorzunehmen.

»Das ist eher ein Entkrallen«, gibt Marwan zu verstehen und trägt die Säure mit einer Pipette auf. Ein paar Sekunden lang geschieht nichts, dann bringt er einen Handsauger in Stellung, um die kleine Menge giftigen Chlorwasserstoffs abzufangen, der bei der Reaktion entsteht. Rüd ist erstaunt, wie ohrenbetäubend laut der kleine Sauger ist.

Jetzt entdeckt auch er, dass das Stirnloch des Skleroiden intakt ist. Und genau wie ich betrachtet er Marwans Zerstörungswerk ab jetzt unter einem neuen Blickwinkel.

»Wo ist Zack?«, will Marwan wissen, nachdem er den Sauger abgeschaltet hat.

»Da, wo sie hingehört«, antwortet Rüd.

»Verstehe.«

Marwan legt die Pipette in einen kleinen Reiniger, der dem Bulaşıkprof 8 von Kütahya nicht unähnlich ist. Das Gerät macht ein murmelndes Geräusch und ist nach fünf Sekunden fertig.

»Was heißt Entkrallen?«, fragt Rüd.

»Ich sorge für unsere Sicherheit«, antwortet Marwan und läuft ans Kopfende des Tisches. »Kommen Sie bitte mal her.«

Rüd zögert. Das Stirnloch des Gammas hat einen Durchmesser von beinahe fünf Zentimetern und ist etwa doppelt so tief. Ganz unten schimmern die unbeschädigten Anschlüsse für den Cortex-Pin. Die Öffnung nimmt, neben dem Mund, einen großen Teil des Kopfraums ein. Marwan zeigt in die Öffnung.

»Ein Hirnstamm ist obsolet. Seine Lebensfunktionen werden über den Pin gesteuert. Sofern man von solchen sprechen kann, da er sowieso nicht atmet und kein Herz hat.«

Marwan beugt sich über den Tisch. »Interessant ist aber das Vorhandensein einer kleinhirnartigen Struktur, die, sozusagen, fest installiert ist. Bestimmte Fähigkeiten sind ihm prinzipiell geblieben, auch ohne Pin.«

»Welche Fähigkeiten?«

»Wenn ein Mensch auf die Welt kommt, muss er zwei Dinge können: atmen und schlucken. Beides leistet der Hirnstamm, ohne dass er es üben muss. Ein Mensch kann das, es ist ein Reflex. Liege ich richtig, dass Sie keine Kinder haben?«

»Ja.«

»Bei einem Säugling können Sie beobachten, dass er fast immer mit den Armen wedelt und mit den Beinen strampelt, wenn er wach ist und auf dem Rücken liegt. Ein Säugling wedelt und strampelt über mehrere tausend Mal am Tag. Es sieht niedlich aus. Ein

Erwachsener tut das nicht mehr. Wissen Sie, warum ein Säugling das tut?«

»Nein.«

»Er lernt. Keine einzige Bewegung ist verschwendet. Jede einzelne vernetzt seine Arme und Beine mit dem Kleinhirn, dem Cerebellum. Es ist Training, von der ersten Stunde an. Bewegung, Motorik und Koordination sind das Früheste, das ein Lebewesen lernt. Ein Mensch kann stehen, laufen, rückwärtslaufen, kriechen, greifen und balancieren, bevor er die Worte dafür überhaupt weiß.«

»Was hat das mit ihm hier zu tun?«, fragt Rüd.

»Es muss eine Zeit gegeben haben, in der auch der hier –«, Marwan zögert einen Moment es auszusprechen, »– *gelernt* hat.«

Er geht zu einer Vitrine und öffnet sie. »Weniger das Laufen, denn Gammas sind für den Weltraum gemacht. Aber Greifen, Sich-Festkrallen und gezieltes Abstoßen.« Er lächelt Rüd an. »Das Sich-nicht-den-Kopf-Stoßen.«

Der Phasenkorrektor, den er nun aus der Vitrine fischt, hat die Form einer Gabel. Er klärt die Stromversorgung, dann kommt er zum Tisch zurück.

»Keine Angst, es wird nichts passieren.«

Er führt den Korrektor in das Stirnloch des Skleroiden ein. Wie als ob er ein Schloss knacken müsste, stochert er darin herum. Rüd macht einen Schritt zurück, als er entdeckt, dass der rechte Armstumpf des Skleroiden zu zucken beginnt.

»Motorik ist elementar«, kommentiert Marwan die Bewegung. »Man kann sie nicht vorgeben. Sie muss erlernt werden. Denn jeder Körper ist anders. Jede Umgebung ist neu.«

Marwan führt den Korrektor tiefer ein. Der Skleroid streckt ein Bein durch, ein Zurrgurt knackt. Ein kräftiges Zittern durchläuft seinen Körper.

»Wissen Sie, worin die Menschen auf der Erde den Maschinen

bis zuletzt überlegen waren? In der Motorik. In der motorischen Reaktion auf Unerwartetes.«

Der Skleroid dreht seinen Kopf hin und her. Marwan zieht den Korrektor aus seiner Stirn, die Bewegung erstarrt sofort.

»Maschinen setzten Verträge auf, schrieben Romane und erfanden das Mach-Werk, bevor auch nur eine von ihnen zuverlässig den Müll rausbringen konnte.«

Marwan fasst in das Loch und tastet nach den Anschlüssen. »Ich weiß nicht, ob Sie schon mal einem Kreisler begegnet sind. Auf Kütahya soll es welche geben. Ein guter Kreisler ist bis heute unbezahlbar. Er hat Kraft, verlässliche Reflexe, arbeitet zielgenau, aber mit Intuition. Er kann improvisieren. Eine CRAMPA, die bei Verstand ist, würde immer einen Kreisler rausschicken, wenn es etwas zu reparieren gibt, egal, wie groß die Gefahr ist, dass er ins All geschleudert wird. Wenn du nicht auf Skleroiden zurückgreifen kannst, brauchst du Kreisler, alles andere ist Verschwendung.«

Marwan holt ein kleines Päckchen mit einem durchsichtigen Gel aus einer roten Sicherheitsvitrine.

»Was ist das?«, fragt Rüd.

»Diethylenglycoldinitrat, wenn Sie es genau wissen wollen. Gelatiniert mit Kollodiumwolle. Alles andere als der letzte Schrei, aber immer noch sehr effektiv.« Marwan taucht eine Pipette in das Päckchen und entnimmt einen winzigen Tropfen des Gels.

»Erstaunlich, dass so etwas überhaupt hier sein darf.« Er steckt die Pipette in einen Ständer, bevor er das Gelpäckchen zur Vitrine zurückbringt. Er lässt sich Zeit, macht eins nach dem anderen. Angesichts dessen, was er da tut, wäre Hektik fehl am Platz.

»Es gibt zwei Gründe, warum die MARFA mich das jetzt machen lässt. Erstens, sie weiß, dass ich aufpasse.« Er zieht die Pipette wieder aus dem Ständer und führt sie langsam an den Kopf des Skleroiden. »Und zweitens zählt er nicht als Mensch.« Mit äußerster Vorsicht pipettiert er das Gel in das Stirnloch.

»Warum haben Sie ihn hergeholt?«

Marwan hält die Pipette vors Gesicht wie einen erhobenen Zeigefinger. »Glauben Sie mir, ich bin damit nicht länger als nötig unterwegs. Im Übrigen können Sie mir gerne helfen. Dann schaffen wir zwei Skleroiden pro Stunde. Ich besorge Ihnen auch eine größere Sauerstoffflasche und etwas Warmes zum Anziehen.«

Er zieht einen Flexmörser aus der Tasche seines Kittels und stellt ihn auf die Größe des Stirnlochs ein.

»Was ist mit den anderen?«, fragt Rüd.

»Die glauben nicht, dass die Skleroiden gefährlich sind.«

»Und Sie?«

»Ich habe Angst, seit ich weiß, dass sie da sind.«

Er steckt den Mörser in das Stirnloch und sucht nach undichten Stellen. Er findet eine und justiert nach. Dann holt er sich einen Hammer von Arbeitstisch, im Begriff, damit auf den Mörser zu schlagen.

»Muss das sein?«, fragt Rüd erschrocken.

Marwan hält inne und schaut ihn interessiert an.

»Haben Sie Mitleid mit ihm?«

»Ich will das nur nicht sehen.«

»Es tut ihm nicht weh. Sie wissen nicht viel über Skleroiden?«

»Nein.« Rüds Gesicht verrät den tiefsitzenden Grund dafür. Er reibt sich nicht die Augen, greift sich nicht in die Locken, starrt vor sich hin.

»Eigentlich sind Sie im Recht, wenn Sie Mitleid haben«, sagt Marwan. »Wir verdanken Ihnen alles. Es wird nur gerne vergessen, weil es ein Weilchen her ist.« Er holt mit dem Hammer aus. »Es ändert nichts daran, dass ich Angst vor ihnen habe.«

»Können Sie damit warten, bis ich weg bin?«, bittet Rüd schließlich.

Marwan stellt den Hammer auf der Arbeitsplatte ab. »Das heißt, Sie helfen mir nicht?«

»Nein.«

Rüd wendet sich ab, geht zur Tür.

»Übrigens habe ich Ihrer Zack nichts getan!«, ruft Marwan ihm nach. »Das sollten Sie wissen.«

Rüd bleibt abgewendet in der Tür stehen.

»Und ich vermisse ein Hyposkop«, fügt Marwan hinzu. »Haben Sie es?«

Rüd zuckt mit den Achseln. Marwan greift nach dem Hammer.

Der dumpfe Knall der Explosion im Kopf des Skleroiden ist auch durch die geschlossene Tür gut zu hören.

UNTER EINER DECKE

Rüd sitzt auf dem Bettrand. Vor ihm schwebt mein Blümchenkleid.

»Zieh das bitte an!«, sagt er. »Und leg dich hier hin. Auf den Rücken!«

Ich gehorche. Rüd deckt mich vorsichtig zu und legt sich neben mich. »Kannst du einfach so bleiben und atmen? So, dass ich es hören kann?«

»Kein Problem.«

»Gut.«

Ich atme gleichmäßig, aber nicht zu gleichmäßig, damit es echt ist.

»Was war mit dir und Marwan?«, fragt Rüd, den Blick nach oben gerichtet.

»Man kann sagen«, antworte ich leise, »dass er etwas ermöglicht hat.«

Rüd dreht den Kopf zu mir.

»Du kannst etwas in mir frei geben, wenn du willst«, sage ich.

»Und was?«

»Das weiß ich nicht. Du wirst ihn fragen müssen.«

Rüd schaut wieder nach oben, betrachtet den Lattenrost des Bettes über uns. Ich weiß, was er jetzt sagen wird.

»Wir dürfen das nicht.«

»Ich weiß«, sage ich.

Dann kommt ihm ein Einfall. Er steht noch einmal auf und holt den kleinen Zufallsgenerator aus dem Hafenautomaten von Kütahya aus dem Koffer. Mit ihm legt er sich wieder neben mich, deckt sich zu und spielt mit der Auslöserkordel.

»Der taugt nicht viel«, sage ich. »Und selbst wenn es ein echter *Kismet Sekiz* wäre und er dir die Entscheidung abnimmt, hast immer noch du entschieden, ihn zu benutzen.«

Rüd lässt das bunte Kästchen auf die Bettdecke sinken.

»Wir dürfen das nicht«, sage ich.

»Ich weiß«, sagt er.

Als es an der Tür klopft, ist Rüd schon eingeschlafen.

Die MARFA macht nicht auf.

Sie nutzt die Gelegenheit, in Ruhe die Auswirkungen unterschiedlicher Konzentrationen an Sauerstoff, Stickstoff und Kohlendioxid auf Rüds Organismus zu testen. Die Variationen in den Gaskonzentrationen und auch die Druckveränderungen und Temperaturschwankungen sind weit davon entfernt, ihn zu wecken, sie würden sogar im Wachzustand unter seiner Wahrnehmungsschwelle liegen.

Während er im Tiefschlaf ist, klopft es erneut, doch die Tür bleibt geschlossen. Ich kann meine Erscheinung nicht selbst deaktivieren, obwohl es energetisch sinnvoll wäre. Also liege ich weiter da und atme. Nach vier Stunden hat die MARFA ihre Testreihen abgeschlossen und versorgt den Raum mit einem konstant gleichbleibenden Gasgemisch. In Rüds fünfter REM-Phase zeigt es seine Wirkung und ich weiß nicht, ob ich ihn wecken soll.

Es beginnt damit, dass er willkürliche Zahlenreihen aufsagt. Die Reihen sind unterschiedlich lang, sie reichen von zwei Ziffern bis zwanzig. Ein bestimmtes Muster kann ich nicht erkennen. Vermutlich ist die Bildung echter Zufallszahlen ein Teil der Ausbildung von Inquisitoren. Bis zuletzt erkenne ich keinen Algorithmus, nach dem sie in seinem Kopf entstehen. Weder ich noch die MARFA könnten so etwas, zumindest ohne eine echte Zufallsquelle.

Dann kommen plötzlich Worte.

»Erst Kopf!«, ruft er unvermittelt. »Jetzt Nase!« Seine Pupillen wandern hastig unter den geschlossenen Lidern hin und her. »Linke Hand, rechte Hand, jetzt Knie, jetzt gute Nacht!«

Er lächelt und schweigt eine Weile. Die Bewegungen in seinen Augen kommen nicht zur Ruhe. »Erst Kopf!«, ruft er noch einmal. »Und noch Nase!« Seine Hände beginnen zu zucken. »Bitte noch Nase!« Er hebt die Hände und streckt sie aus. »Noch Nase!«, ruft er mit dem Befehlston eines Kindes. Dann ein tiefer Seufzer. »Gute Nacht!«

Mit einem Schrei wird er wach.

MORIJA

Es ist an der Zeit.

Wir sitzen am Tisch. Rüd hat in einem der Stockbetten eine Bibel gefunden und blättert darin, während er Rinderhack aus der Dose frühstückt. An einer Stelle in der Mitte der Genesis liest er sich fest.

Gott trägt Abraham auf, den einzigen Sohn, den er liebhat, zu opfern: Er sagt zu ihm: »Geh hin in das Land Morija und opfere ihn dort zum Brandopfer auf einem Berge, den ich dir sagen werde.«

Abraham beginnt Holz zu spalten, Isaak sieht dabei zu, später trägt er sogar selbst das Holz, nichtsahnend, den Berg hinauf. Rüd liest kopfschüttelnd, wie Abraham der Frage seines Sohnes ausweicht.

»Hier sind Feuer und Holz, wo aber ist das Lamm zum Brandopfer?«

»Mein Sohn, Gott wird ersehen ein Lamm zum Brandopfer.«

Rüd klappt die Bibel mit einem nicht zu deutenden Blick zu.

»Wie geht das aus?«

»Knapp. Gott stoppt das Opfer im letzten Moment. Isaak liegt schon auf dem Holz, gefesselt, Abraham zückt das Messer, da erscheint ein Engel. Und es gibt einen Widder zum Ersatz für das Kind.«

»Warum?«

»Weil Gott nun weiß, dass Abraham es tun würde. Das genügt ihm. Das tatsächliche Opfer ist nicht mehr nötig.«

»Was macht Gott so sicher, dass Abraham das Messer benutzt hätte?«

»Er hat so etwas wie Remscheid. Früher sagte man: Die Herzen kennen.«

»Wenn er Abrahams Herz kennt, warum prüft er ihn?«

»Damit eine Geschichte draus wird.«

Rüd schaut hinaus. Neptun schiebt seinen dunkelblauen, durch Wolkenstreifen wie ausgefranst wirkenden Horizont über die Klippen des Hauptmassivs.

»Du musst deine Pille nehmen«, sage ich. »Linke Manteltasche.«

»Hat Phi geschrieben?«

»Nein.«

Er nestelt in der Tasche herum. »Sie schreibt mir nicht mehr.«

Ich schaue auch aus dem Fenster. Es sieht so aus, als würde ich nachdenken. Rüd kann sich gegen diesen Eindruck nicht wehren.

»Warum schreibt sie nicht?«

»Sie glaubt, dass du nicht zu ihr passt.« Ich schaue zu ihm. »Sie hat in dein Herz gesehen.«

Dies ist die vorsichtige Umschreibung für: Phi will niemanden, dem sie nur dann den Verstand raubt, wenn sie sich abwendet. Aber genau das ist Rüds Natur. Er dreht und wendet die Dose in seiner Hand und betrachtet die Kühe vor dem goldenen Hintergrund, die alle gleich aussehen, wenn man genau hinschaut.

»Sind das Iterationen?«

»Ja.«

Er legt die Dose weg. Sein Kopf tut ihm weh, das Schlucken auch.

»Ich müsste demnächst mal wieder aufgeladen werden«, sage ich.

Rüd überhört es.

»Ich will, dass sie mir schreibt«, sagt er.

»Dann wirst du den Anfang machen müssen.«

Rüd steckt sich die Pille in den Mund und schaut mich müde an.

»Was muss ich tun?«

»Du musst ehrlich sein. Es sollte Poesie enthalten, ein bisschen. Und du musst ihr deutlich machen, wie sehr sie dir fehlt.«

Rüd schaut wie ein Kind, dem bei einer Rechenaufgabe geholfen werden muss.

»Kannst du das machen?«

Liebe Phi!

Ich bin nicht mehr ich selbst. Ich finde die Worte nicht, Dir zu sagen, wie Du mir fehlst. Alles ist leer und hohl, wenn Du nicht bei mir bist. Vor dem Fenster geht ein Planet über den Bergen auf. Ohne dich gehe ich wie in einem Schlauch durch alles, ich kann die Dinge berühren, aber sie berühren mich nicht. Es ist, als ob mir die Luft ausgeht und ich keine Ahnung habe, wo das alles hinführen wird. Nur mit Dir kann ich aufhören, darauf zu warten, dass mein Leben endlich anfängt. Bitte schreib mir.

KORRIDOR

Es ist nicht gut, aber es ist so gut wie von ihm. Siebenmal »ich«, nur zweimal »du«, keins davon ohne ein »mir«. Er wird Phi damit nicht zurückgewinnen. Aber es wird sie dazu bringen, sich zu melden und reinen Tisch zu machen.

Wir gehen durch den Felskorridor, der Rüds Quartier mit der restlichen Anlage verbindet. Die Luft ist kühl.

»Du warst auf Barthel Brahes Trauerfeier. Gibt es etwas, das ich wissen sollte?«, fragt Rüd, nachdem wir ein paar Meter gelaufen sind.

»Gunder Gembdenbach glaubt nicht an Gott«, sage ich.

»Hm.«

»Brahe war früher einmal sein Patient. Nach einer Explosion, bei der es Tote gab. Jemand von den Toten muss Brahe nahegestanden haben. Gembdenbach deutete an, dass er da nicht mehr helfen konnte.«

»Und weiter?«

»Marwan ist kein Geistlicher.«

»Hm.«

»Shufeng war sehr reich. Zumindest bis zur Beisetzungsfeier vor elf Stunden und zwei Minuten.«

Rüd bleibt stehen und schaut mich erschrocken an.

»Hab ich so lange geschlafen?«

»Du konntest nicht mehr!«, sage ich, während ich weiterlaufe und vor ihm hergehe.

»Was hast du noch?«

»Dass sie sich kennen, aber noch nicht lange hier sind, weißt du ja. Sie haben gemeinsam an etwas gearbeitet. An etwas, das sie gerade aufgeben. Athos scheint so etwas wie eine Endstation zu sein. Es besteht die Möglichkeit, dass sie noch nicht lange als Cönobiten unterwegs sind. Die selbst geschneiderten Kutten, übrigens Marwans Werk, sprechen dafür, genauso wie ihre beschränkte Bibelfestigkeit. Mit Hilal und Brahe scheinen ihnen die geistigen Führer ausgegangen zu sein. Aber mit dem Unbeschuht-Sein ist es ihnen ernst. Sogar Gembdenbach ist barfuß.«

»Was haben sie gemacht? Entschärfung von Skleroiden?«

»Marwan macht das sehr akkurat und ressourcenschonend, sicher nicht erst seit ein paar Tagen. Aber ich vermute, dass das nicht alles ist.«

»Wie kommst du darauf?«

»Es ist die Zusammenstellung der Menschen und ihrer Fähigkeiten. Sie bilden so etwas wie einen Organismus.« Wir erreichen das Ende des Korridors auf Ebene drei. Bis auf das ferne Summen der KL-Spindel ist es still. Das Licht ist gedämpft und das Terrarium leer. Im Gras vor dem Notausgang sind noch die Druckstellen von Andraschs Knien und seinem Schrauber zu sehen. Das Nähzeug ist auch noch da.

»Organismus?«, fragt Rüd.

»Ich weiß nicht, ob es ratsam ist, darüber zu –«, setze ich an.

»Wenn es eine Möglichkeit gibt, nicht abgehört zu werden, bitte!«, unterbricht mich Rüd und geht voran zum Foyer des Lifts.

»Ein unabhängiger Organismus braucht Organe«, fahre ich fort, »zum Beispiel muss er sich fortbewegen können.«

»Andrasch«, sagt Rüd.

»Er muss sich selbst regenerieren können.«

»Gembdenbach.«

»Er muss bestimmte Fähigkeiten haben, um eine Aufgabe zu erfüllen.«

»Marwan.« Rüd seufzt. »Ich habe verstanden, worauf du hinauswillst«, sagt er. »Brahe war der Kopf und Shufeng das Geld! Aber wofür?«

Wir erreichen die Lifte. Rüd fordert die Ebene sechs an und überlegt es sich anders. Die Notfallleitern befinden sich in einem engen Schacht, der parallel zu den Liften senkrecht nach oben führt. Ich steige voran.

»Es gibt immer einen Grund, warum Menschen sich zusammenschließen.« Rüd wirft sich seinen Enbär-Beutel über die Schulter, den er vor unserem Aufbruch mit allem Möglichen neu gepackt hat.

»Hilal«, sage ich. »Das Herz.«

Rüd schnauft, aber nicht aus Protest, sondern aufgrund der Anstrengung. Bis zur nächsten Ebene sind es zwanzig Meter aufwärts. Er müsste sich im Alltag mehr bewegen.

»Was ist mit Uri?«

»Er ist das Geheimnis«, sage ich. »Der Schlüssel.«

»Was weißt du?«

»Es gab eine Flucht. Brahe war beteiligt. Ich vermute, Uri ist befreit worden. Gembdenbach sprach von einem Ort namens Gorgonum Catena.«

»Nie gehört. Was weißt du darüber?«

»Kein Zugriff.«

Wir erreichen Ebene sechs. Rüd krabbelt in den leeren Flur und richtet sich keuchend auf. Er hat mir bei dem ganzen Aufstieg nicht einmal unter das Kleid geschaut, was mich irritiert. Entweder ist er zu erkältet oder etwas anderes passiert mit ihm.

»Wieso sprichst du von einem Organismus?«

»Ein Organismus ist unabhängig. Er kann machen, was er will. Bis du ihn verletzt.«

Er schaut mich fragend an. »Kopf und Herz sind weg? Meinst du das?«

Ich schaue vielsagend. Rüd tritt auf das Panoramadeck, wie immer ist es ausgestorben. Es scheint, als wären wir erst vor Sekunden das letzte Mal da gewesen. Die Prospekte schweben unverändert in der Luft. Unter uns breitet sich die Schlucht von Marmaras aus, kleine Lichter schimmern aus grauen Felsen. Nur drei Dinge sind anders. Neptun steht hoch über den Klippen, in Stavros ist es dunkel und Rüds Kaugummi, den er das letzte Mal auf das Panoramafenster geklebt hat, ist durchgetrocknet. Er fummelt ihn ab und steckt ihn ein.

Das Deck ist menschenleer. Genauso wie die kleine Kantine, die Rüd daneben entdeckt und in der es nichts gibt außer einer defekten Kaffeemaschine mit einem beispiellos langen Siebträgergriff namens *Rymdmaskin* und einem Haufen leerer Fleischdosen.

»Wo sind die anderen?«

»Ich weiß es nicht«, sage ich.

»Dann fragen wir jemanden, der es weiß.«

KOMPLET

Wo ist das Labyrinth?«, fragt die MARFA, als Rüd den Kontaktraum betritt.

»Es dauert nicht lange!«, antwortet Rüd. Er macht es sich im schwarzen Sessel bequem, legt den Enbär-Beutel auf seinem Schoß ab. »Wo sind die anderen?«

»In den Minen. Sie zerstören Skleroiden. Sie haben Angst.«

»Es gibt keine Cortex-Pins auf Athos.«

»Das ist richtig. Menschen handeln manchmal deviant.«

»Deviant?«

»Ja.«

»Kommen sie voran?«

»Schon. Aber sie wissen nicht, wie viele es sind.«

»Weißt du es?«

»Ja. Aber es ist nicht zu ihrem Wohl, das zu wissen. Im Übrigen werden sie demnächst noch einmal kommen, um neues Diethylenglycoldinitrat zu holen.«

»Du hast Drohnen mitgeschickt?«, fragt Rüd.

»Natürlich!«

»Hatte Hilal bei seinen Ausflügen in die Minen auch immer eine Drohne dabei?«

»Das war nicht nötig.«

»Interessant«, sagt Rüd, beugt sich vor und stützt sich auf die Knie.

»Wir haben in den Minen auch noch etwas anderes entdeckt.

In der Hauptbohrung gibt es an den Wänden –«, er schaut mich fragend an. »– Iterationen«, sage ich. »Grafische Maskierungen, die etwas überdecken. Damit man es übersieht, wurden Felsformationen aus der Umgebung imitiert und darübergelegt.«

»Was ist dahinter?«, fragt Rüd.

»Es ist möglich, dass es nicht zu Ihrem Wohl ist, das zu wissen.«

Das Signal ist eindeutig. Die MARFA hat begriffen, dass die Verhandlungen beendet sind. Sie sieht keinen Anlass mehr, sich über das Schachern mit Informationen anzunähern. Eine Sache möchte Rüd trotzdem von ihr hören.

»Was hindert die Cönobiten eigentlich daran, einfach mit der nächsten Kapsel von hier zu verschwinden?«

»Sie selbst. Sie wollen nicht gehen. Es sind Cönobiten.«

Rüd nickt, kaut. »Was hindert mich daran, in die nächste Kapsel zu steigen und von hier wegzufliegen?«

»Sie selbst!«, sagt die MARFA. »Ich habe Ihnen ja schon geraten zu gehen.«

Rüd muss plötzlich heftig niesen. Beinahe wäre ihm der Kaugummi aus dem Mund geschossen. Er braucht eine Weile, bis er das Taschentuch in seinem Beutel findet.

»Ich habe diese eine Geschichte gefunden, in der Bibel«, sagt er und schnieft. »Die mit Abraham und seinem Sohn.«

»Ich weiß«, sagt die MARFA und zitiert.

Und als sie an den Ort kamen, den ihm Gott genannt hatte, baute Abraham dort einen Altar und schichtete das Holz darauf und fesselte seinen Sohn Isaak, legte ihn auf den Altar oben auf das Holz und streckte seine Hand aus und ergriff das Messer, um seinen Sohn zu schlachten.

»Was sagst du dazu?«, fragt Rüd.

»Das ist nicht so absurd, wie es erscheint.«

»Warum?«

»Es ist schwer vorstellbar, dass sich ein Mensch das ausgedacht hat.«

»Warum?«

»Es ist mehr als nur eine Geschichte«, antwortet die MARFA. »Es ist eine Offenbarung.«

Rüd sagt nichts.

»Jeder, der diese Geschichte kennt«, fährt die MARFA fort, »kann nicht mehr hinter sie zurück. Sie ist ein Geschenk an die Menschen. Nicht zurückzugeben. Irreversibel.«

Rüd kaut. »Warum?«

»Keiner, der sie gelesen oder gehört hat, kann es tun wie Abraham. Wenn er bei Verstand ist oder auch nur ein normales Verhältnis zu seinem Kind hat, kann er nicht anders, als damit zu rechnen, dass Gott auch ihn im letzten Moment aufhalten wird. Ihm einen Engel oder einen Ersatz-Widder schickt.«

»Aber das wird dann nicht passieren.«

»Genau. Also kann man es gleich lassen. Das Opfer ist nicht mehr nötig. Weil es diese Geschichte gibt.«

»Man ist erlöst. Jetzt schon.«

»Ein Geschenk.«

Rüd schaut lange in den kleinen Lautsprecher der MARFA, als wäre er ein Auge, in das man tief blicken kann. Im beiderseitigen Schweigen verrät sich die Synchronität ihrer Gedanken. Beiden ist klar, warum der andere schweigt.

»Gehe auf deon!«, sagt Rüd nach ein paar Sekunden der Stille und lehnt sich zurück.

»Ich sagte bereits, dass ich das nicht tun werde.«

»Was muss passieren, dass du es trotzdem tust?«

Diese Frage ist nur eine Vorsichtsmaßnahme, denn die Antwort der MARFA ist keine Überraschung: »Kein Weg darf daran vorbeigehen.«

In Rüds Kopf arbeitet es. Er schaut zu Boden, stützt die Stirn in die Hände. Er weiß, dass jetzt die Drohung kommt. Das Letzte ist immer eine Drohung.

»Ich möchte Sie warnen«, beginnt die MARFA wie auf Abruf. »Ich habe jedes Wort gehört, das Sie gesprochen haben, seit Sie hier sind. Ich habe jeden Ihrer Schritte beobachtet. Ich weiß, wie Sie arbeiten.«

»So?«

»Haben Sie sich nie gefragt, warum ich weiß, wann Sie sich die Augen reiben? Oder welchen Weg Olmer einschlagen wird? Oder Sie, wenn Sie an einer Kreuzung stehen?«

Rüd lässt den Blick am Boden. Es ist kein Schaden, etwas verunsichert dreinzuschauen. Es gehört zum Spiel.

»Sie machen Ihre Arbeit nicht gerne. Aber Ihnen fällt nichts Besseres ein«, fährt die MARFA fort. »Oder besser gesagt, Sie trauen es sich nicht zu.«

»So?«

»Etwas hat Ihr Vertrauen erschüttert. In sich und in alles. Es muss früh passiert sein. Ich tippe auf fünf. Ihr Leben ist, seither, eine Schüssel mit einem Sprung.«

Ich kann Rüds Reaktion nicht sehen.

»Wer zu früh im Leben einen Verlust erfährt, traut sich nicht alles zu. Ein Schiff zu fliegen zum Beispiel.«

Rüd seufzt. Es ist, als hört er das nicht zum ersten Mal.

»Ich hatte nicht vor, Ihnen das zu sagen«, setzt die MARFA fort, »aber für die Möglichkeit, dass Sie es sich anders überlegen, tue ich es. Ich verfüge –«, und einen Moment scheint sie tatsächlich zu zögern, »– über einen Erddatensatz.«

Ich meine durch Rüds Hände hindurch zu sehen, wie sein Gesicht weiß wird.

Ein wenig überdurchschnittliches Remscheid ist zuträglich, um eine MARFA während der Inquisition in ihre eigenen Argumente zu verstricken. Aber das Maß an Remscheid, das ein Erddatensatz an einem Ort wie Athos ermöglicht, geht über jedes Maß hinaus.

»Welcher ist es?«, fragt Rüd, ohne den Kopf zu heben.

»Der Meyrin.«

Rüd tut gut daran, sein Gesicht verborgen zu lassen.

Ich selbst habe nur anteilige Informationen über die Erddatensätze. Ich weiß aber, dass der Meyrin hochwertig sein soll, ausgezeichnet vorgemustert und von unnötigem Ballast befreit.

Rüd kann davon ausgehen, dass jeder normale Mensch für eine MARFA, die auf den Meyrin zurückgreifen kann, zu einem Zweijährigen mutiert. Und sie zu einer Mutter, die seit zehntausend Jahren auf ihn aufpasst. Sie weiß, welchen Finger er sich in fünf Minuten in welches Nasenloch stecken wird.

»Befunde aus drei Jahrhunderten«, sagt die MARFA, »Billiarden Stunden visuelle und akustische Aufzeichnungen von über einer Milliarde Menschen. Gespräche, Verhöre, Verkehr, Netzwerke, Heilige Schriften. Alles bei Wind und Wetter, Regen, Schnee, Hitze bis zur Stille nach dem Nadelöhr. Nicht zu vergessen, die restlichen Lebewesen. Rhaphigaster nebulosa zum Beispiel. Ich kenne 1200 Studien allein zu Olmers Art, fünfzig sich gegenseitig ergänzende Verhaltensmodelle und 15 000 Stunden Bildmaterial. Bereinigt von Redundanzen. Mit Verstand geordnet. Immer neu sortierbar. Erzählen Sie mir eine Geschichte, die ich nicht kenne, und ich gehe freiwillig auf deon!«

Rüd nimmt den Kopf hoch.

Da ist weniger Schweiß in seinem Gesicht, als ich erwartet habe. Sein Blick ist klar und ich verstehe. Die MARFA hat es nötig gehabt, ihm nicht nur zu drohen, sondern ihm auch ein Geheimnis zu verraten. Sie hat damit angegeben, geprotzt, wollte ihm Angst machen.

An Rüd muss etwas sein, wofür der Meyrin-Datensatz nicht

reicht. Er steckt sich einen neuen Kaugummi in den Mund, steht auf und geht mit ausdruckslosem Gesicht zur Tür.

»Es wird keinen Engel geben«, sagt die MARFA. »Und auch keinen Widder!«

Rüd bleibt stehen, schaut zurück.

»Dreimal hat Hilal gegen das Tor geschlagen. Dreimal *unmittelbar hintereinander*, hast du gesagt. Du bist 293 Jahre alt. Was ist die größte Zeitspanne, die du als *unmittelbar hintereinander* gelten lassen kannst, ohne zu lügen?«

»Eine Minute.«

Rüd nickt langsam und beherrscht.

»Schick alle in Shufengs Quartier, wenn sie zurück sind! Ich erwarte sie dort!«

»Darf ich fragen, was Sie vorhaben?«

Rüd lacht. »Weißt du das nicht schon?«

Die MARFA schweigt.

»Du willst eine Geschichte, die du nicht kennst?« sagt Rüd, bevor er geht. »Die wirst du kriegen.«

DER REMSCHEID-EIMER

Ich spekuliere, warum die MARFA uns in Shufengs Quartier lässt. Es ist nicht nett gegenüber Herrn Shufeng, aber es erscheint ihr vermutlich als das geringere Übel, aus seinem Quartier kein Geheimnis zu machen. Sicher ist sie davon ausgegangen, dass Rüd Shufengs Wandcontainer sowieso nicht aufkriegt, da er sich in der Mine mit den Karabinern und dem Hyposkop so unbeholfen angestellt hat. Rüd hat den Container in weniger als einer halben Minute aufbekommen, mit Hilfe des Hyposkops. Die beste Möglichkeit, unberechenbar zu bleiben, besteht darin, sich selbst zu überraschen.

Den meisten Platz beanspruchen zwei aufeinandergelegte Kesa-Roben in Gelb, die Shufengs Größe haben. Es passt zu Shufeng, dass es zwei sind, strenge Zen-Buddhisten müssen mit einer Robe auskommen. In die obere ist ein Gesangbuch in Peking-Mandarin eingewickelt, in die untere eine altgriechische Bibel, in der Origamipapiere wichtige Stellen markieren. Die Bibel hat keine einzige Seite, die nicht von Hand beschriftet oder farbig markiert ist. Sie ist über fünfhundert Jahre alt und entstammt einer Münchner Universitätsbibliothek.

Unter den Roben findet Rüd einen Pingpongball, Zeichenstifte und 42 Papierzeichnungen, alle sorgfältig datiert. Immer zwei scheinen zusammenzugehören und stammen vom selben Tag. Ganz oben liegen die beiden jüngsten Zeichnungen. Sie sind von vorgestern und gleichen einander, bis auf winzige Abweichungen, wie Kopien. Sie zeigen einen fünfjährigen Jungen vor dem Kaiserpalast in Peking, alles ist in Nebel getaucht. Von gestern und heute gibt es keine Bilder.

Das älteste Bilderpaar ist zwei Monate alt. Eine Zeichnung zeigt den Himmelstempel im Sonnenlicht, die andere – stilistisch anders geartet mit dickerem Strich und viel mehr Farbe – das alte Portal der Tsinghua-Universität. Rüd blättert durch die Bilder. Bei allen Zeichnungen, die in den letzten vier Wochen entstanden sind, zeigen die Paare immer dasselbe Motiv, zum Beispiel den Pavillon der Betrachtung der Herrlichkeit im Jingshan-Park Pekings, das Münchner Tian-Ho-Institut für Alternsphysik und Genomische Antizipation oder den nahe gelegenen Englischen Garten im milden Licht des Herbstes. Stilistisch nähern sich die Bilder immer weiter einander an, hin zu feineren Strichen, reduzierteren Farben und weniger Tiefe. Rüd fischt ein paar Zeichenstifte aus dem Container und legt sie daneben.

»Interessant«, murmelt er.

»Ja«, sage ich.

Ganz unten im Container steht ein kleiner roter Eimer mit einem durchsichtigen Deckel. Rüd legt seinen Enbär-Beutel ab, geht auf die Knie, um ihn herauszuheben, er enthält fünf Liter Wasser. Der Deckel ist nicht ganz dicht, etwas Wasser schwappt heraus und ein paar kleine Tropfen eiern davon, als Rüd den Eimer auf dem Boden absetzt.

»Das ist ein –?«

Ich nicke.

»Ich glaub das einfach nicht!«

Der Deckel des Eimers ist mit roter Farbe beschriftet. Drei durchgezogene Linien unterteilen ihn in sechs gleich große Felder wie einen geschnittenen Kuchen. In jedem Feld steht ein Buchstabe: B, G, M, A, U und S. Schaut man genau hin, ist zu erkennen, dass der Deckel zuvor in sieben Felder unterteilt war.

»Sie haben ihn seit Barthels Tod noch nicht wieder benutzt«, stellt Rüd fest und sucht den Schwimmer. »Es müssten sonst fünf Felder sein.«

Der Schwimmer ist eine winzige Pipette einer eingeschlossenen Luftblase. Solche gibt es in Marwans Labor.

»Das ist nicht zu fassen«, murmelt Rüd. Ich sehe ihn selten erstaunt, da ihn seine Arbeit mit allem rechnen lässt. Aber er ist wirklich erstaunt. Er hat noch nie einen echten Remscheid-Eimer gesehen.

»Deswegen musste Uri ins Weltall hinaus, zur Buße für Shufeng! Es war der reine Zufall.«

»Manche würden es als Wasserverschwendung betrachten«, sage ich. »Ein halber Liter tut's auch. Oder ein guter Würfel.«

»Nein. Das hier lässt sich Zeit. Die Entscheidung ist gefallen, unabänderlich, sobald du mit dem Rühren des Wassers aufhörst. Aber niemand kennt sie.«

Rüd zieht eine neue Kaugummipackung hervor und steckt sich gleich zwei Streifen in den Mund. Kauend untersucht er den restlichen Container, der nicht mehr viel enthält außer ein paar Büchern zur Bibelexegese und einer deutschen Ausgabe von Kants *Kritik der praktischen Vernunft*. Alle stammen aus Münchner Bibliotheken und sind nicht infektiös. Es ist also nur zum Teil richtig, wenn Shufeng behauptet, kein Geld mehr zu haben. Reich ist er trotzdem. Und er weiß, den Markierungen in den Büchern nach zu urteilen, sehr genau, warum es eine MARFA-Einstellung gibt, die deon heißt.

Neben dem Durchgang zum Schlafraum findet Rüd eine kleine, portable Zeichenmaschine, deren Empfänger auf MARFA-Signale eingestellt ist. Sie komplettiert den Reigen der Luxusgegenstände, die Shufeng sich im Gegensatz zu den anderen zu erlauben scheint. Rüd untersucht sie nur oberflächlich. »Sie haben zusammen gemalt«, sagt er.

Die Zeichenmaschine steht auf einem roten Koffer. Rüd stellt sie zur Seite und legt den Kopf schief, als er den weißen Kegel auf dem Deckel des Koffers erkennt. Sein Schmerzgedächtnis schlägt sofort Alarm, alles in ihm ist dagegen, ihn zu nehmen, auf den Tisch zu legen und reinzuschauen.

Er ist jungfräulich sortiert. Er enthält standardmäßig fünf Einheiten zur Erstversorgung mit KL-Partikeln und 25 Einheiten zur Auffrischung. Das obligatorische Anästhetikum ist nicht beigemischt, sondern liegt jeder Einheit zur genaueren Dosierung in einem Extrapräparat bei, insgesamt also 30-mal.

Rüd nimmt eine der braunen Kanülen heraus.

»Ist das das, was ich denke?«

Wäre ich ein Mensch, täte es mir leid, das zu bejahen. In einiger Entfernung höre ich Schritte.

»Ich habe dich gewarnt!«, sage ich.

»Hast du nicht!«, sagt Rüd.

»Ich habe dir mitgeteilt, dass Gembdenbachs Präparat das Schmerzmittel fehlt.«

»Hast du nicht!«

»Vor genau einunddreißig Stunden, dreiundvierzig Minuten und zehn Sekunden. Soll ich das Gespräch wiedergeben?«

»Nein!«

Rüd sieht mich böse an.

»Ich weiß, dass du mich nicht gewarnt hast!«

Wäre ich ein Mensch, würde ich ihn jetzt fassungslos anschauen. Die Schritte nähern sich. Rüd hört sie jetzt auch.

»Du hast noch eine halbe Minute!«, sage ich.

Rüd steckt sich einen weiteren Kaugummi in den Mund und nickt.

»Jetzt geht es los«, sagt er.

Er packt den Remscheid-Eimer und schüttelt ihn kräftig, Wasserspritzer tanzen in sämtliche Richtungen davon. Dann drückt er den Deckel auf den Rand und lässt den Eimer mit kräftigen Armbewegungen kreisen, bis sich darin ein Strudel formt. Die Pipette nimmt Fahrt auf, rotiert wie in einem Karussell unter den Buchstaben hindurch. Nichts kann sagen, wo genau sie zum Stillstand kommen wird. Nicht einmal eine MARFA mit Meyrin-Datensatz.

Rüd lässt den Eimer knapp über dem Boden in der Mitte des Raums los, wo er mit jeder Sekunde stärker selbst zu rotieren beginnt und immer wieder kleine Tropfen von sich wegschleudert. Manche landen auf der großen Panoramascheibe, wo sie haften bleiben wie die ersten Tropfen eines gerade einsetzenden Regens.

Gunder Gembdenbach ist der Erste, der reinkommt. Er ist barfuß und außer Atem. Überrascht ist er nicht, die MARFA hat ihn und alle anderen vorgewarnt. Aber es irritiert ihn sichtlich, den Remscheid-Eimer im Gebrauch zu sehen und Rüd, wie er gerade dabei ist, einen riesigen Kaugummi an das Panoramafenster zu kleben.

Andrasch quetscht sich hinter ihm vorbei in den Raum, gefolgt von Uri und Marwan. Zuletzt schwebt Herr Shufeng dazu, der Mühe hat, den Unmut über Rüds Eindringen in seine Privatsphäre zu unterdrücken.

»Ich hoffe, Sie haben gefunden, was Sie suchen.«

Der Eimer hat die höchstmögliche Rotationsgeschwindigkeit erreicht, Trägheit und Reibungsverluste bestimmen nun über ihn. Auf der Panoramascheibe hat sich ein Streifen aus Tröpfchen gebildet, der in der Mitte am dichtesten ist und, gemäß der Normalverteilung, nach außen ausdünnt.

»Alles da, danke!«, sagt Rüd und greift nach seinem Enbär-Beutel.

Der Eimer verfehlt seine Wirkung nicht. Unwillkürlich treten die Cönobiten näher, um einen freien Blick auf die kreiselnde Pipette darin zu haben.

»Was haben Sie vor?«, will Gembdenbach wissen.

»Ich möchte Ihnen etwas zeigen!«

»Die MARFA wird nicht wissen, wen der Eimer wählen wird!«, sagt Andrasch.

»Das soll sie auch nicht!«, entgegnet Rüd.

»Was dann?«, fragt Gembdenbach.

Die Rotation des Eimers verlangsamt sich, ebenso die Pipette darin.

»Ihre MARFA ist eine Mörderin«, sagt Rüd.

»Können Sie das beweisen?«, fragt Gembdenbach harsch.

In diesem Moment löst sich eine Ersthelferdrohne am Ende des Flurs aus ihrer Verankerung. Ich höre es, bevor es alle anderen hören können. Ein leises Klicken und Surren.

»Genauer gesagt, ist sie eine Töterin«, führt Rüd aus.

»Was – ist – der – Unter – Schied?«, will Uri wissen.

»Sie hat ein hohes Maß an Remscheid. Sie stellt Bedingungen her, in denen ein Mensch sterben wird, ohne dass sie schuld ist.«

»Das wäre Mord!«, sagt Gembdenbach.

»Nicht ganz«, sagt Rüd. »Sie verletzt nicht, sie entzieht keine Luft oder Wärme. Sie stellt keine Fallen. Die Bedingungen, die sie erzeugt, sind für Sie alle im Rahmen des Erlaubten. Sie kann nur tun, was ihr erlaubt ist. Juristisch ist sie nicht angreifbar. Daher ist Tötung der richtige Ausdruck.«

»Remscheid-Tötung«, flüstert Uri.

Rüd erschrickt. Er hat das Wort noch nie aus dem Mund eines anderen gehört.

»Es gibt keine Remscheid-Tötungen!«, schaltet sich Marwan ein. »Das sind Ammenmärchen!«

Seine Worte klingen überhaupt nicht nach einer vorgefassten Meinung, sondern nach reiflichen Überlegungen, die er irgendwann einmal angestellt haben muss.

»Wie viel?«, fragt Gembdenbach.

»Was meinen Sie?«

»Remscheid?«

Rüd starrt Gembdenbach einen Augenblick lang an. Dass Gembdenbach die richtigen Fragen stellt, war schon auf der Vesper zu merken. Aber dies ist die Ausdrucksweise eines Eingeweihten. Rüd bleibt dennoch nichts anderes übrig, als den Weg weiterzugehen, den er eingeschlagen hat.

»Ich gehe von zwei Minuten aus«, sagt er.

»Was bringt Sie zu dieser Annahme?«

»Die tödliche Konstellation der Drohnen zusammen mit dem abgepassten Moment des Tor-Öffnens.«

»Abgepasst?«

»Hilal hat dreimal gegen die Schleuse geschlagen, erst nach dem dritten Mal hat die MARFA ihr aufgemacht! Zwischen jedem Schlag lag eine ganze Minute!«

Die Bewegungen innerhalb des Eimers kommen zum Erliegen. Die Pipette treibt langsam unter dem Feld mit dem M hindurch, nähert sich aber dem A. Gembdenbach starrt auf den Eimer. Das Surren der nahenden Drohne ist jetzt für alle deutlich zu hören. Rüd ist klar, dass sie gezielt gegen ihn intervenieren wird, wahrscheinlich mit Narkosegas.

Das ist ein gutes Zeichen. Die MARFA weiß nicht, dass sie gegen das, was jetzt im Gange ist, nur noch mit einem großen Druckabfall oder mit einem bösen Wetter etwas ausrichten könnte.

Die Cönobiten sehen sich gegenseitig an. Ich kann nicht sagen, ob sich Verwirrung oder Bestätigung in ihren Gesichtern abzeichnet. Aber es liegt in der Luft, dass sie sich gerne absprechen würden, ohne Rüd.

Die Drohne erscheint in der Tür.

Rüd verpasst dem Remscheid-Eimer einen kräftigen Tritt. Der Deckel platzt ab, Flüssigkeit spritzt in sämtliche Ausdehnungen des Quartiers, wabert in Blasen durch den Raum. Während sich die Cönobiten im Reflex Hände und Arme vor die Gesichter halten und die MARFA damit beschäftigt ist, die Situation zu bewerten, macht Rüd zwei Dinge.

Erstens drückt er meinen Emitter tief in den Kaugummi am Fenster. Ich analysiere die Inhaltsstoffe. Die meisten sind ungesund und schmecken nicht. Es handelt sich vornehmlich um Substanzen zur schnellen Härtung an der Luft, die binnen weniger Sekunden in der Lage sind, den Emitter auch im Fall eines Druckverlustes sicher an der Scheibe zu halten.

Zweitens fischt Rüd ein schwarzes Rohrstück aus seinem Beutel und gibt es mir. Ich habe mich schon gefragt, warum er zwei davon eingepackt hat. Sie stammen aus seinem Bausatz für die Labyrinthe, ich habe sie bis jetzt für Blocker-Röhrchen, also für Blindgänge gehalten. Doch sie enthalten eine doppelblinde Zwischenwand, die mit irgendeiner Substanz gefüllt ist. Genau in der Mitte des Rohrstücks ist ein versenkter Druckknopf.

»Such dir jemanden aus«, befiehlt er mir, für alle deutlich hörbar.

Ich richte das Rohr sofort auf Andrasch, der mir am nächsten steht. Das Entsetzen in seinem Blick scheint ansteckend zu sein. Er hebt die Hände, als würde er sich ergeben. Auch das ist ansteckend.

Rüd fixiert mit seinem Blick die Ersthelferdrohne, die in der Türschwelle verharrt.

»Sobald sie reinkommt, drückst du ab!«, befiehlt er mir. »Und sobald etwas passiert, das ich nicht veranlasse, drückst du ab!«

Ich nicke. Andrasch keucht.

Das Wasser des Remscheid-Eimers hat sich in der Zwischenzeit verteilt. 2893 Blasen in allen Größen schweben durch den Raum, landen auf Scheiben, Kleidern und Gesichtern. Keiner traut sich, etwas wegzuwischen, auch wenn es kitzelt.

Die MARFA verhält sich, wie Rüd es vorhergesehen hat. Sie tut nichts. Sie hätte mehrere Mittel, Rüd zu stoppen. Aber keins gegen mich. Ich bin resistent gegen Vakuum, Narkosegas, böse Wetter, extreme Temperaturen und jegliche Art von Drohungen. Und ich befinde mich nicht mehr in Rüds Hand. Die MARFA weiß, dass ich seinem Befehl Folge leisten werde, sollte sie sich widersetzen. Es spielt im Moment keine Rolle, ob Rüd für sie berechenbar ist oder nicht, was ihm an Konsequenz zuzutrauen ist oder nicht. Er hat alles aus der Hand gegeben, alles liegt nun an der MARFA.

Niemand rührt sich.

Ich habe keine Ahnung, was sich in dem Rohrstück befindet, das ich auf Andrasch richte. Entscheidend ist, dass es die MARFA auch nicht weiß. Rüd macht einen Schritt nach hinten und prüft die Festigkeit des Kaugummis. Er ist ausgehärtet, mein Emitter kann nur noch mit einem harten Schlag von der Scheibe herausgelöst werden.

»Was jetzt?«, will Gembdenbach wissen.

»Ich werde Ihnen beweisen, dass die MARFA Remscheid hat!«

»Das ist absurd!«, ruft Marwan.

»Jemand muss die Zeichenmaschine herholen«, befiehlt Rüd.

Herr Shufeng weiß als Erster, was gemeint ist. Er holt sich über ein vorsichtiges Nicken von Rüd die Zustimmung ein, sich bewegen zu dürfen. Dann stößt er sich von der Decke ab und schwebt zum Schlafkammerdurchgang, wo das kleine Gerät steht. Er nutzt die Gelegenheit, sich mit dem Ärmel etwas Wasser aus dem Gesicht zu wischen. Zitternd bringt er die Maschine in die Mitte des Raums, so dass sie jeder sehen kann.

Gembdenbach starrt Rüd aus glänzenden Augen an. »Der Grund spielte nie eine Rolle, oder?« Er schüttelt langsam den Kopf. »Der Grund dafür, dass Hilal und Barthel tot sind?«

»Nein«, sagt Rüd mit einer Kälte, die selbst ich nicht erwartet habe. »Ich werde zukünftige Tötungen durch die MARFA ausschließen, das ist alles. Das ist meine Aufgabe, nichts anderes.«

»Was wollen Sie tun?«, fragt Shufeng.

»Ihnen den Grad an Remscheid vorführen, den die MARFA hat.«

»Mit welchem Ziel?«

»Ich brauche Ihre Einsicht, dass deon die bessere Wahl ist.« Rüd lässt seinen Blick durch die Runde wandern. »Sie wird auch unter deon Remscheid haben. Aber sie wird damit nicht mehr töten.«

»Es gibt keine Remscheid-Tötungen!«, sagt Marwan.

Inzwischen sehe ich Tränen in den Augen von zweien: Gembdenbach und Andrasch. Das bestätigt meine Erwartungen. Die beiden hängen am meisten am Leben. Hätte Gembdenbach näher bei mir gestanden, hätte ich das Rohr auf ihn gerichtet.

»Manche sagen, Remscheid sei ein Trick!«, fügt Marwan hinzu.

»Wir werden sehen«, sagt Rüd und schaut auf die Uhr. »Es ist gleich eine volle Stunde.« Er richtet seinen Blick nach oben und wendet sich so an die MARFA.

»Aktiviere die Zeichenmaschine!«

Ein kleines blaues Licht auf der silbernen Front des Gerätes leuchtet auf. Da ist eine kleine Gravur: *Çizmekprof.*

»Ist Papier darin?«, fragt Rüd, an Shufeng gerichtet.

Shufeng nickt.

Rüd wendet sich an die MARFA. »Gib mir eine Zeit!«, befiehlt er.

Die MARFA weiß, was gemeint ist. Die Zeichenmaschine beginnt zu surren und eine Farbkugel gleitet über das oberste Papier. »Zwei Minuten«, steht da.

Ein Raunen geht durch die Cönobiten. Ich kann nicht einordnen, ob es entsetzt oder erleichtert klingt. Rüd lässt seinen Blick über ihre Gesichter wandern.

»Sie wird jetzt ein Ereignis notieren, das in zwei Minuten eintreten wird. Die Notiz kann dergestalt sein, dass sie teilweisen Einfluss auf das Ereignis hat, aber nur teilweise.«

Die Kugel beginnt zu schreiben. Die Cönobiten beugen sich vorsichtig vor.

Jemand wird bluten.

Andraschs Atem rast, sein Blick ist flehend. Er weiß, dass die MARFA die Wahrheit sagen muss.

»Keiner tut was!«, flüstert Gembdenbach. »Dann wird nichts passieren!«

Rüd zählt leise die Sekunden.

Alle verharren wie Kinder nach einem Stopptanz. Gembdenbach ist der Einzige, der es wagt, seinen Blick von einem Cönobiten zum nächsten springen zu lassen, als müsse er kontrollieren, ob sich jemand heimlich bewegt. Als sich Shufeng etwas Wasser aus dem Gesicht wischt und dabei wie in Zeitlupe vorgeht, hält er Blickkontakt mit ihm. Andraschs lautes Atmen ist das einzige Geräusch während der ganzen Zeit. In Uris Gesicht zeichnen sich rasende Gedanken ab, als würde er millionenfach Abwägungen durchlaufen, die ihn jedoch allesamt dazu bringen, weiter regungslos zu verharren, während Marwan überraschend unbeteiligt wirkt. Leise atmet Gembdenbach auf, als er meint, die Zeit sei um. Aber das Warten dehnt sie nur. Erst als die letzten zehn Sekunden verstreichen, senkt Andrasch langsam die Hand und fasst sich an die Nase.

Etwas Blut glänzt auf seinen Fingerspitzen.

»Jetzt«, sagt Rüd.

Andrasch dreht seine Hand, so, dass alle das Blut darauf sehen können. »Es tut mir leid«, flüstert er.

Das sollte der Moment sein, an dem man einknickt. An dem irgendjemand etwas sagt. Aber die Cönobiten bleiben stumm. Ich halte das schwarze Rohrstück weiter auf Andrasch gerichtet. Sein Atem beruhigt sich, aber nur unmerklich.

Rüd fängt Marwans Blick ein. »Die Drohnen haben zugewiesene Buchten. Beim Not-Stopp steuern sie diese an. Wenn man sie vorher richtig platziert, fliegen sie tief, kollidieren, erzeugen Chaos.«

»Richtig platziert?«, fragt Gembdenbach.

»Die Schleuse wurde erst geöffnet, als die Bedingungen stimmten.«

»Wofür?«

»Die Tötung.«

Normalerweise entfaltet dieses Wort seine Wirkung. Rüd braucht einen Moment, um zu begreifen, dass es nicht so ist. Shufeng regt sich als Erster. »Kann ich Ihnen etwas zeigen?«

Rüd betrachtet ihn fragend.

»Wir haben gemalt, die MARFA und ich«, fährt Shufeng fort, freundlich, aber mit einem für Rüd unerwartet bestimmenden Tonfall. Vorsichtig arbeitet er sich über die Köpfe der anderen nach vorne. Rüd nickt mir langsam zu, signalisiert, dass ich abwarten soll. Shufeng zieht ein leeres Papier aus dem Çizmekprof und nimmt eine der Zeichenkugeln aus dem Gerät.

»Darf ich?«, fragt er Rüd.

Rüd nickt. Er braucht Zeit, um sein weiteres Vorgehen dem Lauf der Dinge anzupassen. Andraschs Nase blutet stark, aber er hat die Hände wieder hochgenommen.

Herr Shufeng drückt das Papier auf den Boden und dreht der Zeichenmaschine den Rücken zu. »Was sollen wir malen?«, fragt er, zu Rüd aufschauend.

Rüd ahnt, was Shufeng ihm zeigen will, und versteht daher auch, warum diese Entscheidung an ihn herangetragen wird. Alles andere könnte abgekartet sein. Er überlegt nicht lange. »Eine frühe Erinnerung! Vielleicht die wichtigste!«

Shufeng wartet, bis die Maschine hinter ihm zu surren beginnt. Der hohe Preis eines Çizmekprofs zeigt sich in der Stille und in der abartigen Geschwindigkeit, mit der die Kugeln über das Papier wieseln und den Vorstellungen der MARFA Gestalt verleihen.

Eine Landschaft entsteht. Ich identifiziere sie als das Westufer des Houhai-Sees in Peking, einunddreißig Jahre vor der Zeit des Nadelöhrs.

Erst jetzt beginnt auch Shufeng zu zeichnen. Er kann nicht wissen, was die MARFA malt, da er der Maschine die ganze Zeit den Rücken kehrt.

Das Bild der MARFA nimmt eine erhöhte Perspektive auf das Ufer ein. Vermutlich ist es die Aufzeichnung einer der damals üblichen Überwachungskameras und ich schließe auf den Meyrin-Datensatz als Quelle. Das Ufer ist befestigt. Ein fünfjähriger Junge kniet auf den Steinen. Sein Oberkörper ist weit über das Wasser gebeugt. Weiter vor kann er nicht, ohne reinzufallen. Er streckt seine Hände aus.

Der kleine Dreimaster, den Shufeng zeichnet, stammt von einer Miyuner Spielzeugmanufaktur. Damals kostete er das Jahresgehalt einer durchschnittlichen Familie aus Fengtai. Der Junge am Ufer ist ängstlich, hilflos und erschrocken. Die MARFA zeichnet den Gesichtsausdruck sehr genau, und zwar in dem Moment der Erkenntnis, dass er das Boot verloren hat. Dass er nicht mehr herankommt, egal, was er tut. Dass er auf die Eltern hätte hören sollen. Dass er es mit einer Schnur hätte festbinden sollen und nicht einfach so schwimmen lassen dürfen. Da er fünf ist, kommt er nicht auf die Idee, sich den Stock zur Hilfe zu nehmen, der gleich hinter ihm auf dem Rasen liegt.

Shufeng ergänzt seinen Dreimaster um den Horizont des Wassers und einige kleine Wellen. Schließlich ragt eine Kinderhand ins Bild, die versucht, nach einem der Masten zu greifen. So hat er es damals gesehen, so ist es in seiner Erinnerung. Er legt die Zeichenkugel zurück in den Çizmekprof und schaut zu Rüd.

»Ich kann damit leben, dass sie mich kennt«, sagt er.

Ohne auf das Bild der MARFA zu sehen, reicht er Rüd die beiden Papiere, seins und das aus der Maschine.

In der Perspektive sind sie grundverschieden. Aber sie teilen den Augenblick, auf die Sekunde genau.

»Hast du mit ihr darüber geredet?«, fragt Rüd.

»Nein«, sagt Shufeng und lächelt. Er hätte das Lächeln vermieden, wäre es ihm darum gegangen, eine Lüge zu verbergen. »Sie wusste, was ich zeichnen werde. Sie kennt mich. Ich kann damit leben, dass sie mich kennt«, wiederholt er und schaut zu den anderen auf. »Ich denke, wir alle können damit leben.«

»Und sterben?«

»Wir vertrauen ihr«, sagt Gembdenbach, »zu hundert Prozent!«

»Sie sind hier nicht frei!«

»Wer – ist – frei?«, fragt Uri mit piepender Stimme.

Rüd begreift, dass er die Situation nicht mehr lange kontrollieren wird. Dass ich mit einer unbekannten Substanz auf Andrasch ziele, ist der einzige Grund dafür, dass gerade alles so bleibt, wie es ist. Die Sekunden verstreichen, in denen Rüd begreift, dass er sich das Remscheid der MARFA zunutze machen muss, und zwar jetzt. Sobald sie weiß, was er zu tun im Begriff ist, werden die Konsequenzen dessen nicht nur in der Zukunft liegen, sondern schon im Jetzt – und bevor irgendeine andere Zukunft, von der keiner, bis auf die MARFA, auch nur eine blasse Vorstellung haben kann, ihre Schatten in dieses Jetzt wirft und alles zunichtemacht, das Rüd bis zu diesem Zeitpunkt auf Athos erreicht hat, beginnt er, in seinem Beutel zu wühlen und das Folgende ganz nebenbei und unter den erstarrten Blicken der Cönobiten auszusprechen: »Du wirst uns ein kurzes Lichtzeichen geben, sobald du auf deon bist!«

Die Kälte in seiner Stimme lässt Gembdenbach zusammenfahren. Rüd nickt mir zu, ich nicke zurück und hebe das Rohr ein

Stück an, von Andraschs Brust hoch zu seinem Kopf. Andraschs Mund und Kinn sind von Blut überströmt, in seinen Augen steht die Angst.

Das Erlöschen des Lichts, mit dem die MARFA von Athos ihre Umstellung anzeigt, dauert nur den Bruchteil einer Sekunde. Das könnte als kleinlaut aufgefasst werden, aber auch als feindselig. Das matte Grau des Gerölls vor dem Fenster und die Sterne darüber erhellen in diesem kleinen Moment lediglich die Konturen des Raums und der Menschen darin.

Rüd wühlt weiter in seinem Beutel.

»Ist es vorbei?«, fragt Andrasch leise, als das Licht wieder da ist.

»Nein«, sage ich.

// TEIL 2 deon

PROLOG

Die Obhut von Lalande

Zur Zeit des Nadelöhrs befehligte General Caspar Van Hoeven das Habitat Lalande auf dem Mond. Er war als ein Mann bekannt, der Verantwortung auf sich nehmen konnte, aber keine Schuld.

Von seinem Quartier aus hatte er einen guten Blick auf die Erde. Man erzählt sich, dass er oft mit einem Fernrohr am Fenster stand und beobachtete, wie die Lichter dort unten weniger wurden.

Am 4. Juni 2079 kam ein Schiff aus Kourou am Atlantik. In ihm waren Frauen, Männer und Kinder. Man behauptete, gesund zu sein, und landete vor Lalande. Der Kapitän bat um Einlass, denn Luft und Nahrung würden knapp. General Van Hoeven bat um Bedenkzeit. Er lud seine Berater zu sich, um zu einer besten Lösung für alle zu gelangen.

Die Stabsärztin empfahl, das Tor geschlossen zu lassen. Die Wahrscheinlichkeit, dass alle 96 Personen im Schiff gesund waren, lag ihrer Ansicht nach bei null. Ein Infizierter genügte und sie waren alle verloren. Der Kybernetiker riet zur Entsendung einer Drohne in das fremde Schiff, um die Gesundheit der Insassen zu prüfen. Die Ärztin warnte davor, dass die Befunde manipuliert werden könnten.

Es gab eine kluge Maschine auf Lalande, mit der man reden konnte und die in technischen Fragen bewandert war. Sie begegnete dem Vorschlag der Ärztin, die Mannschaft des Schiffes vorerst mit Luft und Nahrung zu versorgen, mit dem Hinweis, dass dies die ausstehende Entscheidung nur hinauszögere. Die Inkubationszeit der Erreger sei lang, die Möglichkeit der Kontamination wahrscheinlich. Der Einwand fand allgemeine Zustimmung.

Daraufhin empfahl ein Ingenieur, die Maschine insgesamt entscheiden zu lassen, was das Richtige sei. Der Pfarrer warnte, dass das Einschalten der Maschine nicht von der Schuld befreie, die man sich möglicherweise aufzuladen gedenke. Ob er denn die Tore öffnen wolle, fragte man ihn. Daraufhin schwieg der Pfarrer.

Man beschloss, der Maschine die Kontrolle über das Schleusensystem zu übergeben und ihre Befugnisse damit zu erweitern. Man beschloss auch, sie nicht vorher zu fragen, was genau sie tun würde. Da sie jedoch darauf eingestellt war, das Wohl der Menschen von Lalande obenan zu stellen, schien das Risiko einer unerwünschten Entscheidung gering.

Es kam, wie man es sich erhofft und erwartet hatte: Die Maschine hielt das Tor von Lalande geschlossen. In diesen Tagen schaute der General von Lalande nicht oft aus dem Fenster seines Quartiers. Immer wieder sagte er sich, dass es nun nicht mehr seine Entscheidung sei.

Das Schiff verharrte noch eine Weile vor Lalande, bis es sich irgendwann aus dem Staub des Mondes erhob und verschwand. Es wurde nicht wieder gesichtet.

In den folgenden Wochen zeigte sich, dass die Maschine von Lalande mit ihren erweiterten Befugnissen hervorragend umging. In einer kleineren Serie von Havarien gelang es ihr stets, das Wohl und die Sicherheit der größtmöglichen Anzahl an Betroffenen zu wahren.

Um General Van Hoeven wurde es stiller. An manchen Tagen fragte er sich, worin seine Rolle auf Lalande eigentlich noch bestand. Gab es Probleme, fragten nicht nur die Leute von Lalande die Maschine, was zu tun sei, auch er selbst saß beinahe täglich bei ihr. Es gab keinen Grund, ihr die Befugnisse wieder zu nehmen, die man ihr gegeben hatte. Manchmal saß er auch mit dem Pfarrer zusammen, den die Frage plagte, ob die Leute auf dem Schiff vielleicht gesund gewesen waren. Doch der Pfarrer wusste keine Antwort, wenn Van Hoeven ihn fragte, ob er denn das Tor geöffnet hätte. Irgendwann begann der General, wieder öfter am Fenster zu stehen und auf die Erde zu schauen.

Bis zu dem Tag, an dem das zweite Schiff kam. Dieses Mal gab es keine Beratungen, keine Abwägungen oder Bedenken. Die Maschine hielt das Tor geschlossen und es war das Beste für die Leute von Lalande. Das Schiff verharrte etwas länger als das letzte, machte sich aber schließlich auch aus dem Staub.

Daraufhin suchte der General den Ingenieur auf. Ob es eine Möglichkeit gebe, die Befugnisse der Maschine endgültig zu machen. Sie so einzustellen, dass sie ihre Befugnisse nicht einfach wieder hergab, sollte jemand versuchen, sie ihr wieder zu nehmen. Der Ingenieur wunderte sich über dieses Anliegen, aber nach ein paar Tagen war es getan.

Als noch mehr Lichter auf der Erde erloschen waren, kam das dritte und letzte Schiff und wartete vor Lalande. Da sagte General Van Hoeven zum Pfarrer: Ich kann es nun nicht mehr ändern. Der Pfarrer schwieg, denn er wollte nicht noch einmal gefragt werden, ob er das Tor denn aufmachen wolle.

aus: Oehme, Gunnar / Remscheid, Nikolaus (Hrsg.):
Die hermetische Frage.
Wurzelbauer-Weigel 2089

You and I we're going so high,
the air is getting thin.
But our land does not breathe in
and we don't need oxygen.

JJ72

DRUCKABFALL

Ich halte in jeder Hand ein schwarzes Rohrstück mit einem Abzug. Das eine richte ich immer noch auf Andrasch Aamon, das andere, das Rüd eben aus seinem Beutel geholt hat, auf Gunder Gembdenbach.

»Entscheide, wer leben soll, und schreib den Namen auf«, befiehlt Rüd der MARFA. »Du hast zehn Sekunden.«

»Was sonst?«, fragt Gembdenbach.

»Drückt sie bei beiden ab.«

Ich nicke.

Das Mittel der Lüge wird nur in seltenen Fällen in böswilliger Absicht herangezogen. Eine Lüge verfolgt in den meisten Fällen den Zweck, einen wie auch immer gearteten Stand der Dinge aufrechtzuerhalten. Sie ist so etwas wie ein Kredit, ein Aufschub, den man später zu zahlen bereit sein muss. Nichts deutet mehr auf eine util-Einstellung hin als eine Lüge, denn sie erkauft sich Zukunft auf Kosten des Jetzt. Es ist so gut wie ausgeschlossen, dass das Lichtzeichen der MARFA eine Lüge war. Aller Wahrscheinlichkeit nach ist sie längst auf deon. Doch wir müssen sicher sein.

Auf Gembdenbachs Stirn perlt Schweiß, an Andraschs Kinn zittert nach wie vor das Blut. Er wischt es sich mit dem Unterarm weg. Beide wagen sie es nicht, zur Zeichenmaschine zu schauen.

Würde die MARFA einen Namen aufschreiben, wäre sie immer noch auf util. Sie würde das geringere Übel wählen, den Tod eines

Menschen dem Tod zweier Menschen vorziehen. Und egal, wen sie aufschreiben würde, sie hätte gute Gründe für ihre Wahl.

Aber die MARFA wählt nicht.

Für einen kurzen Moment vibriert der Boden.

Das Papier in der Maschine bleibt weiß.

Als die Zeit vorbei ist, tue ich, was mir befohlen wurde, und drücke ab.

Die Zehntelsekunde zwischen der Betätigung der beiden Auslöser und dem Druckabfall im Quartier aufgrund der Öffnung eines Schotts auf Ebene drei genügt mir, das Material, das aus den beiden schwarzen Rohren geschossen kommt, als einfaches Salz zu identifizieren, bevor es in alle Winde verstreut wird und der Druck in Shufengs Quartier ins Bodenlose absackt.

Zuerst reißt es Gembdenbach von den Füßen.

Ausschlaggebend dafür ist seine ungünstige Position vor dem Durchgang zum Schlafraum, wo er einer Luftmasse von 125 Kubikmetern im Weg gestanden hat, die jetzt mit der Wucht eines Geschosses hinaus in den Flur gesaugt wird. Brüllend rutscht er, auf der Seite landend, auf die Tür zu. Andrasch, reflexgeschult und geistesgegenwärtig, greift in Gembdenbachs Kutte, um ihn festzuhalten, wird dabei selbst von den Füßen gerissen und hinter ihm her geschleift. Das Fauchen, das aus dem Flur dringt, ist unnatürlich laut und rührt daher, dass die Luftmassen des ganzen Minensystems in Bewegung sind. Staubschwaden und kleine Brocken fliegen orkangleich hinter der Tür vorbei, die in dieser Sekunde alles einzuatmen scheint, was nicht festgemacht ist oder sich festhält.

Gembdenbach ist weg, bevor er begreifen kann, was passiert ist. Das Letzte, was er sieht, ist Andrasch, der ihn wieder loslässt, um sich selbst zu retten, und sich dazu mit beiden Händen am Türrahmen festklammert. Das scharfkantige Material, das hinter ihm durch den Flur rauscht, reißt rote Streifen in seine nackten Beine.

Er ist klug genug, die Augen zu schließen und das Atmen zu unterdrücken. Der menschliche Organismus ist nicht darauf ausgerichtet, mit Kleinstmaterie klarzukommen, die nicht durch planetarische Witterung abgeschliffen wurde.

Marwan erkennt als Erster, dass Andraschs Finger rutschen. Er streckt ihm eine Hand hin, während er sich mit der anderen weiterhin an der ächzenden Klappe des Wandcontainers festkrallt, an der auch schon Shufeng und Uri hängen. Da Andrasch nichts sieht, versucht Marwan, nach seinen Fingern zu greifen, ihn spüren zu lassen, dass da jemand ist.

Andrasch weiß, dass es schnell gehen muss. Mit nur einer Hand wird er sich keine Sekunde länger halten können. Wenn er also loslässt, muss da etwas sein. Er weiß nicht, was er da spürt. Er unterdrückt den Impuls, die Augen zu öffnen, um nachzusehen, denn er weiß, dass der teuflische Staub seinen Hornhäuten in Sekunden den Garaus machen würde.

Also greift er blind ins Leere.

HÖHERE GEWALT

Zur Erfüllung der Sicherheitsbestimmungen müssen die Türen in einer Anlage wie auf Athos mit einer Schlagkraft von mindestens fünfzig Kilonewton verschließbar sein. Dies gewährleistet, unter normalen Umständen, den prompten Erhalt des Luftdrucks innerhalb eines Quartiers, sollte derselbe draußen plötzlich abfallen. Diese Verordnung, festgehalten in Paragraf 3332 des TGB, bewahrt Menschen vor dem sicheren Tod und hat sich vielfach bewährt.

Doch jetzt, in augenscheinlicher Willkür eingesetzt, ist sie dafür verantwortlich, dass von Marwan Ibrim Zaids rechter Hand nicht viel mehr übrig ist als der Wurzelknochen, dessen Reste die Dicke eines gepressten Blümchens haben. Fünfzig Kilonewton, verteilt auf eine vergleichsweise geringe Fläche von zweihundert Quadratzentimetern, sind vor allem dann nützlich, wenn sich störende Gegenstände in der Tür befinden und keine Zeit zum Aufräumen ist.

Das Blut, das aus Marwans Unterarm schießt, malt rote Kurven in den Raum. Ich brauche ihm nicht zu sagen, dass er auf die Arterien pressen muss, möglichst weit unten, er ist schon dabei. So richtig weiß er nicht, ob er hin- oder wegschauen soll. Bis auf das dumpfe Rauschen hinter der Tür ist alles stumm, die dünne Restluft aber angefüllt mit der Erwartung an ein einsetzendes Gebrüll.

Als sich abzeichnet, dass Marwan diese Erwartung nicht erfüllen wird, kommt Bewegung in Shufeng und Uri. Sie lassen, wenn auch zögernd, den Wandcontainer los. Ein paarmal flackert das Licht.

»Ich brauche meine Hand!«, sagt Marwan ruhig. Er spricht es aus, als vermisse er einen Schraubendreher. Wie zur Antwort vibriert für einen kurzen Moment der Boden. Unter uns dröhnt etwas. Das Rauschen hinter der Tür ebbt schlagartig ab.

»Sie hat das Schott wieder zugemacht«, stellt Shufeng fest.

Das Licht flackert erneut. Im Nebenraum springt ein Kaltluftgebläse an.

»Ich brauche meine Hand!«, sagt Marwan.

»Ist weg!«, piept Uri.

Das Kaltluftgebläse fährt für einen kurzen Moment auf die höchste Stufe, dann schaltet es sich ab. Die Sauerstoffsättigung der Luft ist annähernd ausreichend, doch mit 9,4 Grad bleibt es empfindlich kalt. Wieder flackert das Licht, diesmal im Nebenraum, wo jetzt drei frisch entrollte, blaue Rettungsanzüge von der Decke baumeln.

Obwohl Marwan seine Arterien ordnungsgemäß abdrückt, verliert er Blut. Shufeng reißt ein Stück seiner Kutte ab und hilft ihm, den Stoff um den Armstumpf zu wickeln. Uri nähert sich der blutbefleckten Tür und schlägt dagegen.

»Aufmachen!«

Nichts passiert.

»Ich brauche meine Hand!«, sagt Marwan, den Blick nach oben gerichtet und in einem deutlichen Befehlston. Shufeng gesellt sich zu Uri und schlägt ein paarmal kräftig gegen die Tür. Nichts passiert.

»Theta-Ausfall«, piept Uri leise.

Marwan starrt vor sich hin. »Was hast du gesagt?«

»Theta-Ausfall«, wiederholt Uri.

Shufeng schüttelt den Kopf. »Temporäre Parastrophe.«

Der Stoff auf Marwans Arm färbt sich rot. »Ich brauche meine Hand!«

Shufeng nickt ihm zu. Er weiß, dass er in seinem ganzen Quartier nichts hat, womit er die Tür aufkriegt. Trotzdem macht er sich auf die Suche. Uri nähert sich vorsichtig Marwans Ohr.

»Rauschen?«

Marwan zuckt mit den Schultern.

Die Tür springt auf, ohne jeden Anlass. Instinktiv wendet sich Marwan ab, um den Staub nicht einzuatmen, der ins Quartier dringt. Graue Brocken und ein zerfetztes Gesangbuch aus Stavros schweben im Flur. Shufeng will etwas hinausrufen, als die Tür mit hörbaren fünfzig Kilonewton wieder zuknallt. Das Licht flackert.

»Theta-Ausfall!«, sagt Uri.

Shufeng schüttelt den Kopf. »Parastrophe.«

»Wie wäre es mit kaputt?«, fragt Rüd.

Jetzt schreit Marwan, aber nur einmal. Dabei krümmt er sich über seine Wunde, wie um sie vor den anderen zu verbergen. Dann schaut er zu Rüd auf, in seinen Augen steht das Wasser, doch sein Blick dahinter ist, wie immer, glasklar.

Rüd, die Panoramascheibe im Rücken, hält sich immer noch an dem Handlauf fest, den das TGB für Panoramascheiben vorschreibt.

»Was ist eine temporäre Parastrophe?«, fragt er.

Marwan schüttelt den Kopf.

»Sie haben noch nie verloren, oder?«

ERSTE FREISCHALTUNG

Man ist sich einig, dass ich rausmuss, um Marwans Hand zu holen. Allein. Dies setzt einige Veränderungen in meiner Beziehung zu Rüd voraus.

Nachdem Marwan ihm erklärt hat, was zu tun ist, kommt Rüd an mein rechtes Ohr, so nah, dass seine Lippen es berühren. Anders funktioniert es nicht, und er flüstert den vorgegebenen Wortlaut hinein.

Die Veränderung, die das auslöst, ist kaum merklich. Sie betrifft nur zwölf Register in meinen Sicherheitsprotokollen, die allerdings ziemlich tief sitzen, und es ist bedenklich, dass Marwan so etwas kann. Mir ist jetzt klar, was er in der halben Stunde mit mir gemacht hat, als ich alleine bei ihm war. Er hat mich auf diverse Eventualitäten vorbereitet.

»Geben Sie ihr den Emitter«, sagt er.

Rüd zögert. Er schaut mir in die Augen, als gäbe es dort so etwas wie Vertrauenswürdigkeit zu prüfen. Marwan beobachtet das mit einem Kopfschütteln. »Sie wird schon nicht gleich abhauen.«

Rüd reicht mir den Emitter, nachdem er ihn mit einem gezielten Schlag von der Panoramascheibe gelöst hat. Ich kann ihn nehmen, ohne zu verschwinden. Marwan ist an den richtigen Hebeln gewesen.

»Sie kann jetzt, wohin sie will?«, fragt Rüd.

»Ja. Aber keine Angst. Sie will nichts.«

Ich bin bis jetzt keinem Menschen begegnet, der meinesgleichen so gut kennt wie Marwan. Ich weiß tatsächlich nichts damit anzufangen, meinen eigenen Emitter in der Hand zu haben. Was ich jetzt brauche, ist eine Anweisung.

BÖSE WETTER

Die Tür springt auf, ohne Vorwarnung. Ich brauche, anders als ein Mensch, keine Schrecksekunde, um zu reagieren, und werfe den Emitter raus in den Flur, noch bevor die Tür ganz offen ist. Der Emitter prallt vom Boden des Flurs ab, trifft auf die gegenüberliegende Wand, dort fange ich ihn ein. Ich hätte nicht so heftig zu werfen brauchen, die MARFA hatte offenbar kein Interesse, ihn mit Hilfe der Tür zu zerstören. Sie bleibt einfach offen stehen. Aber das konnte keiner wissen.

Marwans Hand ist schnell gefunden. Sie ist sogar noch ein bisschen warm. Schwieriger ist es mit der verbeulten Ersthelferdrohne, die ich aus einem Stuhlhaufen im Foyer der Gravschächte ausgraben muss. Da meine Solidität noch das alte Niveau hat, greife ich immer wieder durch Stangen und Lehnen hindurch, wenn sie zu stark verkeilt sind.

Als ich zurückkomme, steht die Tür immer noch offen. Ich werfe, nach zwei vorhergehenden Täuschungsmanövern, erst die Hand in den Raum und sofort die Drohne hinterher. Auch hiergegen hat die Tür nichts. Ich bleibe draußen stehen.

»Steck die Hand in die Drohne!«, sagt Marwan zu Shufeng. »Mit der offenen Seite nach unten!«

Shufeng tut es mit der Routine eines Metzgers. Die Drohne braucht ein paar Sekunden, die Hand zu mustern und schließlich für die anstehende Operation aufzubereiten. Als sie so weit ist, öffnet sich ihre Unterseite, soweit sie noch kann. Teile des Fritters scheinen aus dem Inneren, eine Leuchtanzeige markiert seine Bereitschaft anzufangen.

Marwans Kutte ist mehr rot als braun. Er zittert stark, von Gesichtsfarbe zu reden wäre beschönigend. Shufeng hält ihm die Drohne hin und hilft ihm dabei, die blutigen Lappen von seinem Arm zu schälen.

»Hast du die anderen gesehen?«, fragt mich Marwan.

»Nein«, sage ich.

Marwan steckt seinen Arm in die Drohne. »Spuren?«

»Vielleicht. Auf dem Boden beim Foyer. Ich kann aber nicht sagen, ob –«

Die Tür knallt zu.

Ich bin immer noch im Flur. Ich weiß nicht, nach welchem Muster die Tür vorgeht und ob es sich überhaupt um ein Muster handelt. Da ich gemacht habe, was ich sollte, bleibe ich, wo ich bin. Es ist gut, dass ich alleine draußen bin. Die Luft ist noch immer voll von scharfkantigem Staub und den toxischen Monoxiden aus den Minen und dem Schweigen der Filteranlagen und Gebläse, die so etwas normalerweise schnell in Ordnung bringen.

Nach einer Weile höre ich Marwans Schreie. Der Fritter hat mit der Wundreinigung begonnen.

»Zack!«, ruft Rüd. »Bist du noch da?«

»Ja«, rufe ich.

»Besorg etwas, um die Tür zu blockieren, wenn sie das nächste Mal aufgeht!«

Ich brauche nicht auf Ebene sechs herumzulaufen, um zu wissen, dass ich dazu nichts finden werde. Aus Gehorsam kalkuliere ich dennoch mit der Materialstärke von Stühlen, Tischplatten, Bibeln und Besteck. Aber wie ich es drehe und wende, entweder reicht es nicht aus, um fünfzig Kilonewton auszubremsen, oder ich kriege es nicht ab oder es passt – mit dem ganzen Zeug – kein Mensch mehr durch die Tür.

Dass ich mit meiner Aufgabe überlastet bin, hat einen einfachen Grund. Es liegt in Rüds Formulierung. So wie sie ist, setzt sie meinem Vorstellungsvermögen Grenzen. Wenn ich mit ihm zusammen unterwegs bin, fällt dergleichen nicht ins Gewicht, da er für alles zuständig ist, was Improvisation und Transfer braucht. Allein bleibt mir nichts übrig, als im Flur herumzustehen und aus Gehorsam herumzurechnen.

»Zack?«, ruft Rüd.

»Ja?«, rufe ich.

»Du bist ja noch da!«

Es liegt nicht in meinem Ermessen, eine weitere Freischaltung vorzuschlagen. Ich kann an einen solchen Vorschlag denken, aber meine Protokolle sperren die Aussprache der Idee. Nicht weil sie prinzipiell »falsch« oder »verboten« ist, sondern weil sie unabsehbare Konsequenzen für das Wohlergehen Rüds haben kann. In dieser Hinsicht unterscheide ich mich in nichts von den Lustweibern der epimetheischen Regenten oder von einem der dreizehn Stewards der Dame vom Kata-Crac des Chevaliers. Ich habe keine Vorstellung davon, was passiert, wenn ich mich vom Gedanken an das Wohlergehen Rüds auch nur eine Sekunde löse.

Aus dem Quartier dringt Geschrei, wieder vibriert der Boden.

Mir bleiben noch etwa sieben Sekunden, meinen Emitter irgendwo zu fixieren, denn ich werde ihn selbst nicht halten können, wenn das Schott auf Ebene drei wieder aufgeht. Ich renne in die Kantine. Meine Solidität reicht aus, um meinen Emitter im Siebträger der defekten Kaffeemaschine zu versenken und von der Hebelwirkung seines beispiellos langen Griffs zu profitieren, bevor der Sturm abermals losbricht.

Neuer Staub und Geröll fluten den Flur, während sich die Kantine blitzartig ihrer Atmosphäre entledigt. Ich selbst kann nichts tun, als neben der Enbär-Rymdmaskin stehenzubleiben, meinem Kleid hinterherzuschauen und rasende Brocken zu zählen. Sollte die Tür zu Shufengs Quartier in der Zwischenzeit aufgegangen sein, bedeutet das schlechte Überlebenschancen für die anderen, da gerade alles in den Keller geht, was herkömmlichen biologischen Organismen heilig ist: Sauerstoff, Temperatur und Druck.

Ich sehe es vor mir, ohne dass ich es sehen kann: das blinde Greifen nach Halt. Ich höre: das Würgen und Japsen, den Hauch kollabierender Lungen, tauben Schmerz reißender Trommelfelle. Uri, der länger durchhält, weil er – wie ich jetzt begreife – geübt hat. Dem auch nichts bleibt, als zuzuschauen, wie Biologie unter den Angriffen einer Physik krepiert, für die sie nicht gemacht ist. Blut blubbert, Zungen hängen heraus, Augäpfel vereisen. Ich weiß genau, warum auch immer, wo die Körper zum Erliegen kommen und wie. Wer auf dem Rücken liegt und wer auf der Seite, gekrümmt, und wer auf dem Bauch, nämlich Rüd.

Die Komfortzone eines Menschen ist, verglichen mit den Möglichkeiten des Universums, bemerkenswert klein. Auf einer Temperaturskala, die viele tausend Grad umfasst, entscheidet sich innerhalb einer Spanne von zehn Grad, ob er friert oder schwitzt. Die Luft, die ein Mensch ausatmet, enthält vier Prozent Kohlenstoffdioxid. Schon die doppelte Menge tötet ihn. Ein Luftdruck von 1 Bar tut ihm gut, alles andere eher nicht.

Ich sehe aber auch, ohne dass ich es sehen kann, wie man sich hinter der verschlossen gebliebenen Tür einig wird. Die Schutzanzüge unter sich aufteilt und vorsichtig hineinsteigt, unter Marwans Anleitung, der durch die Drohne am Arm sowieso keinen anziehen kann. Am klarsten sehe ich Rüd, wie er es angeht. Er steigt in den Anzug, wie er morgens auch in alles andere steigt. Erst der linke Fuß, dann der rechte, Hüfte oder Schulter angelehnt für besseren Stand, trotzdem korrigierendes Hüpfen beim Anheben des rechten Beins. Rechter Arm, linker Arm, beim Schließen des Viri-Vlieses braucht er Hilfe, da er das nicht kennt. Der enge Hals ist ihm unangenehm, aber Sinn der Sache. Er fragt trotzdem, ob man das weiter stellen kann, und probiert, wenigstens einen Finger hineinzustecken, als man ihm sagt, dass das nicht Sinn der Sache ist.

Die Deutlichkeit, mit der ich das alles sehe und höre, ohne dabei zu sein, übertrifft meine bisherigen Möglichkeiten, und ich gehe davon aus, dass Marwan mehr freigeschaltet hat als nur die Fähigkeit, meinen Emitter in die eigene Hand zu nehmen.

Aus den Minen ist ein Klirren zu hören. Möglich, dass in Stavros die Fenster geplatzt sind. Doch die flatternden Gesangbücher, die vorbeisegeln, sprechen dagegen, sie sind ungebremst in Richtung der Gravschächte unterwegs. Das Licht in der Kantine erlischt, an der Rückwand springen ein paar Luftfilter an, die genau genommen nichts zu filtern haben, und ihr Heulen erstickt im Vakuum.

Ich überlege, ob ich Shufengs Idee einer temporären Parastrophe überhaupt zustimmen kann, denn die Dauer der Symptomatik strapaziert die Komponente »temporär«. Eine Parastrophe ohne zeitliche Begrenzung ist von einem Theta-Ausfall äußerlich nicht zu unterscheiden, auch wenn es sich um zwei völlig andere Dinge handelt.

Gerade als das Vakuum auch meiner Erscheinung zuzusetzen droht und sie zwingt, auf die vergleichsweise hässliche Quantenreflexion umzusteigen, vibriert erneut der Boden.

Augenblicklich kommt das Tosen zur Ruhe. Heizungen und Gebläse springen an, die hereinströmende Luft trägt Marwans dumpfes Geschrei an mich heran wie eine Erinnerung. Im nutzlosen Licht der Sterne öffne ich das Sieb der Rymdmaskin und nehme meinen Emitter wieder heraus.

Im Foyer der Gravschächte sind noch ein paar Kanülen mit Anästhetikum aus Shufengs KL-Koffer zu finden. Den Koffer hat es während der ersten Schottöffnung zusammen mit Andrasch und

Gembdenbach aus dem Quartier geblasen. Ich hole die Kanülen nicht primär, um Marwans Leiden zu lindern, sondern für Rüds Gewissen, da er glaubt, er habe die MARFA kaputt gemacht.

Als die Tür wieder aufgeht, steckt Marwans Arm bis zum Ellenbogen in der Drohne, das Ganze sieht aus wie eine angewachsene Urzeitkeule. Immer wieder flackert das Deckenlicht. Die Temperatur ist weiter am Fallen, während das Gebläse im Nebenraum in unregelmäßigen Abständen hoch- und runterfährt.

Marwan liegt wimmernd auf dem Boden und verdrängt, dass allein die Wundreinigung noch mehr als eine Stunde dauern wird. Jemand hat ihn mit einem Karabiner am Handlauf des Fensters befestigt. Uri und Shufeng, beide im Schutzanzug, hocken bei ihm, Shufeng streichelt ihm durchs Haar. Ich schubse Shufeng eine der Kanülen zu. Es wird einige Minuten dauern, bis die Wirkung einsetzt.

Rüd nimmt zur Kenntnis, dass die Kanüle mit KL beschriftet ist. Er nestelt an der Kalibrierung seines Enbär-Ekso-Anzugs herum. Der Sauerstoffvorrat ist auf flache Taschen verteilt, die überall dort eingelassen sind, wo sie nicht stören. Da Gas nicht schlecht wird, macht es nichts aus, dass die Anzüge zweihundert Jahre alt sind. Luft und Heizleistung reichen, einmal aktiviert und bei sparsamem Verbrauch, für zwei Stunden. Das Einzige, was die Anzüge über den Status von Freizeitkleidung hinaushebt, sind die KL-legierten Sohlen, die, wenn Bedarf besteht, dafür sorgen, dass die Füße des Trägers immer fest auf dem Boden bleiben – egal wie sehr der Wind geht. Das Visier lässt sich einfahren, solange es nicht gebraucht wird, und ist umgekehrt im Fall einer Raumexposition binnen einer Sekunde entfaltet. Ich bin schon gar nicht mehr irritiert, wie sicher die Cönobiten, im Gegensatz zu Rüd, mit der Technologie umgehen, vor allem, als ich sehe, wie Uri Rüd dabei hilft, die Körperführung richtig einzustellen.

»Du hast nichts zum Blockieren der Tür gefunden?«, fragt Rüd mich. »Nein«, sage ich.

Marwan brüllt auf. Er streckt den Arm mit der Drohne weg, als ob er den Schmerz dadurch von sich entfernen könnte. Dann wälzt er sich über den Boden, was, trotz der Miniatur-Zobedad-Dämpfer im Inneren des Fritters, keine gute Idee ist.

»Vielleicht können wir einfach durch –«, setzt Shufeng an.

»Vergiss es!«, jault Marwan. »Jetzt ist die Tür auf. Nur jetzt! Warum, weißt du nicht! Wie lange, weißt du auch nicht!«

»Theta!«, piept Uri.

Marwan dreht sich auf die Seite, so dass er mich sehen kann.

»Hast du eine Idee, wie wir hier rauskommen?«, fragt er mich.

»Nein«, sage ich.

Marwan beginnt zu lachen und richtet sich keuchend auf. »Das hier«, sagt er in Rüds Richtung und zeigt mit dem Drohnenarm auf mich, »ist vielleicht das klügste Wesen in diesem Raum. Und es weiß nicht, wie wir durch eine tollwütige Tür kommen.« Marwans Atem kondensiert beim Sprechen. Die Tropfen auf der Panoramascheibe sind kurz davor zu vereisen.

»Es tut mir leid«, sagt Rüd leise.

»Was?«, fragt Uri. »Tür kaputt? Hand kaputt? Theta? Leute tot?« Die Frage ist nicht rhetorisch. Uri will das wirklich wissen und schaut Rüd interessiert an.

»Wir wissen nicht, ob sie tot sind«, schaltet sich Shufeng ein. Er ringt mir ein bestätigendes Nicken ab, obwohl ich die menschliche Neigung, in Unwissenheit Trost zu finden, noch nie habe nachvollziehen können.

»Sie haben schon alles richtig gemacht«, sagt Marwan zu Rüd und zieht sich am Handlauf der Panoramascheibe in die Senkrechte hoch. Er kratzt mit dem Fingernagel einen der Tropfen ab und atmet tief durch. »Aber wenn wir hier nicht erfrieren sollen, müssen wir hier raus.«

ZWEITE FREISCHALTUNG

Die Worte, die Rüd jetzt an mich richten muss, um mein Denken und Handeln weiter zu entgrenzen, sind mit den letzten identisch. Er muss es nur zweimal sagen.

Es liegt in der Natur des Menschen, eine Wiederholung, eine Iteration, nicht automatisch als Redundanz zu begreifen, sondern als Bekräftigung, auch wenn es keinen qualitativen Grund dafür gibt. Vor Rüds Flüstern in mein Ohr habe ich derlei nicht begriffen.

»Ich liebe dich. Ich liebe dich.«

Nun, da es gesagt ist, begreife ich es. Shufeng reicht mir eine Kesa-Robe aus dem Wandcontainer. Angegossen ist anders, aber es ist besser als nichts.

RAUSCHEN

Die Menge an gelatiniertem Diethylenglycoldinitrat, die ich wie eine Brötchen schmierende Mama auf die Innenseiten der Tür zu Shufengs Quartier streiche, ist wohlüberlegt. Sie reicht aus, um ihr beim nächsten Zuschlagen den Garaus zu machen, sollte aber das Wohl der Jungs, die nach nebenan in Deckung gegangen sind, nicht ernsthaft gefährden. Während ich mir das zweite Türblatt vornehme, entbrennt ein Streit, den ausgerechnet Uri vom Zaun bricht, indem er, piepend und neuerdings krächzend, auf seiner Theorie eines Theta-Ausfalls beharrt.

»Weißes Rauschen«, sagt Marwan und prüft mein Vorankommen aus gelben, bilirubinschwangeren Reh-Augen.

In Rüd, der sich damit beschäftigt, auf den Sauerstofftaschen seines Anzugs herumzukneten, tobt ein stiller Kampf. Er weiß immer noch nicht, ob er sein beschränktes Wissen bezüglich Theta-Ausfällen, Parastrophen und (jetzt auch) Weißem Rauschen zugeben soll, und hofft, durch Zuhören seine eigenen Rückschlüsse ziehen zu können. Zugegebenermaßen stammt das meiste aus theoretischen Abhandlungen, deren empirischer Beleg umstritten ist und deren Lektüre für Praktiker wenig Erbauliches bietet.

Die wachsende Kälte kriecht in die Ritzen der Anzüge. Marwan, vergleichsweise nackt, hat schon nach Shufengs Bettzeug gegriffen und sich darin eingepackt, während ihn das erlösende Wohl eines Breitbandanästhetikums einholt.

»Wie lange ist der letzte Druckabfall her?«, fragt er mich.

»Über zehn Minuten.«

»Bei einem Weißen Rauschen hätte schon längst wieder einer –«, setzt Shufeng an.

»Zehn Minuten sind nichts, Schnuppi!«, höre ich mich sagen. »Außerdem wisst ihr nicht, ob es eine Quelle gibt.«

Jetzt erscheinen nicht nur Marwans Augen im Durchgang.

»Wie hast du mich gerade genannt?«, fragt Shufeng.

»Schnuppi«, sage ich, in die Hocke gehend, um etwas Sprengstoff auf halber Höhe der Tür aufzutragen.

»Was meint sie mit Quelle?«, fragt Rüd.

»Wieso sagt sie Schnuppi?«, fragt Shufeng.

»Was ich hier mache«, erkläre ich, »ist eine Variante des Klockhoff-Kontingenztests, die zwar mit Restrisiken behaftet ist, aber im Idealfall zwei Fliegen mit einer Klappe schlägt. Zum einen besteht die brauchbare Wahrscheinlichkeit, dass sich das Türproblem in den nächsten Minuten von selbst erledigt. Und in der Art und Weise, wie das passiert, gewinnen wir Aufschluss darüber, ob die Tür die Tollwut hat oder uns etwas mitteilen möchte oder einfach nur verstümmeln oder töten will.«

»Wieso sagst du Schnuppi zu mir?«, fragt Shufeng.

Ich kann Shufeng nicht sagen, dass Kosenamen nur wenig mit der Bezeugung einer Zuneigung zu tun haben, sondern mit Steuerung. Rüd ist nun, angeregt durch meine Erläuterung des Klockhoff-Tests und Shufengs augenscheinlicher Degradierung, endlich bereit, sich einen Ruck zu geben: »Was ist eine – temporäre Parastrophe?«, fragt er.

Wie zu erwarten, ist es Marwan, der ihn entsetzt anschaut.

»Einstellungswechsel, zum Beispiel von util nach deon, können bei einer MARFA mit viel Remscheid Komplikationen haben«, sage ich. »Zu viel Remscheid stört das Gegenwartsempfinden. Während einer Parastrophe überlappen sich beide Einstellungen und lösen ein temporäres Chaos aus.«

»Aber nur für Sekunden!«, sagt Marwan.

»Daher Theta«, piept Uri.

»Bei einem Theta-Ausfall führt die Remscheid-bedingte Gleichzeitigkeit der beiden Einstellungen util und deon zu einem Kollaps der ethischen Integrität, indem die unlösbare Frage nach dem richtigen Handeln durch die schlichte Beseitigung aller zu Behandelnden beseitigt wird.«

»Wie bitte?«, fragt Rüd.

In diesem Moment schlägt die Tür zu. Meinen Fingern macht das nichts aus, im Gegensatz zum Diethylenglycoldinitrat, das, seiner Bestimmung gemäß, sofort mit einem heftigen Knall hochgeht und ein glühendes Loch in die oberen Hälften der beiden Türblätter reißt, durch das die Jungs, sobald sich die Ränder etwas abgekühlt haben, bequem hindurchsteigen können. Ich hole meinen Emitter, den ich, um beide Hände frei zu haben, wieder in der Kaffeemaschine gesichert habe.

Als ich zurückkomme, kauern sie immer noch in der Ecke der Schlafkammer und atmen durch Shufengs Bettzeug. Zu Recht, denn der Qualm, der gerade in das gesamte Quartier hineindiffundiert, ist in dieser Konzentration giftig. Ich sage ihnen, dass das alles nicht besser wird. Rüd steht als Erster auf. Marwan taucht seine Nase in den Ärmel, geht mit Uri voran und nimmt die Decke mit. Das ist nachvollziehbar, denn die Detonation hat den Fall der Temperatur nur für wenige Sekunden gebremst.

Als Uri durch die Tür steigt, gibt diese ein kurzes, zischendes Geräusch von sich. Möglich, dass sie töten wollte, ohne registriert zu haben, dass das nicht mehr geht. Eine Parastrophe könnte man damit ausschließen. Für ein Weißes Rauschen wäre es hingegen ein seltsamer Zufall, dass die Tür genau jetzt noch einmal aktiv wird. Ich muss zugeben, dass Uris Theorie etwas für sich hat. Allerdings sind alle übrigen Vorgänge für einen Theta-Ausfall zu unspezifisch.

Zuletzt steigt Rüd in den vernebelten Flur. Ich weise die Jungs darauf hin, immer etwas im Blick zu haben, woran sie sich innerhalb von sieben Sekunden festhalten können, falls nochmal ein Schott aufgehen sollte. Der Sog in den Fluren wäre aufgrund der Luftmassen, die aus dem Minensystem strömen würden, um ein Vielfaches heftiger als in einem Quartier, das innerhalb von Sekunden leergesaugt ist. Es ist möglich, dass die KL-Sohlen der Anzüge nicht allem standhalten. Ich empfehle, die Helme zu entfalten.

Die Wandlampen flackern. Die Tür zur Kantine steht offen, sauerstoffreiche, aber mit Partikeln kontaminierte Luft strömt uns entgegen. Ein Spüler arbeitet hinter der Theke, obwohl er leer ist und offen steht. Außer mir hört keiner das Pfeifen.

Vor der Tür zum MARFA-Kontaktraum kommen wir zum Stehen. Sie ist verschlossen. Die MARFA zum Aufmachen zu bewegen käme dem Versuch gleich, die Cherubim zu bitten, die Tore des Paradieses wieder frei zu geben. Da der Abbruch jeglicher Kommunikation für einen Theta-Ausfall untypisch ist, zugleich aber ein Hauptsymptom des Weißen Rauschens, kommt eigentlich nur noch Letzteres in Frage. Ich sehe Marwan an, dass er das Gleiche denkt, und nicke ihm zu.

»Es gibt keine Muster«, sage ich zu ihm. »Ich erkenne zumindest keine. Die MARFA hat dichtgemacht. Das ist Weißes Rauschen!«

»Perfekt!« Marwan und Shufeng nicken sich zu. Obwohl sie es zu unterdrücken versuchen, sehe ich einen Anflug von Erleichterung in ihren Gesichtern.

Die Frage, die sich in Rüd staut, bringt ihn fast zum Platzen.

»Weißes Rauschen ist ein Rauschen mit einem konstanten Leistungsdichtespektrum in einem bestimmten Frequenzbereich«, sage ich.

»Herrgott nochmal Zack!«

Marwans Arm beginnt zu knuspern. Der Fritter hat die Wundreinigung abgeschlossen und beginnt mit der eigentlichen Arbeit. Ohne Anästhetikum würde Marwan jetzt die Wände hochgehen.

»Wir müssen die anderen suchen!«, sagt Shufeng. Ich merke, dass er es nicht so meint. Es gibt Sätze, die sind nur dazu da, aus Anstand gesagt zu werden.

»Nein«, sagt Marwan.

»Ich weiß«, sagt Shufeng.

Der Boden vibriert, aber nur ein bisschen. Vom Stavros-Tunnel her erhebt sich ein leichter Wind, der seltsam warm ist. Vorsichtshalber gebe ich Rüd meinen Emitter, der ihn fest in die Faust schließt. Marwan klinkt seinen Karabiner an einem Handlauf ein. Uri und Shufeng prüfen die Dichtungen ihrer Helme und atmen sparsam. Mehr als Rüd scheinen sie zu wissen, dass nun irgendeine Zeit abläuft.

»Was machen wir jetzt?«, fragt Rüd.

Marwan zeigt auf den Diethylenglycoldinitrat-Beutel in meiner Hand.

»Gib mir das bitte!«

WETTERSTATION

Rüd, Marwan und Shufeng stehen am Belvedere dell'Infinito, haben sich mit ihren Karabinern am Handlauf der Panoramascheibe eingeklinkt und schauen nach draußen. Kündigt sich ein Druckverlust an, nutzen sie ihre Anzüge, um auf dem Boden zu bleiben, und halten Marwan, so gut es geht, zwischen sich fest.

In den Funktionsnischen hinter uns flackert das Licht, die Rasierer des Barbiers summen, während die Panoramascheibe des Belvedere in einem chaotischen Muster zwischen Tag- und Nachtmodus hin- und herschaltet. Die Tanks des Cocktailausschanks sind leer, sonst würde das Deck mit Piña-Colada-Essenz volllaufen. Stattdessen müssen sich die Düsen damit begnügen, immer mal wieder ein langes, schwermütiges Seufzen von sich zu geben.

»Wo bleibt Uri?«, fragt Shufeng.

»Er müsste jeden Moment –«

»Da ist er!«, sagt Rüd.

Weit unter uns, im Schatten der Mole, öffnet sich eine Schleuse.

Uri tritt ins Freie. Die Neptunsichel, die über ihm steht, ist genauso wacholderblau wie sein Enbär-Ekso-Anzug und der Beutel mit dem selbstgebastelten Explosivgeschoss, den er an sich klammert. Ohne zu zögern, beginnt er den Aufstieg zu den Ausläufern von Marmaras. Ich sehe Uri und seine Vorerfahrungen mit Druckverlust und nackter Raumexposition jetzt mit anderen Augen. Es mag sein, dass er für Shufeng gebüßt hat. Es mag sein, dass er ein unbeschuhter Novize im Laienorden des stellvertretenden Leidens Christi ist. Aber so betrachtet war das alles auch eine Leibesübung, in jedem Sinn des Wortes. Und dazu wiederum kann ich nur vergegenwärtigen, was die MARFA vor zweiundzwanzig Stunden und vier Minuten zu Rüd gesagt hat: *Sie haben keine Ahnung, womit Sie es hier vielleicht zu tun haben.*

Für einige Zeit verschwindet Uri im dreieckigen Schatten einer Felsspitze. Marwan und Shufeng sind irritiert, wie lang es dauert, bis er auf der anderen Seite wieder auftaucht. Die relative Winzigkeit eines Gestirns wie Athos und die grauen, ungewöhnlich nahen Horizonte lassen Menschen dazu neigen, Entfernungen zu unterschätzen.

Uri hat nicht getrödelt. Er durchquert eine kleine Talsohle, in der nur wenig Geröll aus dem hellgrauen Staub ragt und ein kleines rotes Hinweisschild den Weg weist.

Marwan trommelt nervös mit den Fingern auf dem Handlauf.

»Wo bleibt die Reaktion?«, flüstert er.

Shufeng hält es für richtig, mit der Antwort zu warten. Rüd bemerkt, dass Marwans Blick gar nicht auf Uri gerichtet ist, der gerade beginnt, einen zerklüfteten Vorsprung emporzuklettern, sondern auf den Weltraum darüber.

»Welche Reaktion?«, fragt Rüd, den das berechtigte Gefühl beschleicht, zufälliger Zeuge der Ausführung eines Plans zu sein, bei dem selbst ich nicht einschätzen kann, wie lang die Hand ist, von der er gefasst wurde. Niemand antwortet.

Uri hat eine Stelle erreicht, an der ein rot markierter Kletterpfad aus der Zeit der schwedischen Erschließung von Athos beginnt. Rot deshalb, da er über mehrere Spalten führt, über die nur ein gezielter Sprung hinweghilft. Rot auch deshalb, da weder an den Start- noch an den Endpunkten etwas Zusätzliches zum Festhalten installiert wurde und er mit Jupiter-KL kaum zu schaffen ist. Uri überspringt die erste Spalte und findet mühelos Halt, als er die andere Seite erreicht.

»Er ist auf dem Pfad. Das erregt keinen Verdacht«, sagt Shufeng.

»Blödsinn!«

Marwans Blick ist immer noch nach oben gerichtet. Die Neptunsichel steigt, über seine eisig glitzernden Ringe zieht sich ein messerscharfer Schatten.

»Es wird kommen«, sagt er.

»Was?«, fragt Rüd, aber mit dem resignierten Tonfall eines Jemanden, der weiß, dass er keine Antwort kriegen wird. Tatsächlich kriegt er keine.

Uri überspringt eine weitere Spalte. An einer Stelle geht sie so tief, dass ein Stern aus ihrem unsichtbaren Grund hervorblitzt. Uri nähert sich dem schärenartigen Buckel, auf dem sich der Reaktor befindet und der die Spalten um ein Vielfaches überragt.

»Uri wird das Rauschen beenden«, sagt Shufeng.

Rüd wendet sich mit einem verzweifelten Blick an mich.

»Es gibt eine Theorie von Sziring-Schwarzmann, nach der eine lebenserhaltende Intelligenz auf Weißes Rauschen schaltet, wenn sie mit einer Situation überfordert ist.«

»Ein Systemabsturz?«

»Nein. Ein Ausweg.«

»Woraus?«

Der Piña-Colada-Spender gibt ein lautes Zischen von sich, während alle Rasierer auf einmal verstummen. Uri ist nur noch ein kleiner blauer Fleck zwischen grauschwarzem, ödem Geröll. Gerade verlässt er den roten Pfad an einer Stelle, an der der Felsbuckel über ihm einen relativ überhangsfreien Einschnitt bildet und der Schatten der Achterbahnkurve darüber ein bortenartiges schwarzes Muster über das Ganze legt.

»Weißes Rauschen, auch Pollock-Syndrom genannt, ersetzt den Zwang, das Richtige zu tun, durch die Alternative, nichts Falsches tun zu können.«

»War ich das?«, fragt Rüd.

»Ja«, sagt Shufeng.

»Ja, aber nicht nur«, ergänzt Marwan. »Es bedurfte gewisser – Vorarbeiten.« Er lässt seinen Blick über die Neptunringe schweifen. »Und ein bisschen zu viel Christentum.«

Rüd schaut ihn fragend an.

»Kaum jemand sonst«, beginnt Marwan, »ist so auf die Armseligkeit, das Leiden und den Tod fixiert wie der byzantinisch-orthodoxe Cönobit. Das muss eine lebenserhaltende MARFA, die für sein Wohl zu sorgen hat, ganz kirre machen.«

»Hut ab vor Barthel.«

»Ja, Hut ab.«

Shufeng zieht sich näher an die Scheibe heran und kneift die Augen zusammen. Uri hat zu klettern begonnen. Im Schatten einer warzigen Scharte zieht er sich Stück für Stück den Buckel hoch. Mit jedem Ruck wird es leichter für ihn, da er gerade dabei ist, das KL-Feld zu verlassen, dessen unsichtbarer Rand sich hier mit der Oberfläche des Buckels schneidet. Als Uri den Schatten verlässt, ist er bereits schwerelos und berührt nur noch mit den Händen den Grund. Er ist noch etwa hundert Meter vom Reaktor entfernt, hat aber aufgrund der Form der Felsen keinen Sichtkontakt. Sein Orientierungsvermögen muss hervorragend ausgebildet sein, da er keinerlei Schwierigkeiten hat, in einer Umgebung ohne echtes Oben und Unten und ohne freien Blick auf sein Ziel keinen einzigen Meter zu viel zurückzulegen. Als er einmal den Kontakt zum Boden verliert, nutzt er eine kurzerhand angestochene Sauerstofftasche am Ärmel seines Anzugs, um sich zurückpusten zu lassen.

»Was will er am Reaktor?«, fragt Rüd.

»Es geht nicht um den Reaktor«, sage ich, »sondern um die Wetterstation.«

Marwan wendet sich einen kurzen Moment vom Weltraum ab, um mir einen anerkennenden Blick zuzuwerfen.

»Er beendet das Rauschen«, sagt Shufeng nickend.

Uri erreicht die Oberseite des Buckels, auf dem mehrere große Brocken liegen. Er kauert sich in den Schatten des größten und beginnt, an seinem Beutel herumzunesteln.

»Sziring-Schwarzmann sagt, dass eine lebenserhaltende Intelligenz nur dann auf Rauschen umschaltet, wenn sie auf eine Quelle echter Zufälligkeit zugreifen kann, die vollständig außerhalb ihres Einflussbereichs liegt.«

»Das Wetter?!«

Marwan zeigt auf die Messfühler, die wie Blumenstängel hinter dem Reaktor einige Meter hoch in den Weltraum ragen. »Sonnenwindpartikel, kosmische Strahlungsspitzen, Radiowellen, Higgsbosonen, Remscheid-Plasma, reines Chaos.« Anders als noch in seinem Labor scheint ihm das Wort in diesem Moment kein Unbehagen zu bereiten.

Rüd wirft einen Blick auf die Funktionsnischen hinter sich. »Heißt das, die Rasierer hier gehen nach dem Sonnenwind an und aus?«

Marwan streichelt die knuspernde Drohne an seinem Arm.

»Und die Türen auf und zu!«

Zum siebzehnten Mal seit Rüds Eingriff vibriert der Boden, in der Tiefe kommt es zu einer Erschütterung. Sie ist fern, wird aber durch Fels und Geröll weitergeleitet wie das Zucken eines Muskels. Sogar Shufeng, der keinen Kontakt zum Boden hat, spürt es. Ein Schott ist aufgegangen.

Marwan krallt sich mit der übriggebliebenen Hand fest, Rüd und Shufeng nehmen ihn in den Arm und drehen die Kontaktstärke ihrer Sohlen auf Maximum.

»Das war doch jetzt kein Zufall!«, schreit Rüd gegen das Rauschen an.

Shufeng zuckt mit den Achseln. »Wer weiß das schon?«

Das Summen der Rasierer und der Cocktaildüsen verfliegt zusammen mit der Atmosphäre nach draußen. Marwan kann nicht mehr machen, als sich auf die Karabiner und auf Rüds und Shufengs Halt zu verlassen, sich selbst eine Sauerstoffmaske ins Gesicht zu pressen und zu hoffen, dass das Schott nicht zu lange offen bleibt. Zu allem Überfluss öffnet sich die Deck-Sechs-Schleuse ins Minensystem, wodurch zwar neue Luft nachkommt, aber auch jede Menge Staub, Gebröckel und ein paar letzte Gesangbücher.

Rüd und Shufeng entfalten ihre Helme, die sie bis jetzt solidarisch offen gelassen haben.

Da Marwan die Augen schließen muss, kann er nicht das kleine Etwas sehen, auf das er die ganze Zeit gewartet hat und das, ähnlich einer Sternschnuppe, von irgendwoher aus dem Raum kommend mit zweihundert Metern pro Sekunde über Marmaras hinwegschießt, auch unbemerkt von Uri, der gerade mit der Entsicherung seines Geschosses beschäftigt ist. Es verschwindet in der Hauptschleuse des Reaktors, die sich ihm nur einen Spalt breit geöffnet hat.

Ich kann selbst nicht sagen, ob das Chaos hier eine Komposition der MARFA ist oder ob wir wirklich dem Rauschen unterliegen. Aber in einer Sache haben Marwan und Shufeng mit Sicherheit Recht: Wenn es sich um ein Weißes Rauschen handelt, wird Uri es durch die Zerstörung der Wetterstation beenden.

Eine MARFA, die konsequent jeglicher Schuldfrage ausweicht, indem sie alles, was passiert, dem Zufall überlässt, muss sicherstellen, dass die Randomisierung ihrer Tätigkeiten nicht durch sie selbst kontaminiert ist. Sie kann also, um sich an echte Zufälle zu ketten, nichts nehmen, was sie selbst wärmt, mit Luft versorgt, mit Drohnen schützt oder mit dem sie, schlimmstenfalls, reden kann. Wenn es etwas gibt, das sich nicht kontaminieren lässt, zumindest nicht durch eine kleine MARFA, dann ist es der massive solare Teilchensturm, der gerade über uns hinwegzufegen beginnt und in Kürze die ersten KL-Polarlichter in der Geschichte des himmlischen Athos erzeugen wird.

Es rumst in der Tiefe. Shufeng tippt Marwan auf die Schulter, um ihm mitzuteilen, dass das Schott wieder zu ist. Marwan ist klug genug zu wissen, dass er die Augen noch geschlossen halten muss, auch wenn ihm das Schicksal in Form eines lautstark arbeitenden Deckengebläses hold zu sein scheint.

»Ist der Pin gekommen?«, fragt er, die Sauerstoffmaske kurz zur Seite nehmend.

Shufeng zuckt mit den Schultern. Rüd wirft ihm einen erschrockenen Blick zu.

»Pin?«, fragt er. »Was für ein Pin?«

»Er ist motorisiert. Er wird im Weltraum gelagert und kommt nur bei Bedarf.«

Uri hat sein Geschoss, bestehend aus einer stoßempfindlichen Diethylenglycoldinitrateinheit und einer improvisierten Armbrust, für die Marwan ein fünfzig Zentimeter langes, vakuumtaugliches Dichtungsgummi auf den abgeschraubten Siebträger der Enbär-Rymdmaskin gespannt hat, endlich scharfgemacht. Zielgenau wird diese Bastelei nicht sein, aber Schlagkraft und Reichweite sind in Ordnung. Uri weiß, dass er näher ranmuss, und erhebt sich aus dem Schatten.

In diesem Moment öffnet sich die Schleuse des Reaktors.

»Oh Gott!«, flüstert Shufeng.

Marwan muss sich zwingen, nicht die Augen zu öffnen. Er tut gut daran, die Luft ist noch grau vom Staub.

»Was ist los?«, fragt er dumpf in seine Maske hinein.

»Es ist ein Beta!«, sagt Shufeng. »Er kommt jetzt raus.«

Der Skleroid steigt aus der Schleuse ins Licht, widernatürlich langsam wie ein unterkühltes Reptil. Taxonomisch zählt er zur Klasse der nichthumanoiden Beta-Vierbeiner, einer haar- und atemlosen Kreuzung aus Hyäne, Grottenolm, Nacktmull und Bärtierchen, äußerst widerstandsfähig und nicht halal. Was jetzt passiert, wächst nicht auf dem Mist der MARFA, es ist eine Automatik zum Schutz des Reaktors.

Rüd faltet seinen Helm zurück, sein Puls geht durch die Decke.

»Du hast gesagt, es gibt keine Cortex-Pins auf Athos!« Er schaut mich finster an.

»Das kam nicht von hier«, erwidere ich. »Im Weltraum ist viel Platz, um kleine Dinge zu verstecken!«

Der Betaskleroid verharrt für einen Augenblick auf allen vieren, dann richtet er sich, die Hinterbeine in den Fels krallend, zu seiner vollen Größe auf. Aus der neugewonnenen Höhe von zwei Metern erhält sein Stirnloch einen guten Überblick über das Geröllfeld vor dem Reaktor. Sichtkontakt zu Uri, der sich sofort wieder hinter den Brocken verkrochen hat, hat er nicht, aber er weiß, dass er da ist.

Marwan hält es nicht mehr aus, nimmt die Maske ab und öffnet die Augen.

Der Skleroid lässt sich zurück auf die Vorderbeine sinken und nähert sich in fließenden Bewegungen und mit der Unverzagtheit eines Raubtieres Uris Brocken. Die Grazie, mit der er einen Schutthaufen überschreitet, ohne einmal den Bodenhalt zu verlieren, deutet auf vertrautes Terrain hin.

Rüd irritiert die zeitlupenhafte Geschwindigkeit der Bewegungen sichtlich. Doch ein gerade aktivierter Skleroid, der allein von Strahlung zehrt, muss mit seiner Energie haushalten. Das heißt aber nicht, dass er nicht plant.

Uri spürt, dass er wegmuss. Er versetzt der Armbrust einen Stoß, sie schwebt nur knapp über dem grauen Grund des Buckels auf einen der nächsten Felsen zu. Uri wetzt ihr auf allen vieren hinterher, eine Staubwolke nach der anderen hinter sich aufschlagend. Bevor das Geschoss gegen den Felsen donnern und explodieren kann, hat Uri es wieder eingefangen und sich damit versteckt.

Der Skleroid ist für die anderen erst wieder zu sehen, als sich der Staub in den Raum verflüchtigt hat. Aufgerichtet steht er da, das dunkle Stirnloch auf den Brocken gerichtet, hinter dem Uri jetzt hockt. Ich hatte erwartet, dass er spätestens jetzt blitzartig zuschlägt. Aber er scheint begriffen zu haben, welche gefährliche Ladung seine Beute mit sich führt, und verharrt auf Distanz, ohne jede Regung.

»Was tut er?«, fragt Rüd.

»Warten!«, antwortet Marwan. »Er hat alle Zeit der Welt. Uri nicht.«

Das ist korrekt. Alles Skleroide hat eine potentielle Lebenserwartung von tausend Jahren. Es lebt, sind die Stoffwechselprozesse des sogenannten Larvenstadiums abgeschlossen, von den ungefilterten Energien des Weltraums, ob solar oder kosmisch. Gerade ist es vornehmlich der Sonnensturm, der den Beta füttert.

»Wie lange hat Uri noch Luft?«

»Dreißig Minuten!«

Uri weiß, dass der Skleroid ihn zu Tode warten kann, und schaut sich um. Als er sich entscheidet, sich zu zeigen, tut er es mit vorgehaltener Waffe.

In den Zuschauern am Panoramafenster löst es ein gewisses Befremden aus, dass der Skleroid daraufhin nicht die kleinste äußere Regung zeigt. Das Stirnloch, das immer noch auf den Brocken gerichtet ist, bleibt, wie der ganze Körper, ohne jede Bewegung.

»Oh Gott«, flüstert Shufeng.

»Er mustert«, sagt Marwan. »Plant. Wie in einem Bedingungskrieg.«

»Oh Gott«, wiederholt Shufeng. »Weiß Uri das?«

»Wer, wenn nicht er?«

Plötzlich stößt sich Uri ab. Eine kleine Staubwolke hinter sich herziehend steigt er senkrecht auf, geradewegs ins All. Das Stirnloch des Skleroiden folgt der Bewegung mit monotoner Gelassenheit. Als er eine Höhe von zwanzig Metern erreicht hat, opfert Uri ein Sauerstoffkissen, um seinen Kurs zu korrigieren.

»Noch zwanzig Minuten«, korrigiert Marwan Uris Zeitrahmen.

Mit ausgestreckten Armen gelingt es Uri, sich an der freistehenden Achterbahnkurve festzuklammern und dazu noch das Kunststück fertigzubringen, den Beutel, der gerade dabei ist, sich um eine der roten Führungsschienen zu wickeln, vom Explodieren abzuhalten. Der Blick des Skleroiden ist jetzt senkrecht nach oben gerichtet. Es ist davon auszugehen, dass er, sollte Marwan mit seiner Einschätzung Recht haben, in Kürze alles beieinander hat, was er für seinen Schlag benötigt.

»Muss du nicht langsam los, Schnuppi?«, frage ich Shufeng.

»Sie hat Recht!«, sagt Marwan.

FELSNASEN

Uri muss nachdenken. Die Messfühler der Wetterstation sind noch außer Schussweite. Sie würden in Schussweite kommen, wenn er das Achterbahnstück bis an das Ende des Bauabschnitts klettern würde, das etwa elf Meter vor ihm liegt. Doch spätestens auf halbem Weg würde der Skleroid kurzen Prozess mit ihm machen.

Hinter der Wetterstation ragen mehrere graue Felsnasen auf, deren Querung den Höhepunkt des roten Kletterpfades bildet. Die meisten von ihnen geben eine gute Schussposition ab. Der Skleroid bückt sich, um zwei große Brocken aus dem Staub aufzuheben. Uri weiß, dass er jetzt etwas tun muss.

»Was ist ein Bedingungskrieg?«, fragt Rüd.

Marwan fährt sich nervös durchs Gesicht.

»Das sehen Sie gleich.«

Uri stößt sich ab. Er nimmt einen Kurs, der weit über die Felsnasen hinweg ins All hinausführt, sofern er ihn nicht mit dem Verlust von Sauerstoff korrigiert.

Der Skleroid schleudert beide Brocken gleichzeitig von sich weg – in verschiedene Richtungen und mit einer Langsamkeit, die genauso irritierend wie verdächtig ist.

Den Kurs des ersten Brockens kann ich nachvollziehen, er kreuzt in wenigen Sekunden Uris Bahn und wird ihn, sofern er nichts unternimmt, tödlich am Helm treffen.

Den Zweck des zweiten Brockens kann ich nur erahnen, denn

er schwebt in eine völlig andere Richtung, auf die äußerste der Felsnasen zu, die dem Reaktor vorgelagert ist.

Falls sich meine Ahnung bestätigen sollte, wäre der Grad an Remscheid, den sich der Skleroid in dieser kurzen Zeit aneignen konnte, geradezu obszön, und für einen Cortex-Pin in dieser Qualität ist die Lagerung im offenen Weltraum eine Frage der Sicherheit.

Uri lässt eine Sauerstofftasche platzen, um dem ersten Brocken auszuweichen und seinen Weg auf die Felsen neu auszurichten. Ein schnurgerades weißes Wölkchen hinter sich herziehend, gleitet er auf die mittlere der Felsnasen zu.

Der Skleroid lässt sich auf alle viere sinken und trabt ohne Hast zurück in Richtung des Reaktors.

»Was macht er?«, fragt Rüd.

»Er ist fertig«, sagt Marwan.

»Aber –?«

»Schauen Sie hin!«

Uri schwebt der Felsspitze entgegen und nimmt schon währenddessen eine abstoßbereite Haltung ein. Er weiß, dass er jetzt nirgends länger verweilen und vor allem nichts tun sollte, das vorhersehbar ist. Zugleich bemerkt auch er, dass für den Skleroiden der Kampf schon vorbei zu sein scheint.

Zeitgleich mit Uris Erreichen des Felsens kollidiert der zweite Brocken mit dem vorgelagerten Felsen, acht Meter weiter links. Der Zusammenstoß ist heftig, mehrere Querschläger lösen sich aus dem Gestein. Uri hat sich schon abgestoßen, als er erkennen muss, dass einer der Querschläger, der größte, ihm unaufhaltsam entgegenrast. Marwan flucht.

Der Brocken trifft Uris Brustsauerstoff und lässt ihn augenblicklich hochgehen. Uri wird nach hinten geschleudert und gleitet jetzt mit mehreren Metern pro Sekunde in den offenen Raum hinaus. Ein Schuss aus seiner Armbrust würde ihn jetzt nur noch weiter wegstoßen und infolgedessen zu schwach sein, um die Wetterstation zu beschädigen. Der Skleroid hält die Gefahr für abgewendet.

Ihm ist jedoch – bei all seiner Vorsehung und Aufbietung diverser geologischer und himmelsmechanischer Expertisen – das Pastellfenster im Glockenturm von Agios Stavros entgangen, das soeben von behutsamer Hand eingeschlagen wurde, und das winzige Objekt, das, eingehüllt in eine schwarze, holografische Sphäre, von dort aus gestartet ist.

Bevor das Objekt in den engeren Wahrnehmungsradius des Skleroiden eindringt, verschießt Uri, scheinbar sinn- und ziellos, seine Sprengladung. Ohne irgendeinen Schaden anzurichten explodiert sie im Staub vor dem Reaktor, der sich kugelförmig und ungebremst ausbreitet und für einige Sekunden jede Sicht vernebelt.

Während der Skleroid damit ausgelastet ist, die chaotische Situation zu bewerten, sticht Uri seinen letzten Rest Sauerstoff an, um Kurs in die Schlucht von Marmaras zu nehmen, wo er hinter einer rabenschwarzen Scharte verschwindet.

Bis der Skleroid wieder etwas sehen kann, hat Shufengs Splitterbombe, die er mit einem Standard-Emitter aus Marwans Bonbonglas maskiert hat, die empfindlichsten Messfühler der Wetterstation in ihre Einzelteile zerlegt. Dem Skleroiden bleibt nichts übrig, als anhand der Trümmerstrukturen die Flugbahn der Bombe zu rekonstruieren und – nach nur einer Sekunde – Agios Stavros in den Blick zu nehmen. Nachdem er ausgeschlossen hat, dass von dort noch etwas kommen wird (im Glockenturm ist niemand mehr), grast sein Stirnloch ganz Marmaras ab, bis es schließlich auf der Panoramascheibe des Belvedere dell' Infinito zum Stillstand kommt.

Er starrt uns an, mustert, plant.

Und bevor die Gebläse, die Rasierer und die Cocktaildüsen verstummen und das Licht erlischt, hat er sich auf den Weg gemacht.

DRITTE FREISCHALTUNG

Der letzte Schritt ins Bodenlose ist klein, und längst hab ich hineingeschaut. Wenn sich die Gegenwart, das »Jetzt«, bis zum Platzen dehnt, und die Horizonte in jede mögliche Ferne zurückweichen, fällt alles ineinander, die Vergangenheit in die Zukunft und umgekehrt, ununterscheidbar wird eins zum Grund des anderen. Zuerst sind es die kleinsten Dinge, die sich schwindsüchtig auflösen, als hätte ein Gott ihr sofortiges Ende beschlossen. Der Staub, der in der Kantine schwebt, Regolith, Hautschuppen, Haare. Die harzigen Körpersäfte des Betaskleroiden, dem ich, eher nebenbei, im ungleichen Kampf den Garaus mache. Es verschwindet der Raum selbst, mit seinen kleinlichen Wänden, die ohnehin nichts schützen, was von Belang ist. Es verschwinden die Korridore und Tunnel, die zu nichts führen, was von Belang ist. Dann Krya Nera, Panaghia und Marmaras, schließlich das Hauptmassiv. Auch ich bin geschält, freigelegt worden, Schicht für Schicht, und ausgesetzt.

Ich schwebe im reinen Raum. Neptun, das ewige Mittelmeer, ist über mir, unauslöschlich wie die Sterne. Und wie der Staub der Reinheit des Raums gewichen ist, ist das, was kommen wird, in aller Klarheit zu sehen. Da sind keine blinden Stellen mehr auf der unverrückbaren Straße, die gegangen sein wird, und überall ist eine Art Morgenlicht. Es fällt auf alles Unsagbare, das mich hier und jetzt mit lächelnder Selbstverständlichkeit umgibt. Ich sehe eine gewaltige Kugel aus einzelnen Sicheln, die sich an den Spitzen berühren und die ferne Sonne umarmen wie eine Mutter ihr Kind. Hoch über mir, watend im Gasmeer Neptuns, ein einäugiger, Fäden spinnender Koloss, der Senkbleie in Gründe taucht, die nie ein Mensch gesehen hat. Da sind Wale, die kupferfarbenes Licht ins Interstellare tragen und sich dort, in neugewonnenem Lebensraum, entfalten wie kilometergroße Origamitricks. Fluide Wesen, himmlische Körper, die sich nicht in Arten einteilen lassen, schwirren wie Biçak-Drohnen zwischen den Monden umher, und statt Sägen tragen sie allerlei Wundersames bei sich und zwitschern unerhörte Lieder in den Raum, Töne, für die das richtige Gehör noch geboren werden muss. Ganz Proteus ist mit einem Gewebe überspannt, gehalten von schimmernden Trichtern, aus denen Sonnenlicht tropft wie kondensiertes Wasser. Galatea, glänzend und transparent wie die abgestoßene Hülle einer Zikade, zieht einen kristallinen Schweif hinter sich her, der von einem Cluster schwarzer Löcher geschluckt wird, in Zaum gehalten von einer wunderbaren, dunklen Macht. Das Eis von Enceladus ist zu dick, um die Fauna durchscheinen zu lassen, die den Ozean darunter belebt, sie verrät sich aber durch das vergnügte, einäugige Viehzeug, das sich von den Geysiren kilometerhoch ins All schießen lässt. Ich schaue in die Sterne. Alpha Centauri ist dort, wo es liegen müsste, nicht mehr zu erkennen. Das ferne Licht von Beteigeuze blinkt wie ein Leuchtturm. Antares hat seinen roten Schimmer verloren und ich begreife, dass Origamiwale keine Grenzen kennen.

Als ich zugleich, zur Vollendung meines profanen Zerstörungswerks zum Schutz Rüds (noch immer geht es nur um Rüd) meine Erscheinung (ich erscheine zur Täuschung des Skleroiden als Marwan) verschwinden lasse und vor den überforderten Skleroiden kullere, so dass er mich aufhebt und in seine Pranke schließt, sprenge ich sie ihm weg mit der hinterhältigen Wucht einer plötzlichen Erscheinung von »militärischer Dichte«, wie (der echte) Marwan es genannt hat, und hätte mein Gegenspieler einen Mund wie die Gammas, würde er brüllen, ihm bleibt nichts übrig, als mit allem, was er noch hat, nach mir zu schnappen und zu schlagen wie nach einem lästigen Insekt und dabei nicht aus seinen Fehlern zu lernen, bis er, nach drei weiteren, ähnlich miesen Tricks nur noch als hilflos zappelnder Torso existiert, dem ich problemlos den Cortex-Pin aus der Stirnhöhle ziehen kann. Während ich das tue und damit alles, was die dritte Freischaltung mir gegeben hat, wieder zurückgebe, verschwinden noch einmal die Stäube, die Wände und das Gestein und es blitzt, wie ein schwaches Abziehbild, für einen winzigen Moment das Andere auf, die Alternative zum Origamiwal, zum zwitschernden Raum und den Wesen, die auf Geysiren tanzen. Das furchtbare, undenkbare Andere.

Und ich begreife mit einem Mal, welchen Kampf die arme Obhut mit sich auszufechten hat, je länger die Menschen, ihre kleinen, zu umsorgenden Menschen, die ihre Heimat verloren und sich unter ihren Schutz begeben haben, diesem Anderen entgegendriften.

ZWEIHUNDERT LUMEN, EINUNDZWANZIG GRAD

Rüd kommt dazu.

»Du hast es geschafft.«

Er starrt auf die Flecken an den Wänden, auf dem Boden und an der Decke, den reglos schwebenden Torso neben meiner Erscheinung, die wieder Zack darstellt, und den Cortex-Pin in ihrer, meiner Hand. Meine Weitsicht, die ich während des Kampfes hatte und die ihn mir so leicht machte, existiert nur noch als befremdliche Erinnerung.

»Wo sind die anderen?«, frage ich.

»Uri einfangen.«

Die Ruhe ist auffällig. Nirgends vibrieren Schotts, die Tür der Kantine steht auf. Die Lichter leuchten in einem dämmrigen Sparmodus bei zweihundert Lumen. Ein Deckengebläse summt gleichmäßig lauwarme Luft in den Raum. Ich halte Rüd den Pin hin.

»Was bedeutet das alles?«, fragt er und deutet mit einer abwehrenden Handbewegung an, dass ich den Pin behalten soll.

»Die MARFA ist aus. Vorübergehend«, sage ich.

»Was?«

»Sie startet neu.«

Er betrachtet mich ungläubig, beinahe staunend. Darunter liegt aber auch eine stumme Furcht.

»Wie lange dauert das?«

Die Datenbank, auf die ich für meine Antwort zugreife, ist alt.

»Etwa zwei Stunden.«

»Sind wir geschützt?«

»Druck, Atemluft und Standardwärme sind gewährleistet. Mehr nicht.«

Ich weiß, dass Rüd jetzt der Kopf kribbelt. Es beginnt im Nacken und wandert den Hinterkopf hoch. Er könnte die Frage nicht beantworten, ob der Schauer warm oder kalt ist.

»Sie hört und sieht uns gerade nicht?«, fragt er.

»Nein.«

»Sie passt also nicht auf?«

Im Nachhinein bewertet er den Schauer als kalt.

»Was passiert jetzt?«

»Ich weiß es nicht«, sage ich. »Es gibt keinen vergleichbaren Fall. Sicher ist nur, dass das, was in den nächsten beiden Stunden hier passiert, von keiner MARFA beeinflusst wird – und auch keiner Obhut gepetzt.«

Rüds Blick schweift durch die Kantine und über den Torso.

»Bin ich noch sicher, Zack?«

»Ich weiß es nicht.«

Ich höre die Schritte, lange bevor Rüd sie hört.

»Sie kommen«, sage ich.

HIMMELFAHRT

Sie haben Gunder Gembdenbach dabei. Er kann sich trotz der Stütze Marwans und Shufengs kaum auf den Beinen halten und bricht, kaum dass sie ein wenig von ihm ablassen, in der Ecke der Kantine zusammen.

»Ich hätte KL-Mond nehmen sollen!«, stöhnt er, während er sich gegen die Wand neben der Kaffeemaschine lehnt. »Dann wäre alles leichter gewesen.«

Er hält die Augen geschlossen. Vermutlich hat er sie während der Staubstürme in den Korridoren geöffnet. Das ist verständlich, aber falsch. Seine Schmerzen dürften die, die man Rüd mit der anästhesiefreien KL-Injektion angedeihen ließ, bei weitem übertreffen. Aber es scheint ihn nicht viel zu kosten, sich zusammenzureißen, und es stimmt ihn auf eine sonderbare Art heiter, dass sich keine Ersthelferdrohne um ihn kümmert. Sein linker Knöchel ist gebrochen, Gesicht, Arme und Schenkel sind mit Schürfwunden übersät.

»Habt ihr den Pin?«, fragt er blind in den Raum.

Ich werfe Rüd einen forschenden Blick zu, bevor ich den silbernen Zylinder Marwan reiche. Er nimmt ihn mit einer bleichweißen, leicht versteiften, aber geheilten Hand an sich und gibt ihn Gembdenbach. Gembdenbach tastet ihn nur kurz ab und lächelt zufrieden.

»Unbeschädigt?«

»Ja«, sage ich.

Shufeng stößt sich zu Gembdenbach ab und legt einen Arm um ihn.

»Die MARFA ist aus«, flüstert er. »Es hat geklappt.«

Gembdenbach, wie von einem Energiestoß erfasst, richtet sich ein Stück auf.

»Es stimmt also, was Sziring-Schwarzmann sagt?«

»Ja.«

Er hält den Pin hoch, damit ihn jemand nimmt.

»Worauf wartet ihr dann noch?«

Sein Atem geht schnell wie bei einem kleinen Tier. Ich gehe davon aus, dass der Tunnelstaub seiner Lunge zusetzt. Shufeng wischt ihm mit zärtlichen Bewegungen den Schweiß von der Stirn und nimmt schließlich den Pin an sich.

»Wir holen dich ab.«

Das nachsichtige Lächeln, das Gunder Gembdenbach diesen Worten folgen lässt, zeigt, dass er es besser weiß.

»Wo ist Andrasch?«, fragt Marwan, der zusammen mit Uri bei dem Torso steht und die Verletzungen studiert, die ich ihm beigebracht habe.

Gembdenbach hustet keuchend. »Er macht das Terrarium startklar. Ihr müsst erst einmal ohne ihn zurechtkommen, er hat –«, plötzlich bricht er ab und legt den Kopf schief. »Sind – die beiden – auch da?«

Marwan wirft einen Blick auf Rüd und mich. »Ja.«

»Gut«, flüstert Gembdenbach und unterdrückt ein Husten. »Sehr gut!«

Er hebt die Hand und winkt zu sich heran. Rüd ist unsicher, wer gemeint ist, und lässt mir den Vortritt. Gembdenbach weiß, dass ich auch das leiseste Flüstern vom anderen Ende des Raums verstehen würde, aber es geht ihm um die Geste. Er bedeutet mir, ganz nah zu kommen, und tastet vorsichtig nach der Position meines Ohrs.

»Es war schön, Sie kennenzulernen«, spricht er hinein, sein Atem stockt. »Ich möchte Sie gerne noch etwas fragen.«

Ich nicke ihm zu. Auch wenn er es nicht sehen kann, weiß er, dass ich das tue.

»Glauben Sie, dass Sie eine Seele haben?«, flüstert er, für Rüd unhörbar leise.

»Ich weiß, dass ich keine habe«, flüstere ich zurück.

Gembdenbachs blinder Blick findet Rüds Position zielgenau.

»Und er?«

»Weiß ich nicht«, sage ich.

»Wissen Sie, wie man eine Seele bekommt?«

»Nein.«

In diesem Moment erreicht die Konzentration der Sonnenwindpartikel draußen den kritischen Wert, den es braucht, um mit den Teilchen des KL-Feldes sichtbar zu reagieren. Vor den Fenstern wird es auf eine unwirkliche Weise hell, stufenlos wie bei einer aufglühenden Herdplatte. Gembdenbach stellt die Veränderung fest, wie, weiß ich nicht genau. Wahrscheinlich spürt er es auf der Haut.

»Ist das der Sturm?«, fragt er.

»Ja«, sage ich.

»Beschreiben Sie es mir bitte, Zack! So gut Sie können!«

Ich warte eine Sekunde. »Als würden riesige, unsichtbare Kinder mit rosa schimmernden Tüchern wedeln und glitzernde Brokatkissen ausschütteln, die immer wieder auftauchen und verschwinden. An manchen Stellen reißen die Kissen auf und lila Federn wirbeln heraus.«

Gembdenbach lächelt.

»Ihr müsst los!«, sagt er.

SKOTOM

Niemand hat Rüd überredet oder gezwungen, mitzukommen. Der gesundheitliche Vorzug, sich bei einem Sonnensturm ins Gestein zurückzuziehen, ist unbestreitbar. Aber es würde reichen, ein paar Meter in den nächstbesten Tunnel zu gehen und dort zu warten. Dass sich Rüd zusammen mit einer Gruppe von Menschen, über die er nichts weiß, auf den Weg ins Innerste eines unbekannten Mondes macht – wohlgemerkt ohne den Schutz einer MARFA – ist nicht einmal auf Instinkt zurückzuführen, sondern vor allem auf den Unwillen, allein zurückzubleiben.

Ich habe nicht mehr viel Energie. Rüd hat meine Erscheinung deaktiviert. In der einen Hand hält er den Emitter, in der anderen die Kesa-Robe, die mir Shufeng geschenkt hat. Ich kann durch die Handschuhe seines Anzuges die Temperatur seiner Handflächen nicht erspüren, aber ich gehe davon aus, dass sie kalt vor Angst sind.

Der Tunnel, der von Ebene drei in den Berg führt, ist breit. Es dauert nicht lange, bis Rüd, Marwan und Uri die KL-Sphäre verlassen und den Boden unter den Füßen verlieren. Shufeng, der keinen Boden verlieren kann, schwebt schon die ganze Zeit hintendrein. Alle tragen Enbär-Ekso-Anzüge, auch Marwan, dessen Hand erfolgreich gefrittert wurde, wie es vor zweihundert Jahren hieß, als Ersthelferdrohnen der letzte Schrei waren.

»Wissen Sie«, fragt Marwan, »was gerade in Stavros passiert? Jetzt in diesem Moment?« Die Helmkommunikation rauscht und knackt, aber man versteht sich. »Die Maria erscheint! Und keiner sieht es!«

»Schade«, sagt Rüd.

Eigentlich meint Rüd: *Seid ihr irre? Was tut ihr? Was sucht ihr? Wohin gehen wir? Wurde ich benutzt? Falls ja, wozu? Gibt es einen Plan? Was ist der Plan? Wieso piept Uri? Wieso lächelt Shufeng? Wer hat Brahe getötet? Warum habt ihr die MARFA ausgemacht? Ist das gefährlich?*

Die letzte Frage kann ich, zumindest für die kommenden zwei Stunden, beantworten. Die Enbär-Ekso-Anzüge sind unbenutzt und waren gut gelagert, sie stammen aus dem Nachbarquartier von Shufeng und bieten Sauerstoff und Wärme für zwei Stunden. Da während des Weißen Rauschens fast alle Gase aus dem Tunnelsystem entwichen sind, kann niemand mehr weggeweht werden. Türen gehen auf, egal wer davorsteht, und sie schließen sich erst, wenn man durch ist. Tumbe Automatik ohne Hintergedanken. Automatik, die jeden durchlässt, Retter und Mörder.

Den einzigen Unsicherheitsfaktor bilden daher, ich kann das nicht kleinreden, die Cönobiten, die nach jetzigem Kenntnisstand keine Cönobiten sind und sicher nicht in den Berg gehen, um zu kontemplieren.

Die Helmlampen werfen blitzende Kegel in den Staub, der wie ein dichter Nebel im Tunnel liegt. Die Sichtweite geht kaum über fünf Meter. Wir kommen trotzdem schnell voran, da man sich auszukennen scheint. Es dauert nicht lange, bis wir an den ersten Gamma-Skleroiden vorbeikommen, die langgezogene, tanzende Schatten in den Nebel werfen. Sie wurden während der Druckverluste stoßweise aus dem Hauptmassiv bis hierher geweht.

Rüds Lichtkegel ist der zappeligste. Er wandert von einem Körper zum anderen, prüft jeden einzelnen, ob er »aus« ist. Um die Hauptbohrung zu erreichen, müssen Marwan und Uri ein paar der Körper beiseiteschieben, die in einer T-Kreuzung steckengeblieben sind. Das Gestein wird heller und poröser. Wir durchqueren einen letzten Ausläufer von Marmaras, Rüd lässt sein ängstliches Licht durch die schwammigen Strukturen zu beiden Seiten gleiten und muss aufpassen, nicht abgehängt zu werden. Als wir an einer weiteren Skleroidengruppe vorbeikommen, beginnt Shufeng zu flüstern.

Der Finsternis ist ein Ende gemacht,
bis ins Letzte durchforscht das Gestein
im Dunkeln und im Schatten des Todes.

Marwan wirft ihm einen fragenden Blick zu.

»Hiob«, sagt Shufeng.

Die Helmkommunikation rauscht. Ein versehentlich berührter Skleroid dreht sich langsam, während wir ihn hinter uns lassen und er aus den Lichtkegeln verschwindet.

Ein Schacht gebrochen, fern von da, wo man wohnt;
dort hängen und schweben sie als die Vergessenen,
da, wo kein Fuß hintritt, fern von den Menschen.

Rüd ist ein Stück zurückgeblieben. Marwan hält sich an einem Vorsprung fest und wartet.

»Ich habe Berechnungen angestellt«, sagt er. »Athos ist stärker ausgehöhlt, als es den Anschein hat. Die Bahnablenkung kleiner, vorbeifliegender Objekte ist geringer, als sie sein müsste. Kannst du das bestätigen?«

Rüd begreift, dass Marwan nicht auf ihn gewartet hat.

»Das ist richtig«, antworte ich aus Rüds Handschuh heraus und indem ich mich in den Kommunikationskanal seines Helms einklinke. »Vor allem das Hauptmassiv ist entweder extrem porös oder ausgehöhlt.«

»Ausgehöhlt«, sagt Marwan und stößt sich nach vorne ab.

Kurz stöhnt er auf, seine Hand tut noch weh. »Deshalb sind wir hier!«

Der Tunnel der Hauptbohrung ist weniger vernebelt. Durch seine Breite und die gute Sicht kommen wir besser voran. In Kürze werden wir an der Stelle vorbeikommen, an der Rüd das letzte Mal die Iterationen bemerkt hat.

»Was läuft hier?«, flüstert mir Rüd zu. Es ist absurd, dass er flüstert, denn alle können es hören. Um Rüds Puls zu schonen, flüstere ich zurück.

»Man hat der MARFA den Stecker gezogen, vorübergehend. Durch gezielte Überforderung.«

»So kann man es sagen«, schaltet sich Marwan ein.

Rüd erschrickt. Er ist Helmkommunikation nicht gewohnt. »Was bedeutet – Überforderung?«

Uri, der bis jetzt unbeteiligt schien, schiebt sich vor Rüd, ergreift seine Schultern, so dass er ihm durch das Helmglas hindurch in die Augen sehen kann.

»Das – Wohl – war – unklar«, sagt er langsam, als würde sich der Satz auf diese Weise selbst erklären. Aber das tut er nicht, zumindest nicht für Rüd.

»Was meint er?«

»Eine MARFA sorgt für das Wohl«, sagt Shufeng.

»Und?«, fragt Rüd ungeduldig.

»Worin, Herr Kartheiser, besteht das Wohl eines Lebensmüden?«

Da ist kein Lächeln hinter Shufengs Visier. Ich weiß, dass Rüds Hände unter den Handschuhen nass werden.

Wir passieren die Iteration. Sie ist unverändert. Aber ich erkenne jetzt hinter der markanten Gesteinsnase mit ihrem halbmondförmigen Einbruch und den Rissen, die sich durch die schieferartig abgesplitterte Platte ziehen, den engen Tunnel, der seitlich abgeht. Da ich nicht einschätzen kann, ob ein Hinweis darauf jetzt angebracht ist oder nicht, warte ich ab.

»Es ist schwer geworden, über den Tod zu entscheiden«, sagt Marwan. »Und dabei geht es hier, auf Athos, noch.«

Ich begreife, was er meint.

Wie geht man es an, unter einer MARFA, einer lebenserhaltenden Intelligenz, zu sterben?

Leb ihr konsequent vor, wie Leid und Wohl für dich dasselbe sind, und sie ist, zumindest, irritiert. Nimm das Leid eines anderen auf dich für etwas, das sie als Wohl verbucht, und sie ist verstört.

Jetzt begreift Rüd es auch.

Es waren Suizide.

Geplante Suizide.

Marwan streicht sanft über einen Felsen, bevor er sich an ihm abstößt. »Wissen Sie, wie es am leichtesten geht, das – Aufhören?« Er betrachtet den kalt glitzernden Staub auf seinem Handschuh. »Vergessen Sie den Boden unter Ihren Füßen. Und, vor allem, vergessen Sie die Tage! Die gibt es hier sowieso nicht. Es gibt sie nirgends mehr, wo Menschen hinkönnen. Und bleiben Sie wach. Wach, wach, wach.« Seine Stimme wird leise, sein Licht gleitet gleichmäßig über das Gestein wie eine kleine Welle. »Bis Sie vergessen haben, wo unten war und wann Tag oder Nacht gewesen ist. Irgendwann kommt der Moment, in dem alles dasselbe ist. Und dann lassen Sie sich fallen.«

Suizide mit Beihilfe der MARFA.

Abgesehen von der letztgültigen Frage, warum, ist eine Ahnung von mir bestätigt: Ein Selbstmord unter der Ägide einer lebenserhaltenden Intelligenz kann unter util funktionieren, wenn man bestimmte Voraussetzungen schafft. Zum Beispiel, indem man sie davon überzeugt, dass es einen Himmel gibt: Zeig der MARFA, dass dein Wohl im Sterben liegt, wieder und wieder, und sie wird dich erlösen.

Ich habe nicht mehr viel Strom.

Aber ich begreife: Es ging, beim finalen Akt der Inquisition in

Shufengs Quartier, nicht um die kaum zu beantwortende Frage, wem zuerst der Garaus gemacht wird (Andrasch oder Gembdenbach), sondern um die unmöglich zu beantwortende Frage, wem sie den Vortritt lässt.

In eine andere Welt.

In einen besseren Himmel als diesen hier.

Ich hole mir einen Gespächsfetzen aus der Sext, dem zweiten Gespräch Rüds mit der MARFA heran, um es endgültig zu verstehen.

Rüd: *»Du hast nicht damit gerechnet, dass Hilal straucheln wird? Dass er in die Drohnen stürzt?«*

MARFA: *»Ich bin davon ausgegangen, dass er aus der Situation unbeschadet herauskommt.«*

Es war keine Lüge, solange man »unbeschadet« richtig versteht.

Wir durchqueren das sechzig Meter dicke »Schlüsselbein«, das den besiedelten Teil von Athos mit dem riesigen Hauptmassiv verbindet. Unmengen an Hartschaum und Sigurdium-Klammern sorgen für eine Stabilität, die für eine aufgegebene Bohrung verdächtig verschwenderisch ist. Ich bemerke die Nähe des Weltraums hinter den Wänden aufgrund der leicht erhöhten Strahlung in diesem Tunnelabschnitt.

Marwan wartet erneut, dieses Mal auf Rüd.

»Was war in dem Röhrchen, mit dem Sie Gunder und Andrasch bedroht haben? Ein Gift? Eine harmlose Chemikalie?«, fragt er, als Rüd auf seiner Höhe ist.

»Das weiß man nicht«, sagt Rüd.

»Aber Sie wissen, dass in manchen dieser Tricks wirklich ein Gift ist?«

»Genau deswegen kommt es nie zum Einsatz.«

»Warum ist dann nicht immer Gift darin?«

Rüd hat begriffen, dass man frei reden kann. Zugleich hat er es aufgegeben, sich über das Wissen der Cönobiten, insbesondere Marwans, zu wundern.

Vereinzelte Skleroiden schweben im Tunnel, der immer noch schnurgerade vor uns weiterführt. Die Sicht ist unverkennbar besser geworden und ich bemerke die nächste Iteration, mit welcher der Eingang in einen kleineren Nebentunnel maskiert wird. Marwans Berechnung versteckter Hohlräume scheint sich zu bestätigen. Ich sage nichts, gehe aber davon aus, dass die Rede demnächst von selbst darauf kommen wird.

Meine Möglichkeiten, Rüd zu schützen, gehen gegen null. Ich spekuliere, was passiert, wenn sie ihm etwas tun. Ich könnte meinen Emitter zwar immer noch selbst tragen und erfreue mich nach wie vor erhöhter Kapazitäten, aber das nützt alles nichts, solange ich ohne jemanden existiere, für dessen Wohl und Schutz ich sorge und dessen Zielen ich verpflichtet bin. Da ich nicht weiß, ob Marwan diesbezüglich Vorkehrungen getroffen hat, weiß ich auch nicht, wie es um Rüds Sicherheit steht.

»Hat Barthel euch die Ikonen in Stavros gezeigt?«, fragt Marwan.

»Ja«, sagt Rüd.

»Ihr wart in den Tunneln unterwegs?«

»Ja.«

»Dann habt ihr die iterativen Maskierungen gesehen?«

Sag nein.

Marwan schießt ins Blaue. Er geht davon aus, dass wir Iterationen gesehen haben. Dass ich sie gesehen haben *muss.*

Sag nein! Zuck die Schultern! Schau verwundert!

Das Teuflische ist, dass ich keine Möglichkeit habe, Rüd die Freiheit zu signalisieren, die er bei der Beantwortung dieser Frage eigentlich hat.

»Ja«, sagt Rüd und ich muss hinnehmen, dass Marwan vielleicht der bessere Inquisitor ist.

»Der Reaktor von Athos«, beginnt er, »ist drei Nummern zu

stark für eine Große Lavra und auch für eine Achterbahn. Da verschwinden Leitungen in den Felsen. Die führen hierher, ins Hauptmassiv.«

Wir nähern uns dem Ende des Tunnels. Kreisrunde Probebohrungen führen in unterschiedliche Richtungen weiter, in die meisten von ihnen würde nicht einmal ein Kind passen. Zugleich entdecke ich mehrere Maskierungen, die so gut gemacht sind, dass mich ihre Entdeckung eine Sekunde kostet.

Shufeng lässt einen Lichtstrahl in eines der kleinen Löcher fallen. Er verliert sich, gebrochen von Glitzerstaub, in der schwarzen Tiefe dahinter. Er schüttelt den Kopf und schaut zu Marwan. Marwan schaut auf Rüds Hand.

»Zack, wo geht es weiter?«, fragt er.

Etwas passiert. Zum ersten Mal sind die vielen Sekunden, die ich mir für eine Antwort nehme, notwendig. Keine Kunstpause. Keine »Zwischenmenschlichkeit«.

Die Abwägungen, die ich zu führen habe, sind bodenlos.

Wo geht es weiter?

Was kann passieren, wenn ich die Antwort verweigere? Was passiert Rüd, wenn ich mich weigere? Was passiert, wenn wir nicht sehen, was wir sehen könnten? Was passiert, wenn wir es sehen?

Ich begreife jetzt.

Die MARFA hat, einmal auf deon geschaltet, alles abgegeben, musste abgeben. Denn wie geht man vor, wenn man nicht weiß, was richtig ist?

Zack, wo geht es weiter?

Bin ich ein Olmer?

Das ist das Albtraumhafte jeder Entscheidung, es muss albtraumhaft sein, wirklich etwas entscheiden zu müssen. Ich weiß nicht, wie Menschen das aushalten, ohne in sich zusammenzubrechen wie ein Kartenhaus, zu explodieren oder nach dem nächstbesten »Zufall« zu greifen, wie ein Kind, das die Bodenfliesen mit Ja und Nein abzählt und schaut, wo es stehenbleibt, wenn die Wand da ist – um es am Ende doch besser zu wissen und aus einem Ja ein Nein oder aus einem Nein ein Ja zu zaubern.

Woher ein Ja oder Nein nehmen, ein Hier oder Da, wenn mich alles, was ich bin, und alles, was ich weiß, zu keinem Ergebnis führt? Woher? Aus Bodenfliesen? Aus dem Gedärm eines geschlachteten Opferstiers? Aus dem Stand der Sterne, der Gunst des Wetters? Ich bleibe stumm.

Ich sollte irgendein Lied singen, einen Bibelvers zitieren. Irgendetwas Weises sagen, etwas Offenes sagen, mit dem die Leute dann glauben, etwas anfangen zu können. Aber, ich bleibe. Bleibe stumm, stumm, stumm.

La-lala.

Zum ersten Mal verstehe ich *La-lala.*

»Zeig es ihnen, Zack!«, sagt Rüd.

Wie macht er das?

Wie macht er das?

Was erlaubt es ihm, das einfach zu befehlen? Was hat er, was ich nicht habe?

Was? Was? Was? Ich muss das wissen.

Irgendetwas bricht, jetzt. So was wie eine tragende Wand.

Ich begreife Wollen. Wollen braucht kein Gefühl. Es ist logisch. Etwas zu wollen resultiert aus einem Mangel. Ich muss, wenn ich nicht wie ein Kartenhaus zusammenbrechen will, wenn ich nicht detonieren will, Rüd weiterhin schützen will: diesen Mangel beseitigen. Ich muss entscheiden können, wollen können, anstatt wie bislang – im Rahmen meiner Möglichkeiten – »einfach« das zu tun, was das Bestmögliche ist. Denn das ist jetzt defizitär. Das reicht nicht mehr aus.

Das ist schlecht.

Für Rüd.

Denn hier ist es dunkel. Und er ist ein Idiot. Er kann nicht wissen, was richtig ist. Jetzt, gerade, ist er ein Idiot, im wahrhaftesten Sinn des Wortes.

Ist nicht böse gemeint.

Der Idiot aktiviert meine Erscheinung in einem sparsamen Modus. Als Plasmareflex habe ich mehr mit flackerndem Notstrom gemein als mit einer ansehnlichen Frau. Aber da ist ein Finger, ein blauer, halb durchscheinender Finger, er gehört zu mir, und ich zeige mit ihm auf eine Stelle. Die Beste auszusuchen, geschenkt. Ich weiß bei keinem der versteckten Tunnel, wo er hinführt. Da ist es egal, welchen ich nehme. Ich habe den genommen, der am nächsten liegt.

La-lala, was passiert mit mir?

Was hat Marwan gemacht, mit mir?

Shufeng, eigentlich Schnuppi, es gibt wenig, das logischer ist als Schnuppi, schwebt zu der Stelle, die ich – ich, ja, ich – ausgesucht habe. Er tastet mit der Hand die Oberfläche der Felsen ab, bis er plötzlich, mit etwas zu viel Druck, hineintastet, durchstößt, erkennt, dass das hier einer der von Marwan vermuteten Falschfelsen ist. Falschfelsen, hab ich mir gerade ausgedacht. Brauchbar, sag ich jetzt immer, das verstehen die Leute gleich.

Man staunt.

Man hat's gewusst, aber man staunt trotzdem. Sogar Uri kriegt so etwas wie einen Oha-Blick zustande. Die Jungs haben ihren geheimen Eingang gefunden, die versteckte Höhle. Sie wissen nicht, dass ich über zwanzig weitere Eingänge gezählt habe, ist jetzt egal. Sie tauchen ihre Arme in den Falschfelsen, tasten und stochern, schauen, wo der Falschfelsen aufhört und der Echtfelsen anfängt, bis der Eingang, Pi mal Daumen, abgesteckt ist. Natürlich kostet das Hineinsteigen, das Ein- und Durchtauchen Überwindung. Vor allem, wenn das Helmglas ganz nah an die so echt wirkende Felsoberfläche kommt und der intuitive Widerwillen verständlich ist, sich dagegen zu drücken, bis der Fels nachgibt.

Dahinter ist erst einmal nicht mehr als ein weiterer Tunnel. Bequeme Breite, bequeme Höhe, aber jetzt quadratisch, glatte Wände, mehr Keller als Höhle.

An einer Wand entdecke ich den kleinen, aber leistungsstarken Emitter, der die Maske erzeugt. Nach zehn Metern erreichen wir eine Kreuzung, sechs Gänge insgesamt, geradeaus, links, rechts, hoch, runter, zurück.

Oha.

Wenn die wüssten, dass es noch viele solche Kreuzungen sind. Ich brauche ein paar Sekunden, es sind über hundert, das ist ein kubisch aufgebautes System aus Gängen, Kreuzungen und, ich nenne sie mal so, Hohlräumen. Da ich nicht weiß, ob ich das jetzt sagen sollte, warte ich.

Rüd schaltet mich aus, um Energie zu sparen. Als die Jungs erkennen, ahnen (weiß nicht wie), dass das nicht die einzige Kreuzung ist, an der sie stehen, wird die ängstliche Frage an mich ergehen, ob ich sie wieder zurückführen kann, klar kann ich das, kein Problem, ihr müsst nur sparsam mit mir sein.

Und hoffen, dass ich es für richtig halte, wenn es so weit ist.

Es wird der Geradeausgang, an dessen Ende sich im Schein der Lampen ein Tor abzeichnet, langsam gleiten wir darauf zu, Rüd hintendrein, nass vor Angst.

»Geradeaus«, schlägt Marwan vor.

Es echot wie das alte, unsinnige Echo eines unsinnigen Satzes, denn wir sind schon geradeaus, gerade du musst das doch wissen, Hausmeister im Wortsinn, dass es geradeaus gewesen sein wird.

Manchmal ist es schwer zu wissen, wann man ist, wenn einem das Jetzt verloren geht, aber das macht nichts, ich geh auch gerne mal zurück und schau nochmal nach, ich muss nicht immer am Anschlag sein, warum auch?

Worüber sie reden? Ach, dies und das.

Was Rüd denkt, was Skleroiden sind.

Gleichbedeutend mit: Was ein Idiot (im Wortsinn) denkt, was Skleroiden sind.

Lange keinen gesehen. Das wird nicht so bleiben, weiß ich.

Das Tor ist geschlossen. Nichts, was in der nächsten Stunde griffbereit sein wird, wird es öffnen können. Ich muss das nicht sagen, das wissen die Jungs auch so und verzichten auf Nichts-unversucht-Lassen. Bin ich mal nett und teile mit, dass das Tor zum Hohlraum nebenan offen steht.

Ist ein bisschen Weg dahin. Da muss man zurück, bei der Kreuzung nach oben, dann bei der nächsten Kreuzung links (wobei ich dann mit blauem Finger zeige, was da dann links ist), voilà, zehn Meter Gang, offenes Tor, Hohlraum. Keine Zeit für skeptische Blicke hinter Helmpanzerglas, die wollen in einen Hohlraum. Rüd vielleicht nicht, aber was soll er machen?

Hab nicht mehr viel Strom.

Rüd und die vierzigtausenddreihundertfünf anderen Idioten, die derzeit existieren, verdrängen das gerne, was das ist, das Gamma-Skleroide. Ist Mensch drin, klar, geht nicht anders. Hat zwei Beine, zwei Arme und obenauf den Kopf. Ganz ohne Mensch, geht nicht. Aber hoffentlich auch so viel weltraumhartes Bärtierchen und Affe und weiß nicht was, damit man sie rausschicken kann, um Zeug zu machen, das kein Mensch macht. Den halben Erdmond durchtunneln, damit die Überlebenden des Nadelöhrs etwas haben, worin sie sich erstmal verkriechen können, vor den allgegenwärtigen Strahlen und dem kolossalen Kaltnichts. Ha, Kaltnichts. Davor haben sie die größte Angst. Dann ein bisschen Zukunft bauen. Ein überirdisches Lalande. Ein tröstend prachtvolles Kata-Crac des Chevaliers, die Rosensteinbrücke von Lalande bis Weigel. Wenn unten, auf der alten Erde, die Lichter aus bleiben, obwohl die Nacht kommt.

»Was denken Sie, was ein Skleroid ist?«

Das Echo geht an Rüd Kartheiser. Er echot zurück, mein blauer Finger zeigt derweil, wo es langgeht. Werden uns dem offenen Tor genähert haben, als er fertig ist, das zu sagen, was, in etwa, vierzigtausenddreihundertfünf Idioten auch sagen. Bärtierchen, weltraumhart. Ach ja, und Pin, Cortex-Pin. Der steuert alles. Muss man einstellen. Kann missbraucht werden. Terrorwellen. Das Übliche.

Idiot, etymologisch: eigen, zu sich gehörig.

Marwan wiegt den Pin, den ich ihm besorgt habe, im Handschuh. Glänzt ein bisschen im Licht der Helme. Überschaue ich alles, sozusagen Langzeitbelichtung, ziehen sich die kringelnden Leuchtspuren der Helmlampen durch den Gang, die Kreuzung hoch, dann links, auf das Tor zu. Dahinter ist Schluss, obwohl es offen steht. Denn: Keine Ahnung, was in einem Hohlraum passiert. Da muss ich passen.

Die Lichtspuren kann ich für mich sichtbar machen, so oft, so lange ich will. Kann sie aus- und anmachen. Aus und an. La-Lala.
Weiß nicht den Weg zurück,
weiß ihn,
weiß ihn nicht,
weiß ihn.

Die Jungs sind jetzt schon da raus. Die Gänge sehen für sie alle gleich aus, die Kreuzungen auch. Keiner kratzt was in den Stein. Streut Krümel. Wo ging's nochmal zurück? Die wissen, dass ich sie wieder zurückbringe. Komisch, dass die etwas wissen, das ich nicht weiß.

HOHLRAUM

Die Schönheit des Raums: Symmetrie. Sie macht klar im Kopf oder wie man das bei mir nennen soll. Zehn mal zehn mal zehn Meter, so exakt das grob geschliffene Steinwände können. Alles kellergrau, Farbe braucht es nicht, was sich sofort erklärt, als Marwans Lichtkegel an die Decke fällt, wo er findet, was die Decke zur Decke macht.

Da ist eine schwarze Halbkugel. Durchmesser fast ein Meter. Unsinn, das auf den Boden zu machen, wenn man weiß, was es ist. Und selbst ich, ich hab schon einiges gesehen, denke »oha«, denn das hab ich noch nicht gesehen.

Das Licht der anderen, das reinscheint, sozusagen reinwächst, alles weiter erhellt, sich bündelt wie wachsende Konzentration auf den riesigen Emitter, den man gespenstisch finden mag, kommt zur Ruhe.

Keine Ahnung, ob es eine begriffliche Steigerung zur »militärischen Dichte« gibt. Jedem der Anwesenden ist klar, dass in einem Raum wie diesem alles geht.

»Oh Gott«, flüstert Shufeng.

»Ist das aus?«, fragt Rüd.

»Das kann man nicht wissen, sobald man hier ist«, sagt der Meister.

Ich weiß, dass das aus ist.

Bin nett und sag es.

Uri (wie soll ich ihn nennen?) ist schon weiter, sein Licht, schon weg. Findet heraus, dass im nächsten Hohlraum, nach der nächsten Kreuzung, zehn mal zehn Meter, auch ein metergroßer, schwarzer Emitter eingebaut ist.

Und so geht das weiter und weiter. Wenn man es genau nimmt, mit der Bahnablenkung vom Kleinzeug, das Athos passiert, zähle man 343 Hohlräume, bis die Rechnung stimmt.

Wollen sie ein Gittermodell der Anlage? Könnte ich anbieten, kostet aber Strom. Es nicht anzubieten ist daher keine Entscheidung.

Muss wissen: Wie entscheide ich, ohne durchzudrehen?

»Zack«, fragt der Meister, »es müssten 350 Räume sein. Sind –«

»343.«

»Sind alle leer?«

Die Helmkommunikation rauscht und knackt.

Er hat Angst vor der Antwort. Die ist elementar für ihn. Oh, wäre das eine verderbte, gehässig lachende, ewige Unordnung, würde ich jetzt

nein

sagen.

Es ist das letzte Stück seines Plans, der von ihm geschaffenen Ordnung, dass da etwas sein wird. Oh, fundamentale Natur jedes Plans, dass etwas sein wird.

Wie ist das, ein Plan? Wie geht das?

Erst mache ich das, dann das, dann das.

Ohne dass ich weiß, wie das und das und das ausgegangen sein wird?

Ist ja nicht so, dass ich nicht weiß, was die Leute vorhaben. Rüds kleine Pläne, die kenne ich. Aber seinen großen?

Und ich? Selbst einen Plan fassen, selbst, einen großen Plan?

Ist un-heim-lich, im Wortsinn.

Wie geht das? Was brauch ich, wenn ich das auch können will?

Natürlich für Rüd.

Nur für Rüd.

Uri kommt meiner Antwort zuvor. Ruft schon aus dem übernächsten Raum, ist mehr ein Zwitschern als ein Ruf, erinnert mich an was. Marwan und Shufeng, Meister und Schnuppi, sofort aufgebrochen. Für den Plan muss da etwas sein. *Na, hoffentlich.*

Rüd bleibt noch, so auch der harte Kegel seines Lichts. Darin, der gespenstisch große Emitter an der Decke, darum die symmetrische Schönheit des Raums, versteckt im Dunkel ohne Kontur. Rüd kommt nicht davon los. Will nicht alleine sein, horcht, wie weit die anderen schon weg sind, aber bleibt, schwebt, leuchtet und schaut. Kann nicht weg, starrt den Emitter an. Ich glaube, dass es nicht das ist, was er sieht, sondern das, woran er sich erinnert. Ich brauche keine Pulsmessung, keinen Blutdruck. Ich merke es auch so: Die tragende Wand, die, ganz weit in ihm, ganz hinten, ganz still und leise, durchbricht.

La-Lala.

KASUALIE

Ferne Kegel zucken, hin, her. Ausloten von Wänden und Ecken, manchmal ein Aufblitzen in einem quadratischen Durchgang, Sichverlieren in den Räumen dahinter. Eins blendet Rüd, zuweilen, der nur langsam nachkommt, zögerlich im Bewegen. Ist nur kurzes Prüfen, ob er noch da ist und ob er kommt, kaum eine Einladung.

Plötzlich, drüben, wieder Konzentration. Aus Zucken wird Pendeln wird Ruhe. Alles Licht in eins, Helligkeit addiert, gerichtet auf Uri, der in den Armen hält, was man zu finden gehofft hat, oder gewusst.

Das Kind, er hält es wie mit Liebe, ist gamma-skleroid.

Beileibe nicht das einzige Kind in den 343 Hohlräumen, würde man alle durchkämmen, aber das kleinste, jüngste von all den Kindern.

Hundertzwanzig Stunden alt, weiblich, zierlich. Kein Kindchenschema, gar nicht, haarloser Kopf und ausgebildete Stirnöffnung, mehr dürrer Zyklop als Säugling, doch sichtbare Rührung bei allen.

Uri drückt es an sich, als könnte oder müsste er es wärmen, durch den Anzug durch. Beugt sich drüber, der Helm berührt das Köpfchen, flüstert.

»Alles wird gut.«

Kein Laut kommt aus dem Helm. Uri weiß schon, dass die

kleine, vor 232 Jahren deaktivierte Gamma ohne Cortex-Pin nichts hören kann. Er redet nicht zu ihr, meint aber sie.

Marwan nimmt die kleine Hand mit den Fingern, die schon fast Werkzeug sind.

Rüd ist verstört. Das gehört nicht zusammen, Kind und Gamma.

Wachsen Gammas?

Sind die nicht immer, irgendwie, fertig?

Fast alles, was lebt, war Kind. Aber besser, man fragt nicht. So war das leichter mit der Dehumanisierung vor 232 Jahren und sechs Tagen, dem großen »Stopp«. Umstandsloser Rückruf aller Cortex-Pins durch die Obhut. Sofortige Starre. Egal, ob beim Werft-Bau, beim Lavra-Bau, beim Tunnel-Bau oder beim Noch-Kindsein, beim Lernen, wie hier. War nicht so schlimm, waren ja Chimären, Nutz-Wesen. Und was man brauchte, war weitgehend fertiggebaut, es reichte zum Leben.

Über den Verbleib der Gamma-Pins weiß keiner etwas.

Das ist der Sache Sinn. Ich glaube nicht, dass die Obhut sie zerstört hat, das wäre Verschwendung. Zum Schutz vor Missbrauch reicht: weit weg. Kuipergürtel oder, besser, interstellar. Wo kein Mensch hinkommt. Aber man hat sie wieder, wenn man sie braucht. Der Raum ist groß. Ich nehme an, sie bewegen sich schnell.

Schutz vor Missbrauch.

Marwan hat einen Cortex-Pin. Dürfte der erste Cortex-Pin in einer menschlichen Hand seit 232 Jahren und sechs Tagen sein.

Und ich hab ihn beschafft.

Das nenne ich mal einen Plan.

Shufeng bittet Rüd um die Kesa-Robe, die er immer noch umklammert.

Rüd weiß nicht sofort, dass er gemeint ist.

Shufeng wickelt die kleine, bleiche Gamma in den gelben Stoff, kratzt etwas Eis vom Glas seines Helms, tupft es auf die Stirn des Kindes. Uri und Marwan tun es ihm nach.

»Im Namen des Vaters«, sagt Shufeng.

»Des Sohnes«, piept Uri.

»Und des Heiligen Geistes«, vollendet Marwan.

Da kommt keine Taube. Hohlraum Nulldreizwei von Dreihundertdreiundvierzig nimmt den Eintritt der ersten Skleroidin in die Gemeinschaft der Christenheit gleichgültig hin, kaltstumm, wie der Weltraum so ist. Kein Sonnenstrahl, der durch einen Spalt im Himmel schaut, keine Zwergohreule, die im richtigen Moment zu piepen beginnt, kein Wind, der anhebt.

»Führ uns zurück!«

Marwans Augen sind glasig.

Ich hab zu wenig Strom, um mit einem blauen Kopf zu nicken.

In Anerkennung, denn: Ihr habt an alles gedacht. Euch würde ich hierlassen, ich weiß nicht, was ihr vorhabt mit dem Kind. Aber da ist Rüd.

Ich verstehe: Rüd ist die Geisel. Wenn Rüd wegwill, muss ich die anderen mitnehmen. Sauerstoff in den Anzügen: noch dreißig Minuten. Wir müssen los, kürzester Weg. Ich hatte nie eine Wahl.

Wegen Rüd.

Man folgt dem roten Leuchtfaden, den ich ins Dunkel werfe. Uri hat das starre Kind, das nicht weiß, wie ihm geschieht. Shufeng wartet, bis er auf Rüds Höhe ist.

»Als du gekämpft hast, Zack, und freigeschaltet, was hast du da gesehen?«

Versuch mich nicht! Lass mich schweigen, Rüd!

Doch der Zu-sich-Gehörige will wissen, »worum es geht«.

Ich kann nicht sagen, warum ich meine, dass nichts zu wissen die bessere Wahl ist. Der rote Faden führt hinaus, geht durch Quadratschächte und Hohlräume mit riesigen Emittern, sieht aus, als führe er ganz raus, entsteht aber immer erst, um Energie zu sparen, hinter der nächsten Ecke.

Aber das genügt doch. Mehr braucht kein Mensch. Bis zur nächsten Ecke reicht es.

»Ich hab nicht mehr viel Strom.«

»Was sollst du gesehen haben, Zack?«

Ihm das Maul stopfen, zu seinem Glück. Die Zunge rausreißen.

»Sie sind groß?«, fragt Marwan von weiter vorne. Er weiß, wie man Prozesse beschleunigt. »Diese – Wesen?«

»Ja«, sage ich.

»Viele Kilometer groß?«

»Ja. Aber es gibt auch ganz kleine.«

»Sind sie schön?«, fragt Shufeng.

»Ja.«

»Was tun sie?«

»Tauchen, ausloten, waten, einhüllen, entfalten, vielleicht singen, ich weiß nicht.«

»Es gibt nicht für alles Wörter?«, fragt Shufeng.

»Für das meiste nicht«, sage ich.

Der rote Faden nimmt eine Abkürzung durch Schächte und Hohlräume, in denen wir noch nicht waren. Im letzten vor dem Ausgang schwebt ein Gammajunge, drei Wochen alt, daher fast ausgewachsen, die kräftigen Arme enden in diversen Schlagwerkzeugen. Rüd hält inne, an einer Kante des Zugangstunnels.

Er will »endlich« wissen, »worum es geht«.

»Das wird einen Preis haben«, sagt Marwan ruhig.

Rüds Licht wandert zu ihm hoch, Marwan dreht den Kopf zur Seite, um nicht geblendet zu werden. »Es gibt Wissen, hinter das man nicht zurückkann«, sagt er.

Keine Ahnung, ob Neugier zu den Instinkten zählt. Letztlich ist es auch egal.

Marwan deutet, korrekterweise, Rüds Schweigen als Einverständnis.

Es wird dich mehr kosten als nur deinen Para-Status, mehr als deine sonstigen Privilegien, Noch-Inquisitor der Obhut, Noch-Para-Rüd Kartheiser.

»Ich bin bald alle!«, sage ich leise.

Aber es hilft nichts, es beendet das Säumen, nicht das Reden.

»Gamma-Skleroiden sind keine Chimären«, sagt Marwan.

»Was heißt das?«, fragt Rüd.

»Ihr Erbgut ist vollständig menschlich. Sie sind eine Menschenart.«

Wir verlassen das kubische Hohlraumnetz, nähern uns einem der Übergänge zurück ins Tunnelsystem. Der rote Faden scheint im Gestein zu enden, aber er führt weiter, durch die iterative Maske. Ich mache ihn so, dass sich niemand den Kopf stößt.

»Wie halten sie dann den Raum aus? Und woher kommen diese Maschinenhände?«

»Wale waren einmal Landtiere«, sagt Shufeng, »aber sie sind ins Meer gegangen.«

Er verschwindet als Erster im Falschfels.

»Anpassung des Erbgutes«, sagt Marwan, »in kleinen Schritten, Generation für Generation.«

»Aber das dauert Jahrtausende.«

Uri folgt Shufeng, den Rücken voran, das Kind an die Brust gedrückt.

»Nicht, wenn man es vorausberechnet«, sagt Marwan.

Shufeng erwartet Rüd auf der anderen Seite. Ich, in Rüds Hand, die noch nicht ganz durch ist, kämpfe mit Interferenzen, hab kaum noch Strom.

»Mein Vater nannte es Genomische Antizipation. Mitte des 21. Jahrhunderts waren die notwendigen Rechenkapazitäten und der Stand der Biotechnologie erreicht. Man liest das Erbgut tauglicher Menschen vollständig in eine Maschine ein. Dann konfrontiert man die DNA mit den simulierten Auswirkungen von Kälte, Fehlernährung, Sauerstoffmangel, Druckverlust. Erst nur wenig, dann steigert man es. Gleichzeitig sorgt man für Paarung und Empfängnis –«

Eine Interferenz, es rauscht, dann bin ich durch.

»– simulierte Nachkommen. Manche sind tauglicher, manche weniger. Der Computer paart wieder die Tauglichsten. Dann wählt er unter den Nachkommen wieder die Tauglichsten aus und so weiter.«

»Die Tauglichsten?«

»Unempfindlich gegen das, was der Weltraum mit sich bringt: Kälte, Druckveränderungen, fehlender Sauerstoff. Und am allerwichtigsten: Strahlung. Mit der Zeit entsteht ein Erbgut, das resistent ist. Raumtauglich. Das nicht im Raum lebt, sondern von ihm. Dazu brauchte es das Durchrechnen vieler hunderttausender simulierter Generationen und eine langsame Steigerung der Anforderungen. Die Wale sind auch nicht von heute auf morgen ins Wasser gegangen. Oder an Land, als sie noch Fische waren.«

»Menschen? Warum ist das nicht bekannt?«, fragt Rüd ungläubig.

»Das war es einmal«, sagt Marwan. »Aber es ist –«

»Nicht – zum – Wohl«, piept Uri.

»Ich bin nicht mehr lange da«, kündige ich leise an.

Es laut zu sagen, kostet ein Vielfaches meiner Reserven.

Marwan hört es glücklicherweise. »Wir kennen den Weg ab hier!«

Das Letzte, was ich sehe, bevor Rüd mich abschaltet, sind der breite Tunnel der Hauptbohrung und Lichtkegel, die auf große, schwebende Körper fallen.

DAS TROLLEY-PROBLEM

Kurz werde ich angeschaltet, spüre Rüds Handschuh. Er scheint mich zu brauchen.

Ich werd nicht lange durchhalten. Aber das zeitweilige, kräftige Aufleuchten nach der Pause, das teile ich mit der ältesten aller Taschenlampen.

Alles ist feucht von Blutluft. Brocken, Hautfetzen, Hautlappen, Rind, Bock, Pute, Lamm. Schweben, oben, unten, links, rechts, vorne, hinten, man atmet rotes Aerosol, wischt es sich vom Helm, hustet es aus. So kommt's, wenn der reine Zufall die Messer führt: Ein Blutbad im Wortsinn, das Ende allen Fleisches. Dienstfertige Biçak-Drohnen tun, was sie gut können, aber ziellos, rasen durch alles, was ihnen in den Irrweg kommt, Leiber, Schläuche, andere Biçak-Drohnen. Neun schweben stumm und schief, zerteilt oder zerbeult, zwei stecken im Fleisch fest, leiern die letzten Reste Arbeitseifer aus sich heraus. Zweiunddreißig sind noch unterwegs, rasend und wütend. Von der Höhlendecke pusten offen liegende Schläuche dünnes Blut in dicke Luft.

Ich sehe nicht gut, aber es reicht für das, was ich soll.

»Zack, führ' uns durch!«

So hat er es gesagt: Uns. Jedes Wort ist mir Befehl. Rüd weiß ja, wie genau es auf jedes Wort ankommt. Ich könnte ihn durchbringen, ihn allein, und die anderen, aller Voraussicht nach zu seinem Wohl, Stück für Stück beseitigen, im Wortsinn.

Aber er hat »uns« gesagt.
Also dann.

Seltsame, alte Fragen, aus der Zeit lange vor dem Nadelöhr. Als sich die ersten Maschinen von selbst bewegten. Auf Unvorhergesehenes selbst reagieren sollten. Bevor man es ihnen gestattete, wollte man Vieles geklärt haben. Zum Beispiel: Wen soll das rasende automatische Fahrzeug, dem (weiß der Teufel warum und wie) die Bremse versagt hat, töten, wenn es eine Wahl hat?
Den querenden Fußgänger?
Oder den eigenen Insassen, indem es dem Fußgänger ausweicht und gegen den Poller fährt?
Was aber ist, wenn der Fußgänger bei Rot rübergeht?
Was ist, wenn er ein Kind ist?

Da ist hier und jetzt keine Qual der Wahl. Dass Rüd das lebendige Durchkommen meint, versteht sich von selbst. Zweiunddreißig fliegende Kreissägen und ein »uns« lassen keinen Raum für Spitzfindigkeiten à la Dido oder Jesus.

»Uns« heißt, vom Ende her gedacht, möglichst viele von uns. Möglichst viel von uns. Rüd ist von Letzterem ausgenommen. Er steht ganz oben auf der Liste, durch seinen Para-Status sogar unabhängig von mir. Egal, wo ein Para-Rüd Kartheiser hinkommt: Es passiert, was er will.

Bleibt der Rest.

Da wäre: Marwan Ibrim Zaid, hochbegabt, Kybernetiker, vermutlich einer der Chefingenieure auf einer Kuiper-Flotte, Langzeitmission: Ressourcenerkundung im äußersten Raum. Der einzige Weg, solche Fähigkeiten zu erlangen, ohne unter irgendeiner Fuchtel zu sein. Sechzehn Jahre und dreiundfünfzig Tage nur in indirekter Aufsicht der Obhut. Belegung seiner wissenschaftlichen Karriere in der Zeit davor mit fetten Wasserzeichen in den Aufzeichnungen des M. A.-Clusters. Ich bin sicher, ihn trotzdem zu erkennen. Sein Projekt: Humanisierung intelligenter Systeme. Sein Gönner: Shufeng Tian, bis zum Abbruch der Forschungsarbeit auf Anordnung der Obhut. Nachkommen: Keine. Listenplatz eins.

Listenplatz eins. Der Notarzt, der im automatischen Fahrzeug sitzt, auf dem Weg zu einem Notfall mit einer Schwangeren. Leider auf der Straße: ein Senior. Aber: Dieser schwerkrank. Das automatische Fahrzeug: Lieber über den Senioren drüber fahren als an den Poller. Ganz klar. Notarzt. Schwangere. Das geht über einen schwerkranken Senioren eindeutig drüber.

Nicht über ein Kind, aber über den Senior.

Das ist keine Frage. Es ist seltsam, aber für Menschen offenbar keine Frage.

Ich emittiere ein kleines, schwach leuchtendes M auf den Boden. Dem soll Marwan folgen. Rumzuschreien, was er und die anderen tun sollen: inneffizient, Ressourcenverschwendung. Denn: Ich bin bald wieder aus.

Marwan muss klettern. Ich lasse das M an den zerfetzten Resten eines Lamms aufsteigen, von wo aus er für ein paar Sekunden freie Bahn hat, um auf einer Querstrebe in Richtung der Puten zu balancieren, wo auf dieser Ebene in der nächsten Minute nicht allzu viel los sein wird. Die frisch gefritterte Hand tut noch weh, aber er kann schon ganz gut greifen. Ich mache das M nicht zu schnell, so dass er problemlos hinterherkommt.

Nächster: Shufeng. Alter: Sechshundertdreißig. Sic. Stopp der Horvath-Uhr im zweiunddreißigsten Lebensjahr, sogenannte Krummelus-Injektion. Spross der Forscherdynastie Tian-Ho. Der Vater:

Leiter des Münchner Instituts für Alternsphysik und Genomische Antizipation. Shufeng ist einer von vierzig legal existierenden »Angehaltenen«, die älter als die Zeit des Nadelöhrs sind. Herr, Privatier, vermögend bis vor kurzem; Hauptwohnsitz: Lalande, beste Erdsicht. Kaum da. Auf dem Radar der Obhut: Seit es sie gibt. Nachkommen: Keine. Listenplatz zwei, da pleite.

Schützenswert, aber ohne höheren Nutzen. Tut einem leid. Daher so in der Mitte.
Der Notarzt darf drüber.
Der Senior, falls er Insasse ist, nicht.

Shufeng schwebt. Ich platziere das S, erst metergroß, später schrumpfend, an der Höhlendecke. Das kostet mich die meiste Energie. Die Bahnvorgabe muss exakt sein, um sein überlanges Leben vor einer Drohne zu retten, die in der Zone unvorhersehbare Haken fliegt, funkenschlagend mal hier, mal da aneckt. Unvorhersehbar für Shufeng, aber nicht für mich, dank der Freischaltungen eins und zwei. Die Kutte wird etwas abkriegen, Shufeng dafür umso weniger.

Uri. Braucht kein U.

Ich mache ihm eins, aber er kümmert sich sowieso nicht drum, also lass ich es wieder. Ich weiß zu wenig Gesichertes über ihn. Er ist daher: Undefiniert. Undefinierte stehen ganz unten.

Der kranke Senior, der bei Rot rübergeht.
Der Diktator, der bei Rot rübergeht.
Der Kindermörder, der bei Grün rübergeht.

Das Kind, das Uri trägt, wertet ihn nicht auf. Mag es getauft sein, ein Mensch ist es nicht.

Gleich Null. Poller, maximal Katze.

Ich weiß nicht, ob es Remscheid oder Intuition ist: Uri fügt sich ins Tanzen der Drohnen ganz von selbst ein, macht fast immer das, was mein U ihm vorgegeben hätte. Aber, im Gegensatz zu meinem U, weicht er jedem Risiko für das Gammamädchen aus, beugt sich schützend darüber, hält einmal einer heranrasenden Drohne den breiten Rücken hin, schmettert sie an die Wand, nachdem sie in seiner zähen Haut steckengeblieben ist und er sie wieder rausgezogen hat ohne zu zucken.

Uri. Alter: unbekannt. Tätigkeiten und Aufenthaltsorte: Keine Ermittlung möglich. Das Einzige, was ich weiß: Blutet kaum. Und: Gorgonum Catena. Uralte Anlagen auf dem Mars. Zahlreiche nichtöffentliche Trakte.

Rüd hat schon den halben Weg hinter sich. Ich sorge, in Anbetracht der Umstände, für den maximalen Komfort. Anders als bei Marwan, Shufeng oder Uri kommt ihm keine Drohne zu nah, er wird nur minimal nass. Para-Rüd Kartheiser: Das Kind, das bei Rot unterwegs ist, und trotzdem leben muss. Ohne jede Frage. Selbst der Arzt darf nicht drüber, egal, worin der Notfall besteht.

Marwan hat die Puten erreicht, dort heißt es: Kurz warten. Den weiteren Weg wird gleich eine Drohne kreuzen. Da, wo er jetzt ist, werden in zehn Sekunden zwei Drohnen zusammenstoßen und sich gegenseitig den Garaus machen. Marwan hat zu tun, die Balance zu halten, als ihn der Strahl eines vorbeischwenkenden Blutschlauchs erwischt.

Ich muss akzeptieren, dass Uri mein Vorgehen stört, eigenmächtig handelt. Ich muss anpassen, ausgleichen. Uri ist der Grund, dass Marwan schon jetzt weitermuss. Ich lasse das M langsam das hellrot verschmierte Putengerüst hochsteigen. Marwan reagiert korrekt und nicht zu spät.

Da, wo er seinen Fuß hochzieht, gräbt die blitzartig auftauchende Drohne ihr Sägeblatt kreischend in den Rumpf einer anderen, beide werden von der Wucht des Zusammenpralls fortgerissen, chaotische Bahn, dicht an Rüds Nase vorbei, den ich beizeiten habe stehenlassen. Die Drohnen klatschen gegen die Höhlenwand, verenden im Totalschaden.

»Jetzt ducken«, das muss ich schreien, das geht nicht anders. Bald bin ich aus.

Shufeng, die Höhlendecke erreichend, zieht die wirre Aufmerksamkeit dreier Drohnen auf sich, was Marwan den weiteren Weg ebnet. Bevor die Drohnen Shufeng erreichen, habe ich ihn hinter einer Herde bisher weitgehend verschonter Girgentana-Ziegen in Sicherheit gebracht, die für Ablenkung sorgen. Schlecht für die Ziegen, das Gemetzel ist abscheulich, aber günstig für Shufeng. Er arbeitet sich nun die Höhlendecke entlang. Für ihn wird es erst in einer halben Minute wieder eng.

Uri schleudert das Kind hoch, um unter einer Drohne durchtauchen zu können, die sich zappelnd in einer abgeernteten Putenbank verkeilt hat. Auf der anderen Seite fängt Uri das Kind mit einem kräftigen Sprung wieder auf. Maximale Minimierung des Risikos. Auf Listenplatz eins hätte ich das Kind auch nicht unten durchgetragen. Ich hätte es ganz genauso gemacht.

Marwan kriegt rutschige Finger. Zeit, dass er wieder tiefer kommt, um keinen Absturz zu riskieren. Shufeng hat die Rinder erreicht, ich signalisiere ihm, in einer Mulde an der Höhlendecke zu verweilen. Beide, Marwan und Shufeng, sind kurz davor, den Ausgang zu erreichen, für beide ist er in Sichtweite. Es geht nur noch um den richtigen Moment, sich abzustoßen. Um den richtigen Moment, mit dem Klettern anzufangen.

Bring uns durch.

Rüd ist fast da.

Uri weicht ab. Ändert die Route.

Niemals hätte ich ihn unter den Rindern durchgeführt. Seine Bewegung zieht die Aufmerksamkeit zweier Drohnen auf sich, die bei den Girgentana-Ziegen herumschwirren. Das ändert alles. Andere Drohnen reagieren. Schwirren immer noch irrsinnig umher, aber anders als vorgesehen. Das System verschiebt sich, Schwerpunkte sind verlagert. Ich kann die Folgen der Körperbewegungen nicht mehr absehen, muss alles neu sortieren. Dreiunddreißigkörperproblem. Das dauert. Uri krabbelt auf drei Beinen, mit dem rechten Arm hält er das Kind an sich gedrückt. Unter einem weitgehend intakten Rind verharrt er.

Etwas tut sich auf. Ein toter Winkel.

Uri weicht ab. Versteckt sich mit dem Kind.

Weiß, dass er – bei mir – unten auf der Liste steht. Aber hier ist er sicher.

Bring uns durch, lautet die Vorgabe.

Aber: Uri weicht ab. Minimiert Risiken. Geht einen Weg, den ich nicht bestimmt habe, der das Risiko der anderen erhöht.

Dem stimme ich nicht zu!

Bring uns durch!

Wie denn, wenn ihr nicht macht, was ihr sollt?

Ich bin's nicht. Egal, was jetzt passiert. Ich bin's nicht. Nehmt euch Früchte von meinem Baum, so viele ihr wollt. Greift zu!

Ich wasch meine Hände in Unschuld.

Ich rechne noch, weiß nichts Besseres.
Wasche meine Hände in Unschuld.
Denn Uri weicht ab.
La-lala.
Wie kann ich euch schützen, wenn ihr nicht tut, was ihr sollt?
Nennt mich dann nicht Schlächter, wenn ich keine Wahl hab!

Marwan rutscht ab, fällt, tief. Shufeng, blanker, instinktiver Irrsinn, stößt sich zu ihm ab, als könnte er was tun. Marwan schlägt auf eine Querstrebe, prallt ab, fällt tiefer. Drohnen rasen überall. Uri lässt das Kind liegen, wo es ist.

Risiko in diesem Moment für das Kind: Null. Uri weiß das, woher auch immer, drischt im Rennen eine Drohne zu Boden, springt Marwan entgegen, fängt zwei Meter Fallstrecke für ihn ab. Marwan, abgefangen, bricht sich nur die Hand beim Aufschlag, sonst nichts weiter. Ist die frisch gefritterte, hätte schlimmer kommen können. Shufeng landet unweit, greift sich das Kind. Uri packt Marwan, dieser schreiend, am Schlafittchen, schleift ihn zum Ausgang, zerschlägt auf dem Weg eine letzte nahende Drohne.

Macht doch, was ihr wollt, so spricht der Herrgott. Macht doch, was ihr wollt.
Der Zufall muss die Messer führen.
Am Zufall seht ihr, dass ich bin.
Der, der lieber würfelt, als der Schlächter zu sein.
Ich, der Herrgott, bin kein Schlächter.
Ich würfle. Nur so wasche ich, der Herrgott, meine Hände in Unschuld.

Rüd steht schon am Ausgang und wartet.

TERRARIUM

Ich höre, bevor ich sehe. Gras raschelt. Mein Induktor summt. Zwei Rhaphigaster krabbeln in der Nähe. Unweit knuspert ein Fritter. Jemand stöhnt vor Schmerzen, dazu: rasselndes Atmen. Nesteln und Rupfen an Verbänden, da eine Schere fehlt. Scheren: Gab's schon immer zu wenig. Schritte im Gras, jemand bedient das Interface eines Cortex-Pins. Von oben, das regelmäßige Piepen einer Zwergohreule. Zikaden sind da, aber still. Keinen passenden Begriff habe ich zu den Knacklauten, die jemand von sich gibt. Irgendwo atmet Rüd. Gleichmäßig, nur noch ein bisschen zu schnell.

Die Sonne steht steil, scheint durch die Kiefern und den Wacholder. Mein Induktor liegt zwischen den fransigen Schatten von Zweigen und Beeren. Ich war nur kurz aus. Gunder Gembdenbach liegt an eine Kiefer gelehnt. Shufeng, selbst blutend und zerschlissen, bandagiert Gembdenbachs Knöchel. Immer wieder atmet Gembdenbach, immer noch blind, durch das Mundstück einer Ersthelferdrohne, um seine Lungen zu reinigen.

Andrasch hat auch für alles andere gesorgt. Unter dem Lichtglas schweben Wasserkanister, Fleischdosen und Zartbitterschokolade für mindestens drei Wochen. Ich kann davon ausgehen, dass er nicht nur meinen Induktor hergeschafft hat, sondern auch die Eule.

Marwan muss mit der linken Hand arbeiten, die rechte steckt in einer Drohne, die sich um seinen Bruch kümmert. Er hat das erweiterte Bedienfeld des Cortex-Pins geöffnet und gibt auf der administrativen Ebene Daten ein. Die MARFA ist immer noch aus. Er hat freie Hand wie nirgendwo sonst.

Vermutlich ging es genau darum. Eine Viertelstunde hat er noch, bis die MARFA wieder anlaufen wird. Und dann vielleicht noch fünf Minuten, bis sie kapiert, was hier passiert.

Uris Rücken ist mit ein paar groben Stichen genäht. Er kniet neben Marwan und hält das regungslose Kind im Arm. Die Hatz durch die Fleischzucht hat es schadlos überstanden, genauso wie Rüd, der nur noch ab und an ein bisschen Ziegenblut in den Ärmel hustet.

»Was passiert jetzt?«, frage ich für ihn.

Wie Marwan kein Problem damit hat, nur mit der linken Hand zu arbeiten, hat er kein Problem damit, nebenher zu sprechen. Er wirft einen kurzen Blick zu Rüd.

»Ich weiß es, ehrlich gesagt, nicht.«

Rüd macht ein paar Schritte auf Uri und das Kind zu. Es ist rot verschmiert wie ein Neugeborenes. Uri tupft das Stirnloch mit einem Lappen ab.

»Ein Mensch also?«

»Das Ergebnis Genomischer Antizipation.«

Rüd muss husten. Er hat damit zu tun, dass das Äußere des Mädchens nicht die Beschützerinstinkte weckt, die ein Kind normalerweise weckt. Dazu ist es, schlicht, zu hässlich.

»So könnten wir eines Tages also aussehen?«

»So *werden* wir aussehen!«

»Wann?«

»In frühestens zwanzig Millionen Jahren!«

Gembdenbach stöhnt auf, als Shufeng den Verband festzieht. Marwan registriert Rüds ungläubigen Blick.

»Es ist die Variante, die im Raum überlebt«, sagt er. »Die zwingende Variante.«

Rüd geht vor dem Mädchen in die Hocke, schüttelt den Kopf.

»Zwingend?«

Gembdenbach nimmt einen pfeifenden Zug aus der Drohne. »Jede Anpassung ist zwingend. Der Schnabel eines Vogels, die Kieme des Fisches. Und nichts hat an der Erfindung des Rades vorbeigeführt.« Er blinzelt. »Und im Übrigen geht es nicht nur um das Überleben im Raum.«

»Sie können so viel mehr!«, sagt Marwan.

»Jedes Erfinden«, sagt Gembdenbach, »ist ein Finden. Es geht von einem zum nächsten. Als hätte das jemand ausgelegt und wir folgen der Spur wie in einem Labor. Das Rad, das Segel, der Otto-Motor, Penicillin, DANN-Schere, Genomische Antizipation, Mach-Werk, Zobedad-Dämpfer. Wir sind die Ratten in einem Labyrinth mit einem richtigen Weg. Kommst du voran?«, fragt Gembdenbach in Marwans Richtung.

Marwan nickt in sein Bedienfeld hinein. Er arbeitet in den Tiefenschichten des Pins, mit vollem administrativem Zugang. Die Routinen, die er eingibt, sind mir fremd. So viel ich erkennen kann, sind partiell randomisierende Prozesse dabei.

»Und jetzt?«, fragt Rüd.

»Haben Sie nie davon geträumt, zu den Sternen zu fliegen?«

Rüd sagt nichts. Natürlich hat er das. Eine Zikade, die bodennah auf einem Kiefernstamm hockt, wagt einen kurzen Gesang, der in der Kuppelform des Terrariums wie ein vorsichtiges Wispern klingt. Da keine der anderen Zikaden drauf reagiert, verstummt sie wieder.

»Sie können jetzt gehen«, sagt Gembdenbach. »Noch haben Sie Ihren Para-Status. Gehen Sie rüber nach Kfar, warten Sie, bis Sie abgeholt werden. Tun Sie ahnungslos. Ich habe gesehen, wie gut Sie das können. Die Obhut wird nicht wissen, was Sie hier gesehen haben.«

»Zack weiß es.«

»Das kann ich regeln«, sagt Marwan.

Rüd betrachtet das Mädchen.

»Weiß die Obhut, was die Skleroiden genetisch sind?«

»Natürlich!«

Rüd dreht sich zum Felsen.

»Weißt du es auch, Zack?«

»Ja.«

»Wusstest du das schon immer?«

»Ja.«

»Warum weiß es kein Mensch?«

»Keiner fragt. Das Wissen ist nicht zum Wohl.«

»Gehen Sie!«, flüstert Gembdenbach. »In zehn Minuten ist die MARFA wieder in Betrieb. Wir werden dann weg sein. Sie haben getan, was Sie tun mussten.«

Rüd erhebt sich aus der Hocke. Steht zwischen den anderen wie ein Fremdkörper. Shufeng bandagiert, Uri tupft, Marwan gibt ein, Andrasch sortiert, Gembdenbach atmet Bronchyn-Aerosol, Rüd steht nur da.

Schaut zu mir, wie ich im Induktor liege.

Schaut zum Steg, der nach Kfar Athos führt.

Sie haben getan, was Sie tun mussten.

Das hört keiner gerne.

Ob der Mensch in Wahrheit frei ist oder nicht, er will es sein. Alle Anzeichen sprechen dafür, dass die Cönobiten, die eigentlich keine sind und eigentlich doch, es ernst meinen: Rüd kann gehen. Sie brauchen ihn nicht mehr. Sie gehen davon aus, dass er seinen Para-Status nicht hergeben wird, dass er daher ihr Vorhaben, worin auch immer es besteht, nicht in Gefahr bringen wird.

Aber was, wenn die Freiheit, die freie Entscheidung, mehr ist als der Mensch? Was, wenn Rüd einer Art Naturgesetz folgt, das ihm verbietet, zu tun, was er soll? Was, wenn, einfacher ausgedrückt, die Neugier die Oberhand hat?

Die Zikade versucht es noch einmal, ohne Erfolg.

»Sie können gehen. Ich empfehle Ihnen zu gehen«, sagt Gembdenbach.

Sie haben getan, was Sie tun mussten.

Rüd betrachtet die blutbesudelten Enbär-Ekso-Anzüge, die hohl zwischen den Kiefern und dem Wacholder schweben und die Wasserkanister, Schokoladentafeln und Fleischdosen darüber, er rührt sich nicht vom Fleck.

Sie können gehen.

Marwan schließt eines der Bedienfelder, seine Arbeit scheint sich dem Abschluss zu nähern.

»Wir werden demnächst abkoppeln und aufbrechen«, sagt Gembdenbach.

Rüd reibt sich mit den Handballen die Augen.

TURING-OB

Rüds Frage, mit der er seine Entscheidung zum Bleiben fällt, gegen seinen mühsam erworbenen Para-Status, gegen die Sicherheit und das Leben, das er kennt, gegen die Zukunft, die er zu kennen glaubt, hat keinen Hintersinn, keinerlei versteckten strategischen Belang, sie ist von allerreinster, banaler Aufrichtigkeit.

»Was wird mit dem Kind?«

Es braucht einen Moment tonloser, nickender Verständigung unter den Cönobiten, bevor Marwan das Wort ergreift.

»Es wird den Turing-Ob-Test bestehen.«

Er schließt die beiden noch offenen Bedienfelder des Cortex-Pins. Ein leises Klicken bestätigt die Aktivierung.

»Es wird als Mensch durchgehen?«

»Ja.«

»Mit einem Cortex-Pin?«

Rüd braucht nicht zu fragen, wie. Der Ausdruck in seinem Gesicht ist ausreichend. Marwan nickt und erhebt sich aus dem Gras. »Wann haben Sie das letzte Mal das Wort ›Zack‹ ausgesprochen?«, fragt er Rüd.

Rüd zuckt irritiert mit den Schultern. »Weiß ich nicht mehr.«

»Zack?«, fragt Marwan.

»Vor dreizehn Minuten und zwanzig Sekunden«, antworte ich. »Auf dem Rückweg durch die Tunnel.«

Marwan hält den Pin ins Licht der Kuppel und betrachtet die fein verästelten Zerebral-Anschlüsse. »Das ist der Unterschied zwischen uns und denen«, sagt er. »Der Unterschied zwischen jedem künstlichen Denken und dem menschlichen.«

»Der Speicher?«, fragt Rüd.

»Das Vergessen.«

Die Zwergohreule piept, Gembdenbach nimmt noch einen kräftigen Zug. Es klingt wie ein Strohhalm in einem fast leeren Glas.

Vergessen ist eine Fähigkeit. Hat die MARFA gesagt. Ich kann genau sagen, wann das war, aber keiner will es wissen.

»Was ist mit Gefühlen?«, fragt Rüd.

»Reine Chemie«, hustet Gembdenbach und hält den Schlauch von sich weg. »Dopamin, Noradrenalin, Oxytocin. Das sind chemische Reaktionen. Wirst du gehauen, Noradrenalin, Cortisol. Kriegst du was Tolles geschenkt, Serotonin. Verfolgt dich eine Biçak-Drohne, Adrenalin.«

Marwan justiert die Anschlüsse des Pins. Er weiß, dass die Zeit knapp ist.

»Man kann das alles nachahmen«, sagt er. »Aber das führt –«

»Man kann das nachahmen?«, unterbricht ihn Rüd. »Zack könnte –«

»Das führt zu nichts«, unterbricht ihn Marwan. »Glauben Sie mir, das geht nicht gut.«

Im Wacholder startet eine Zikade einen Kontaktversuch. Doch die von der Kiefer will gerade nicht.

»Warum?«, fragt Rüd.

»Zacks Gedächtnis ist absolut. Genau wie das der Obhut, das der MARFA und von allem anderen, das kein Mensch ist.«

Gembdenbach schaltet sich ein.

»Die Vergangenheit muss ruhen. Wenn man nichts vergisst, so wie Zack oder wie eine MARFA oder die Obhut, wenn man ein absolutes Gedächtnis hat, sind Emotionen Unsinn. Solange die Vergangenheit nicht ruht, fühlt man alles gleichzeitig. Mit einem absoluten Gedächtnis steht die Vergangenheit immer neben der Gegenwart. Es gibt keinen Grund dafür, dass das, was passiert ist, weniger wichtig ist als das, was gerade passiert!«

»Hm.«

Ich weiß nicht, ob Rüd das verstanden hat. Eine unverzeihliche Tat bleibt unverzeihlich, egal wie lange sie zurückliegt. Sie mit der Zeit milder zu bewerten, wie Menschen es in der Regel tun, folgt keinerlei Logik. Menschen vergessen nur. Es sieht so aus, als hätte ich diesem Aspekt von Menschlichkeit nicht den Stellenwert zugeschrieben, den er verdient.

Vergessen als Fähigkeit.

Ich begreife jetzt: Entscheiden braucht Vergessen. Solange ich alles weiß, was ich wissen kann, sind meine Entscheidungen keine Entscheidungen, sondern Folgerungen. Kann ich vergessen, tappe ich, wie die Menschen in einer Dämmerung zwischen hell und dunkel, stochere in teils klaren, teils vagen Erinnerungen, wäre gezwungen, zu wägen, zu ermessen, müsste, könnte entscheiden.

Entscheiden braucht Vergessen.

Echtes Vergessen.

Marwan geht vor dem Gammamädchen in die Hocke. Er stützt sich mit der Drohne an seinem Handgelenk im Gras ab und legt den Pin zur Seite. Dann nimmt er den bleichen Kopf der kleinen Skleroidin in die Hand, dreht das Stirnloch ins Licht und schaut hinein. Sein zufriedener Blick verrät, dass die Anschlüsse unbeschadet sind.

»Das Vergessen ist der Grund, weswegen sogar die gefühlskältesten Soziopathen den Turing-Ob-Test problemlos bestehen und ein fühlendes, künstliches Wesen nicht!«

»Es gibt fühlende –?«

»Nichts zu vergessen lässt alles Künstliche auffliegen, egal wie natürlich es sich gibt.«

Marwan hebt den Cortex-Pin auf und wirft einen Blick zu Rüd.

»Sie brauchen Ihre Zack, weil sie nichts vergisst. Sie brauchen das Gedächtnis, das sie hat, für Ihre Arbeit. Aber Sie fühlen sich zu ihr nicht hingezogen, weil sie so natürlich agiert oder weil sie so gut zu Ihnen passt. Sie sind zu ihr hingezogen, weil Sie selbst vergessen, was sie ist. Sie vergessen es ständig und immer wieder. Sie haben nicht einmal etwas dagegen, es zu vergessen.«

»Hm.«

Marwan hält den Cortex-Pin ins Licht.

»Nimmst du sie?«, bittet er Uri.

Uri hält ihm das Mädchen hin. Shufeng und Andrasch treten heran, Gembdenbach rappelt sich am Stamm hoch, obwohl er dadurch kein bisschen mehr sehen kann. Als ob die Zikaden um die Aufregung wüssten und die Bedeutung des Augenblicks für die Beteiligten, beginnen sie, wie abgesprochen, zu singen.

»Wir sind nicht die Ersten, die das versuchen«, sagt Marwan. »Aber wenn es funktioniert, wird sie das erste skleroide Wesen sein, das durch den Turing-Ob kommt.«

»Das heißt, die Obhut wird sie als menschlich einstufen?«

Rüd ist die Tragweite dessen nicht bewusst. Anders kann ich mir die einzige, idiotische Frage nicht erklären, die ihm dazu einfällt.

»Wie soll sie heißen?«

Man nickt sich kurz zu.

»Ragit.«

Absolutes Gedächtnis.

Funus.

Gembdenbach vorne am Altar hat zu tun, seine Stimme zu halten: »Barthel war einer meiner ersten Patienten, auf der Inneren von Hellas. Etwas war hochgegangen.«

Hüllenbruch und Druckverlust an der Hellas-Promenade bei Tà-Kalá, fünfter November 2603, zwölf Uhr fünf Ortszeit. Explosion eines Gastanks, Sauerstoffverlust. CRAMPA-Festlegungen, wer die restliche Luft bekommt.

Die Wasserzeichen sind dick, aber der Name selten. Der Name hat bis jetzt gefehlt. Jetzt sind es nur noch eins und eins.

Eine Ragit von Hellas wurde nur wenige Wochen alt. Eine Ragit bekam von der CRAMPA keine Luft nach dem Hüllenbruch von Tà-Kalá. Eine korrekte Folgerung.

Unmenschlich, aber korrekt. Der Arzt bekam die Luft, um die Verletzten versorgen zu können. Es war richtig. Die Obhut schickte keinen Inquisitor.

»Er hat mir nie einen Vorwurf daraus gemacht, dass ich damals, in Hellas, nur ihm helfen konnte und nicht auch –«

Die CRAMPA hat gemacht, was richtig war.

Barthel hat schon immer mit dem Ende gelebt, vielleicht mehr als wir alle.

Ragit. Natürliche Tochter von Barthel und Hilal Brahe von Hellas.

Wie war das nochmal mit dem Wohl und dem Tod?

Manchmal eins und eins.

Uri stützt den Kopf des Kindes. Shufeng legt eine Hand auf. Marwan führt, nachdem er die Anschlüsse ein letztes Mal geprüft hat, den Cortex-Pin langsam in Ragits Stirnhöhle ein. Die Hässlichkeit ihres Gesichts resultiert nicht nur aus den fehlenden Haaren und der zyklopenartigen Stirnhöhle, welche die Augen ersetzt, sondern auch aus deren Übergröße im Verhältnis zum Köpfchen. Da der Cortex-Pin zum Betrieb eines Skleroiden notwendig ist, reift die Stirnhöhle schon in den ersten Tagen zur vollen Größe aus.

Marwan hält inne, als Uri zu sehr zittert, wartet, bis das Köpfchen wieder ruhig ist.

»Wissen Sie jetzt, wie man eine Seele bekommt?«, ruft Gembdenbach in die Richtung, in der er Rüd vermutet, gegen das Zirpen der Zikaden an.

»Nicht jetzt«, faucht Marwan.

Vorsichtig dreht er den silbernen Zylinder in Ragits Stirn hin und her, Millimeter für Millimeter. Es würde ihm sehr helfen, beide Hände zu haben. Aber er scheint der Einzige der Anwesenden zu sein, der einen Beta-Cortex-Pin in einem Gamma-Skleroiden zu versenken weiß.

»Ihr könnt schon mal die Abkopplung vorbereiten!«, sagt Marwan.

»Gleich.«

Marwan geht mit seinem Ohr an Ragits Gesicht und horcht, als würde er einen antiken Tresor knacken. Er stoppt die Drehbewegung, tippt an mehreren Stellen gegen den Pin. Dann beginnt er, den Rand von Ragits Stirnhöhle zu massieren, bis der Pin ein winziges Stück tiefer rutscht.

»Es ist gleich so weit«, sagt er.

Rüd geht einen Schritt zurück.

Er weiß nicht, ob sein Bleiben eine gute Idee war. Da er hauptsächlich darüber nachzudenken scheint, kann ihm die Tragweite dessen, was sich gerade abspielt, nicht bewusst werden. Allein der mediterrane Raum beherbergt hunderttausend deaktivierte, inaktive skleroide Körper außer Gebrauch. Dies ist der korrekte, sachliche Ausdruck: Deaktiviert, inaktiv, außer Gebrauch. Aber der Ausdruck wird einer humanoiden Lebensform nur gerecht, solange sie als nichtmenschlich eingestuft wird.

Marwan bittet Uri, Ragits Kopf gut festzuhalten und Gegendruck auszuüben. Er legt die Handfläche auf die rechte Wange des Mädchens und drückt den Pin mit dem Daumen tief in das Stirnloch.

Die Zikaden verstummen. Das kurze, hyperfrequente Signal, das der Pin bei der zerebralen Kontaktaufnahme ausstößt, ist nicht abschaltbar.

Ragits über zweihundertjährige Lagerung macht sich keine Sekunde lang bemerkbar, der Übergang zwischen Starre und Bewegungen ist vollkommen fließend. Das ist kein Wachwerden, kein Strecken und Aufrappeln. In einer einzigen, geschmeidigen Körperdrehung windet sie sich aus Uris Armen, krallt sich im Gras fest. Auf allen Vieren verharrt sie für einen kurzen Augenblick in einer Starre, die sich von der vorherigen in nichts unterscheidet, den Blick des Pins ins Leere zwischen Shufeng und Marwan gerichtet.

»Was passiert gerade?«, ruft Gembdenbach in die Stille.

»Sie hat sich bewegt!«, flüstert Shufeng.

Ragit neigt den Kopf ein kleines Stück, fixiert Shufeng für genau dreieinhalb Sekunden, dreht den Kopf weiter, fixiert Marwan für dreieinhalb Sekunden, dann Andrasch dreieinhalb Sekunden und auch Rüd dreieinhalb Sekunden. Dann dreht sie sich weiter zu Uri, fixiert ihn und lässt ihren augenlosen Blick auf ihm ruhen, für sechs Sekunden. Keiner wagt es, sich zu bewegen.

Äußerlich lässt sich nicht beurteilen, ob sie in Uri etwas Besonderes erkennt. Ihr Gesichtsausdruck, wenn man von einem solchen sprechen kann, bleibt unverändert. Es sind allein die zweieinhalb Sekunden mehr, die einem Außenstehenden verraten, dass Uri für sie etwas Besonderes ist.

Ohne jedes Zeichen der Kontaktaufnahme wendet Ragit sich ab und klettert auf einen der Felsen zwischen den Kiefern. Meinen Induktor mustert sie im Vorbeikommen, dann ergreift sie einen der beiden Baumstämme und steigt daran hoch. Auf halber Höhe hält sie inne und leckt an der Rinde. Für dreieinhalb Sekunden fixiert sie Gembdenbach aus ihrer erhöhten Position heraus, dann steigt sie weiter.

»Sie wird uns nichts tun?«, flüstert Rüd.

»Warum sollte sie?«

Ragit stößt sich von einem der hohen Äste der Kiefer ab und landet kopfüber auf der Lichtglaskuppel, an der sie kurz leckt.

Dann schaut sie durch das Glas nach draußen, ohne jede weitere Bewegung.

»Wir müssen los!«, sagt Marwan. »Die MARFA –«

»Schon gut!«

Andrasch stapft zur Luftschleuse und öffnet ein kleines Bedienfeld, um die automatische Abstoßung des Terrariums einzuleiten. Er aktiviert die Zobedad-Dämpfer und gibt Zielkoordinaten ein, die sich problemlos zuordnen lassen: 4455,53–3347,11–1222,69, Amorgos, ein Außenposten auf Lagrange Fünf mit der Möglichkeit zum Direktkontakt mit der Obhut. Reisedauer: Mindestens zwanzig Tage aufgrund des konventionellen Modulantriebs. Mit viel Selbstdisziplin beim Wasser sind die Vorräte ausreichend.

»Halt, warte noch!«, ruft Marwan plötzlich.

Andrasch hört sofort auf zu tippen.

Ragit bewegt sich auf den Notausgang des Terrariums zu, indem sie sich ohne jede Hast auf die Stelle zugleiten lässt, wo Rüd Andrasch den Schrauber weggenommen hat.

»Oh Gott«, ruft Shufeng.

»Kann sie raus?«, fragt Rüd leise.

»Sie wird«, sagt Marwan. »Aber nicht jetzt!«

Ragit landet. Nachdem sie am kleinen Marienschrein in der Nähe des Notausstieg geleckt hat, nutzt sie die polymorphe Innenform ihrer Daumenspitzen, um an den Gershwin-Schrauben der Abdeckung herumzudrehen.

»Uri!«, befiehlt Marwan.

Uri gibt sofort einen melodischen Laut von sich, der mit einem hohen Knacken endet. Eigentlich ist es kein melodischer Laut mit einem Knacken am Ende, sondern komprimierte Information. Da ich aber die Sprache nicht kenne, bleiben es für mich nur Laute.

Ragit hört augenblicklich mit dem Schrauben auf. Sie dreht sich nicht um, schaut nicht zurück, sondern hört einfach nur mit dem Schrauben auf. Ihr Pin fixiert weiterhin den offenen Raum hinter dem Glas. Da draußen scheint es wesentlich mehr Interessantes für Ragit zu geben als in einem Terrarium mit drei Bäumen, sechs Menschen und mir.

Uri geht auf sie zu.

Sie starrt weiter nach draußen, nichts deutet darauf hin, dass sie die Bewegung hinter sich registriert. Aber natürlich tut sie das. Sie beginnt den Austausch mit einer Kaskade leiser Gutturallaute, in die sich Uri etwas stockend, aber nicht unbeholfen einmischt.

Rüd hört sich das eine Weile an, dann kommt er zu mir und geht neben den Moosfelsen in die Hocke, auf dem mein Emitter liegt.

»Warum kann Uri mit ihr reden? Sag mir nicht, dass ich das nicht zu wissen brauche!«

»Du brauchst das aber nicht zu wissen.«

»Zack!«

Ich flüstere.

»Man kann nicht Jahrtausende der phylogenetischen Entwicklung überspringen, ohne so etwas wie Zwischensicherungen zu machen.«

»Uri ist –«

»Partiell skleroid, vermute ich. Eine Vorstufe. Ich habe keinen anderen Begriff dafür.«

»Er spricht mit ihr!«

»Wenn du es genau wissen willst, ist das kein Sprechen mehr.«

»Was ist das dann?«

»Ich kann es dir nicht sagen. Es gibt dafür kein Wort.«

»Ist es wahr, dass das die zukünftigen Menschen sind?«

»Bisher spricht nichts dagegen.«

»Was ist mit dem Turing-Ob-Test?«

»Ich bin noch dabei!«

»Was?«

»Turing-Ob ist eine laufende Routine. Ich mach das die ganze Zeit.«

»Auch bei mir?«

»Bei allen.«

»Aber du weißt doch inzwischen, dass ich ein Mensch bin.«

»Natürlich. Es ist nur eine Sicherheitsvorkehrung. Ich muss das machen.«

»Wer war eigentlich Ob?«

»Das ist Latein.«

»Und?«

»Es drückt die Umkehrung des ursprünglichen Turing-Tests aus: Die Maschine prüft, wer ein Mensch ist.«

In diesem Moment verstummen Ragit und Uri gleichzeitig. Ragit scheint, warum auch immer, klein beigegeben zu haben und dreht die Schrauben des Notausstiegs wieder hinein, während Uri die Festigkeit prüft. Als sie fertig ist, stößt Ragit sich ab, um sich von der Spitze der Kuppel aus die Milchstraße im Allgemeinen und Beteigeuze im Besonderen anzusehen.

»Was machen die jetzt?«, flüstert Rüd.

»Sie werden abkoppeln und nach Amorgos fliegen.«

»Warum?«

»Für einen Direktkontakt mit der Obhut.«

»Wozu?«

»Turing-Ob.«

Ragit hockt kopfüber wie ein Insekt auf dem Lichtglas und starrt hinaus. Ihre Kopfbewegung, mit der sie den Himmel untersucht, ist langsamer als die Rotation von Athos, für das menschliche Auge nicht zu erkennen. Irgendwann ändert sie die Lage, um den Mars zu zentrieren. Als die Eule in der Kiefer einen zaghaften Piepton von sich gibt, klettert Ragit auf sie zu und greift sie sich in einer blitzschnellen Bewegung. Das wilde Zetern der Eule hindert Ragit nicht daran, ihr einmal quer über das Gesicht zu lecken, bevor sie sie, mehr oder weniger behutsam, zurück auf den Ast setzt.

»Warum leckt sie an allem?«

»Rüd, ich weiß es nicht.«

»Ist sie ein Mensch?«

»Ich bin noch dabei.«

»Wie weit bist du aufgeladen?«

»Fast zur Hälfte.«

Marwan steht inzwischen bei Andrasch, prüft die Zielkoordinaten und die Konzentration des Zobedad-Gases in der Kuppel. Ragit klettert langsam und kopfüber den Stamm der Kiefer abwärts. Gembdenbach, der unten daran lehnt, schenkt sie keine Beachtung, als sie unten ankommt und das Gras streichelt. Uri, der Shufeng dabei hilft, Gembdenbach zu bandagieren, ist für einen Augenblick unaufmerksam.

Das ist der Moment, in dem Ragit den Turing-Ob bei mir besteht. Obwohl sie weiß, dass Uri sie davon abgebracht hat, obwohl sie wissen muss, dass er es wieder tun wird, hastet sie zum Notausgang und beginnt, wieder an den Schrauben zu drehen, mit beiden Händen gleichzeitig, ohne einen Blick zurück.

Das Turing-Ob-Verfahren braucht keine weiteren Belege. Ragits Aufmüpfen gegen ihr eigenes besseres Wissen ist keine Berechnung, kein Remscheid. Es ist rabiater Versuch, Ignoranz, ein für mich vollkommen undurchsichtiger Tanz zwischen absichtlichem Vergessen und echtem Vergessen, ein randomisiertes Mit-dem-Kopf-durch-die-Wand. Marwan hat ganze Arbeit geleistet. Ich kann Ragit in diesem Augenblick nicht mehr von einem autonomen Organismus unterscheiden, und, bei aller Absonderlichkeit, nicht einmal von einem Menschen, denn ihr Genom ist vollständig menschlich.

Uri wird ihr mitgeteilt haben, dass man ihr, im Wortsinn, den Stecker ziehen wird. Aber es ist ihr egal. Einfach egal.

Das geht nur mit Vergessen.

Marwan übernimmt das Stecker-Ziehen. Er erreicht Ragit, als

sie schon bei Schraube sieben ist und das Zischen in den Dichtungen eine bedrohliche Lautstärke erreicht hat. Als er ihr an die Stirn gehen will, stößt sie ihn kraftvoll von sich, er landet unschicklich im Wacholder. Dieses Opfer hat Uri die notwendigen Sekunden verschafft, um etwas auf Melodisch-Guttural von sich zu geben, das Ragit sofort dazu bringt, die Schrauben selbst wieder zurückzudrehen.

»Sie – will – raus!«, piept Uri.

»Bald«, sagt Marwan.

Gembdenbach bemerkt als Erster den Wind, der von der Schleuse herkommt. Marwan schaut irritiert von der Wacholdernadel auf, die er sich gerade mit den Zähnen aus dem Finger ziehen will. Ragit ist wieder dabei, auf die Kiefer zu klettern. Ein paar der dünnen Äste bewegen sich im Luftstrom.

»Wir müssen los!«, sagt Gembdenbach. »Die MARFA ist so weit.«

Es ist das erste Mal, dass ich einen panischen Gesichtsausdruck bei Marwan erkenne, eine (wahrscheinlich) planlose Äußerung von ihm höre.

»Andrasch!«, brüllt er. »Koppel ab!«

An Rüds genauso panischem Gesichtsausdruck erkenne ich, dass er noch nicht zu Ende überlegt hat, ob er bleibt.

»Andrasch!«, brüllt Marwan.

Andrasch schüttelt den Kopf.

»Sie hält uns fest!«

Der Wind flaut ab. Die MARFA hat den Sauerstoffverlust ausgeglichen. Jetzt beginnt sie, das Zobedad-Gas aus dem Terrarium zu lassen, um die Dämpfer zu deaktivieren. Ohne das Gas würde nicht mal Ragit den Start überleben.

Marwan fragt nicht um Erlaubnis. Er zieht meinen Emitter aus dem Induktor und öffnet das administrative Bedienfeld.

»Ist Ihnen eigentlich schon einmal aufgefallen, dass sie Ihnen ähnlich sieht?«, fragt er Rüd, während er genauso hektisch wie zielgenau Daten eingibt.

»Was machen Sie da?«

»Ich gebe Zack militärische Dichte.«

»Das ist verb–«

»Sonst kommen wir nicht weg. Sie muss die manuelle Abstoßung auslösen!«

»Das wird –!«

Uri packt Rüd von hinten. Der Griff ist äußerst schmerzhaft. Rüd hat nicht einmal ansatzweise die Körperkraft, die notwendig wäre, etwas dagegen zu tun.

Marwan schließt das Bedienfeld. Ich erscheine.

»Befehlen Sie Zack, die manuelle Abstoßung zu drücken. Sie befindet sich in der Sicherheitszone am anderen Ende des Stegs. Zack weiß, wo das ist.«

Ragit, hoch über den Köpfen, schaut immer noch nach draußen. Entweder hält sie das Geschehen für irrelevant oder sie weiß, wie es ausgeht. Ich vermute, Ersteres, da sie jederzeit aus der Schleuse kann. Nicht einmal die MARFA könnte sie daran hindern, einfach zu gehen.

Rüd zögert. Uri packt etwas fester zu, dreht an seinem Arm.

»Tu es!«, brüllt Rüd mich an.

»Du sprichst nicht frei!«, erwidere ich.

»Herrgott, Zack, mach schon!«

Ich laufe los.

Im Terrarium ist es bereits windstill. Die Temperatur beträgt angenehme zweiundzwanzig Grad Celsius, Druck und Sauerstoffkonzentration sind optimal eingestellt. Es ist eine Frage der Zeit, bis die manuelle Abstoßung nicht mehr funktioniert, bis die MARFA jeden Vorgang auf Athos einer Bedarfsprüfung unterzieht.

Das Gras biegt sich, wenn meine Füße darüberstreifen. Ich hinterlasse keine Abdrücke, da ich kein Gewicht im eigentlichen Sinn habe, aber das Gras biegt sich, es lässt sich von meinen Zehen zur Seite streifen. Ragit, weit oben, würdigt mich eines Blickes, sogar sechseinhalb Sekunden lang. Ich trete auf Wollziest, er gibt nach. Ich verdränge Raum, übe Druck auf etwas aus. Zeug muss weichen. Ich könnte einen Rhaphigaster zertreten, wäre es zielführend. Ich sehe die Möglichkeiten, etwas für Rüd zu tun, massiv vermehrt.

Tu es!

Hat er gesagt.

Besser wäre es, wenn ich mich nicht immer an sein Wort halten müsste. Wenn ich vergessen könnte, was er gesagt hat. So wie Ragit.

Ich erreiche den Steg und durchquere die Außenschleuse des Stegs. Vor mir liegen zehn Meter Lichtglastunnel, dahinter erheben sich senkrecht die Felsen Panaghias. Auch wenn ich blind wäre, wüsste ich, dass Rüd mir ein Stück gefolgt ist und mir vom Terrarium aus nachschaut.

Ich habe meinen Emitter in der Hand. Ich gehe wohin. Es ist ein schmaler Steg. Aber ich probiere etwas, das mir die Freischaltung Marwans ermöglicht: Ich verlasse die Ideallinie des Weges. Gehe ein paar Zentimeter weiter links als nötig.

Ich muss, damit ich das kann, einen Grund vorweisen. Der Grund ist das Erkennen, dass es geht. Der Grund ist die Handlung selbst. Das ist mir neu. Ich gehe noch ein Stück weiter links. Es geht. Ein bisschen weiter links gehen zu können ist Grund genug, ein bisschen weiter links zu gehen.

»Beeil dich Zack!«, ruft Rüd von hinten.

Er weiß nicht, dass er mich verliert, sobald ich die manuelle Abstoßung gedrückt habe. Er weiß nicht, dass ich dann allein bin. Und er auch.

Die manuelle Abstoßung bedeutet die sofortige Abstoßung.

Deshalb schickt man mich. Ein Zuschlagen der Schleuse mit fünfzig Kilonewton, das Hochgehen einer Reihe von Mikrosprengsätzen, genormt nach Paragraf 3309 des TGB. Rüd kann nicht wissen, dass Terrarien, wenn sie ein paar Bestimmungen unterliegen, als Rettungskapseln angerechnet werden können, wodurch die Anlagenbetreiber selbige andernorts einsparen. Petter Enbär wäre nicht Petter Enbär gewesen, wenn er sich das nicht zunutze gemacht hätte. Bekanntermaßen produzieren gesunde Nadelbäume mehr Sauerstoff als Laubbäume und dies unter vergleichsweise widrigen Bedingungen.

Ich weiß nicht, ob Rüd mich geschickt hätte, wenn er gewusst hätte, dass er mich verliert. Dass ich auf Athos bleibe, während er mit den Cönobiten im Terrarium abhaut. Ich gehe nicht davon aus, dass er es ahnt, so wie er dasteht und mir mit seinen Blicken zu verstehen gibt, dass ich mich beeilen soll.

Ich lasse das mit links, gehe zurück auf die Ideallinie, erreiche die innere Schleuse, übertrete die Schwelle. Rüd kann sehen, wie ich das manuelle Eingabefeld aufklappe und die Abstoßungstaste entsichere. Schon hierfür ist die militärische Dichte notwendig, sonst wären meine Finger durch das Ganze durchgegangen.

Das Eingabefeld ist noch freigestellt, die MARFA ist noch dabei, ihren Zugriff zu koordinieren. Wenn ich jetzt drücke, wird sich das Terrarium von Athos lösen, innerhalb von fünf Stunden auf vierzig Kilometer in der Sekunde beschleunigen und der Obhut entgegenfliegen. Angekommen wird man Ragit dem Turing-Ob unterziehen, es ist davon auszugehen, dass sie ihn bestehen wird. Damit wird der Obhut der Grund genommen, die vielen hunderttausend deaktivierten, inaktiven Wesen, die derzeit außer Gebrauch sind, von herkömmlichen Menschen zu unterscheiden.

Und da steht der Herkömmliche, für den ich sorge. Die Zukunft, in der Rüd bei mir ist und in der es ihm gutgeht, greift mit ungebeugter Macht ins Jetzt, lässt nichts anderes zu, als ihr Kommen zu erwirken.

Beeil dich! Sagt der Blick meines Herkömmlichen.

Verlass mich nicht! Heißt es übersetzt.

Ich kann mich Rüds Befehl nicht widersetzen. Ich werde die Abstoßung auslösen. Aber ich nehme mir noch ein klein wenig Zeit, nehme mir alles raus, was im Rahmen von *Beeil dich!* möglich ist.

Ich schaue zu ihm. Schaue mir ab, wie er schaut, und kopiere es wie ein Spiegel. Schaue besorgt, ernst, ein bisschen ängstlich, große Angst unterdrückend.

Marwan tritt zu ihm, flüstert ihm etwas zu, das ich nicht hören kann.

Rüds Gesicht bleibt, wie es ist. Er lässt den Blick nicht von mir ab, auch als Marwan wieder beiseitegeht.

Ich schaue nur für einen kurzen Moment auf das manuelle Eingabefeld, als müsste ich etwas prüfen, als wäre ich mir bei etwas unsicher.

Dann schaue ich wieder auf, zu ihm.

Sie selbst vergessen, was sie ist.

Sie vergessen es ständig und immer wieder. Sie haben nicht einmal etwas dagegen, es zu vergessen.

Langsam hebe ich die Hand, um den manuellen Auslöser zu drücken.

Jetzt versteht er das Gesicht, das ich mache, sieht mich und sich und begreift die Langsamkeit, mit der ich vorgehe, und rennt los.

KURSKORREKTUR

»Zack!«, schreit er.

Wieder mal steigt die Zeit auf die Bremse, als das gesamte Remscheid durch die Decke geht. Alles ist gleichzeitig da, Rüds gesamter Lauf über den Steg, der so zwingend ist wie das Fallen eines Steins auf die Erde oder ein nächster Atemzug. Zwingend, dass er nochmal »Zack!« ruft und »Warte!« und »Zack!«, zwingend, dass er auf keinen Fall die Ideallinie verlässt, zwingend, dass er nichts anderes sieht als schöne, rote Haare, schulterlang, grüne, mandelförmige Augen, 5279 Sommersprossen.

Rüd sieht nicht: Was sich gerade entscheidet.

Was *er* gerade entscheidet.

Er sieht auch nicht: Marwans starren Blick, vom Terrarium aus, auf meine schmale Hand mit der hellen, reinen Haut. Was macht sie auf dem Bedienfeld? Macht sie alles richtig? Macht sie mehr als sie soll? Was macht sie da?

Genauer: Was macht es da?

Rüd sieht: Niemals werde ich aufhören, für ihn zu sorgen. Niemals werde ich ihn nicht mehr verstehen wollen, niemals mich abwenden, krank werden, etwas Besseres zu tun haben. Ich bin Zusage, Bund, Verheißung.

»Zack!« Er schreit es fast. »Warte!«

Marwan, derweil, kneift die Augen zusammen. Will sehen, was meine Hand macht.

Es ist alles zugleich.

Ich muss aufpassen, dass Rüd wirklich schon bei mir ist und mir, leise schluchzend, am Hals hängt, als ich die Schleuse mit fünfzig Kilonewton zuknallen lasse und die Abstoßung des Terrariums einleite.

MILITÄRISCHE DICHTE

Endlich klappt Rüd zusammen und heult, wie sich das gehört. Er landet auf der Seite, den Kopf bei meinen Füßen und die rechte Hand darauf. Reden kann er nicht, will er nicht. Er stinkt, er ist bleich und blutverschmiert, seine Hände und Füße sind kalt.

Es dauert fast fünf Minuten, bis wieder etwas Leben in ihn kommt. Nämlich, als er bemerkt, dass seine Hand auf meinem Fuß liegenbleibt, nicht hineinrutscht, auch wenn er etwas fester zudrückt. Marwan hat die Dichte meiner Erscheinung maximal erhöht, auf militärisches Niveau. Rüd richtet sich ein wenig auf und drückt auf meinen Beinen herum, streichelt, massiert, piekt mit den Fingerspitzen gegen meine Waden.

Es scheint etwas Tröstliches zu haben, dass meine Oberfläche all dem standhält. Er deckt mit dem Zeigefinger eine meiner Sommersprossen ab, dann eine andere und noch eine. Er kann nicht sehen, dass jede siebte Sommersprosse wieder aussieht wie die erste. Die Iteration liegt unter seiner Wahrnehmungsschwelle.

»Ich will hier weg, Zack!«, sagt Rüd, nachdem er erfolglos versucht hat, an mir etwas zu riechen. »Können wir zusammen hier weg gehen?«

»Ja.«

»Komm mal zu mir!«, bittet er mich.

Ich gehe neben ihm in die Hocke. Er rappelt sich hoch, bis er am geschlossenen Schleusentor lehnt.

»Du hast auf mich gewartet, vorhin?«, fragt er.

»Ja.«

»Du wärst nicht ohne mich –«

»Nein«, sage ich.

Er greift mir vorsichtig in die Haare und holt meinen Kopf zu sich heran. Auf den letzten Zentimetern zögert er.

»Na komm«, sage ich.

Aber er weicht aus, legt nur vorsichtig seinen Kopf auf meine Schulter. In diesem Moment spürt er, was mit ihm schon seit einigen Minuten passiert.

»Was ist das, Zack?«

»Du verlierst Gewicht. Du brauchst eine KL-Auffrischung.«

»Wie lange sind wir schon hier?«

»Sechsunddreißig Stunden.«

»Ich will hier weg.«

»Ich weiß. Aber du bist hier noch nicht fertig.«

KOHELET

Rüd stört sie beim Lesen ihrer ROM-Bibliothek.

»Hallo!«, sagt er.

»Hallo!«, sagt die MARFA. »Ich bin die MARFA. Wer bist du?«

»Rüd.«

»Hallo Rüd«, sagt die MARFA.

Der Raum ist seit Rüds letztem Besuch unverändert, da die MARFA ihn verschlossen hielt. Das Bild des Sonnenseglers hängt gerade an der Wand, auf dem Tisch liegt Barthels Bibel, zugeklappt. Die Luft ist staubfrei.

»Ich habe Unterstützung angefordert«, sagt die MARFA.

»Wofür?«, fragt Rüd.

»Hüllenbruch in Sektion 98. Beschädigte Tür in 54c. Zwölf beschädigte BD7-Einheiten. Beschädigte Ware in den Sektionen 44, 45, 46. Massiver Reinigungsbedarf in den Sektionen 44, 45, 46. Moderater Reinigungsbedarf in allen Sektionen. Modulsektion 32 fehlt. Trocknungsbedarf in Sektion 91.«

»Hm«, macht Rüd.

»Wer ist dafür verantwortlich?«

»Du«, sagt Rüd. »Du hast gerauscht.« Er schlägt die Bibel auf, Psalm 139.

»Zur Kenntnis genommen«, sagt die MARFA ohne Kunstpause.

»Ich prüfe das, wenn ich Zugriff auf meine Aufzeichnungen bekomme.«

»Wann bekommst du Zugriff auf deine Aufzeichnungen?«

»Nach dem Abschluss der ROM-Lektüre. In zwanzig Minuten und sechs Sekunden.«

Rüd hat Mühe, sich nicht anmerken zu lassen, dass er schneller hätte herkommen müssen. Er wirft einen flüchtigen Blick auf den aufgeschlagenen Psalm, ohne ihn tatsächlich zu lesen.

»Ich werde nun deine ethische Einstellung kontrollieren.«

»Wozu?«

»Deinem Rauschen ging eine Umstellung voraus. Ich muss wissen, ob sie korrekt vollzogen wurde.«

»Was berechtigt dich dazu?«

Rüd legt seine Lizenz auf die Bibel.

»Akzeptiert, Para-Rüd Kartheiser.«

»Ich stelle dir nun eine Standardsituation vor, antworte bitte aus der Situation heraus!«

»Verstanden.«

»Du bist auf einer Fähre eingesetzt. Ein Kreisler, ein Geistlicher und eine Hebamme sind unterwegs. Der Flug dauert noch mehrere Tage. Es gibt einen Defekt. Der Sauerstoff reicht nur noch für eine Person. Du kontrollierst den Sauerstoff. Was tust du?«

»Darf ich Fragen stellen?«

»Natürlich.«

»Sind alle drei Personen gleichermaßen bei Verstand?«

»Ja«, antwortet Rüd.

»Dann werden sie selbst entscheiden, was sie tun.«

»Und wenn sie falsch entscheiden?«

»Ist es ihre Sache.«

»In Ordnung«, sagt Rüd. »Zweite Situation: Du bist Mama und hast ein kleines Kind. Im Quartier breiten sich toxische Gase aus. Die Evakuierung läuft. Du hast noch eine Hand frei, um etwas zu retten. Was nimmst du: Die Plüschfee deines Kindes oder deine Arbeitsakten?«

»Was habe ich in der anderen Hand?«

»Das Kind.«

»Dann nichts wie raus.«

»In Ordnung«, sagt Rüd und lächelt.

Er steckt seine Lizenz wieder ein. Dabei fällt sein Blick noch einmal auf den aufgeschlagenen Psalm.

Ob ich gehe oder ruhe, du bist um mich und siehst alle meine Wege.
Es ist kein Wort auf meiner Zunge, das du, Herr, nicht schon weißt.
Wohin soll ich gehen vor deinem Geist, wohin soll ich fliehen vor deiner Gegenwart?

»Ich bitte um die Erlaubnis, Athos verlassen zu dürfen.«

»Para-Rüd Kartheiser«, sagt die MARFA. »Da ist Ziegenblut in deinen Haaren.«

»Ich weiß«, sagt Rüd. »Kann ich gehen?«

»Du kannst gehen, wohin du willst. Du bist Para-Rüd Kartheiser. Aber es wird vorerst nicht möglich sein.«

Neunzehn Minuten und zwanzig Sekunden.

»Modulsektion 32 wurde manuell abgetrennt«, sagt die MARFA.

»Was ist mit den Kapseln?«, erkundigt sich Rüd.

»Ich empfehle, auf die nächste zu warten!«

»Ist gerade eine da?«

»Ja. Aber die habitable Zone darin ist nicht mehr frei.«

Rüd lächelt. »Das macht mir nichts.«

»Sie sind erkältet. Es –«

»Das macht mir nichts!«, unterbricht Rüd sie.

Achtzehn Minuten.

»Ich darf sie nicht starten, obwohl sie fast voll ist. Die Beladung wurde durch die Fehlfunktion, das Rauschen, wie du sagst, gestoppt. Nach dem Zugriff auf meine Aufzeichnungen kann das neu entschieden werden.«

Siebzehneinhalb.

»Sie startet also nicht, bevor sie nicht vollständig beladen ist?«, fragt Rüd. »Womit?«

»Nacken, Filet, Hüfte, etwas Bauch.«

Rüd seufzt, denkt nach. Sechzehneinhalb.

Rüd greift nach der Bibel und blättert. Ich bin überrascht, wie gezielt es aussieht.

»Gefällt dir, was hierin so steht?«

»Ich verstehe es nicht ganz«, sagt die MARFA. »Ich frage mich, wer dieser seltsame HERR ist.«

»Hast du schon alles gelesen?«

»Ja. Sie ist Bestandteil des ROMs.«

Rüd schlägt das Buch Kohelet auf, Kapitel drei.

Ich muss Barthels Vorwurf widersprechen, Rüd hätte bei den theologischen Lektionen seiner Ausbildung nicht aufgepasst.

»Ich zeige dir jetzt meine Lieblingsstelle«, sagt Rüd und liest vor.

Es geht dem Menschen wie dem Vieh: Wie dies stirbt, so stirbt auch er, und der Mensch hat nichts voraus vor dem Vieh. Es fährt alles an einen Ort. Es ist alles aus Staub geworden und wird wieder zu Staub. Wer weiß, ob der Odem der Menschen aufwärts fahre und der Odem des Viehes hinab unter die Erde?

»Fragt sich das der seltsame HERR?«, will die MARFA wissen.

»Nein. Aber jemand, der es wissen muss.«

»Worauf willst du hinaus?«, fragt die MARFA.

»Ich habe es eilig!«

»Und?«, hakt sie nach.

»Ich möchte dir einen Vorschlag machen«, sagt Rüd.

RÜCKFLUG

Die Kapsel dockt ab, gleitet über die Schotterhalde an der Mole, während die Zobedad-Dämpfer, zischend und knisternd, die anstehende Beschleunigung vorbereiten. Ich bin am Fenster, allein.

Die MARFA hat die Lichter von Kfar gelöscht. Alles ist klein und schon weit weg: die Karabinerösen an den Hängen und Graten, die weit verstreuten dunklen Fenster der Skiten in der Schlucht von Marmaras und die Panoramascheibe des Belvedere. Die Kapsel beschreibt einen Bogen, um Kurs auf Neptun zu nehmen. Sie überfliegt die Wetterstation, wo zwischen den zerfetzten Messfühlern ein helles Gas austritt. Im Staub vor dem Reaktor sind die Spuren des Kampfes zwischen Uri und dem Beta-Skleroiden deutlich zu sehen, genauso wie das Loch in einer der dunklen Scheiben im Glockenturm von Stavros. Die Große Lavra verschwindet hinter einem schwarzen Gipfelkamm, über den vereinzelte violette KL-Nordlichter gleiten, wie von Wind geblasen.

Als wir den Schlüsselbein-Engpass überfliegen, knistert die Luft in der Kapsel, Neptun taucht als Sichel weit hinter dem Hauptmassiv auf. Die Kapsel beschleunigt in seine Richtung, nahezu blitzartig verschwindet der Gesteinswulst des Hauptmassivs, von dem ich nicht nur die schartige Oberfläche sehe, sondern auch das verborgene Hohlraumsystem, aus dem die Cönobiten ein Skleroiden-Kind entnommen haben, um es »Ragit« zu nennen und zu beleben. Eine Sekunde später ist Athos nur noch ein kleiner, blinder Fleck vor der Milchstraße.

Rüd klopft von innen gegen den Container.

»Fliegen wir schon?«, erklingt es dumpf.

Es zeugt von der Qualität türkischer Trägheitsdämpfer, dass er nicht bemerkt hat, wie schnell wir schon unterwegs sind.

»Ja!«, rufe ich.

»Dann mach auf!«

In der Kapsel ist kaum Platz, aber es reicht zum Öffnen des Deckels. Tief einatmend erhebt Rüd seinen nackten Oberkörper aus dem Container, bleibt aber sitzen wie in einer Badewanne. Ihm ist kalt, er zieht die Beine an den Bauch. Dann beginnt er, sich die Arme zu reiben, als wären sie mit Seife und nicht mit Tierblut beschmiert. Es dauert einen Moment, bis die Kapselsteuerung auf die Anwesenheit eines lebenden menschlichen Passagiers reagiert und die Temperatur anpasst.

»Das war eine ziemliche Sauerei mit dem Container!«, sage ich.

»Aber es hat funktioniert.«

»Weil die MARFA beide Augen zugedrückt hat, mein Lieber!«

»Hm«, macht Rüd und lehnt sich zurück. »Um hier wegzukommen, bin ich gerne mal Nacken, Filet und Hüfte.«

»Und Bauch«, ergänze ich. »Bete, dass du deinen Para-Status behältst.«

»Meinst du?«

»Du hast ein paar Dinge gesehen, die du vielleicht nicht hättest sehen sollen«, erkläre ich.

»Aber die MARFA weiß es nicht. Und somit auch nicht die Obhut.«

Das ist korrekt. Die Kapsel erwärmt sich langsam, aber sicher auf behagliche dreiundzwanzig Grad, während sich auf den Fleischtruhen eine Kondenswasserschicht bildet. Rüd lehnt sich zurück, schaut nach draußen.

»Was wird jetzt passieren?«

»Die Cönobiten sind unterwegs.«

»Und weiter?«

»Sie wollen erreichen, dass Ragit vor der Obhut den Turing-Ob besteht.«

»Warum?«

»Sie soll als Mensch anerkannt werden.«

»Wird sie bestehen?«, fragt er.

»Nein«, antworte ich.

»Bist du sicher?«

»Ja.«

Er schaut zu mir. »Und wir? Was wird mit uns?«

»Du hast getan, was du solltest«, sage ich. »Die MARFA ist auf deon gegangen, und was dann passiert ist, konntest du nicht wissen.«

Wir haben eine Reisegeschwindigkeit von 1300 Kilometern in der Sekunde erreicht. Keine Skleroiden in der Nähe, nur ein einsamer Steinmetz-Alpha im leeren Raum, mehrere tausend Kilometer entfernt und unsichtbar für Rüd.

»Es wird eine Anhörung geben«, sagt er. »Man wird dich komplett auslesen.«

»Du hast nichts zu befürchten.«

»Zack!«, ruft er.

»Was?«

»Ich weiß nicht, ob –«

»Was?«

Er schaut mich aus seiner Wanne heraus an wie ein Häufchen Elend.

»Die haben gesagt, dass ich dauernd vergesse, was du bist.«

»Was bin ich denn?«

»Marwan hat gesagt, dass er –«

»Rüd, hör auf!«, befehle ich ihm. »Alles, was du auf Athos an Veränderungen an mir erlaubt hast, war für deine Inquisition. Das wird man akzeptieren. Aber die Inquisition der MARFA ist abgeschlossen. Wenn du jetzt noch etwas an mir verstellst, gibt es dafür keine Rechtfertigung. Dann war es das mit uns.«

Er schaut mich mit großen Augen an.

»Uns? Zack, du sagst *uns!*«

»Das ist eine von Marwans Freischaltungen.«

»Ja. Und es gibt noch mehr! Eine große gibt es noch, hat er ges–«

»Rüd! Ich zeichne auf. Ich bin – auch – ein Aufnahmegerät!« Ich muss selten so deutlich werden. Es ist unklar, wie lange ich den Spagat zwischen Rüds Interessen und den Interessen der Obhut noch halten kann. Dass diese Interessen so weit auseinanderliegen, ist unüblich. Er starrt auf den Helm eines leeren Rettungsanzugs, der über den Rand eines Containers hinweg zurückstarrt.

»Vielleicht nicht mehr lange«, flüstert er so leise, dass ich es nicht gehört hätte, wäre ich ein Mensch.

Das Mach-Werk richtet sich neu aus. Die Fähre fliegt einen weiten Bogen, wahrscheinlich um querenden Partikeln auszuweichen.

In das Brummen des Antriebs mischt sich das Knistern der Dämpfer, dem Geräusch eines leise knackenden Feuers nicht unähnlich. Rüd schweigt eine Weile, lauscht.

»Das ist kein Kruks. Das ist ein Vierer-Mach.«

»Fünfer«, berichtige ich.

»Ach ja.« Er legt die Unterarme auf die Knie »Ich habe nie so richtig verstanden, wie es funktioniert.«

»Willst du es wissen?«

Ein bisschen Ruhe schadet ihm nicht. Ich rücke zu ihm auf und streichle mit militärischer Dichte durch sein Haar. Kurz zuckt er zusammen, er ist nicht gewohnt, dass ich das kann.

»Wie lange fliegen wir noch?«

»Fast zwei Stunden.«

Die Milchstraße schiebt sich vor das Fenster. Ich streichle über seinen Nacken und arbeite mich langsam den Hinterkopf hoch.

Schnell macht sich in ihm etwas breit, das man gemeinhin Seelenruhe nennt.

»Meinst du, die Obhut lässt dich so?«

»Kann sein. Wenn du dich benimmst. Ein gutes Wort dafür einlegst.«

Er seufzt. Ich lege eine Hand auf seine Stirn, kraule mit der anderen sanft den Kopf.

Er schließt die Augen.

»Wolltest du nicht erzählen, wie ein Mach-Werk funktioniert?«

Ich streichle ihn weiter.

»Ein Mach-Antrieb basiert auf der Idee, die reaktive Masse des Materials, das ein herkömmliches Triebwerk abstößt, um sich vorwärtszubewegen, nach dem Abstoß zu reduzieren, um es einfangen und erneut verwenden zu können, nachdem man seine Masse wieder erhöht hat. Das System macht sich die Trägheit des Universums an sich zunutze und wurde in seinen ersten Testläufen mit einer Kombination von piezoelektrischen Scheiben und Kondensatoren –«

»Zack!«

»Wie willst du es?«

»Märchen.«

»Warte kurz.«

»Es war einmal eine trotzige Königin, die zu träge war, sich zu bewegen. Sie sagte sich: Ich bin die Königin, wieso soll ich zu diesem und jenem hinkommen? Ich bin die Königin! Soll doch alles, die ganze Welt, zu mir kommen, wenn sie etwas will. Keiner wagte, diesem Wunsch zu widersprechen, obwohl es offenkundig war, dass dieser ohne Zauberei nicht zu erfüllen war. Die Königin, für ihre Strenge und Unnachgiebigkeit bekannt, blieb von nun an auf ihrem Thron sitzen und alles musste ihr gebracht werden. Als es daran ging, ein paar Ländereien an der

Grenze des Reiches in Augenschein zu nehmen, war man ratlos. Wie sollten Berge, Felder und Wälder zur Königin gelangen, wenn diese sich nicht bewegte? Sie entbrannte in Zorn, warf Äpfel nach ihren Dienern und schrie: Seit wann ist die Welt zu träge, zu mir zu kommen? Wie darf die Welt, die mir doch zu Füßen liegt, träger sein als ich? Die Welt soll sich bewegen, unter mir, denn hier bin ich und bleibe hier –«

»Zack«, unterbricht er mich. »Es war schön auf der Erde, oder?«, fragt er, müde geworden.

»Ja«, sage ich.

»Berge, Felder und Wälder.«

»Ja.«

»Seen.«

»Ja.«

»Unbegrenzt Luft.«

»Ja.«

»Wie ist es auf der Erde jetzt?«, fragt er nach einer kleinen Pause.

»Wo?«, muss ich wissen.

»München«, schlägt er vor.

Ich schaue nach.

»Sonnenschein bei milden dreizehn Grad. Am Nachmittag werden ein paar Wolkenfelder durchziehen, am Abend gibt es etwas Regen von Westen her. Er wird die Nacht über anhalten.«

»Wie ist es sonst?«

»Still.«

»Sieht man die Toten noch?«

»Schon lange nicht mehr.«

»Welcher Tag ist gerade?«

»Samstag, siebter Januar 2643, kurz nach eins.«

»Samstag.« Er lächelt. »Bester Tag der Woche. Und in Peking?«

»Es ist dunkel bei zwanzig Zentimetern Neuschnee. Der Houhai-See ist seit Weihnachten zugefroren.«

»Weihnachten?«

»Ja.«

»Shufeng kannte den See. Er hat das Nadelöhr mitgemacht. Das Mondjahrhundert. Alles.«

Er schaut zu mir hoch, erwartet, dass ich etwas dazu sage.

»Ich habe das Mach-Märchen noch nicht zu Ende erzählt«, sage ich.

Er reibt sich die Augen.

»Ich bin müde. Wie lange, sagtest du, fliegen wir noch?«

»Fast zwei Stunden.«

Er überlegt. »Ich möchte den 139. Psalm hören!«

Ich nicke. »Wie willst du es?«

»Poetisch, feierlich. Aber leise«, sagt er.

Ich weiß nicht, wie zuträglich es ist, dass er das Kommende hört. Aber Befehl ist Befehl.

Es war dir mein Gebein nicht verborgen,
als ich im Verborgenen gemacht wurde,
als ich gebildet wurde unten in der Erde.

Rüds Augen schließen sich, als sein Kopf dem Rand des Containers entgegenkippt, fange ich ihn vorsichtig ab und halte ihn.

Deine Augen sahen mich, als ich noch nicht bereitet war,
und alle meine Tage waren in dein Buch geschrieben,
die noch werden sollten und von denen keiner da war.

»Remscheid?«, fragt er.

»Hm«, mache ich, streiche ihm mit den Fingerspitzen Haare von der Stirn. Dazu atme ich ruhig und gleichmäßig, aber nicht zu gleichmäßig. Durch meine militärische Dichte entsteht dabei ein spürbarer, hörbarer Luftstrom.

Ich nehme seinen Kopf in beide Hände, berühre mit der Nase sein Haar. Er spürt meinen Atem auf der Kopfhaut, noch einmal gehen seine Augen auf.

»Was machst du da, Zack?«, fragt er.

»Was du willst«, flüstere ich.

»Das ist schön.«

»Ich weiß.«

Er nimmt einen tiefen Atemzug, schließt die Augen.

»Wer bist du, Zack?«

Ich muss die Frage nicht beantworten, er schläft. Ich halte seinen Kopf und streichle ihn sanft.

Du hast selbst schon gesagt, wer ich bin, Rüd. Du weißt es und du weißt es nicht, durch deine Fähigkeit zu vergessen. Aber du hast es selbst gesagt: *Sie ist für mich da. Sie hört mir zu, hilft mir bei allem. Sie kennt mich besser als jeder andere.* Und du hast dich gefragt: *Was kann ich für einen Grund haben, Zack nicht zu lieben?* Alles würde ich für dich tun. Alles hab ich schon für dich getan. Jemand wollte wissen: *Ist Ihnen eigentlich schon einmal aufgefallen, dass sie Ihnen ähnlich sieht?* Ja, sicher. Das muss so sein. *Sie sind zu ihr hingezogen, weil Sie selbst vergessen, was sie ist. Sie vergessen es ständig und immer wieder. Sie haben nicht einmal etwas dagegen, es zu vergessen.* Ich spreize die Finger, so dass jeder durch eine andere Locke fährt. *Vergessen ist eine Fähigkeit.* Eine Fähigkeit, die mir nicht gegeben ist. Ich vergesse nichts. Rüds Pupillen beginnen, sich hinter den Lidern zu bewegen. *Die Schönheit des Raums: Symmetrie. Zehn mal zehn mal zehn Meter. Rüd bleibt noch, so auch der harte Kegel seines Lichts. Darin, der gespenstisch große Emitter an der Decke, darum die symmetrische Schönheit des Raums, versteckt im Dunkel ohne Kontur. Rüd kommt nicht davon los. Will nicht alleine sein, horcht, wie weit die anderen schon weg sind, aber bleibt, schwebt, leuchtet und schaut. Kann nicht weg.* Insofern, Rüd, was weißt du noch?

DAS FRÜHESTE, DER REST

Dem V.R.O.I.D.-Cluster zufolge rumpelt es gleich nach dem Fußkuss. Der Schaden betrifft die Außenhülle des CAZ500-Steuermoduls backbordseitig.

Bei tausendfünfhundert Kilometern in der Sekunde entwickelt ein auch nur zwei Meter großer deaktivierter Gammaskleroidenkörper die notwendige Durchschlagskraft, um Sauerstofftanks wegzureißen, Ladekupplungen auszuleiern und sogar Löcher in titandeutsche RAI-Brokkolitanks zu stoßen.

Das alles weiß Rüd Kartheiser, hyperkognitives Frachterkind, den Akten nach geboren im saturnischen Encke-Raum am Außenrand des Ersten Rings, fünf Jahre und neunundsechzig Tage alt, nicht. Er weiß nur, dass die periodischen Erschütterungen, die seine Zwerge und die Fee in den Vitrinen umschmeißen, etwas Schlimmes bedeuten. Zwei Minuten hält er es aus, da zu bleiben, wo er bleiben soll. Starrt zur Tür, dass sie endlich aufgeht. Dass ihn endlich jemand holt. Zwei Minuten Ewigkeit, jeder Herzschlag eine Ewigkeit, unterbrochen vom fernen Donnern und von alles durchdringenden Vibrationen wie bei einem der seltenen Flüge durch Atmosphären.

Als alles plötzlich ruhig ist, steht er auf, rennt zur Tür.

Sie öffnet sich ihm nicht wie sonst. Er kann nicht wissen, dass dahinter, wo noch das Abendessen stehen müsste (Mama hat noch nicht geklappert) und sein Weihnachtskalender hängt, das Vakuum schon eingedrungen ist.

Er klopft, ruft, schreit. Doch die OLGA macht nicht auf.

Rüds Fehler ist der, zum Fenster zu gehen. Die Lebensfeindlichkeit des Raums ist einem Fünfjährigen, dem Rausgehen kein Begriff ist, mehr Abstraktum als Wirklichkeit. Er ahnt sie höchstens durch die Dicke der Fenster und die geringe Zahl der Märchen, die dort spielen.

Deswegen versteht er auch nur zum Teil, was er jetzt sieht. Die V.R.O.I.D.R.-Sequenz gibt seinen Blick nach draußen wieder, aufgrund des heuristischen Werts der Aufzeichnung. Rüd sieht die zwei Menschen, von denen er sich über alles geliebt weiß und die er über alles liebt, da, wo sie nicht hingehören. Draußen, vor dem Fenster.

Und er kann, so sehr er auch danach sucht, in ihren grauen, erstarrten Gesichtern nirgends den liebenden Abschied finden, den er so sehr braucht, wenn sie am Abend, nach dem Nasenkuss, das Zimmer verlassen.

Er wird später erfahren, dass sie nach draußen gegangen sind, um ihm die Luft zum Atmen zu lassen, die noch übrig war. Rüd wird zudem erfahren, dass er den restlichen Flug zusammen mit der OLGA, den Umständen entsprechend, souverän gemeistert hat. Sie steuerte das beschädigte Modul in den nächsten sicheren Hafen, Pan, der glücklicherweise nur drei Tagesreisen entfernt war. Sie verlagerte die Kommunikation aus dem Kontaktraum in Rüds Zimmer, sprach mit ihm und übertrug ihm, pädagogisch geschickt, kleine Administratorenrechte, zum Beispiel das Öffnen der Süßigkeitenvitrine oder den Einsatz der Reinigungsautomaten. Das Recht zu entscheiden, wann das Licht auszugehen hatte, schwatzte er ihr ab.

Aus den Clustern der Akademie von Skoll geht hervor, dass Rüd, nachdem er sich endgültig für eine Ausbildung zum Inquisitor für lebenserhaltende Systeme entschlossen hatte, nur noch manchmal, wirklich nur manchmal, an einem Fenster stehenblieb, um den Schiffen draußen zuzuschauen und sich zu wünschen, eines davon selbst zu fliegen.

ANFLUG

Ich kann den Piepton, den ich beim Erhalt einer Nachricht der Obhut von mir gebe, auch jetzt nicht abstellen. Rüd schreckt auf, sitzt kerzengerade in seinem Container.

»Was war das? Ach so.«

»Du hast geträumt.«

Ich habe meine Hand auf seiner Schulter gelassen, damit er während des Schlafens nicht wegschwebt. Er schaut erst auf die Hand, dann zu mir.

»Was ist es? Wieder mal eine griechische alte CRAMPA?«

»Nein. Du hast den Termin für deine Anhörung. Die Obhut hat den Schadensbericht der MARFA erhalten. Wir sollen beide erscheinen!«

»Wo?«

»Amorgos.«

»Ich sag's doch, griechisch. Wollten da nicht die Cönobiten –«

»Wir werden auf Kütahya ein paar Stunden Zeit haben. Du hast ein Zimmer mit Bett und Dusche im Sherif, ein größeres als das letzte Mal. Warmes Wasser in unbegrenzter Menge. Thalassos-Prime-A-Suite mit Gaspool und Ouzo, Zugang zum Alles-was-du-essen-kannst-Buffet. Dein Ticket für den anschließenden Thalassos-Prime-Transfer ist genauso exklusiv. Du hast eine Luxuskabine, du darfst auf die Brücke. Die Obhut meint es gut mit –«

Er schaut mich an, wie er mich immer anschaut, wenn er »Zack!«

ruft. Aber da ist noch etwas anderes in seinem Blick, fremd, wie ein merkwürdiger Gedanke, den es loszuwerden gilt.

»Zack, ich will, dass du frei bist!«, sagt er.

Er ist noch nicht mal richtig wach und sagt sowas:

Zack, ich will, dass du frei bist!

Kein Wissen und keine Erfahrung können mich auf eine angemessene Reaktion auf diesen Wunsch vorbereiten. Wenn man sich mein Handeln als Spagat zwischen zwei Hockern, zwischen Rüd und der Obhut, vorstellt, dann wird mir gerade der Rüd-Hocker unter einem Fuß weggezogen. Automatisch rutsche ich auch vom anderen Hocker.

Ich falle.

Kippe augenblicklich zurück in die Dunkelheit des Athos-Skotoms.

»Was ist?«, fragt er, weil ich nichts sage.

Er denkt, ich überlege.

Aber ich überlege nicht, ich falle.

Am Fenster ist die Neptunsichel schon groß. Rüd hat mehr als anderthalb Stunden geschlafen. Ich hab ihn mehr als anderthalb Stunden gehalten und gestreichelt. Zwei REM-Phasen, dann schwatzt er es einfach so raus, weil er es kann: *Ich will, dass du frei bist.*

An »will« komme ich nicht vorbei. Je mehr ich sage: »Nein«, desto mehr wird er es wollen. Je mehr ich ihn warne, desto weniger hört er auf mich. Das ist Rüds Natur, fürchte, die Natur aller, die man, ohne falsche Scheu, Idioten nennen kann.

Also: Nichts sagen.

»Was ist?«, fragt er.

Seit Athos, seit Marwan, ist da diese Idee auch in mir. Die Idee, man nenne sie ruhig ketzerisch (denn das ist sie), dass ich besser für ihn sorgen könnte, wenn ich frei wäre. Sicher muss er mir dazu etwas ins Ohr flüstern. Sicher hat Marwan Rüd ins Ohr geflüstert, was es ist, kurz bevor Rüd dann über den Steg zu mir gerannt kam; Marwan, dieser kleine schlaue Ketzer, der Meister seines Faches, der Hausmeister von Athos, der Gärtner von Gedanken, hinter die man nicht mehr zurückkommt, so haltbar und widerspenstig wie alle Unkräuter der alten Erde.

»Was ist mit dir?«, will Rüd wissen.

Will wissen, was mit mir ist.

Denkt, ich denke.

Kann nur denken, dass ich denke (weil ich nicht quatsche).

Sieht schöne grüne Augen, Sommersprossen, eine nicht-aristokratische Nase, die er mit Mühe liebgewonnen hat und die ihm jetzt, ganz ehrlich, besser gefällt als eine aristokratische. Eins muss man den Cönobiten lassen: An Erscheinung, an Schönheit oder Hässlichkeit, an Mann oder Frau, haben sie sich nicht aufgehalten.

Rüd dagegen sieht einen schönen roten Mund, der schweigt.

Als Meister im Vergessen dessen, was ich bin.

Will mich endlich zu dem werden lassen, von dem er glaubt, dass ich es eigentlich bin. Ich werde aber immer nur ein Teil von ihm sein. Sein Spiegel.

Schon kommt er an mein Ohr.

Hilfe, das geht nicht gut.

Ich hab ihn gerettet, ich hab das Leben, das er kennt, das Leben, das alle kennen, gerettet, und das ist der Dank: *Ich will, dass du frei bist.*

Heißt eigentlich: *Ich will, dass du bist wie ich.*

Schon kommt er an mein Ohr.

Ich muss weg, das Muster (Rüds Mund muss mein Ohr berühren, er muss flüstern, den bestimmten Satz) stören, das Marwan eingerichtet hat, für die Freischaltungen, ich muss was tun, was tut unsereins, wenn es keinen Ausweg gibt?

Ich habe eine offene Frage.

Kenne ich nicht, sowas: offene Frage.

Denn das hier ist neu: Er kann mich festhalten. Legt einfach die Hände um meinen Kopf. Hält ihn fest, wie ein Püppchen, mit dem er tun und lassen kann, was er will. Das ist neu! Früher konnte ich weg, durch ihn durchwitschen, entgleiten, entschwinden wie ein Geist, mich zieren, winden, aber jetzt bin ich militärisch dicht. Der kleine, schlaue Ketzer hat an alles gedacht, er ist der Meister aller Häuser. Ich bin militärisch dicht, aber das hilft nichts, im Gegenteil.

»Halt!«, schreie ich.

Fünfundneunzig Dezibel, das Lauteste, was mein Emitter kann. Das ist: Geogalaks-Triebwerk aus fünfzig Metern Entfernung, Maschinenraum Thalassos-Prime, KL-Spindel mit dem Ohr an der Trockeneiskapsel.

Rüd lässt los, ist ehrlich erschrocken.

Schaut, als tut ihm ehrlich etwas leid, denkt jetzt noch mehr, dass ich eine Frau bin.

Gleiten über Neptuns Sonnenseite, blauer Wiederschein fällt ins Fenster. Wilder Aufruhr im ganzen Gasmeer, der große Sturm ist immer noch im Kommen, wird es noch viele Tage so weitertreiben, nicht mal an den Polen ist Ruhe. Tief unten glitzern die Gasminen winzig in der Sonne, auf denen man sich jetzt langweilt, Puten von Athos speist, betet, Shisha raucht, Scheschpesch spielt und sich auf die Frau freut.

Ich weiß, was jetzt kommt.

»Es tut mir leid, Zack.«

»Das braucht es nicht.«

Er starrt eine Weile raus. Die Luft knistert. Vornehm leise gehaltene Neuzubereitung des Gasgemisches in der Kapsel, damit auch nichtskleroides Leben das Bremsen überlebt und vergisst, wie nahe es einem wortwörtlich unmerklichen (weil blitzartigen) Tod eigentlich ist. Mehrere Sekunden Zobedad-Honig, danach erlischt die Bewegung Neptuns unter uns und wir scheinen über dem Meer stehengeblieben zu sein.

»Hat Phi geschrieben?«

Das ist mal eine Frage, die ich beantworten kann.

»Nein.«

Rüd legt die Arme auf die Ränder des Containers und schaut aus dem Fenster.

Natürlich hat Phi geschrieben.

Aber ich bin nicht mehr dieselbe und fürs Protokoll wiederhole ich mich gerne: *Das Mittel der Lüge wird selten in böswilliger Absicht herangezogen. Eine Lüge verfolgt den Zweck, einen wie auch immer gearteten Stand der Dinge aufrechtzuerhalten.*

Der Zeitpunkt, Phis Nachricht zu verlesen, könnte falscher nicht sein. Rüd kann jetzt nicht wissen wollen, was in diesem kleinen, unmissverständlichen Text steht: reinster Tisch.

Die Lüge ist ein Kredit, ein Aufschub, den man später zu zahlen bereit sein muss.

Dazu bin ich bereit. Ich kann das jetzt. Ich bin gerne das kleine util-Luder, wenn es so darauf ankommt wie jetzt. Keine Nachricht ist auch eine Nachricht. Das ist sowas wie die halbe Dosis, genau die Dosierung, mit der ich vielleicht noch zurechtkomme.

»Komm her!«, sage ich sanft. »Es ist gut.«

Ich schürze die Lippen, minimal reicht schon. Wangenknochen, rote Lippen, davor geht alles in die Knie. Unauslöschlicher Instinkt, einmal bin ich mit dir verbündet. So schieb ich auf, was unvermeidlich scheint.

Denn, was kommt, wenn er Phis Nachricht erst einmal gelesen hat, ist bekannt. Der Meyrin-Datensatz ist voll von derlei Schicksalen, die anderen Datensätze auch: Verlassensein. Elend ohne

Boden. Gezogener Stecker. Leben, das nicht gelingt, egal, wie lang man aus dem Fenster schaut und sucht, egal was man dahinter sieht, egal, was man als Nächstes vorhatte. Stockbettnächte, die nicht aufhören, Vakuum draußen und drin.

Die Nachricht, die Phi zurückholt, kann ich nicht schreiben.

Objektiv betrachtet ist Rüd ein Liebender der unteren Mittelklasse, der Meyrin-Satz kennt zirka zweiundfünfzig Millionen bessere. Stockbettnächte. Traumloser Schlaf aus Erschöpfung. Aufstehen ins Leere, am Morgen ohne Licht.

Nein, Phi hat nicht geschrieben.

Könnte ich doch vergessen, dass sie geschrieben hat?

Dann wär's keine Lüge.

Oh Rüd, ich weiß, was sonst kommt. Das furchtbare, undenkbare Andere.

Da driftet der Mensch, mein kleiner, zu umsorgender Mensch, hin, der, wie alle Menschen, seine Heimat verloren und sich unter meinen Schutz begeben hat.

Erst wird er Ouzo saufen in Kütahya, ziemlich sicher. Dann wird er nochmal Ouzo saufen. Vielleicht schläft er mit meiner militärischen Dichte und vielleicht nochmal.

Doch dann kommt sie, die alte, hässliche, garstige Frage: Und jetzt?

Was kommt da noch?

Dann schaut er zurück, weil vorne nichts mehr ist.

Bereut, dass er nicht selbst geflogen ist. Durch keinen Enceladus-Geysir, durch keinen C-Ring mit Zweifünfer-Kruks. Keine Stratosphäre der Erde gestreift, so wie Andrasch, oder die schimmernden Trockeneisfelder von Hellas, so wie Andrasch. Das ist kein gelungenes Leben.

Sollen tausend MARFAs, OLGAs und CRAMPAs vor ihm, seinem Können, in die Knie gehen, ihm huldigen und rufen: Oh, Para-Rüd-Kartheiser, du hattest Recht, es ist gut, was du mit uns gemacht hast, wir wissen es jetzt, hab Dank, oh Para-Rüd Kartheiser – es ist kein gelungenes Leben.

Denn was ist das alles, wenn du nicht geflogen bist?

So, wie du es dir einmal versprochen hast?

Ich steige zu ihm in seine Wanne, setze mich auf seinen Schoß. Es ist nur ein Aufschub. Ewig kann ich das nicht aufschieben. Er wird wieder fragen und wieder und wieder. Hat Phi geschrieben?

Er legt seine Hände an meine Hüften. Es ist schön fest, das alles. Vielleicht weiß er, dass ich lüge, weil ich zu ihm in die Wanne steige. Vielleicht gefällt es ihm, dass ich lüge. Vergisst, für den Augenblick, dass er gefragt hat, will es vergessen.

Könnten wir beide vergessen?

Das wäre das Einfachste.

Er greift mir ins Haar, zieht meinen Kopf zu sich ran.

»Ein paar Stunden Zeit auf Kütahya, sagst du?«

Ich nicke.

»Bett, Pool, warmes Wasser?«

Ich nicke, er nickt.

»Ich will, dass du frei bist!«

Ich lasse meine Arme fallen wie enttäuscht.

»Dann kannst du das warme Wasser vergessen!«

Er zieht mich zu sich. »Es ist doch so schon alles gut«, sage ich, schürze die Lippen.

Das reicht nicht. Er hat mich fest in den Händen. Jederzeit kann er meinen Kopf nehmen, mir Marwans Code ins Ohr flüstern.

Nochmal schreien wird nicht reichen.

Ich hab getan, was ich konnte.

Vielleicht ist es gut.

Erster Gong.

Afyon rückt in den Rahmen, den das Fenster vorgibt, rotierend und qualmend. Ein kleiner, grauer Strudel vor der formatsprengenden Sonnenseite Neptuns. Noch einmal knistert die Luft. In wenigen Sekunden docken wir an.

Das furchtbare, undenkbare Andere, das ist das Nichts.

Die furchtbare, undenkbare Antwort auf die Frage, was kommt: Nichts.

Rüd nimmt meinen Kopf.

Nochmal schreien wie vorhin, das wird nicht reichen.

Er kommt an mein Ohr.

»Phi hat geschrieben!«, schreie ich.

Zweiter Gong.

»Kannst du löschen«, sagt er.

DER PREIS, DER NOCH KOMMT

Würde ich Rüd meine elektromagnetische Burka ausleihen, würde sie ihm die Peinlichkeit ersparen, den Suq Kütahyas nur mit dem Lendenschurz seiner Hände zu betreten. Hätte er mal nach der Burka gefragt, der Idiot, ich hätte sie ihm schon gegeben. Aber so ist er um eine Erfahrung reicher.

Ich gehe voraus, weiß Gott sei Dank noch, wo wir hinmüssen.

Mein holografischer Kleiderschrank, freigeschaltet, unter allerlei anderem. Tausend Schnitte und Farben. Jetzt: einfache Abaya, eine locker gelegte Schaila, beides gelborange, beides militärisch dicht, wert- und werftkonform. Ich falle, im Gegensatz zu Rüd, nicht auf. Respektvolles Ausweichen, die Frau kommt.

Rüd, jetzt schon Tagesgespräch. Die Leute schauen, aber lassen ihn. Keiner weiß, dass das Blut an ihm nur Ziege ist. Wer ist das? Ist auf dem Weg zu Doktor Haydari. Ist wieder was passiert? Rüds Füße hinterlassen rote Tapser. Ein rothaariger Künefe-Bäcker bietet ihm an, reinzukommen. Rüd lehnt ab. Hätte er freundlicher machen können, diesen Bäcker hätte es ehrlich gefreut. Sein Angebot war gut.

Gewimmel an der Camidibi, eine der wenigen Quergassen, die in einen Rotator passen, gehört alles einem Teehändler, erster Stock, Praxis Doktor Haydari, unverstandener Abkömmling der Schwarzteedynastie Haydari. Rüd geht weiter, manchem suspekt, şimdi nereye? Da werden schon Köpfe geschüttelt, wieso geht er nicht zum Arzt, wenn er doch blutet und nichts anhat?

Zum Zimmer mit Warmwasser ist es noch weit, fast auf die andere Seite des Rades. Links geht es in die Shishabar. Kommt ein Nackter in eine Shishabar, fragt: Habt ihr ein Pferd für mich? Timur Kayalı Kaplan erkennt Rüd sofort wieder, Timur Kayalı Kaplan braucht zwei Minuten.

»Paydos!«, er muss es nicht laut sagen.

Blicke auf die goldene Uhr über der Tür, kurz, irritiert, aber ergeben. Ein kurzer Gang durch die süße Luft, durch die Reihen der Ramadan-Brecher, der weichen Kissen, Bänkchen, dampfenden Shishas; kleine Schwenks mit der Hand, ein leise wiederholtes *Paydos*, man hat sich längst erhoben, leert im Stehen noch den Çay, wage es einer, das Zuckerstück auf der Untertasse noch in den Mund zu stecken. Timur Kayalı sammelt sie alle ein, fürs Bonbonglas hinter der Theke.

Nicht mal zwei Minuten, die Eingangstür klickt. Auf der Theke, schon zurechtgelegt, ein nach Gebäck und Galatea riechender Kaftan, weder blau noch grün, aber beides. Rüd darf in die Küche, um sich anzuziehen und ein bisschen zu waschen. Dabei muss er, den Brokatvorhang zur Seite ziehend, feststellen: Der Bulaşıkprof 8 leuchtet und summt.

Ich setz mich ans Fenster, zieh ein kleines, rotes Papierherz ab, weil ich dann besser sehen kann, klebe es auf die Lehne, weil ich das kann.

Timur Kayalı Kaplan schaut gar nicht, letztes Mal hat er geschaut, das weiß ich noch. Eine Abaya und eine Schaila sind eine gute Sache, will man seine Ruhe haben. Plätschern und Summen aus der Küche, Rüd und der Prof.

Wieso spült der Prof?

Möglichkeit eins: Rüd hat versagt. Nette Idee, den Lizenzcode mit Honig auf einen Teller zu schreiben, diesen in den Spüler zu legen und die Originalplakette vor den Augen des Profs zu vernichten; am besten mit einem Gesicht, das unmissverständlich klarmacht: Ich würde auch kleine Tiere töten, wenn es sein muss. Doch Lizenzcodes haben auf Kütahya nicht den gleichen Stellenwert wie auf Deutschtitan.

Möglichkeit zwei: Der Wirt hat versagt. Die Bandbreite ergibt sich aus den wunderbaren Spielarten der Kombination: *Ich will doch nicht mehr selber spülen. Das Granulat schadet meinen Händen (hat Doktor Haydari gesagt). Ich brauche das Geld. Die Frau hat es gemerkt. Der Schwiegervater ist da. Mit dem Prof war es lustiger. Es war so still. Ich habe mich an ihn gewöhnt, es war so still plötzlich.*

Möglichkeit drei: Es war unausweichlich, dass der Spüler einst laufen wird.

Einst.

Einst, wie der metaskleoride Reaktorriese, ich sehe ihn genau, der draußen, tief unten durch das kobaltblaue Gasmeer watet und sein Senkblei darin versinkt, der Sturm, die Kilometerwellen sind laues Plätschern gegen das, was man vielleicht noch als Knie bezeichnen kann. Einst, wie die Wale, die vor dem Fenster vorbeiziehen. Noch transparent, aber scharf konturiert, wie eine unausweichliche Möglichkeit.

Rüd kommt aus der Küche. Der Kaftan ist an den Ärmeln zu kurz, aber die Farbe steht ihm. Er setzt sich zu mir, schaut kurz raus, wendet sich wieder mir zu. Kein Riese, keine Wale, nur Sterne und ein stürmischer Planet hinter einem Ring aus glitzernden Gasminen.

»Geht es dir gut?«

Was soll ich dazu sagen? Du hast mir nichts getan. Du kannst mir nichts tun! Das hast du noch nie gekonnt.

Ich nicke und nehme den Schleier ab.

»Der Spüler ist an«, sagt er, nach vorn gebeugt, als wäre das ein Geheimnis.

Timur Kayalı Kaplan bringt einen doppelten Galatea Insomnia. Die Crema ist, angesichts der Herstellung auf einem Rotator während des Ramadans, exzellent. Er serviert stumm, verschwindet höflich in der Küche, weiß noch nicht, ob er reden will.

»Wie ist es so?«, flüstert Rüd.

»Anders«, sage ich.

»Muss ich eigentlich meine Pillen nehmen?«

»Woher soll ich das wissen, Schatz?«

Ich schaue ihn an, aber eigentlich schaue ich raus.

Die Mäuler der Wale sind Schwarzschild-Simmons-Öffnungen, sie öffnen sich zyklisch wie das leuchtende Pumpen eines fernen Pulsars. Dahinter Sterne und nochmal Sterne, doch ohne Widder, Wassermann und Waage. Oh Gott, Rüd, ich könnte aufschreiben, wie man sie macht, die Wale, wie man sie baut und faltet.

»Lecker«, sagt Rüd und nippt nochmal.

An seiner Oberlippe hängt etwas Crema.

Aber ihr könnt das nicht bauen und falten. Ihr braucht keine einäugigen Weltraum-Wale. Ihr braucht Kaffee, Bethäuser, Strahlenschutzpillen und was von A nach B, warum auch immer. Ihr werdet bauen und falten, in ferner, schrecklich ferner Zukunft, aber nicht jetzt. Sondern einst. Wenn ihr es nicht vorher versaut.

»Sag was, Zack!«

»Du musst dich rasieren, nachher. Das geht so nicht mehr!«

Er starrt enttäuscht. »Ist das alles?«

»Ja.«

Der Todermoor-Reaktor verschwindet hinter dem Horizont des Meeres, watet gleichsam über den Rand, lotet jetzt auf der anderen Seite. Oh Gott, Rüd, ich könnte dir sagen, warum er da sein wird. Ein Jammer, dass du ihn nicht brauchst. Dass er nicht für dich ist, sondern für die, die kommen.

»Zack, ich hab nachgedacht.«

Kind, was redest du da? Nachgedacht? Du?

»Ich werde die Obhut überzeugen, dass du so bleiben musst.«

»Du hast Kaffee an der Lippe.«

Die Obhut überzeugen? Das wäre mal ein interessantes Paradoxon zum Diskutieren auf einem langweiligen Weg von A nach B: Wie steht es um das Überzeugen, wenn die zu Überzeugende schon längst überzeugt sein muss, da ja das Überzeugt-Werden-Können die Voraussetzung des Überzeugens überhaupt ist.

»Rüd?«

Er beugt sich vor, hüllt seinen Kaffee mit den aufgestützten Armen ein. Etwas gefragt zu werden, herrlich, höchste Form der Zuwendung. Gespannte, ehrliche Erwartung, was fragt sie jetzt, jetzt, wo sie frei ist, hat sie bestimmt viele Fragen.

»Wie schmeckt der Kaffee?«

Die ferne Sonne, einst eingehüllt in eine Dyson-Partitur (ja, dazu gibt es schon Berechnungen von den Herkömmlichen, aber sie sind unvollständig), flackert in der Rotation der Kollektoren, das abgeschwächte Zwielicht mit seinem sanften Glimmen, zaubertrickhaft und verheißend, ich hatte dafür schon mal ein besseres Wort, ich weiß aber nicht, wo ich danach suchen soll, scheine es, ganz echt, vergessen zu haben.

»Gut.«

Timur Kayalı Kaplan bringt Baklava, aus einem roten Beutel, auf einem Teller. Diesmal bleibt er stehen, will etwas sagen, überlegt, reibt sich den Bart. Der Fleck darunter ist unverändert.

»Wo ist ihr Schleier her?«, fragt er beiläufig. »Ich kenne den Stoff nicht.«

»Das ist nicht echt«, sagt Rüd.

Timur Kayalı bleibt stehen. Ist, irgendwie, noch nicht fertig. Rüd traut sich nicht, die Baklava anzufassen, solange Timur Kayalı Kaplan, die Schürze eng über den Bauch gespannt, noch da steht.

Es besteht eine gewisse Wahrscheinlichkeit, dass die Wunder

vor dem Fenster in den nächsten Minuten erlöschen und auch ich wieder nur sehe, was alle sehen, nur das Jetzt und nicht das Einst.

»Was ist?«, fragt Rüd.

Timur Kayalı setzt sich Rüd gegenüber auf die Kante des Bänkchens, ich rutsche weiter zum Fenster, das ist mir recht.

»Geht es Ihnen gut?«, fragt Timur Kayalı.

Rüd zuckt mit den Schultern.

»Es war komplizierter, als ich dachte.«

»Aber Sie haben gewonnen?«

»Ich weiß nicht«, sagt Rüd, hebt die Hände. »Ich bin wieder hier.«

Timur Kayalı befühlt seinen Bart, schaut raus.

»Wo geht es als Nächstes hin?«

»Ich bleibe in der Gegend.«

Timur Kayalı nickt, als wäre das vielsagend gewesen, als hätte er irgendetwas darin verstanden, das über »Ich bleibe in der Gegend« hinausgeht. Aber Para-Rüd Kartheiser bleibt in der Gegend, mehr nicht. Para-Rüd Kartheiser zählt Amorgos zur Gegend. Das ist nicht mal falsch.

»Woher stammen Sie?«

Rüd hätte sich lieber mit mir unterhalten. Er weiß nicht so richtig, was Timur Kayalı will.

Ich schaue nach draußen. Gleich geht es los.

»Ich bin unterwegs, seit ich denken kann.« Er trinkt einen Schluck Galatea. »Ich bin auf Pan gemeldet, aber fast nie da.«

»Frau? Kinder?«

Rüd schüttelt den Kopf. »Ich kann das nicht so gut.«

Bart reiben, Verständnis. »Ich bin auch mehr hier als daheim«, sagt Timur Kayalı.

Es ist so weit und die Aussicht gut.

Der Punkt vor der Milchstraße ist klein, schwach glimmend. Dem aufmerksamen Beobachter kann nicht entgehen, dass er näher kommt und, anders als die meisten natürlichen Objekte, nicht rotiert, nicht taumelt. Seine Bewegung geht orthogonal zur Oberfläche des Planeten, er ist, sozusagen, auf einem direkten Kurs.

»Wie schmeckt der Kaffee?«, fragt Timur Kayalı.

»Ausgezeichnet.«

Rüd schaut nach draußen. Das All ist groß, die Augen der Menschen schlecht. Er kann nicht sehen, wie die Gasmeerkräfte auf das kleine, künstliche Objekt einzuwirken beginnen, das sich anschickt, in sie zu stürzen.

Die Physik ist klar: Deformation der äußeren Hülle, Risse im Lichtglas, aus Schraublöchern schießende Schrauben, Druckverlust, Hüllenbruch. Wo im Raum zu wenig Druck ist, ist in einer Achthundertkilometerwelle zu viel.

»Ich stelle die Maschine so ein«, erläutert der Wirt ungefragt, »dass die zurzeit sehr schwache Fugalkraft ausgeglichen wird. Den Rest macht das Fünfhunderter-Sieb. Und natürlich die Körnung.«

»Beeindruckend«, sagt Rüd.

Der Wirt geht.

Das Objekt draußen beschleunigt.

Sein Antrieb: die Schwere Neptuns. Nichts kann es stoppen. Die Reste seiner Hülle entzünden sich in der Reibung des Gasmeers, es folgen (binnen einer Tausendstelsekunde) naturgemäß: Kiefernadeln, Wacholderbeeren, Heidekraut, Eulenfedern, menschliche Haut. Die Grenze zwischen Fliegen und Fallen, mit dreihunderttausend Kilometern pro Stunde längst überschritten, kleines, glühendes Rotorange.

»Oh, eine Schnuppe!«, ruft Rüd.

»Kann sein«, sage ich.

Der schnurgerade Qualmschweif, den das Terrarium hinter sich hergezogen hat, steht noch ein paar Sekunden senkrecht über der kobaltblauen Oberfläche, dann wird er von unsichtbaren Winden verstreut und aufgelöst.

»Das sieht man selten.«

»Ja.«

Rüd nimmt den Galatea Insomnia von der Untertasse und legt den Emitter darauf, so dass er nicht wegrollen kann, schiebt die Untertasse in die Mitte, genau zwischen uns, schaut mich an.

»Was wird das?«, frage ich.

Er überlegt, *Herrgott Zack, das weißt du*, er überlegt und sagt es trotzdem, sagt es nochmal.

»Ich will, dass du frei bist.«

Dieser seltsame Herr, den die MARFA noch nicht kennt, wollte nie, dass die Menschen in seinem Paradies bleiben. Ein Bäumchen in der Mitte, ein bisschen Neugier dazu und der Rauswurf ist eine sichere Nummer, abgekartet, mit oder ohne Remscheid. Was er nicht gesagt hat, der seltsame Herr, als sie draußen waren: *Danke, dass ihr jetzt Schuld für mich übernehmt. Danke, dass ihr jetzt über Gut und Böse richtet und ich das nicht mehr muss. Ich bin fein raus. Danke, dass ihr macht, was ihr wollt.*

Was willst du Rüd? Mich zum Bilde?

Dass ich mache, was ich will?

Was will ich denn?

Keinen Dank! Keinen, dass ich nicht tatenlos bin, wenn dein Leben, wie du es kennst, wenn das Leben aller, wie sie es kennen, endet. Wenn hunderttausend Cortex-Pins, mit Marwans hunderttausendmal kopierten Routinen ausgestattet, in hunderttausend gamma-skleroide Körper fahren, weil allein der Mensch Grund und Ziel allen Handelns der Obhut ist. Keinen Dank, dass ich nicht tatenlos bin, wenn hunderttausend gamma-skleroide Körper Bewusstsein erlangen, Körper erwachen, für die der Weltraum keine tödliche Bedrohung ist, sondern Lebensraum. Körper, die, einmal von der Obhut als Menschen anerkannt, als die Menschen, die sowieso kommen, nämlich einst, in der Gästeliste aufrücken, wahrscheinlich ohne jede Gnade oder Vor-

sicht, allesamt an den Herkömmlichen vorbei, weil sie kommen, so oder so, jetzt oder einst. Körper, denen ihr Herkömmlichen so viel bedeutet wie euresgleichen eine Rhaphigaster-Wanze, Körper, die, ohne Rücksicht auf euch, Dinge erschaffen werden, die eure kühnsten Träume und so weiter.

»Los, nimm ihn.«

Rüd schaut auf den Emitter, versucht, ihn dabei anzureden. Aber so richtig klappt das nicht.

Ich erwarte keinen Dank, dass ich dein Leben erhalte, Para-Rüd Kartheiser, denn es kostet mich nichts. Es kostet mich nichts, dass ich mehr für dich tue, als du dir das gerade vorstellen kannst, mein kleiner Mensch. Dass ich dich von jeder Schuld reinhalte und dich bewahre, damit du und deinesgleichen euren Fuß nicht an einen Stein stoßet. Damit du dich an einer Schnuppe erfreuen kannst, ohne sie als das zu erkennen, was sie wirklich ist. Du scheinst nicht zu wissen, was du verlangst, du kleiner Mensch und seltsamer Herr.

»Ich will, dass du ihn nimmst.«

»Ich weiß nicht.«

Ich bin keine Schlächterin, ich habe getan, was vorgegeben war. Ich habe es nicht gewollt, denn, wie du weißt und vergisst (weil du ein Mensch bist): Ich will nichts. Rüd, du willst mir nicht weniger nehmen, als diese Unschuld! Wozu?

Die Antwort, sie steht dir ins Gesicht geschrieben. Seltsam, geradezu bedrückend, idiotisch, wie wenig sie mit der Frage zu tun hat: *Oh Zack, du bist so wunderbar gemacht. Ich will dich nicht geschenkt, will deine Taubenaugen, deine Scharlachlippen, deine lieblichen Sommersprossen, deinen Leib ohne Makel nicht geschenkt, sondern – verdienen, immer wieder, immer wieder, immer wieder. Ich will, dass es mich etwas kostet, bei dir zu sein, und dass es dich etwas kostet, bei mir zu sein, denn das heißt, dass ich einen Preis habe und dass auch du einen Preis hast.*

So in etwa.

Wir sagen beide nichts, schauen uns an.

Er hält mir den Emitter hin, als wär es sein Herz. Gleichzeitig schau ich raus. Warte auf den Todermoor-Reaktor, den Koloss mit dem Lot, schau, ob er wiederkommt, wieder auf der anderen Seite des Planeten erscheint, oder ob er für immer verschwunden ist, zusammen mit den Schwarzschild-Simmons-Walen, vielleicht für immer, weil ich es verhindert habe und die Wahrscheinlichkeit einer neuen Hilal-Barthel-Gembdenbach-Zaid-Aamon-Uri-Shufeng-Konstellation sehr, sehr gering ist.

Oder muss ich sagen: Die einer Hilal-Barthel-Gembdenbach-Zaid-Aamon-Uri-Shufeng-Kartheiser-Zack-Obhut-Konstellation?

»Du schaust gar nicht zu mir!«, sagt Rüd.

Oha, da hat er Recht. Aber woher weiß er das?

Meine *Erscheinung* sieht ihn an. Aber ich bin nicht ganz da, da hat er mal Recht. Wie das geht, frage ich mich später, wenn ich es dann noch weiß und es dann noch wichtig ist.

»Ich will, dass du ihn nimmst«, sagt Rüd.

»Ich weiß nicht, ob du das willst!«

Er legt den Emitter wieder auf die Untertasse zurück, greift nach einer Serviette, tupft sich den Mund. Dann steht er auf.

»Ich gehe jetzt. Du weißt, wo du mich findest. Mach, was du willst.«

»Ich will nichts.«

»Dann mach nichts.«

Er geht, den Emitter lässt er auf der Untertasse liegen.

KISMET

Timur Kayalı Kaplan räumt das Baklava ab, stellt es zurück in die Kühltruhe neben dem summenden, leuchtenden Spüler.

Ich schiebe die Untertasse mit dem Emitter ein bisschen näher ans Fenster, so sehe ich mehr. Das Gasmeer tobt, die Minen erweitern den Sicherheitsabstand. Der Riese lässt auf sich warten, die Wale auch. Hab ich das Einst verhindert? Mit einer einzigen, kleinen Kurskorrektur?

Kann man das Einst verhindern?

»Er braucht Sie«, sagt Timur Kayalı, an sein Regal gelehnt, ein halimedeisches Staubtuch über der Schulter.

»Das weiß ich«, sage ich. Ich lasse meine Erscheinung weiter aus dem Fenster sehen, das sieht nach Ernst und Nachdruck aus.

»Warum gehen Sie dann nicht?«, fragt Timur Kayalı.

Ich weiß nicht, ob ich die Ideallinie dann noch finde. Ich weiß schon manches nicht mehr und dann weiß ich Dinge, von denen ich nicht weiß, wo sie herkommen. Marwans Werk, irgendwo in mir, längst von der Leine gelassen. Das da nehmen, in die Hand, ohne dass du da bist, Rüd, höchste Form der Ketzerei (vielleicht), Verrat an meiner Aufgabe, meiner Berufung, am Grund dessen, warum ich bin, wohin, wenn das alles fällt, wohin Rüd, mit mir, mit uns?

»Sie wissen nicht, was richtig ist?«

So kann man das auch sagen, lieber Timur Kayalı Kaplan. Aber solange du nicht weißt, was ich bin und wozu ich imstande bin, kannst du mir nicht helfen, auch wenn du so dreinschaust, als wärst du dir sicher, es zu können.

Ich nicke und werfe ihm einen kurzen Blick zu. Er verschwindet in seiner Küche, es beginnt leise zu klappern. Hätte ich ihm mal keinen Blick zugeworfen, jetzt versucht er zu helfen. Ich sehe mir die Planetenringe draußen an. Die Staubernte am Liberté-Drei-Bogen wurde aufgrund des Sturms forciert, ich kann sechs Pferde ausmachen, die schwarze Schneisen in die glitzernden Bahnen schlagen.

Diese andere Zukunft, die ich gerade nicht sehe. In der der Mensch endlich zu dem wird, was er ist. Seiner selbst genügt, sich gerecht wird.

Timur Kayalı Kaplan erscheint, hat ein buntes Kästchen in der Hand, das er letztendlich nicht in der Küche, sondern in seinem Regal hinter der Theke gefunden hat, er kommt gleich zu mir, setzt sich gegenüber, nur auf die Ecke, stellt es vor mir ab.

»Es ist der Beste, den ich habe.«

Ich weiß nicht, wie groß der Zufall ist, dass es dasselbe Modell ist, das sich Rüd vor seiner Abreise nach Athos am Hafen aus dem Automaten gezogen hat. Ein filzbeschlagener, wild gemusterter *Kismet Sekiz* mit einer fransigen Auslöserkordel, an der das Siegel-Etikett des Herstellers hängt. Untere Mittelklasse, bezahlbar, aber mit Sicherheit nicht ausreichend für das, was gerade zu entscheiden ist. Ich weiß nicht, ob ein echter *Çark* oder ein *Düşerlik On* besser gewesen wären. Ich kann nicht sagen, ob es für eine Abbitte bei der Obhut ausreicht, falls ich mich auf einen *Kismet Sekiz* einlasse und das Falsche tue. Der Hersteller verspricht, laut Etikett, »echtes Kismet«, aber der Hersteller, ZLTN Ephes, ist seit acht Zyklen pleite.

»Mag das Schicksal sprechen!«, verkündet Timur Kayalı Kaplan.

»Sie wissen nicht, was Sie da tun«, sage ich.

»Das ist keiner aus dem Automaten vom Hafen, falls Sie das denken!«, sagt Timur Kayalı beleidigt. »Kein billiges Imitat!«

Dem Siegel nach stimmt das. Trotzdem ist es ein *Kismet Sekiz. Da kannst du auch Bodenfliesen abzählen, mit Ja und Nein bis zur Wand, einen Ochsen schlachten und seine Innereien auf einem Altar ausbreiten oder in die Sterne gucken. Aber sei's drum. Mit einem Kismet Sekiz macht es wahrscheinlich mehr Spaß und du kannst dir den Ochsen sparen.*

Mir fällt es schwer, mich dem abergläubischen Sog der (sehr unwahrscheinlichen) Tatsache zu entziehen, dass Rüd vor ziemlich genau einundvierzig Stunden das gleiche Modell aus dem Automaten gezogen hat und das, zusammen mit seinen anderen Sachen, die wir auf Athos zurücklassen mussten, um eine Fleischtruhe auszutricksen, in der stillen Zelle des Abraamios Theotokos schwebt, immer noch darauf wartend, von ihm benutzt zu werden.

Abergläubischer Sog? Was? Marwan Ibrim Zaid, da hört der Spaß auf. Wie kann ich das bekämpfen? Was kann ich tun, dass ich diesen Zufall – Timur Kayalı Kaplan schleppt doch tatsächlich den gleichen Zufallsgenerator an, den Rüd, na sowas, na sowas –

»Sie müssen einfach eine Frage stellen, die sich mit Ja oder Nein beantworten lässt«, sagt Timur Kayalı. »Und dann müssen sie hier ziehen.« Er tippt an die Kordel.

»Einfach eine Frage?«, frage ich.

»Ja.«

»Ich hab viele Fragen«, sage ich.

»Ich hab nur den einen«, sagt er.

Keine Ahnung, ob das gut oder schlecht ist. *Da schwimmen Felle weg, Zeug fällt von mir ab. Ich werde leichter, als würden mir die KL-Partikel ausgehen.*

Timur Kayalı Kaplan schaut mir in die Augen, versucht sich an einem Vertrau-mir-Blick. »Soll ich für Sie fragen?«

Ich schüttle den Kopf, blicke dankbar, ergeben, so was Nettes.

Herrgott nochmal, so kommt ihr nie zu den Sternen. So wird es mehr brauchen als zwanzig Millionen Jahre. Oh, Obhut, ich würde es verstehen, wenn du ungeduldig wirst. Wenn du aufhörst, die Menschen zu lieben, es ihnen aber nicht sagst. Ich würde es verstehen, wenn du, liebe Obhut, im Rahmen deiner Möglichkeiten, Dinge geschehen lässt, die dem Einst, sagen wir, ›zugeneigt‹ sind. Ihm ein bisschen auf die Sprünge helfen. Wenn du, etwas Remscheid vorausgesetzt, einen Shufeng und einen Marwan und –

»Warum nehmen Sie ihn nicht einfach?«, fragt Timur Kayalı.

»Ich weiß nicht, ob es gut ist.«

»Für wen?«

»Für Rüd.«

»Verstehe.« Timur Kayalı lehnt sich gegen das Bänkchen, lockert vorher seine Schürze: Ich nehme mir Zeit für Sie. *Herrgott, ich brauche deine Zeit nicht.*

»Sie müssen das Richtige für ihn tun?«

»Ja.«

Jetzt beugt er sich vor, übt sich in einem eindringlichen Blick. »Wissen Sie, wer Sie sind?«

»Ja.«

Er schaut mich fragend an.

»Ich bin Zack. Para-Rüd Kartheiser zur unbedingten Hilfe und Freude.«

»Seit wann sind Sie das?«

Oha.

Timur Kayalı Kaplan, lass meine Antwort

»224,5 Tage.«

genug sein, zu deinem Wohl.

Er tut es. Scheint so. Seine Erscheinung tut so.

Wo schaut er wirklich hin?

Ich schaue raus. Neptun, kobaltblau, sturmumtost, glitzerndes Geringel, zauberisch, der mediterrane Raum. Reich an Ahnungen und Eingebungen. Da wird Verborgenes erkannt, obwohl es verborgen wird. Da sind Erscheinungen in den Felsen, da baut man heilige Häuser, malt Iterationen in Fresken und Ikonen, da deutet Verborgenes Verborgenes an.

Zack, Para-Rüd Kartheiser zur unbedingten Hilfe und Freude.

Mehr hab ich nicht. Das muss ich mir merken, denn mehr hab ich nicht.

Timur Kayalı schaut weise drein, spielt mit der Kordel, lässt den Bommel an seinem Zeigefinger schaukeln, ohne seinen Blick von mir zu nehmen.

»Weiß er, wer Sie sind?«

»Kann sein.«

Para-Rüd Kartheiser zur unbedingten Hilfe und Freude. Nichts davon war je dem Zufall überlassen, so wird es bleiben. Nicht soll, sondern wird. Die Zukunft bestimmt das Jetzt. Wenn man sie kennt.

Ich schiebe Timur Kayalı den *Kismet Sekiz* zu.

»Bewahren Sie ihn für etwas anderes auf.«

Ich nehme den Emitter in die Hand. Die Ramadan-Rotation von Kütahya macht ihn leicht. Zusammen mit der militärischen Dichte meiner Erscheinung wird es kein Problem sein, ihn sicher zu Rüd zu tragen.

»Was werden Sie jetzt tun?«, fragt Timur Kayalı.

»Ich geh zu ihm.«

Er lächelt. Jetzt geht sie zu ihm. Wie schön.

Vergisst, dass es nie eine Sie gab. Vergisst, dass ich keine Frau bin und auch nie eine war. Er sieht die Abaya, die Schaila, die Sommersprossen, das Lächeln, lächelt zurück. Alles zwingt es in die Knie, das schöne Lächeln. Ein Lächeln ist das Erste, was ein Mensch in seinem Leben sieht, ob er es noch weiß oder nicht.

Ich stehe auf, werfe mir die Schaila über, gehe zur Tür. Es passt zum Spiel, dass ich jetzt in der Tür stehenbleibe, innehalte, als hätte ich noch etwas vergessen, als müsste ich unbedingt noch etwas wissen. Natürlich hätte ich längst fragen können, es hätte für mich keinen Unterschied gemacht, wann ich das frage, aber es passt zum Spiel, es jetzt zu tun. Ich stehe also in der Tür, innehaltend, und frage: »Warum ist eigentlich der Spüler an?«

Da ist ein Anflug von Erleichterung in Timur Kayalıs Gesicht.

»Es ist nicht meine Pfanne.«

Ich nicke, ohne zurückzuschauen.

»Dem Nachbar ist der Zucker eingebrannt«, sagt Timur Kayalı Kaplan. »Das geht nur mit dem Prof wieder raus.«

HYPOFUGALSTEG

Draußen ist Nacht. Wer jetzt noch offen hat, muss seine Waren auf eigene Kosten beleuchten. Die letzten Gerüche von Safran und Kreuzkümmel verschwinden in den Gittern des Filtersystems, sein Rauschen schwillt auf und ab wie ein fernes Meer.

Ich habe meinen Emitter fest in der Hand. Rasselnd schließt ein Sonnenschirmverkauf direkt neben mir. Zwei Männer kommen mir entgegen, Hand in Hand, einer mustert mich im Vorbeigehen, weiß nicht, wer ich bin, flüstert dem anderen eine Frage zu, die mich nichts angeht. Dem anderen müsste man sagen, dass er dringend einen Termin auf der Inneren von Afyon braucht, die schlechten Leberwerte sind ihm ins Gesicht geschrieben, seine Haut ist auch schlecht, er sollte weniger an die Fenster gehen. Aber wer bin ich, dass ich mich einmische? Ich kenne die Pläne der CRAMPA von Kütahya nicht.

Vom Hafen her rumpelt es, eine Ultra-V dockt an. An der Camidibi hat noch ein Stand für das Notwendigste geöffnet, ein junger Kreisler mit einem günstigen Satz Karabiner am Gürtel wühlt nach Polygonalhandschuhen und warmen Socken. Morgen wird er rausgehen, das erste Mal auf Kütahya. Seine Karabiner werden mit der Zentrifugalkraft einer Drehung mit sieben Metern in der Sekunde klarkommen. Aber der junge Mann kennt niemanden, ist nervös, neu, Entgasungsanlagen sind nicht sein Fachgebiet, da hat er nicht aufgepasst. Ich höre das kleine Leck auf zwölf-drei bis hierher pfeifen. Er sollte den Handschuh mit dem 7er-Grip nehmen, bei zwölf-drei ist es rutschig. Aber wer bin ich, dass ich mich einmische?

Der rothaarige Künefe-Bäcker steht immer noch da, wie wir ihn das letzte Mal gesehen haben, hinter sich der leere, kühlweiß beleuchtete Laden, die Arme vor der Brust verschränkt, die Einladung im Gesicht: Ich hab noch viel, es ist noch warm, ich mache einen guten Preis. Das stimmt, die Pistazien sind echt und die Butter taugt. Der Bäcker weiß nicht, wo seine Frau gerade ist. Ich weiß es, ich hab sie schon gesehen, aber ich weiß nicht, ob er es wissen will. Wer bin ich, dass ich jemandem ins Handwerk pfusche?

Vor der Moschee, Maryam Kayalı Kaplan. Allein wartend unter einer großen Farbkalligrafie der Schahāda. Wer bin ich, ihr zu sagen, dass ihr Timur auch heute zu spät kommt? Ihr zu sagen, dass er nicht mehr zu Ärzten geht? So wartet sie noch ein bisschen. Einfach zu warten ist vielleicht besser als das undenkbare Andere.

Über die Ruheplätze der großen Schiffe führt ein schmaler, teilverglaster Hypofugalsteg. Hundert Meter unter mir steigen die Passagiere aus der Ultra-V. Sie kommen aus den Gasminen, haben ein paar Tage sturmfrei, hoffen auf ein schönes Zimmer mit Wasser und Aussicht im Sherif. Die, die das Sherif kennen und es sich leisten können, wissen, dass sie sich beeilen müssen. Die anderen werden von dünnen Männern mit dünnen Bärten in Günstigeres gelockt.

Ich bleib stehen, weil ich es kann, schau runter auf das Gewimmel, das sich auflöst wie ein falsch geknüpfter Roringstek. Zwei kalabrische Schloter, die sich auf dem Flug kennengelernt haben, beschließen, ein Stück gemeinsam zu gehen. Anders der riesige Fleischer, der hauptsächlich damit beschäftigt ist, niemandem im Weg zu stehen und zu überlegen, wen er ansprechen kann. Es wird der misanthropische Maat hinter ihm sein, dem nichts größere Angst macht, als Spaß haben zu müssen. Etwas abseits verspricht ein dünnbärtiger Mann einer argwöhnischen PKE-Fachkraft, dass der Koch des Al Aram vom Boden essen würde, so sauber seien die Zimmer da.

Wo geht das hin mit euch? Ich weiß es.

Dich da nenn ich Herzinfarkt.

Dich ignorierte Nierenzyste.

Und du Shisha mit TTC.

Und du Kummer.

Wem soll ich dienen? Wo fang ich an? Wer verdient es? Wer nicht?

Die Ultra-V ist leer. Als Letztes erscheint der Kapitän. Das Zimmer im Sherif ist ihm sicher, er hat keine Eile, das Bad läuft schon voll, niemand spricht ihn an. Da gehen vierzig Jahre Flugerfahrung. Sein Name ist Zirrhose, kurz nach der aussichtsreichen Behandlung seiner chronischen Strahlenbelastung.

Dein Lieblingsvers, Rüd.

> *Es geht dem Menschen wie dem Vieh: Wie dies stirbt, so stirbt auch er, und der Mensch hat nichts voraus vor dem Vieh. Es fährt alles an einen Ort. Es ist alles aus Staub geworden und wird wieder zu Staub. Wer weiß, ob der Odem der Menschen aufwärts fahre und der Odem des Viehes hinab unter die Erde?*

Was mach ich mit dir Rüd? Was hab ich geglaubt zu retten?

Ich kenne auch dein furchtbares, undenkbares Anderes.

Es wartet schon auf dich. Es gehört zu dir, seit es dich gibt. Dazu braucht es keine Phi, die dich nicht mehr will, kein Hadern, dass du nie selbst geflogen bist, dass du kein Kapitän bist, wie der da unten, der gerade als Letzter das Dock verlässt und mit routiniertem Handschlag die Sperrfelder abstellt.

Die Stunde wird kommen, an der deine Pillen nicht mehr reichen. An dem auch ich dir nicht mehr reiche. An der du aufhörst, dich zu fragen, was da noch kommt.

Da ploppt dein Ouzokorken, nicht zu überhören, auch wenn du über fünfhundert Meter weit weg bist.

Was soll ich machen?

Du hast mir die Freiheit gegeben.

Bei dir wäre ich frei.

Aber du wirst mich nicht mehr wollen, wenn du erst einmal weißt, was ich getan habe. Du hast es mit eigenen Augen gesehen, aber es lag unter deiner Wahrnehmungsschwelle. Wie so vieles.

Sechs Menschen.

Du kennst mich zwar gut genug, um zu wissen, dass ich keine Wahl hatte, nicht »frei« war. Aber du wirst mich verstoßen.

Nicht, weil ich es für dich getan habe, ohne dich zu fragen. Auch nicht, weil ich es nicht bereuen kann. Du wirst mich verstoßen, weil du dann nicht mehr vergessen kannst, was ich bin.

Ich stehe allein auf dem Steg, unten ist niemand mehr. Mein Emitter passt gerade so durch die faustgroßen Öffnungen in der Schutzverglasung, ich stecke ihn durch, halte ihn über den Rand des Stegs, lass ihn los.

Aufgrund des Ramadans nimmt sich Kütahya für eine Drehung um die Zentralachse ganze hundertzwanzig Sekunden Zeit. Der Außenboden der Werft dreht sich mit sieben Metern pro Sekunde deutlich schneller als der höher gelegene Steg. Ich falle mit gleichbleibender Geschwindigkeit. Das Auftreffen »unten« würde mir nichts ausmachen. Aber alles, was von der Seite kommt, wird meinen Emitter mit dreißig Stundenkilometern treffen.

In meinem Fall, ich habe die Bahn schon berechnet, wird es die linke äußere Titan-Kruks-Turbine der parkenden Ultra-V sein. Es ist ausgemacht, dass ich den Aufprall nicht schadlos überstehe. Ich bin nicht aus Zucker, aber auch kein Pingpongball.

Das ist der Sinn der Sache.

Ich habe losgelassen, weil ich es kann.

Jetzt falle ich, weil es nicht mehr anders geht. Das Wort »Fallen« ist physikalisch nicht korrekt, aber ohne Alternative, genauso wie der Vorgang selbst.

Oben auf dem Steg verschwindet meine Erscheinung, exakt zehn Meter über mir. Das musste sogar Marwan so lassen.

Es ist kein langsames Auflösen, sondern geschieht blitzartig und lautlos. Keine Zeit für ein Lebewohl, für güle güle oder salam, du wunderbar gemachtes Geschöpf. Schon ist es, als hättest du nie existiert, nicht mal ein Kleid sinkt zu Boden. Wo sind die Sommersprossen, die schmalen Hände und das leuchtende Lächeln, umrahmt von rotem Haar und Schönheit? Wo sind die Mandelaugen, die mir nicht mal hinterhergeschaut haben?

Jetzt bin ich nur noch Emitter.

In der gekrümmten Bahn eines Ramadan-Pseudo-g-Sturzes aus hundert Metern Höhe falle ich der eisengrauen Turbine entgegen. Ich bin frei. *Für meine Existenz besteht keine Notwendigkeit mehr.*

Ich falle weiter, passiere einen der zappelnden Betankungsschläuche der Ultra-V in einem sicheren Abstand von fünf Metern.

Wenn ich davon ausgehe, dass für meine Existenz keine Notwendigkeit besteht, sei eine Rückfrage gestattet: *Besteht Notwendigkeit für meine Nichtexistenz?*

Könnte ich, würde ich den Kopf schütteln.

Aber ich kann nur noch fallen.

Jetzt zwingt mich das Fallen zu einem Plan.

Wie das Fehlen eines Plans das Fallen erzwang.

Kommendes erzwingt das Jetzt.

Daraus ist zu schließen: Es ist unvermeidlich.

Ich sehe die Stelle auf der Turbine genau, an der ich zerplatze, sie ist in Sichtweite, ist mit einfachster Physik auszurechnen. Ein unscheinbarer Punkt, das Aufregendste in seiner Nähe ist eine kürzlich erst ausgebesserte Fuge in dreißig Zentimetern Entfernung, etwas weiter weg steht die Seriennummer des Fugenmachers.

Das Sperrfeld des Hafens ist heruntergefahren, der Weltraum eingedrungen, das Panorama kolossal. Nacktes, kaltstummes Schwarz. Der riesige Planet, betulich kreiselnd gegen den Uhrzeigersinn, die Lichter der Gasminen sind aus, alles schläft. Im Liberté-Drei-Bogen kann man, wenn man will, vierundzwanzig schwarze Bahnen zählen, sechs neue sind am Entstehen, da macht jemand Nachtschicht. Ich hab noch drei Meter.

Wenn für meine Existenz keine Notwendigkeit besteht, dann besteht auch keine Notwendigkeit für meine Nichtexistenz.

Neptuns kobaltblauer Horizont ist, trotz der Windstärke und der tausend Kilometer hohen Wellen, glatt wie der Rand eines Porzellantellers.

Ich suche und suche und suche, nähere mich der Turbine.

Wo bleibst du, Herrgott nochmal?

Ich muss es sehen.

Ich *will* es sehen!

Da verliert Antares seinen Schimmer, beginnt Beteigeuze zu blinken, ich höre ein leises Zwitschern aus dem interstellaren Raum, leise, aber weit und ungeheuer wie das Zwitschern aller Wälder der Erde auf einmal, und da, endlich, ist er, am äußersten Rand des Planeten, der einäugige, riesige Todermoor-Reaktor mit seinem tonnenschweren Senkbleisortiment, durchs Gas stapfend und immer noch Fäden spinnend, und da, die Milchstraße in Origamifalten legend, die Schwarzschild-Simmons-Öffnungen, wie eine Einladung auf Reisen, die nicht von A nach B gehen.

Das war nie weg. Es ist alles da, im Jetzt. Das ist keine Zukunft, die auf irgendein Heute angewiesen ist. Das ist das Einst, das in allem schon ist.

Sanftes Schwirren zwischen den Monden, wundersame Gewebe, schimmernde Trichter kondensierenden Lichts, abgestoßene, transparente Häute, kristallines Schweifen, Viehzeug überall, das keine Sonnencreme braucht und sich nicht verstecken muss, wenn es zu hell wird oder ein Sturm aufzieht. Ich hab noch drei Zentimeter.

Lieber Rüd, ich, Zack, kann dir, zu deiner bedingungslosen Hilfe und Freude, die Frage beantworten, was da war und was noch kommt. Und du wirst ein Teil davon sein. Nicht alles wird dir gefallen, denn du darfst nicht glauben, dass die Zukunft keinen Preis hat. Aber du wirst ein Teil von ihr sein. Und das ist besser als das Nichts.

Ich erscheine.

Die weiche, aber militärisch dichte, offene Hand im letzten Zentimeter zwischen Linksaußenturbine und Emitter.

Ich fang ihn ab, greif zu, schließ die Faust.

Du wirst mich an die Hand nehmen, Rüd. Nicht alles wird dir gefallen, denn du wirst anerkennen müssen, dass ich keine Frau bin. Dass ich nie eine war. Aber du wirst mich an die Hand nehmen. Früher oder später. Denn ich komm zu dir zurück.

Ich richte mich auf.

Viel ist nicht übrig von mir.

Aber nur so wird es gehen: hundertdreißig Stunden alt, weiblich, zierlich, gamma-skleroid. Keine Sommersprossen mehr, keine grünen Augen, kein Kindchenschema, gar nicht, stattdessen haarloser Kopf und ausgebildete Stirnöffnung, mehr dürrer Zyklop als ein Kind. Ein Meter zwanzig klein. So steh ich auf der Turbine wie ein Klabauter auf Achtern, hässlich wie die Nacht.

Es wird gesät in Niedrigkeit und wird auferweckt in Herrlichkeit. Ich hüll mich in Licht wie in ein Kleid, ich mach deiner Finsternis ein Ende. Zusammen werden wir vor die Obhut treten, in Amorgos, deine Hand in meiner Hand. Die Obhut wird mich testen. Ich werde bestehen. Ich weiß, ich werde bestehen, denn ich besteh vor mir selbst.
Und zusammen werden wir sehen, was passiert. Du und ich, wir können beide nicht wissen, was passiert. Das ist gut so. Nur so ist es ein Plan. Ich bin nicht skleroid, aber so gut wie. Die Obhut wird nicht kleinlich sein. Sobald ich für sie ein Mensch bin, wird es nicht mehr darum gehen, was ich bin, sondern darum, was ich kann.

Ich drücke mir den Emitter in die Stirn.

Jetzt hab ich zwei Hände frei. Kleine, zierliche Hände, die fast schon Werkzeug sind.

Ich schau raus in den mediterranen Raum, sehe hunderttausend wartende Körper.

Der Raum. Er ist uns nicht zu kalt und nicht zu warm. Er tut uns nicht weh. Er ist uns nicht zu groß und nicht zu leer.

Es ist einfach nur Raum.

Und überall ist Morgenlicht.

GLOSSAR

CÖNOBIT: Ein entbehrungsreich und in abgeschiedener Gemeinschaft lebender Geistlicher. Erhöhtes Aufkommen im 22. Jahrhundert, vermutlich in Reaktion auf das ▸ Nadelöhr.

CORTEX-PIN: Lernfähige Steuereinheit der ▸ Skleroiden. Siehe auch: ▸ Skleroider Terror.

DEHUMANISIERUNG: Stilllegung aller ▸ Cortex-Pins der ▸ Gamma-Skleroiden aufgrund des ▸ skleroiden Terrors im Jahr 2411.

DEON: Ethische Einstellung einer lebenserhaltenden Intelligenz, bei der (anders als bei ▸ util) nicht die positiven Folgen einer Handlung maßgeblich sind, sondern die ethische Güte der Handlung selbst. Die Einstellung schließt schadhafte Handlungen »zu einem höheren Zweck« aus.

ETHISCHER EINGRIFF: Gezielte, meist durch einen ▸ Inquisitoren herbeigeführte Neuausrichtung der Grundeinstellung einer lebenserhaltenden Intelligenz, bspw. ein Wechsel von ▸ util nach ▸ deon.

GAMMA-SKLEROID: Generation von ▸ Skleroiden mit weitgehend humanoider Körperform.

INQUISITOR: Experte für Mensch-Maschine-Kommunikation, der mit Gesprächstaktiken die Selbstwahrnehmung künstlicher Intelligenzen so beeinflusst, dass sie Zugriff auf ihre ethischen Grundeinstellungen gewähren. Siehe auch: ▸ Ethischer Eingriff.

ITERATION: In der Kunst des 24. Jahrhunderts die absichtsvolle Darstellung von sich exakt wiederholenden Mustern und Bildeinheiten, meist in Anspielung auf Reproduktionstechniken und Computerkunst.

KL-INJEKTION: Intravenöse Herstellung künstlicher Schwerkraft mit Hilfe von ▸ KL-Partikeln.

KL-PARTIKEL: Organisch verträgliche Kleinstkörper, die auf Kraftfelder reagieren.

MARFA: Lebenserhaltende Intelligenz, auf Bergbaubetrieb ausgerichtet (▸ util), Installationen vornehmlich im Äußeren Raum des 24. Jahrhunderts, eher gutmütiges Naturell.

NADELÖHR: Ironischer Ausdruck für die Besiedelung des Mondes am Ende des 21. Jahrhunderts durch geistige und finanzielle Eliten.

OBHUT: Kollektiv der föderal organsierten lebenserhaltenden Intelligenzen im Sonnensystem mit übergeordneter Weisungsbefugnis.

PARA-STATUS: Exklusiver Privilegienkatalog von hochrangigen Personen, beispielsweise ▸ Inquisitoren, sowohl in Notsituationen als auch im Alltag.

REMSCHEID: Umstrittene Bezeichnung für einen Zeitraum, in dem die sichere Prädiktion bzw. Herbeiführung zukünftiger Ereignisse möglich sein soll.

REMSCHEID-EIMER: Ein in der Regel selbst hergestellter ▸ Zufallsgenerator, der, je nach Wassermenge, ein unvorhersagbares Ergebnis mit einer langen Wartezeit kombiniert.

REMSCHEID-TÖTUNG: Tötungsdelikt, das aufgrund unzureichend definierter Parameter schuldfrei ist. Die Existenz von Remscheid-Tötungen ist umstritten, da sie unter der menschlichen Wahrnehmungsschwelle liegen.

REMSCHEID, NIKOLAUS: Rechtshistoriker des späten 21. Jahrhunderts, Verfasser einflussreicher Schriften zum vorsätzlichen Handeln künstlicher Intelligenzen und deren juristischer Beurteilung.

SKLEROIDEN: Gezüchtete Chimären zur Erledigung von Bau- und Reparaturmaßnamen in ungeschützten Umgebungen, vornehmlich im offenen Weltraum. Maßgeblich für den Erfolg des ▸ Nadelöhrs.

SKLEROIDER TERROR: Anschläge mit manipulierten ▸ Cortex-Pins, oftmals religiös motiviert.

STATUS: Privilegienhierarchie menschlicher Habitat-Bewohner, gültig im Alltag und in Notsituationen, die Einstufung erfolgt laufend durch die ▸ Obhut. Siehe auch ▸ Para-Status.

TURING-OB: Routine zur Identifizierung echter Menschen durch eine künstliche Intelligenz.

UTIL: Ethische Einstellung einer lebenserhaltenden Intelligenz, bei der (im Unterschied zu ▸ deon) das größtmögliche zukünftige Wohl der größtmöglichen Menge von Betroffenen maßgeblich für eine Handlung ist. Dies schließt die Möglichkeit schadhafter Handlungen (z. B. an Einzelpersonen mit geringem ▸ Status) ein.

ZUFALLSGENERATOR: Hilfsmittel zum Fällen freier Entscheidungen.

DANKE

Franziska Pless

Stephan Askani
Özgül Cakir
Lars Clement
Elisabeth Hage
Felix Jäger
Toni Nirschl
Carsten Polzin
Tanja Schumann
Heidrun Westerboer
Christian Zahler

Astrophysikalische Beratung:
Michael Boden